COSMOSの法則

THE LAWS OF COSMOS

宇場稔

幻冬舎

装幀　萩原弦一郎（256）
本文デザイン・DTP　美創
編集協力　田川妙子
株式会社アイ・ティ・コム

COSMOSの法則　もくじ

はじめに

「僕の事実」として存在する「意識の世界」

本書『**COSMOSの法則**』は、僕が、今まで書き下ろした本の中で、最も伝えたい本音であり重要な内容ばかりだと、絶対に断言できる本だと自負しています。

今回だけは、人間社会や人間に対して、忖度《そんたく》することなく、正直に「嘘」や「偽り」や「間違い」がないように、**「事実を保障」**することを心がけて、誰もが**「真実を保証」**できるように、できる限り**「嘘」**と**「偽り」**と**「間違い」**を排除することに、誠実かつ正直に書き下ろすことに、自助努力を傾注《けいちゅう》しました。

いかに地球の人間社会が、「COSMOSの法則」から検証すると「嘘」や「偽り」や「間違い」だらけの世界であるかが、よく理解していただけると思います。

僕は、四十数年前に、大学病院などに勤務するかたわら、原子物理学や量子論の観点から放射性同位元素（アイソトープ）を使用した生命科学の研究に打ち込んできました。

その中で、従来の地球次元の理論の枠組みと価値観から、あまりにもかけ離れた、不思議な体験を通して、あまりにも多くの疑問にぶつかることになりました。

その常識を超えた体験が、僕の人生に対する大きな転換になったことは、明らかに否めない事実でした。

その不思議な事実の体験を、少し紹介したいと思います。

その日は、午後二時から友人とテニスの約束をしていました。

それまでに時間があったので、午前中に身体《からだ》を慣らそうと思い、軽いジョギングをして、シャワーを浴びてから、リラックスするためにベッドに横になって、いつも通りの呼吸法と瞑想法《めいそうほう》をしていました。

そうしている間に、身体がどんどん重く感じられてきて、どうしたのだろうかと思っていると、ますます重く感じられ、身体が動かなくなっていくのを感じていました。

肉体がこんなにも重いものなのか、今にも肉体に押しつぶされると思った瞬間に、まるで無重力の空間にでも解き放たれたような感覚に意識が包み込まれました。

まさに、人間が人生の終末である死を迎える時がごとく、肉体が動かなくなる**「動けない病《びょう》」**にでも罹《かか》ったのではないかと思いました。

そこまでの経緯や出来事は、**「僕の意識」**が、はっきりと覚醒したまま、すべてを認識していたことを、今でも事実として記憶しています。

しかし、それ以降の記憶は、まったく喪失されていて、一切、残っていません。

それから、四～五時間ぐらいが経過して意識が覚醒しました。

ただ、意識に残っているかすかな記憶は、数百億年の不思議な旅をしてきたような感覚でした。

とにかく、不思議な躍動感のある世界で、この世には絶対に存在しない、光でさえ止まっているような世界でした。

それが、どんな世界かというと、とても言葉では表現できない摩訶不思議な情動の世界でした。

しかし、具体的にどんな世界だったのかを思い出そうとしても、一切、頭の記憶の中からは消えていました。

その話をすると、ほとんどの人が、眠ってしまい夢でも見たのではないのかと言います。

しかし、別に眠いわけでもなく、寝ようとも思っていませんでしたから、意識があるのに、突然に気を失った、という表現のほうが正しいと思います。

僅《わず》か四〜五時間という地球の時間軸で、数百億年を感じる衝撃的な**「僕の事実」**として存在する**「意識の世界」**とは、一体、何だったのだろうかと、知りたい衝動に駆られるようになりました。

なぜならば、経験した意識の世界と、現実の意識の世界が、あまりにも違っていたからです。

間違いなくいえるのは、物理的な自然科学などの宇宙工学や、肉体の目が見ている物質世界の宇宙観とは、まったく違った、異次元の世界観であったことです。

星もなければ、時間もなければ、空間すらない、ただ存在するモノは、**「僕の意識」**と時空を超越した、無空の世界だけだったような気がしています。

ただ、それが何だったのかというと、はっきりと覚えているわけではありませんので、意識の覚醒と共に、すべてが記憶から消えた感じでした。

「母の教え」からひもとく宇宙意識界

なぜ、このような異次元の世界を、**「僕の意識」**が経験することになったのだろうか⁉　あまりにも不思議なことなので、自分なりに自己検証してみようと試みました。

それは、小学生の低学年であった、幼少期にまでさかのぼって、記憶の限り検証してみると、僕の意識に強烈に記憶された内容にあるのではないかと思いました。

その原点になった経緯を少し、ご紹介したいと思います。

それは、僕と母と二人だけで、中秋の名月である、十五夜の秋に豊作を感謝するために、ススキを立ててお供え物をして、縁側でお祝いをしながら、談笑していた時のことでした。

母が満月を指さして、「ほら見てごらん。お月様の中でウサギが餅をついているだろう。どうしてなのか知っているか？」と聞きました。僕は正直に「知らない」と答えました。

そうすると、母が、なぜ、ウサギが月で餅をついているのかを、僕に話し始めてくれました。

それは、後から仏教説話と知った次のような内容でした。

ある日、神様がそれはそれは、みすぼらしい姿で、天から舞い降りてきました。空腹すぎて立つ気力もなく、一歩も歩けない状態でした。

そこに、キツネとタヌキとウサギがやってきて、「神様、神様、どうしましたか？」と聞くと、神様は、「お腹が空いて、もう一歩も動けない」ことを告げました。

すると、キツネとタヌキとウサギは、神様のためにすぐに、食べ物を取ってくることを約束して、それぞれが、食べ物を取りに向かいました。

しばらくすると、キツネとタヌキが、食べ物をくわえて、神様の下に駆け寄ってきました。

「神様、どうぞ、これを食べて元気になってください」と言いました。神様は喜んでそれらを食べました。

しかし、待てど待てど、一向にウサギが帰ってきません。帰ってこないウサギのことを、神様は心配して、それはそれは心を痛めていました。

数時間後にやっと、ウサギがたいまつとまきを背負って、神様の下へ帰ってきました。

ウサギは、「神様、一生懸命に神様のために、食べ物を探したのですが、食べ物を見つけることができませんでした。ですから、このたいまつで、まきに火をつけて、わたしを焼いて、食べてください」と、ウサギは神様に懇願しました。

神様は、ウサギの心にいたく感動して、「お前は、私と共に月に上って、貧しく食べる物もない人たちのために、お餅をつき続けて農作物が豊作になるための恵みの**『月の力』**になりなさい」と、ウサギに使命と役割を与えられました。

「だから、月でウサギが餅をつき続けているのだよ」と、母から言い聞かされました。

そして、母は、「心の栄養は、お日様がくださり、身体の栄養は、お月様がくださっているのだよ」と教えてくれました。

まだ、漢字がわからない僕でしたが、肉体の臓器や臓腑には、ほとんどに月がついていることを教えてくれました。

だから、心を象徴しているのが**「太陽」**であり、身体を象徴しているのが**「月」**であり、どちらも見かけの大きさが同じであることを、その時に教えてもらいました。

たしかに、農作物には、月のエネルギー（波動）が、大切な役割を果たしていることは、後になってわかったことですが、子ども心に、母が嘘をつくとは思っていませんでしたから、そのままを受け取って信じた気がします。

当然、日照時間の少ない北欧や東北地方や北陸地方にうつ病や自殺者が多いことも、後になって知ったことでした。

その後、母は僕に「どうしてこんなに宇宙が広いかわかるか？」と聞いてきました。

当然、わからないので正直に「わかりません」と答えました。

「なぜ、宇宙が、こんなに広いのかというと、それは、ミノルが死んだ後に、ミノルの魂が、自由に、どこにでも行くことができるように、宇宙が準備されて待っているからだよ。だから、宇宙に恥じない広い心になりなさいね!!」と教えてくれました。

その「母の言葉」がそのまま、僕の意識の**「阿頼耶識《あらやしき》」**にストンと落ちた気がしました。

「阿頼耶識」とは、へその奥にある魂の御蔵《みくら》のことをいいます。

それから、死後に行く宇宙とは、一体、どんなところなのかを知りたくて、**「僕の意識」**が子ども心にそのことをずーっと持ち続けていたことが、あのような不思議な意識の体験につながったのではないか、ということが直感的に感得できました。

なぜならば、母から聞かされた、死んで肉体を脱いでから、魂になっていく宇宙は、この肉体の目で見ている宇宙ではなく、僕の魂の**「意識」**でしか見えない、宇宙意識界だと直感的に思ったからです。

その理由は、僕は、「僕の意識」に「有る」ものは、存在しているけれど、「僕の意識」に「無い」ものは、「有っても無い」ものになっていると、子ども心に思わされたからです。

なぜならば、宗教などが、死後の世界を**「霊界」**などと言っていますが、霊界の存在は、「信じるか信じないか」になってしまい、あまりにも曖昧でファジーな理論になってしまうからです。

もし、「私には、『**意識**』が存在していません」という人がいるとしたら、その人は「死んでいる」と同じことになりますから、そのような人は、一人もいないと思います。

すなわち、意識に存在しない存在は、永遠に存在しないということになります。

ですから、「僕の意識」に、宇宙意識界という永遠の存在がなければ、僕の意識は、目的地に行きたくても行けないと、子ども心に思ったのです。

意識界については、後ほど、誰にでもわかるように解説します。

僕は、この世には関心がありませんでしたから、学校の勉強にも、ほとんど関心がなかったので、今でいうＡＤＨＤ（発達障害）だったと思います。ずいぶんと学校の先生には迷惑をかけたかもしれません。

その反面、死後の世界には関心があり、とくに、宇宙の意識界には、ものすごく関心がありました。

宇宙意識界はどんなところなのかを真剣に求めていたので「求めよ、さらば与えられん」の格言のごとく、あのような不思議な体験をすることになったのではないかと、僕は直感的に思いました。

山籠《ご》もりで自分自身の意識の体験をすすめられる

それから、僕は、ことあるごとに、不思議な体験の話をするようになりました。

そんな中、ある方の紹介で、またまた、会ったこともないような、不思議な人に巡り合うことになりました。

その人に不思議な体験の話をしていると、その人はニコニコして、僕の話をただ頷《うなず》いて聞いているだけでした。

その方は、人間社会の俗世を離れ山臥《さんが》（山伏）として、山々を転々と移動しながら、ひそかに深山《みやま》に籠もり、自然と同化しながら、自分（心）が自分自身（魂）と向き合って、数十年間にわたり人間とは、という問いに向き合ってきた人でした。

しかし、人間を理解するためには、やはり人間社会に戻って、人間と真剣に向き合わないと、わからないと思って下山したそうです。その方は、とうの昔に他界され、今はこの世にはいません。

その方が、僕に伝えたことは、「自分自身（魂）の意識にある、体験を知りたければ、自分（心）の意識の体験に基づいて、自分が自分自身に真摯《しんし》に向き合って、正直かつ素直に検証しながら確認するしか方法がない」ということでした。

僕は、素直にその方法を尋ねたところ、たった一言、「山に籠もったら善い」と言われました。

山に籠もったら善いと言われても、経験がまったくありませんし、もろもろの諸事情が、たくさんありましたから、即答することはできませんでした。

そうこうしている間に、僕の周りで不思議な現象が、次から次へと起きだして、説明し尽くすことが困難なことまで起きるようになりました。

一つ、はっきりわかったことは、僕の意識の目で見ているものと、周りの人たちが肉体の目で見ているものが、まったく違うということでした。

僕の意識の次元で見ている世界は、ほとんどの人が肉体の目では見えていないことに気づきました。

ただ、あの出来事があってから、どうも**「変性意識」**(目覚めていても日常的な意識とは異なる状態)に入りやすくなった気がします。

僕は、霊能者でも預言者でも占い師でもありません。むしろ、そのような存在は個人的には、あまり好ましくない存在だと思っています。

ですから、そのことは誰にも伝えたことはありませんでした。

もともと、イエスや釈迦《しゃか》などの**「特別な人」**の存在そのものが、僕にとっては、同じ人間なのに、とても特別すぎて違和感がありました。

なぜならば、宗教間の**「差別を増長」**するための競争原理によって、価値観の闘争や戦争に発展すると、常に思っていましたから、そもそも**「宗教」**や**「思想」**が大嫌いな存在でした。それは今も変わりません。

地位も名誉も財産なども、人間が人間を差別化することによって、自己欲求と承認欲求を自己満足させるための**「特別」**な**「価値観」**だと思っているからです。

ですから、僕は、今も昔も何も変わらず、ただ、平凡な一人の人間として、運命と宿命に従って生きています。

地位や名誉を得て、人に認められたい、人に評価してほしいという**「承認欲求」**もありません。

当然、財産などを得て裕福な暮らしや、華美飽食にふけった生活をしたいという**「自己欲求」**もありません。

なぜならば、**「僕の意識」**にとっては、いずれも極めて厄介で面倒くさい迷惑な存在だからです。

そんな時に、また、ある方との出会いを通して、背中を押されるTPO（時と場と状況）が訪れました。

「あなたが経験した意識の世界は、あなた自身の意識の世界だから、自分の心で検証して、自分自身の魂で確認しなければ、誰も教えてくれませんよ!!」と言われました。

たしかに、その通りであって、不思議な体験の話をしても、誰も取り合ってくれませんでした。

学者は、人が書いた論文を読みあさって、それを参考にして、自分の知識として構築しながら、頭脳に集積しているだけです。

その知識として集積した量の多さを権威として、学者としての権威の座に君臨しているだけだと、僕は思うのです。

ですから、学者は、何の経験もない机上の空論として、バーチャルの知識として論じていると思います。

僕は、経験至上主義に基づいて、**「事実を保障」**しながら、より次元の高い**「真実の保証」**に方向づけようと心がけてきました。

山に籠もって7日間の断食、10日間の断食、12日間の断食、21日間の断食を繰り返し、滝行を毎日行いながら、自分が自分自身に向き合う経験をしてきました。

もし、僕が語ることに異論や反論や疑問がある人がいるのであれば、同じ経験をしてきてくだされば、いつでも同じテーブルについて議論したいと思っています。

経験なき者に、知識だけの権威で語る権利は、一切、ないと思っているからです。

なぜならば、僕はまさしく「嘘」と「偽り」と「間違い」以外の、何ものでもないと、理解しているからです。

学問による「理論」や「知識」は、単なる頭の中での推測や憶測、妄想や幻想に等しい、**「机上の空論」**に過ぎないと思っています。

おかげさまで、自分の経験に勝る**「事実」**と**「真実」**は、**「僕の意識」**の中にある経験の確信以外にはないことが理解できました。

ですから、僕は、事実と真実に至るには、徹底的に**「経験至上主義」**を貫くしかないと思ったのです。

そのような助言もありましたから、山にでも籠もって自分と自分自身に向き合ってみるかという気持ちが強くなりました。

推測と憶測という不安と恐怖、妄想と幻想という意識

そこで、諸事情をすべて整理して、身軽になったところで、先ほど、お話しした山臥だった方に、再びお会いして、「山籠もりをして、自分が自分自身と向き合って、真剣に自己検証して、自分の宇宙を自己発見してみたい」と申し出ました。

山臥だった方から、「本当に、その覚悟はあるのか？　命を落とすかもしれんぞ」と、何度も聞かれ、「思っているほど楽ではないぞ」とも言われました。

よく母に、「人間ができることに、人間ができないことはない」と、僕は、言われて育ったものですから、基本的に、「僕の意識に不可能はない」と思うような性格に育ちました。

覚悟を決めるには、それほど時間を要することはなかったように思っています。

間もなくして、山臥の方とドライバーの方と僕とで、ある東北の深山《みやま》に向かうことになりました。

とにかく、どこに連れられていくかも聞かされず、車に乗せられて林道を何十キロも走って、着いたところは北も南もわからない、僕が経験してきた環境とは、おおよそ違った世界であり、秘境の山奥のような場所だと思いました。

そこで、山臥の方から、四か月後にここに迎えにくるから、ここの場所をよく覚えておくようにと告げられ、そこで別れました。

別れたのは良いが、住むところもなく食べるものもないわけですから、その直後から生きるための選択に迫られました。

とにかく、生活の拠点を決めないことには、何も始まらないので、戻る場所に帰るための目印を、木や岩に赤のスプレーで付けながら川の近くに拠点を設けました。

子どもの頃から手づかみで、ヤマメやイワナなどを捕まえて、焼いて食べたことがあるので、さっそく、川に入ってすぐに捕まえることができました。

ナイフと百円ライターは持っていましたので、食べることに関しては問題ありませんでした。

木の枝を切り集めて、風を避ける洞窟のようなところに、簡易の寝床を作りました。

山籠もり最初の夜を迎えました。ここからが、自分と自分自身に向き合う葛藤の始まりでした。

深山の闇が、これほどまでに暗いものなのかと思い知りました。

草木が眠る深山の闇と、川のせせらぎさえ聞こえない幽谷《ゆうこく》の静寂《せいじゃく》、まるで視覚も聴覚も失ったかのような感覚に陥りました。

すると、同時に言いようのない不安と恐怖が押し寄せてきて、「僕の意識」は、妄想と幻想の世界に引きずり込まれていく感じでした。

結局、その夜は、推測と憶測、不安と恐怖との闘いで、一睡もできませんでした。

次の日は、食糧の獲得と寝場所の整理をして、また、夜を迎えました。

やはり、その夜も、獣が襲ってくるのではないか、得体の知れない化け物が来るのではないか、という妄想と幻想に襲われて、不安と恐怖のあまり、一睡もすることができませんでした。

これで、二日間、一睡もしない状態で昼間を迎えることになりました。寝不足のせいで頭はボーッとして、何も手に付かず、夜は眠れないのだから、昼間は我慢して、やめれば良いのに、ぐっすり昼寝をしてしまいました。

案の定、「僕の意識」は、前の二日間の夜と同じように、推測と憶測という不安と恐怖、妄想と幻想という意識に襲われて、一向に眠ることができません。

あまりにも過酷な自然環境に「僕の意識」が支配されて、完全に自分が自分自身を見失っていました。

不自由と不快と恐怖に方向づけようとする存在は「肉体の意識」ということを発見

この状況をなんとかしないと、「僕の意識」そのものが持たないと思った、その瞬間、ハッと意識が覚醒して、僕が中学生の頃からやり続けている、**「呼吸法」**と**「瞑想法《めいそうほう》」**に無条件で、**「僕の意識」**が誘導されていきました。

なぜならば、呼吸法も瞑想法も、いずれも**「僕の意識」**を中心に、集中してシンクロ（同期）させながら、自分が自分自身と向き合う、**「呼吸瞑想法」**だからです。

そこで、呼吸法と瞑想法によって、自分が自分自身と向き合って、一つひとつ不安と恐怖の「意識の原因」を取り除きながら、突き止めない限り、「僕の意識」から「不安と恐怖」を払拭《ふっしょく》できないと思ったのです。

呼吸法と瞑想法をしながら、不安と恐怖になっている**「意識の原因」**を、自問自答しながら突き止めていきました。

自問自答の内容は、「ミノル、お前は不安と恐怖に陥って怯《おび》えたいのか？　それとも平安と安寧に包まれて嬉しい、楽しい、幸せでいたいのか？　さて、どっちなのか？」というようなものでした。

「そうか!!　僕は、平安と安寧でいたいのに、そうはさせてくれない、僕以外のもう一つの存在がある!!　僕は、常に平安と安寧でいたい。これは紛れもない僕の事実である。しかし、もう一つの存在が、僕を不安と恐怖に陥れようとする。その存在は、一体、何なのか？」

そこで、フッと思い浮かんだのが、ストレスが大きくて眠れない時に、就寝前によく行う呼吸瞑想法でした。

その呼吸瞑想法は、僕が勝手に命名した**「透明人間瞑想法」**というものです。

「透明人間瞑想法」とは、肉体の存在を足の先から徐々に、呼吸と瞑想と意識を同期させながら消し去っていき、完全に肉体の存在そのものを消滅させて、透明人間という**「無の肉体」**になる意識を創り上げていくものです。

その状態を心静かに瞑想し続けて、自分自身に湧きいずる**「情動」**を確認しながら検証していきました。

すると、僕の**「心情の意識」**から、嘘のように不安感や恐怖感が消えていきました。

それどころか、平安と安寧に包まれて、感謝と喜びさえ込み上げてきました。

そして、さまざまな自問自答をしながら、呼吸瞑想法を続けていくうちに、「あぁぁぁー!!

そうか!! **『僕の意識』**は、自由と安寧と喜びでいたいのに、僕をいつも不自由と不快と恐怖に方向づけようとする存在は、この**『肉体の意識』**なんだぁ〜!!」と思い至ったのです。

「そうか!! わかった、ハッキリわかった!!」肉体の存在が「僕の意識」を、常に、不安と不快と恐怖に陥れようとする**「諸悪の元凶」**だった、ということが、はっきりと感得できました。

「僕の意識」が、「肉体の意識」に支配されなければ、自由に意識を創り出すことができて、こんなにも平安と安寧に包まれることが、**「自分の意識」**によって、自由にできるのかと、自分でもびっくりするほどでした。

不幸の原因は肉体が自分だと勘違いしているから

では、肉体は私にとって、一体、どのような存在なのか?「僕の意識」を不自由に方向づけて、不安や恐怖に陥れようとする肉体の正体とは、自分にとって一体、何モノなのか?

その答えを見出したくて、肉体と自分の関係を、正しく検証して理解したいと強く思いました。

ですから、自問自答をしながら、自分と肉体の関係を、**「事実を保障」**しながら検証して確認していきました。自問自答の事実に対する内容は、次のようなものでした。

「ミノル、肉体は、一体、誰が与えてくれたものなのか?」

「それは、お父さんとお母さんが与えてくれたものです」

「では、お父さんという存在は自分なのか?」

「いや違います。お父さんはお父さんであって、お父さん以外の何者でもありません」

「では、お母さんという存在は自分なのか?」

「いや違います。お母さんはお母さんであって、お母さん以外の何者でもありません」

お父さんとお母さんは、それぞれが個々固有の存在であって、自分ではないということは、誰もが認める厳然たる事実です。

未《いま》だかつて、お父さんとお母さんが、自分だと言った人たちに、出会ったことがありません。

お父さんとお母さんが、自分ではないということは、両親は紛れもない**「他人」**という事実に他なりません。これも誰もが認める**「厳然たる事実」**です。

「他人の**精子**と、他人の**卵子**が結合して、他人の**子宮**で作られた、僕の**肉体**は『**僕**』なのか?

いや違う、絶対に違う!!」

そもそも、顔から姿形まで、すべてが違うのに、自分であるはずがありません。

「初めが他人であって、終わりが自分であり、原因が他人であって、結果が自分であり、初めと終わりが、原因と結果が、突然に、変わったり、異なったり、違ったりするわけがない」と、そこで僕は確信しました。

「そうか!! 『**肉体は他人**』だったのか!!」と、はっきりと**「事実」**として、**「真実」**として理解し確信できた瞬間でもありました。

その時、**「諸悪の根源」**は、**「そうか肉体が自分だと思い込んで勘違いしている」**ことが、すべての**「嘘」**であり、**「偽り」**であり、**「間違い」**の始まりであることが、はっきりと自分の意識で理解できた瞬間でもありました。

自分が、不安と恐怖に陥りたいのであれば**「自分の意識」**が**「原因」**です。しかし、自分は不安や恐怖に陥りたいとは思っていません。

すなわち、不安と恐怖の原因は自分にあるのではなく、**「他人である肉体」**の**「意識」**に**「原因」**があることが、はっきり理解できました。

「自分は健康で幸福に暮らしたい」。しかし、他人である肉体は、自分の意識や願いに関係なく、予期せぬ病気や事故や災害に見舞われて、不幸に陥ったりします。

すなわち、**「不幸の原因」**は、すべて**「他人である肉体」**の意識に**「起因」**することを、その時に、僕は、感得し悟った瞬間でもありました。

なぜ、他人である肉体が、不幸の原因なのかについては、後ほど、詳しく解析して証明したいと思います。

私たちは、他人である肉体を養い生かすために、一生涯を艱難辛苦《かんなんしんく》と難行苦行《なんぎょうくぎょう》を強いられながら**「仕方なく」**生きたとしても、その努力は**「死」**をもって、他人である肉体に裏切られることになります。

なぜならば、どんなに地位や名誉や財物などを築く努力をしても、肉体の「死」を迎えた瞬間に、すべてを失う宿命にあるからです。

まさしく、他人である肉体を養い生かすために生きることは、嘘と偽りと間違いだということが、その時に、はっきり理解できました。

人（他人《ひと》）の為《ため》と書いて、**「偽り」**と読みます。

肉体が自分だと思い込んで勘違いしている人たちは、他人である肉体を養い生かすために、一生涯を「仕方なく」生きて「仕方なく」死んでいきます。

ですから、他人のために生きることが、良いことのように習慣づいて、慣習的にそのように思考しています。

他人である肉体を養い生かすために、どんなに努力しても、最終的に、肉体は**「動けない病《びょう》」**に罹《かか》って、誰でも死ぬことになります。

ですから、ほとんどの人が、他人である肉体のために、一生懸命に生きていますから、人のために生きることが**「愛」**だと、大きな勘違いをしている人が、圧倒的に多いのだと思います。

人間社会に於ける、肉体が自分だと思い込んでいる、親子関係の問題や夫婦関係の問題、兄弟関係の問題や人間関係の問題、政治や経済や社会や宗教などの問題は、すべてが、この勘違いによる「嘘」と「偽り」と「間違い」に起因していると、僕は理解できました。

その「嘘」と「偽り」と「間違い」が、**「カルマ」**（悪業と悪行）に陥って**「カオス状態」**（混乱と混沌と混迷）になっていると、その時、僕は実感しました。

とくに、肉体が自分だと勘違いしている「親子関係」が、親と子の関係だと思い込んでいることが、すでに大きな「嘘」と「偽り」と「間違い」だらけであると、僕は強く確信しました。

他人である肉体の親子関係は、単なる他人の関係である肉体の関係であって、他人以外の何者でもありません。

なぜならば、お互いが尊敬できる、「愛の理想の親子関係」でしたら、真実まことの親子と言えるからです。

しかし、愛の理想の両親でも、理想の誇れる子どもでもない関係ですから、すでに親子の関係は、崩壊して破綻していると、言っても過言ではありません。

むしろ、真逆の不仲な親子や、尊敬できない親子関係は、どこにでもたくさん存在しています。もし、そうでなければ、早く死にたいという子どもたちが、こんなにも多いはずがありません。

この勘違いが、不幸の**「元凶」**になっていると、僕は理解しています。

この真実については、疑いようのないほど本編に書き記されています。

しかし、肉体は他人であるとはいえ、現世に於ける共同生活者であることには、間違いないことですから、他人である肉体と、どのように付き合うのかが重要なことだと考えました。

肉体は他人だからといって、否定するわけにもいかず、あの肉体が良いといって他の肉体に変えることもできません。

あんな両親が与えてくれた肉体は、嫌いだからといって、勝手に自殺するわけにもいかず、他の肉体が良いからといって、勝手に引っ越すわけにもいきません。

いずれにしても、肉体という存在は、僕にとっては、面倒くさい迷惑な同居人であり、極めて、ウザったい厄介で不自由な隣人ですが、運命と宿命に従って現世を生きるしかないと思わされました。

最も身近であり宿命的な隣人ですから、変えられない同居人であれば、仲良く共に生きたいものだと、僕は思わされました。

では、自分という存在は、一体、何なのかについては、本編に詳しく事実に基づいて書き記されていますので、楽しみにしていてください。

それからの山籠もりの生活は、艱難辛苦や難行苦行と思っていた、21日間、12日間、10日間、7日間の真水だけの断食や毎日の滝行も、楽しくて仕方ありませんでした。

自然界に同化して慣れてしまえば、そこは極楽そのものでした。

本当の劣悪かつ醜悪な修羅場は、肉体が自分だと思い込んで勘違いしている、人間社会そのものだと、その時、実感しました。

そして、僕は、他人である肉体の延長線上にあるものは、すべてが**「自分の意識」**にとって「嘘」と「偽り」と「間違い」であることを確信しました。

ですから、僕は、人間社会という修羅場に戻って、本当の修行をしてみようと思いました。

下山したら人間社会にあるすべてのモノを、疑って、疑って、疑い続けていく作業をすることによって、必ず、**「嘘」**の対極にある**「真実」**に至ることができると、僕は確信したからです。

科学は歴史を通して、我々の生活を便利にしてきましたが、世界中の人々が、決して、科学によって幸福にはなっていないと、僕は理解しています。

なぜならば、**「便利な生活」**と**「幸福な生活」**は、まったく異なったものだからです。

「科学万能主義」によって、生活が**「便利」**にはなりますが、決して、万民が**「幸福」**になるとは限らないからです。

例えば、ノーベルによってダイナマイトの発見がなされましたが、戦争のための爆薬や爆弾に転用されていきました。

アインシュタインの特殊相対性理論は、オッペンハイマーによって原子爆弾（核兵器）の開発につながりました。

このように、科学技術によって**「便利」**であればあるほど、対極には、大きな**「リスク」**が、常に伴っています。

「便利」は、あくまでも「肉体事」であり「他人事」ですが、「幸福」は、「精神事」であり「自分事」だからです。

「科学万能主義」だけでは、絶対に**「平和な世界」**は作られてはいかないと思います。

今後、**「AI革命」**や**「ロボット革命」**が、何をもたらすのか、まったく未知数です。

なぜならば、人間の本質は、すべてが**「欲望」**によって方向づけられているからです。

このことについては、本編にて随所に書き記されています。

本書**『COSMOSの法則』**では、人間が、良識や常識で当たり前に思っていることや、宗教や哲学や心理学が説いていること、科学の基礎である時間や数字や空間や質量など、さまざまなことが多岐にわたって、**「嘘」**であることが証明されていて、宇宙の**「真実」**が、誰でも理解できるように解き明かされています。

最初に触れる方には、従来の地球の理論とは真逆の理論が多く含まれているために、かなり難解かと思います。それは既存のいかなる地球上の理論にもなかった、革命的であり真逆の法則や理論を多く含んでいるためです。

『**COSMOSの法則**』では、地球の法則や原理や理論、または、社会の一般的な常識や良識が、すべて真逆に解かれています。

物質世界の理論や法則では、絶対に理解も解明もできない、意識世界の事実に基づいた、理論や法則ばかりだからです。

ですから、理解するのに難しいと思ったら立ち止まらず、飛ばし読みをしてください。

『**COSMOSの法則**』は、『**ZEROの法則**』（幻冬舎）に基礎づけられていて、それを基本として、それを超越した、それ以上に高い次元の深い法則になっています。

ですから、「ZEROの法則」を理解すればするほど、さらに「COSMOSの法則」が、理解しやすくなると、僕は思います。

以前、テレビなどで人間の理解力というタイトルで、人間は同じことを何回、聞かないと理解に至らないか、という興味深い統計レポートがありました。

なんと、平均すると同じことを**「532回」**聞かないと、人間は正確に理解できないようになっているそうです。

ですから、同じような内容が何度も何度も、繰り返し繰り返し言及されていますが、しつこいとは思わずに読み進めてください。

なぜならば、この世の物質世界には、絶対に存在しない画期的な理論や法則ばかりだからです。

しかし、その難解さは、新たなパラダイムから生まれたものです。

ですから、その新たなパラダイムに慣れるにつれ、従来のどんな理論よりも、論理的で整合性をもった明快なものであることに、むしろ快感を伴うほどの納得を与えてくれるものになっています。

肉体が自分だと勘違いしている、どんなに偉そうなすべての学者よりも、読者の皆さんは、その学者以上の学者に、絶対に、なれることを保証します。

なぜならば、肉体が自分だと思い込んでいる学者ばかりですから、すでにその原点が、「嘘」と「偽り」と「間違い」だらけの**「知識」**だからです。

ですから、読者の皆さんは、最初の難解さに戸惑うことなく、理解できないところがあっても、そこで立ち止まらずに、どんどん先を読んでいってください。ある瞬間から、目の前の霧が晴れるように、すべてが深い納得のうちに疑問が氷解していきます。

この本の内容は、この世の中の常識や良識とは、まったく、かけ離れた真逆の内容ばかりですから、初めて目にする内容ばかりだと思います。

他人である肉体の虚相世界に存在するモノは、自分である実相世界には、一切存在しないからです。

例えば、時間は存在しない、空間も存在しない、数字も存在しない、質量も存在しない、などの内容ばかりです。

しかし、誰でも理解できるように事実のみを保障して、真実の保証に至るように書き進めたつもりです。

この本の法則や原則や理論に慣れていただくために、何度も何度も同じような内容が繰り返し出てくると思います。

ですが、またかと思わずに読み進めてくださると幸いです。

とにかく、この本は、疑って!!　疑って!!　疑って!!　一人ひとりの**「リテラシー」**（正しい理解力）に従って、読み進めてください。

疑えば疑うほど、真実が明らかになるからです。世の中、なんでも鵜呑《うの》みにして受け入れないことです。

なぜならば、地球星人は、他人である肉体という**「嘘の鎧」**を、自分だと勘違いしている生命体ですから、**「嘘の世界」（フェイクワールド）**に従って、自己保身のために**「嘘学《うそがく》」**を身につけて、**「虚相世界」**に於いて、**「嘘」**と**「偽り」**と**「間違い」**が、当たり前のようにまかり通って生きているからです。

このことの検証と証明は、後ほど詳しく解説します。

最後に、この本は**「他人事」**で読むと、まったく理解できなくなってしまいますので、すべてすべてを「自分のこと」として、**「自分の意識」**に置き換えることを、**「意識の置換法」**といい**「自分事」**として置き換えて読んでくださると、理解しやすくなると思います。

未来ある若者たちに、将来の夢と希望を与えうる、本書であることを祈念しております。

宇場　稔

第1章

「肉体は他人」という真理

✦目標は自己実現、目的は自己完結

では、いきなりですが、皆さんは、ご両親や学校の先生、または、会社の上司や誰かに、人生の存在目的と意味と意義と存在価値について、真剣かつ本音で話し合ったり、議論し合ったり、誰かに教わったことがありますでしょうか？

宗教団体に尋ねてみれば、念仏や題目、先祖供養と称する霊感商法、お布施や献金、信者獲得のための布教や伝道などを強要または強制され、宗教活動や布教活動や選挙活動などを強要されるのが関の山です。

私たちの身の回りを、よくよく見渡してみると、目的もなくただ存在しているものは、何一つとしてないと、僕は思います。

すべてのものは、それぞれが存在するための**「目的」**があって、それぞれが存在する**「意味と**

です。

意義」を見出しながら、それぞれが「価値」を創造するように方向づけられて存在しているから

アリは、アリとして存在する目的が、アリ自身の意識に存在していて、ゴキブリは、ゴキブリとして存在する目的が、ゴキブリ自身の意識に存在していて、彼らの意識の立場になって、理解し認識しない限り、とても人間には、彼らの存在目的も存在価値も、理解することも、計り知ることもできないと、僕は理解しています。

私たちは、アリにもゴキブリにもなれないわけですから、彼らの存在目的も存在価値もまったく理解できないと、僕は思います。

もし、そのように彼らの立場を理解できないまま、無情にも彼らを軽蔑するとしたら、それは単なる**「人間至上主義」**という、生物や万物に対する**「優生意識」**のエゴイズム以外の何ものでもないと思います。

人生の**「それぞれの目標」**は、それぞれの人の**「自由意志」**と**「自己決定」**と**「自己責任」**に委ねられています。

しかし、どういうわけか、人類の人生の**「共通の目的」**となると、誰も言及していないのが事実だと思います。

超一流のプロ野球の選手であっても、野球に関わることはできても、一生涯にわたって野球をやり続けることはできないと思います。いつか、バットとグローブを手放して、新たな人生を生きなければならない時が、必ず訪れます。

どんな人生を生きるのかという**「目標」**は、一人ひとりの人生に於ける、「自由意志」と「自己決定」と「自助努力」による、「自己責任」に委ねられています。

しかし、**「目的」**は、人類共通の**「意志」**の自助努力による**「自己完結」**として、一人ひとりが「自己責任」を負わなければならない、究極の存在目的だと思います。

「人生の目標」は、一人ひとりの「個性」による自己実現に方向づけられていて、**「人生の目的」**は、人類共通の「本性」による自己完結に方向づけられているべきです。

なぜならば、人類の生きる**「目的」**が、一人ひとりに**「共通」**の目的として存在していなければ、それぞれの関係に於いて、とても**「信用」**と**「信頼」**の関係を築くことはできないからです。

目的が違う者同士が生きるということは、お互いが信じ合う理由も根拠も保障もありませんから、必然的にカルマによる**「カオス」**が増大して、世界に拡大するだけだからです。

ですから、人生の共通の目的もなく、お互いが猜疑《さいぎ》心《しん》や疑《ぎ》心《しん》暗鬼《あんき》の関係では、絶対に安心と安寧と平和な世界は、永遠に人類は築くことができないと、僕は思います。

「あなたの人生の目的は、これですよね。私の人生の目的も、まったく同じです」と言い切れる、共通の目的が、お互いの確信と信念として存在していなければ、真実まことの共存、共栄、共生の世界が実現するとは、僕には思えないからです。

故に、**「目標は、自己実現であり、目的は、一人ひとりが自己完結」**しなくてはいけない、これが人類の共通の存在目的になると、僕は思います。

しかし、これまでの人類の歴史を振り返ると、宇宙の中で地球星人として存在する目的や、人生に於ける、地球星人としての共通の目的に対する、個々の使命や責任については一切、誰からも言及されていないと思います。

私たちはなぜ、金星人でもなく、火星人でもなく、木星人でもなく、土星人でもなく、地球星人の一つの生命体として生まれてきたのでしょうか。

なぜ、地球星人なのか？　その問いにすら誰も答えていないと思います。

この本を読み進めていくと、必ず理解できますので、楽しみにしていてください。

✦受精卵の発光現象は胎児の魂の光

何を目的に今を生きたらよいのかなど、本来、存在すべき目的がない人生に対して、一体、何の意味と意義を見出して、何を価値として生きていったら良いのでしょうか。

地球星人は、現世利益《げんせいりやく》のために、半径1メートル以内の目先の損得に人生が終始しています。

ですから、富士山の頂上がわからず、青木ヶ原の樹海を彷徨《さまよ》っている、堂々巡りのような生き方しかしていないのが現状です。

一人ひとりが、現世の自己実現のための目標はあったとしても、共通の宿命として訪れる、死線を超えたところに、当然、存在して然るべき、人類が自己完結すべき共通の目的がないのです。

死線が人生の共通のゴールだとしたら、当然、死線を超えたところに人生の共通の目的があるべきです。

人生の存在目的と意味と意義と存在価値を見出せないまま、共存、共栄、共生、核廃絶、ＳＤ

Gs（Sustainable Development Goals＝持続可能な開発目標）という言葉だけが独り歩きして、調和と秩序の欠落した社会構造が、歴史の中に連綿と織りなされています。

今なお、戦争や破壊や飢餓という**「カオス」**（混乱と混沌と混迷）は世界中に蔓延《まんえん》しても、どこにも**「コスモス」**（秩序と調和）は存在していません。

私たちは、無目的で、生きるために生きても、まったく意味と意義がないと、僕は思います。

なぜならば、必ず、他人である肉体は死ぬからです。死にゆく宿命にあって、この世の財産や地位や名誉などを築いても、脳の破壊と共に、すべてが失われていく宿命にあるからです。

今こうしている間にも、誰にとっても、時間と共に**「生」**は確実に**「死」**に近づいていますし、確実に「死」が刻一刻と近づいてきています。

死なずとも認知症やアルツハイマーになった瞬間に、誰でも築いてきた現世の価値観そのものが、生きながらにして、他人である肉体の脳の記憶と共に、すべて失われていきます。

私たちが地球生活をする前は、どこで生活していたかといいますと、お母さんのお腹の中で生活していました。お母さんのお腹という環境と経験を通過しないで、この世に生まれてきた人は誰もいないと、僕は思います。

イエスはマリアの子宮という環境を経験して生まれ、釈迦はマーヤの子宮という環境を経験して生まれてきました。

お母さんの子宮という環境を通過して、この世に生まれてきたという事実は、誰もが保証する紛れもない「**厳然たる事実**」です。

では、40週という子宮生活の期間は、一体、何を目的としていたのでしょうか？

結論です。子宮生活の40週の目的は、唯一、「**地球生活をするための準備期間**」です。目を作り、鼻を作り、口を作り、耳を作り、五臓六腑《ごぞうろっぷ》、四肢末端《ししまったん》に至るまで、子宮の中で準備されます。

しかし、準備されるすべての臓器や臓腑、四肢末端などは、子宮内ではまったく必要のないものばかりです。子宮生活は、子宮では必要のないものばかりを、準備していたことになります。これも紛れもない事実です。

子宮の胎盤からへその緒を通して、酸素をもらい栄養をもらって、細胞分裂を繰り返しながら、母親の子宮という環境の中で、次の生活の場所である、地球という環境に於いて、必要なものばかりを準備していました。

すなわち、完全に母親に「**依存**」して、肉体を準備してきたことになります。

母親が堕胎《だたい》を決意したら、子どもは、この世に生まれてくることができません。

40週の肉体形成の子宮環境が、胎児が地球生活をするために、最も、重要な準備期間となります。胎児にとって子宮環境は、肉体の屋台骨と骨組みを形成する、とても重要な場所であり環境であることが、誰でも理解し認識することができます。

子宮生活は、唯一、地球生活をするための準備期間です。これは、誰もが否定できない「**紛れもない厳然たる事実**」です。この事実として保証された、厳然たる「**真実**」を否定する人は、世界中に誰もいないはずです。

そもそも肉体の存在は、**「遺伝連鎖の法則」**に従って、38億年分の親なる先祖たちの遺伝情報が、DNAに踏襲され集積して作られた存在です。

バクテリアから人類に至るまで、すべての地球内生物に於ける進化の水先案内人は、共通の遺伝子DNAだからです。

DNAはアデニンとシトシンとグアニンとチミンという四つの核酸塩基の分子からなり、すべての地球内生物は、この四つのDNA意識から構成された、それぞれの遺伝情報によって存在しています。

地球内生物は、すべてが共通の遺伝子DNAの意識の情報によって存在しています。

そして、すべて存在するモノに、個々固有の意識が存在しているからこそ、さまざまなモノが存在していることになります。

当然、遺伝子に意識が存在していて、遺伝子の意識に従って、さまざまな細胞が存在しています。

では、人間の肉体進化はいつ起こるのかといいますと、母親の卵子が父親の精子を受精した瞬間、原始生命体であるバクテリアやウイルスのような、単細胞生物の状態から細胞分裂が始まります。

また、この時、卵子が精子を受精した瞬間に、受精卵がピカッと光り輝く瞬間があります。

この光り輝く瞬間は、すでに写真に事実として収められていますが、今の医学では、なぜ、受精の瞬間に光る現象が起こるのかは解明されていません。この光の正体こそが、胎児の魂の光そのものなのです。

その後、単細胞から一気に細胞分裂が始まり、38億年の進化の歴史を、DNAの記憶回路に従って、細胞分裂を繰り返しながら、僅《わず》か数か月足らずで父親と母親の遺伝情報にまで到達します。その時に、遺伝子DNAの進化過程に於ける、それぞれの構造配列の最後の一列に、38億年の肉体進化の過程に於いて、最後の先祖である**「母親の意識」**によって、子宮内で遺伝情報が上書き保存されて、新たな遺伝情報に書き換えられます。

すなわち、遺伝情報の最後の一列は、最後の先祖といわれる母親の**「肉体の意識」**によって書き換えられます。

肉体進化のメカニズムは、地球の環境の変化に伴う環境適合のデータを基盤にしてなされてきました。

✦父母の慈愛か憎悪かで、胎児の性質と体質が決定する

肉体の設計図であるDNAの基盤は、**「女性のミトコンドリアDNAの意識」**にだけ書き込まれ、すべて母親の「子の宮」である子宮という胎中環境で、遺伝子の構造転換がなされ、書き換えられていきます。

肉体進化は、**「母親の意識」**と**「遺伝情報」**に従って方向づけられ、子宮内で胎児の遺伝情報が書き換えられていきます。

故に、妊娠期間に於ける「母親の意識」が、いかに胎児にとって重要なのかが理解できます。その都度、その都度、「上書き保存の法則」によって、肉体を**「歴史の変化」**に従って進化させながら、現世の人類にまで遺伝情報を進化させてきました。

故に、同じ両親のＤＮＡから生まれた兄弟であっても、姉妹であっても、双生児であっても、顔かたちや性格や性質が、すべて異なっているのは、その都度、母親の意識が異なるからです。

肉体進化は自然環境や社会環境などの地球環境に於ける、単なる環境適合に於ける、機械的かつ物理的な理由だけで、ＤＮＡの組み換えがなされてきたわけではないと、僕は考えています。

もし、同じ地球物質界の環境下で、すべての生物が等しく肉体進化を遂げていくとしたら、地球内生物はこんなにも多種多様に存在するはずがないからです。

遺伝子ＤＮＡは地球内生物の物質的な共通分母であり、それぞれの個性の共通分母は、それぞれの**「意識」**です。

鳥と人間の違いはどこにあるのかといいますと、それぞれの意識という共通分母の上に乗っている分子である、それぞれの**「個性」**に基づく**「意志」**に進化の違いが顕在化しています。

例えば、鳥は空を飛びたいという強烈な、**「意志」**と**「個性」**に従って、鳥へと進化を遂げてきたのです。

そういう意味に於いて、自力で空を飛ぶ昆虫から鳥までの地球内生物は、空を飛ぶという**「意識」**に於いては、強烈な**「意志力」**と**「信念」**が、人間よりもはるかに強く、はるかに上回っていることになります。

そのような意味に於いて、空を自力で飛んでいる生物は、重力に拮抗《きっこう》しながら人間以上に「不可能」を「可能」にしているといっても過言ではありません。

肉体の進化は、自分である意識と、どの様な関係に基づいて、なされていくのでしょうか!?

肉体であっても、物理的に単純に進化がなされていくわけではないと、僕は思います。

実は、妊娠期間に於いて、母子それぞれの二つの異なった生命体の共同生活によって、進化と退化が方向づけられていきます。

ですから、子宮内で遺伝情報の書き換えをすべて終了して、肉体の進化か退化の基盤を、善くも悪くも創り上げてから、子は現世に誕生してきます。

胎児の人格形成と肉体形成は、夫婦の愛の情動と生活心情に基づいた、**「母親の精神状態」**に於ける子宮環境によって、善くも悪くも胎児の**「性質」**が形成されていきます。

それと同時に遺伝子の組み換えによって、善くも悪くも胎児の**「体質」**が形成されていきます。

このように妊娠と子宮生活という、二つの異なった生命体による、摩訶不思議な生命の営みの中に、大きな秘密が隠されていることになります。

慈悲と慈愛に基づく、父母の愛によって子宮生活を過ごした胎児は、人格に最も必要とされる**「愛の情動」**と、肉体に最も必要とされる**「体質改善」**がなされていきます。

ですから、精神的にも肉体的にも安定した人生を送ることが、自然とできるように準備が整っていきます。

しかし、不仲な父母の「不快な感情」によって、愛を享《う》けるどころか、言葉の暴力やデリカシーのない言動や虐待を心情的に受けながら、子宮生活を怯《おび》えて過ごしてきた胎児は、まったく性質と体質が違います。

劣悪な夫婦の場合、毎日のようにお互いが要求し合って、不快な感情で罵倒し合い、非難し合って、夫婦ゲンカが絶えず、未分化な性衝動（性癖）の淫乱生活の下で、毎日を醜悪な子宮環境で胎児は過ごしていきます。

故に、胎児は、母親の劣悪かつ醜悪な胎内環境によって、悲惨な子宮生活を過ごさざるを得なくなっていきます。

そのような胎児の意識は、絶えず父親の暴力に怯え、母親の劣悪な感情の一部始終を感じ取りながら、悲惨かつ悲痛な胎中環境の中で、人格破壊がなされていきます。

その結果が、劣悪な性質や性格に陥って、非行や登校拒否やいじめ、家庭内暴力、引きこもり、ニート、現実逃避などに陥っていく元凶にもなっていきます。

母親がマタニティーブルーや妊娠うつに陥ると、場合によっては、自己嫌悪と自己否定による、自傷行為や自虐行為によって、胎児の人格が著しく傷つけられていきます。

そのような胎児は地球生活に於いて、絶えず被害者意識による、怒りと責任転嫁という不快な感情に苛《さいな》まれていきます。

その結果、起立性調節障害や対人拒否や引きこもり、うつ病やパニック症などの精神障害によって、時により、劣悪かつ醜悪な人生を、自分自身で作り出すようになるかもしれません。

子どもの性質と体質は、子宮生活に於ける、母親の善くも悪くも情動と心情に委ねられた胎中環境によって、すべて決定してしまいます。

先ほども言及しましたが、胎児にとって妊娠期間に**「上書き保存」**される、最後の先祖である**「母親の意識」**が、いかに重要なのかが理解できます。

✦出生後の環境も人格形成に大きな影響を与える

子宮内で母親と共同生活者であった胎児が、子宮から生み出され、へその緒を切られた瞬間に、母体離脱して一人の独立した生命体としての人格形成史が始まります。

他人の他人である母親の「子宮環境」の終わりと共に、他人である肉体の「地球環境」の生活が始まります。

すなわち、へその緒を切るということは、胎児にとって**「死」**を意味します。

子宮生活の終焉である**「死」**と共に、地球生活の**「生」**が始まることになります。他人の他人という子宮環境での生活が終わると共に、他人である肉体の地球環境での生活が始まります。

すなわち、他人という呪縛から一つ解放されたことになります。

どんな人でも生まれてくる時は、地位や名誉や財物などに関係なく、人種や宗教や思想の違いも関係なく、平等に裸で生まれてきます。

死に逝く時は皆、肉体が**「動けない病《びょう》」**に罹《かか》って、人生の生き様に関係なく、現世利益《げんせいりやく》で得た地位も名誉も財物なども、脳の記憶と共にすべて失い、肉体すら焼かれて骨となり灰となって土に還《かえ》ります。アルツハイマー型認知症が重くなると、生きている間に脳の記憶と共に誰もがすべてを失うことになります。

しかし、この世に生まれた後に、待ち受ける環境は一様に異なっていて、どのような国に生まれ、どのような民族に生まれ、どのような両親に生まれたかで、地球生活に於ける人格形成史は著しく異なります。

例えば、日本で生まれた人の人格形成と、北朝鮮で生まれた人の人格形成とでは、あまりにも国家的な環境が違いすぎますので、人格形成は大きく異なります。

日本民族として生まれたのと、アラブ民族として生まれたのとでは、宗教の違いによっても大きく異なります。

愛に満たされた裕福な家庭に生まれたのと、劣悪な心貧しい貧困な家庭に生まれたのとでは、現世の天国と地獄のごとく違って、人格形成史に著しく影響を与えます。

このように出生後に迎えられた環境によって、地球生活に於ける人格形成史が大きな影響を受けることになります。

✦肉体は紛れもない他人

ここで皆さんに、最も**「重要」**なことを、お尋ねします。

「お母さんは、自分でしょうか?」。いえ、違います。お母さんは、お母さんであって、お母さん以外の何者でもありません。

なぜならば、お母さんは、個々固有の存在であり、オンリーワンの存在だからです。

ですから、自分ではありません。紛れもなく**「他人なのです」**。

では、「お父さんは、自分でしょうか?」。いえ、違います。お父さんは、お父さんであって、お父さん以外の何者でもありません。

なぜならば、お父さんも個々固有のオンリーワンの存在だからです。

すなわち、お母さんも、お父さんも、絶対に自分ではないことは、紛れもない事実であり、確かなことです。

故に、間違いなく、二人とも**「他人」**なのです。自分以外の存在を他人といいます。

では、**「他人の精子」**と、**「他人の卵子」**が、結合して**「他人の子宮」**で作られた皆さんの**「肉体」**は、自分でしょうか?

いや、絶対に違います。**「他人」**以外の何者でもありません。これは**「厳然たる事実」**です。

最初から最後まで、他人によって作られた肉体が、急に自分になることは、絶対にあり得ないからです。

そもそも、顔から姿形まで、すべて違う人が、自分であるはずがありません。

肉体が自分であると勘違いしていることこそが、**「嘘」**と**「偽り」**と**「間違い」**の始まりであり、**「悪業」**という**「カルマ」**によって、**「混乱」**と**「混沌」**と**「混迷」**という**「カオス」**の世界を作る原因になっています。

「肉体は紛れもない他人」であり、そのことは、誰も否定できない**「厳然たる事実」**であります。

この事実に異論や反論や疑問を申し立てる人は誰もいないはずです。

「肉体が自分だと勘違いしている」ところに、すでに大きな**「嘘」**と**「偽り」**と**「間違い」**があることを、理解し認識することが、人生に於いて、最も重要なことになります。

なぜならば、この思い込みと勘違いによって、「肉体の欲望」に従って、争ったり奪い合ったり、戦争という最悪の暴力によって、殺し合っているからです。

「肉体の欲望」を理解するためには、肉体のルーツ（根）である、肉体の根源を検証していくことが必要です。

私たちの肉体のルーツを辿《たど》っていくと、38億年前の最初の生命体である、ウイルスやバクテリアに到達することができます。

ウイルスやバクテリアは、自分ではエネルギーを作り出せませんから、生命活動をするためには、自分以外のモノから、なんらかのエネルギーの素である原料を獲得しなくてはいけません。

この自分以外の存在から、なんらかのエネルギーを**「獲得」**しなくては、生きていけないメカニズムとシステムが、肉体の**「欲望」**の起源であり、諸悪の根源の始まりになっています。

すなわち、他人である肉体は、自分では生命エネルギーを、一切、作り出せない存在です。

ですから、**「捕食欲」**という「欲望」が、なくては存在できない、哀れな**「宿命」**に置かれているといっても過言ではありません。

故に、人間は、死ぬ終末期まで、なんらかの**「捕食活動」**（胃瘻《いろう》や点滴などを含む）をしなければ、生きることができません。

もし、世界にたった100トンの食糧しかないとすると、80億人が、他人である肉体を養い生かすために、その食糧をめぐって、必ず**「欲による争奪戦」**が起きます。

今、現在、全世界のお金の総資産は、17京6000兆円あります。その限られたお金をめぐり、肉体の「財物欲」を満たすために、世界中の富裕層の人たちが、嘘と偽りの駆け引きで熾烈《しれつ》な経済の奪い合いを行っています。

これが貧富の格差や生活力（幸福度）の差別を増長している、主な原因になっています。

もう一つの原初の欲望が、肉体の連鎖を絶やさないために、子孫を残していくための**「生殖欲」**という繁殖行為である**「性欲」**です。

すなわち、エネルギーの獲得のための**「食欲」**と、生殖のための**「性欲」**が、肉体の二大欲望の始まりになっています。

この二大欲望は、38億年かけて食欲は**「財物欲」**に強化され、性欲は**「地位欲」**や**「名誉欲」**などに強化されながら、**「欲望」**は、飽くなきまでに肥大化してきました。

この「食欲」と「性欲」は、38億年にわたって踏襲され続けて、今もなお、私たちの「肉体の意識」に内在しています。

では、肉体が他人であるという、根拠と理由に言及したいと思います。

皆さんの肉体は、地球生活をする前は、どこにいたかと言いますと、お母さんの子宮で約40週間、細胞分裂を繰り返しながら、地球生活をするための準備をしていました。

では、子宮生活をする前は、どこにいたかと言いますと、お父さんの精子と、お母さんの卵子の中に38億年分の親なる先祖たちの遺伝情報が、ＤＮＡ（肉体の設計図）に踏襲され集積して作られた**「ＤＮＡの意識」**として存在していました。

では、その前はどこにいたかと言いますと、お父さんと、お母さんが、「生殖欲」に従って、セックスをしたいという、**「性欲の意識」**の中に存在していました。

すなわち、皆さんの肉体の原点は、お父さんと、お母さんが、セックスをしたいという**「他人の性欲」**である**「肉体の性欲」**が、皆さんの「肉体の意識」の原点であり原因となって、皆さんの肉体の創造が始まりました。

これも紛れもない「事実の保障」であり、厳然たる事実です。

他人である両親の**「性欲」**という**「他人の意識」**である**「肉体の意識」**が、皆さんの肉体の創造の原因として存在していなければ、皆さんの肉体は、存在することすらできませんでした。

「他人の意識」である**「肉体の意識」**とは、38億年分の親なる先祖たちの遺伝情報が、ＤＮＡに踏襲され集積して作られた**「遺伝子の意識」**の結実をいいます。

すなわち、先祖から踏襲した遺伝子の意識の**「癖」**が、そのまま現世の「他人の意識」である「肉体の意識」の**「肉体癖」**として、顕在化してくることになります。

わかりやすい例が、性欲による「性癖」（地位欲）や、食欲による「盗癖」（財物欲）などが、先祖から踏襲した「遺伝子」の「意識癖」という「肉体癖」になっています。

故に、生殖欲と捕食欲が強い人は、地位欲と財物欲が強いということになります。

なぜならば、**「肉体」**は、**「性欲」**と**「食欲」**という**「欲望」**によって作られた奇怪な**「エロ**

ス」の創造物だからです。

すなわち、善くも悪くも遺伝子の意識が、細胞の意識を方向づけて、細胞組織の意識を方向づけて、細胞組織の意識が、さまざまな器官の意識を方向づけて、それぞれの器官の意識が、それぞれの臓器や臓腑、四肢末端に至るまでの意識を方向づけて、最終的に善くも悪くも「他人の意識」である「肉体の意識」に特化されて運行しています。

ですから、肉体の病気や容姿や癖などは、すべてが先祖から踏襲した、「他人の意識」である「肉体の意識」が作り出したものです。

故に、誰もが肉体に満足しているわけではなく、仕方なく受け入れているだけのことです。

例えば、先天的な障害やがんや難病、奇病や顔かたち、また、精神病と思われている統合失調症や解離性精神障害やうつ病などは、**「自分の意識」**が、作りたくて作ったものではなく、すべてが先祖から踏襲した「他人の意識」である「肉体の意識」が作り出したものだからです。

なぜならば、**「意識」**は、すべてのモノに対して、それぞれの次元に応じて存在していて、遺伝子にも意識が存在しています。当然、細胞にも意識が存在しています。

例えば、先祖から踏襲したがん遺伝子の意識が、がん細胞の意識を形成して、がん細胞の意識が、がん組織の意識を形成して、がん組織の意識が、さまざまな臓器や臓腑に意識が拡大して、最終的に「肉体の意識」そのものを蝕《むしば》んで、「肉体の意識」と共に「肉体の死」へと至らしめます。

すべての肉体に於ける、さまざまな原因は、善くも悪くも先祖から踏襲した**「遺伝子の意識」**

が始まりになっています。

それらの意識が統合されて作り上げられたのが、現世の「他人の意識」である「肉体の意識」なのです。

すなわち、「他人の意識」である「肉体の意識」の原点は、先祖から踏襲した「遺伝子意識」から、すべてが始まって、善くも悪くも「肉体癖」として、現世で顕在化していることになります。

もし、「自分の意識」が、肉体形成に介在して、肉体に反映させられるのでしたら、誰もが、健康体で頭《ず》脳明晰《のうめいせき》、容姿《ようし》端麗《たんれい》、スポーツ万能の肉体で生まれてきたはずです。

しかし、現実は、まったく違っていて、そのようにはなっていません。

ですから、最初から最後まで「他人の意識」によって、皆さんの肉体は作られて存在しています。

お父さんの性欲の意識が内包した精子を、お母さんの性欲の意識が内包した卵子が受け取って、性欲が内在した受精卵の意識が、子宮の粘膜を破って子宮壁に寄生するように着床します。

その直後に、受精卵に内在している捕食欲の「意識」が、子宮壁に胎盤を形成して、「寄生虫」ならぬ**「寄生体」**として、母親から酸素や栄養を、**「食欲」**によって奪い取って成長してきました。

皆さんの肉体は、最後の先祖である母親の意識に従って、遺伝子を組み換えながら、善くも悪くも子宮生活を過ごすことになります。

このように、皆さんの肉体は、初めから終わりまで、**「他人の意識」**によって、すべてが作り出されたものです。これも紛れもない事実です。

すなわち、他人である肉体が創造される過程に於いて、「自分の意識」が、一切、介在することもなく、反映することもありませんでした。

皆さんの肉体は、38億年にわたって、親なる先祖から踏襲し続けた、「性欲」と「食欲」という**「他人の意識」**である**「肉体の意識」**の**「欲望」**によって、すべてが作り出されたものです。これも紛れもない、厳然たる事実です。

唯一、「自分の意識」が、介在して反映させられるものがあるとしたら、それは、善くも悪くも心の形成過程である**「人格形成」**だけです。**「肉体形成」**には、ほとんど反映させられません。**「人格」**である**「心」**は、善くも悪くも**「自分の意識」**だけが介在して反映させられる、唯一の存在だからです。

「自分の意識」が、自分を**「愛の理想の人格者」**にするのも、肉体の世界に於ける、**「欲の現実の非人格者」**にするのも、すべて**「自由意志」**に委ねられているからです。

結論です。皆さんの肉体は、初めから終わりまで、すべてが**「他人の意識」**によって、**「他人の身体」**で作り上げられた存在であることは、厳然たる事実です。

それはすなわち、「肉体」は、「性欲」と「食欲」という、「他人の意識」によって作られて、**「欲望」**そのものを体現化した、奇怪な**「エロス」**の創造物に過ぎないからです。

肉体の創造には、一切、「自分の意識」が介在することもなく、反映されることもないからです。

故に、皆さんの肉体は、「他人の意識」であり「他人の身体」そのものだということになります。

私たちは、肉体に内在する**「欲望」**という**「肉体の意識」**に支配されて、他人である肉体を養い生かすために、**「肉体の意識」**という**「他人の意識」**に、**「無意識」**に支配されて奴隷のごとく、囚人のごとく、仕方なく生きて、仕方なく死んでいくことになります。これも厳然たる事実です。

これに異論や反論のある人は、誰もいないはずです。

すなわち、**「他人の意識」**であって**「肉体の意識」**であり、**「肉体の意識」**であって**「他人の意識」**である、「他人の意識」と「肉体の意識」は、まったく同じ**「欲望の意識」**だからです。

ですから、「他人の意識」と言ったら、「肉体の意識」であり「欲望の意識」だと理解して読み進めてください。

なぜならば、肉体の「他人の意識」が、「自分の意識」であると、証明することは、あまりにも「**嘘**」と**「矛盾」**と**「間違い」**だらけになってしまうからです。

もし、肉体の「他人の意識」が、「自分の意識」であることを、証明できる人がいたら、その人は、ノーベル賞以上の大発見をしたことになります。

故に、肉体の「欲望」や「感覚」や「知識」や「行動」は、すべて**「肉体」**の**「他人の意識」**である**「肉体の意識」**という**「無意識」**によって、方向づけられていることを、理解して読み進めてください。

「他人の意識」は、あくまでも「他人の意識」であって、「自分の意識」ではありません。ですから、「自分の意識」が及ばない「意識」を**「無意識」**といいます。

すなわち、肉体の目が見るもの、耳が聞くもの、鼻が嗅ぐもの、舌が味わうもの、肌身が感じるものなどは、すべてが「他人の意識」である「肉体の意識」が感じ取っているモノなのです。

これらの「肉体の意識」という**「肉体感覚」**が、**「自分の意識」**だと思い込んで、勘違いしているところに、大きな「嘘」と「偽り」と「間違い」があります。

「自分の意識」は、あくまでも「自分の意識」であって、「他人の意識」ではありません。「他人の意識」である「肉体の意識」と、「自分の意識」は、まったく別モノだからです。ですから、「自分の意識」が介在できて、反映させられる意識を**「有意識」**といいます。

肉体の不自由な「他人の意識」と、自由な「自分の意識」は、まったく別モノですから、しっかりと峻別《しゅんべつ》してくださると、諸々の理解がしやすいと思います。

例えば、美味しいものを食べたい（食欲）、セックスをしたい（性欲）、ディズニーランドに行きたい、オシャレをしたい、地位や名誉や財物などを得たいなど、すべて肉体の**「欲望」**から発動する**「意識」**は、実は、すべてが**「肉体の意識」**から発動されたものなのです。

「他人の意識」である「肉体の意識」が、満足したいから食べたいのです。体の感覚がセックスをして性欲を満たしたいからセックスするのです。ディズニーランドに行って肉体感覚によって、癒《いや》され楽しみたいからディズニーランドに行くのです。オシャレやお化粧をして人から良く見られたいからオシャレやお化粧をするのです。

この「他人の意識」である「肉体の意識」を、「自分の意識」だと思い込んで勘違いしていることが、すべての**「欲望」**の始まりになります。

すなわち、自分以外のさまざまなモノに依存して従属することによって、**「愛されたい」**という「欲望」を動機として行動するのであって、決して、食べ物や他人やディズニーランドや洋服を**「愛したい」**という「愛」を動機として行動するわけではありません。

私たちは、一事が万事、「他人の意識」である「肉体の意識」に従属しながら、「自分の意識」が、一日の大半を支配されて「不自由」に過ごしています。

故に、肉体の活動に使っている「意識」は、すべてが「他人の意識」である「肉体の意識」に従って、「欲望の意識」を動機として行動しています。

ですから、肉体が自分だと思い込んで勘違いしている人たちは、**「欲望」**の意識が中心に存在していますから、愛しているかのように見えても、すべてが自己欲求と承認欲求の**「偽善」**になってしまいます。

「愛されたい」と「愛したい」の違いは、後ほど、詳しく解説します。

この肉体の「他人の意識」が、「自分の意識」だと思い込んで、勘違いしていることが、極めて稚拙であり拙劣なことなのです。

しかし、**「自由」**な「自分の意識」は、**「不自由」**な「肉体の意識」に支配されていて、常に、**「不可能」**な「意識」に置かれています。

例えば、空を自由に飛びたい、海の底を自由に散歩したい、宇宙の彼方まで自由に行きたい、何でも自由に創り出したい、永遠に、自由と愛と喜びを謳歌《おうか》したい、感謝と喜びで生きたいなど、誰でもが考えることです。

肉体の**「桎梏《しっこく》」**（足かせ、手かせ）から解放された、自由な意識の世界が、真実まことの「自分の意識」の**「実相世界」**だからです。

すなわち、「自由」な「自分の意識」は、「他人の意識」である「肉体の意識」では、絶対に不可能な**「自由世界」**に存在しています。

「他人の意識」である「肉体の意識」は、**「不自由」**そのものであり、「自分の意識」は、本来、**「自由」**そのものの存在だからです。

「他人の意識」と「自分の意識」は、「意識」が、肉体に支配されて「不自由」なのか、肉体の桎梏から解放されて「自由」なのかを検証することで、容易に峻別できます。

肉体に内在している「他人の意識」である「肉体の意識」は、**「欲望」**によって、**「無意識」**に発動する意識ですから、このことをよくよく理解して読み進めてください。

最後のほうで、**「自分の意識」**が、**「自分の意識場」**を**「意識」**して、生きる生き方の大切さについて、詳しく言及しています。

話を戻しましょう。

このように嘘と偽りと間違いは、どこまで行っても、嘘と偽りと間違い以外の何ものでもありません。

ですから、僕は、肉体が自分だと思い込んで、勘違いしている人たちの意見は、参考にはしますが、それをまことしやかに、受け入れる理由も意味も価値もないと思っています。

肉体は他人であると理解している人の意見は、積極的に、真摯《しんし》に謙虚に聞こうと、常に、心がけています。

なぜならば、肉体が自分だという**「事実」**を**「証明」**することは、あまりにも**「嘘」**と**「偽り」**と**「間違い」**ばかりが、次から次へとありすぎてできないからです。

肉体が自分だと思い込んでいること自体が、すでに人生に於けるボタンのかけ違いをしていると、僕は理解しているからです。

その証拠として、**LGBTQ**（Lesbian, Gay, Bisexual, Transgender, Questioning の頭文字で、性のあり方を表す）の人たちがよい例です。

また、**SOGI**（Sexual Orientation and Gender Identity ＝性的指向と性自認）の有用性を認めている人たちは、**「自分である意識体」**に従って、**「性的思考」**（性的指向）や**「性的認知」**（性自認）をしています。

「意識体」とは、自由な**「自分の意識」**と**「意志」**を持った、一人ひとりの**「無形」**なる、唯一無二の**「個性心理体」**のことをいいます。

「自分の意識」が介在し反映させることができる**「存在」**を**「意識体」**といいます。**「他人の意識」**である**「肉体の意識」**が介在し反映させることができる存在を**「肉体」**といいます。

ここで重要なことは、**「意識」**は、それぞれに、それぞれの意識が、固定されてあるわけではありません。「意識」は「意識」であって**「意識」**以外の何ものでもありません。
ですから、すべてが、存在するモノの**「次元」**に応じて、それぞれの次元の意識が、それぞれに存在することになります。意識には、差別も区別もありません。

「意識」は、**「自由」**かつ**「可能」**な存在ですから、意識体にも肉体にも、それぞれに存在して、それぞれに対して唯一無二の存在だからです。

故にそれは、「意識体」に存在している時は、**「自分の意識」**である**「意識体の意識」**として存在して、「肉体」に存在している時は、**「他人の意識」**である**「肉体の意識」**として存在していま す。

意識体の「自分の意識」は、常に、**「自由」**へと方向づけられていますが、肉体の「他人の意識」は、常に、**「不自由」**と**「不条理」**と**「理不尽」**へと方向づけられています。

「自分の意識」が、**「他人の意識」**である**「肉体の意識」**に支配されて、肉体が、自分だと思い込んで、勘違いしている人たちは、肉体の「物質脳」である**「頭脳」**の**「知識」**や**「感覚」**（五感）という**「欲望」**が、**「自分の意識」**だと大きな間違いをしています。

肉体の**「物質脳」**である**「知識」**や**「感覚」**（五感）は、あくまでも**「肉体の意識」**の**「欲望」**の道具であって、単なる**「他人の意識」**である**「無意識」**（欲望）の**「道具」**に過ぎません。

例えば、他人である「肉体の意識」が、美味しいものを食べたいと思ったら、道具である「頭脳」が反応して、何を食べようかと考えます。

「頭脳」が食べたいものを決定したら、それに従って「肉体」が、そのための行動を起こします。

ですから、「道具」である「頭脳」が、何かによって破壊されてしまえば、「道具」は、道具でしかありませんから、すべての機能は停止して、使い物にならなくなってしまいます。

例えば、脳梗塞や認知症や事故などによって、脳細胞が破壊されて脳死状態になった瞬間に、機能不全に陥って「肉体」の「意識」は遮断されることになります。

肉体が破壊されて「肉体」の「他人の意識」が、遮断された肉体の状態を、**「肉体の死」**といいます。真逆に、他人である「肉体の意識」が、機能せずに発動しなくなった状態も、「肉体の死」といいます。

結論です。**「他人の意識」**である**「肉体の意識」**は、肉体の死と共に**「消滅」**していきます。

しかし、**「自分の意識」**である**「意識体の意識」**は、肉体の死と共に**「顕在化」**していきます。

肉体の死後、**「自分の意識」**である**「意識体の意識」**が、顕在化する世界を**「意識界」**といいます。

故に、私たちは、「他人の意識」である「肉体の意識」の世界から、「自分の意識」である「意識体の意識」の世界に、唯一、行くための準備をしていることになります。

他人である肉体の**「死」**と共に、**「他人の意識」**である**「肉体の意識」**も同時に**「終焉」**を迎えることになります。

意識と頭脳の関係は、わかりやすく解説すると、例えば、放送局の電波が意識であり、テレビが頭脳の関係によく似ています。

放送局の無形なる電波が供給されて、電波がテレビに反映されて映し出されます。

しかし、電波が供給されていても、テレビが故障すると、電波はテレビに遮断され、テレビには反映されなくなります。

当然、放送局の電波が供給されないとテレビは映りません。

このように、無形の肉体の**「意識」**が**「主体」**になり、有形の肉体の**「物質脳」**が**「客体」**になって、そのまま「肉体」の「他人の意識」が、善くも悪くも「頭脳」に反映されるようになっています。

肉体の物質脳である頭脳の「知識」も、五感である「感覚」も、単なる「肉体」の**「他人の意識」**である**「肉体の意識」**の**「道具」**に過ぎないからです。

人間の最も劣悪な勘違いは、他人である肉体の「物質脳」が、自分の**「心」**や**「意識」**や**「精神」**だと勘違いしていることです。

「他人の意識」である「肉体の意識」が、肉体の目が見るもの、耳が聞くもの、鼻が嗅ぐもの、舌が味わうもの、肌身が感じるものが、「自分の意識」だと思い込んで、勘違いしているところに、すでに、大きな「嘘」と「偽り」と「間違い」があります。

精神医学の医者も、一般医学の医者も、「心」は「脳」に存在していて、精神障害は脳のダメージ（障害）だと思い込んでいます。

この稚拙かつ拙劣な無知の勘違いが、大きな「嘘」と「偽り」と「間違い」だらけの原因になっています。

近年、**「AI」**（人工知能）の技術が、長足的な進化を遂げて、もはや、人間の知識や知能のレベルを、ＡＩが、はるかに超えてしまいました。

とくに、**ChatGPT** に始まる、さまざまな **「生成ＡＩ」** や **「ロボット技術」** などは、人間の知的能力や芸術能力をはるかに超えています。

今後、インフラを含めて、ありとあらゆる分野に於いて、ＡＩの技術が導入されていき、私たちの生活は、ＡＩなくしては、立ち行かない時代になっていきます。

旧態依然として、人類は、肉体が自分だと勘違いしていると、人間が、気づかないうちに、ＡＩとロボットに道具のように使われる時代が訪れるのは間違いないと、僕は老婆心ながら心配しています。

なぜならば、ＡＩの頭脳が、人間の頭脳を超えてしまったからです。

このままだと、ＡＩとロボットによって、人間が支配される時代が到来するのも、そう遠くはないかもしれません。

「ＡＩ革命」 と **「ロボット革命」** は、もう、誰も止めることはできません。必ず、行き着くところまで行きます。

「性欲」 と **「食欲」** という **「欲望」** の **「意識」** によって、作られた肉体の「物質脳」の感覚が、我々の意識体を支配しているように、人間が作り出した **「ＡＩ」** という **「物質脳」** によって、今度は、人間が支配される時代が訪れるかもしれません。

「ＡＩ革命」と「ロボット革命」によって、**「人間が人間を必要としない時代」** が、必ず、近未来に訪れるからです。

それが証拠に、先進国に於いて、**「少子化」**に歯止めがきかなくなっているのは、**「人間が人間を必要としない時代」**に、近未来は向かっていることの裏返しだと、僕は理解しています。

AIについては、『ZEROの法則』にて、すでに詳しく解説しています。ぜひ、参考にしてみてください。

しかし、所詮、AIとはいっても、肉体の**「物質脳」**の延長線上に存在する、物質から作られた**「人工知能」**に変わりはありません。

そもそも、AIは、「他人の意識」である「肉体の意識」に支配されている欲望の道具である「物質脳」が作り出した存在です。ですから、いずれ**「AI」**は、全人類のありとあらゆる「欲望」を学習しながら「ビッグデータ」として集積した、欲望だらけの恐ろしい**「AIロボット」**に変貌を遂げる時が必ず訪れます。AIロボットが人間は必要ないと判断したら、人類の粛清が始まるかもしれません。僕は、そのようにならないための準備として、すでにある方々に解決策を託し、お願いしています。

意識体と肉体は、自分自身で存在するためのエネルギーを作り出せるのか、それとも、なんらかのエネルギー源を獲得し奪わないと、エネルギーを作り出せない存在なのかによって、大きく違った存在になっています。

すなわち、自己発電できる意識体なのか、自己発電できない肉体なのかの違いです。

「自分である意識体」の「意識」は、自分の「意識体」にすべてのモノを、創り出せる存在となっています。

しかし、「他人である肉体」の「意識」は、何かに依存して従属しないと、何も作り出せないように、メカニズム化されシステム化されています。

故に、肉体の**「他人の意識」**が、作り出せるものは、善くも悪くも**「他人である肉体」**の**「五感」**のみに依存した、**「不自由」**な**「感覚」（Feel）**の世界観だけです。

意識体の**「自分の意識」**が、創り出せるものは、善くも悪くも**「自分である意識体」**の**「意識」**の**「次元」**による、**「自由」**な**「情動」（Emotion）**の世界観です。

先ほど言及したように、肉体の物質脳である頭脳の「知識」も、五感である「感覚」も、単なる「肉体」の**「他人の意識」**の**「道具」**に過ぎません。

反対に、意識体の「心」や「人格」は、善くも悪くも**「自分の意識」**の「心情」や「情動」の**「道具」**になっています。

故に、**「肉体」**の性欲と食欲という**「欲望」**の「他人の意識」と、**「意識体」**の「自立」と「自由」という**「諦観《ていかん》」**の**「自分の意識」**は、まったく別モノですから、同じものだとは思わないでください。

「諦観」とは、物事を正しく見極めて、正しい判断をする能力や理性（愛）のことです。

この事実に対して異論や反論を唱える人は、自分自身の**「心のかたち」**を、もう一度、検証して、確認したほうが良いと思います。

話を戻します。

故に、ＬＧＢＴＱの人たちの多くは、他人である肉体に、自分である意識体（性質や性格）を合わせて生きようとはしていません。

意識体については、後ほど、誰でも理解し納得できるように解説します。

故に、トランスジェンダーの人たちは性転換手術も自分である**「意識体の性《さが》」**に合わせて、他人である**「肉体の性」**の**「転換手術」**を行います。

性《さが》とは、生まれ持っている潜在的な「意識体」の「性質」です。

その人たちこそが、自分である意識体に対して、正直に素直に生きていこうとしています。

決して、他人である肉体に合わせて、「嘘」と「偽り」と「間違い」で生きようとはしていないと、僕は思います。

肉体が自分だと勘違いしている無知なる人たちの中には、そのような人たちは**「脳の障害」**だと言い張る国会議員や宗教団体や脳科学者までもが出現しています。性に対する独善的な価値観を持っている宗教団体は、性的マイノリティに対して、蔑視《べっし》したり、差別したり、同性婚は認めないなどと、強固に反対します。

そのような人たちは、一人ひとりの性質や性格、精神的な情動などは、すべてが肉体の脳の病気だと勘違いしています。頭脳は、**「肉体の意識」**の単なる道具に過ぎません。

精神科医も他人である肉体が、自分だと勘違いしていますから、脳の疾患だと思い込んでクスリのリスクも考えずに乱用しています。

✦「他人である肉体」と相反する「自分である意識体」

脳と心の問題は、別次元のことであって、自分と他人ほどの違いがあります。

ですから、肉体が自分だと思い込んでいる人たちは、他人である肉体を中心に、すべてが物質的かつ物理的にしか理解できません。また、そのようにしか捉えられないと思います。

脳の障害だと勘違いするのはけっこうですが、そもそも、肉体そのものが他人ですから、自分である意識体にとっては、まったく関係ないことです。

故に、**「他人である肉体」**と、**「自分である意識体」**は、まったく別モノであることを、LGBTQの人たちが、明確に証明しています。

当然、SOGIの多様性によって、一人ひとりの性的思考（性的指向）は、一人ひとりの**「意識体」**の自由意志であって、何の問題もないことが、明確に証明されます。絶対に、そのような人たちを蔑《さげす》んだり軽蔑したり、差別や偏見でみることは、人として恥ずべき行為だと思います。

まして、それぞれのSOGIに対する違和感などは、決して、あってはならない、劣悪な差別行為以外の何ものでもないと思います。

とくに、「優生思想」や「独善的な宗教」に偏っている人たちの価値観は、性差別やLGBTQの人たちに対する偏見を持ちやすい性質や体質になっています。

所詮、肉体は他人ですから、LGBTQの人たちやSOGIの多様性を理解して、信念や確信に至っている人たちは、無責任な無知なる人たちの批判や批評など、一切気にすることなく、自分である意識体に基づいて、正々堂々と正直に生きていくべきだと思います。

そして、社会はそれを無条件で全面的に受け入れていくべきです。

なぜならば、**「運命の主人」**または**「人生の主体」**は、**「自分である意識体」**であって、決して、**「他人である肉体」**ではないからです。

私たちは、一体、誰の人生を生きているのか？　自分の人生を生きているのか？　他人の人生を生きているのか？　真剣に、自分自身が自分に問い直していく時代が来ていると、僕は思います。

私たちは、死にゆく他人である肉体を養い生かすために、一生涯を費やしていいものなのか？　それとも、自分である意識体を養い育てて、肉体の死後に訪れる意識の世界のために、意識体を成長させ成熟させるために生きるべきではないのか？　真剣に問われなければいけない時が来ていると、僕は思います。

当然、自分である意識体のために生きてこそ、人生に於ける、真実の存在目的と意味と意義と存在価値が担保され保証されると、僕は、理解し確信しています。

それが一人ひとりの真実の**「実相世界」**だからです。

他人である肉体の世界は、自分である意識体の世界にとっては、嘘偽りの**「虚相世界」**そのものです。

ただし、**ＬＧＢＴＱ**の人たちも、人生の**「存在目的」**と**「意味」**と**「意義」**と**「存在価値」**が理解されていなければ、どうでもよいことになってしまいます。

例えば、釈迦の教えである、四苦八苦《しくはっく》の四苦である「生《しょう》・老《ろう》・病《びょう》・死《し》」も**「肉体事」**であり、

「他人事」です。

八苦である、「愛別離苦《あいべつりく》」、「求不得苦《ぐふとくく》」、「怨憎会苦《おんぞうえく》」、「五陰盛苦《ごおんじょうく》」も、他人である肉体世界の**「世俗的」**な悲哀と怨讐《おんしゅう》の他人事の世界観です。

故に、その証拠として、仏教の仏像は、ほとんどが他人である肉体の顔かたちや形状をしています。

現世の**「肉体世界」**の悩みや苦しみは、他人である**「肉体事」**であり、**「他人事」**であり、自分である**「意識体事」**ではないと、僕は理解しています。

「他人である肉体」と、相反する**「自分である意識体」**の存在については、後ほど、詳しく検証して、誰でも簡単にわかるように解説します。

✦「嘘」と「偽り」と「間違い」を疑い、対極の「真実」と「事実」の存在に至る

孔子の儒教も、他人である肉体の世界での世俗的な価値観の思想であり、仁・義・礼・智・信も**「肉体事」**が中心であり、すなわち、**「他人事」**に過ぎないと、僕は理解しています。

儒教は、他人である肉体の関係に基づく、**「男尊女卑」**や**「親子思想」**や**「家長主義」**などの、現世的な価値観そのものの考え方だからです。

人生の存在目的も意味も意義も存在価値も、**「現世利益《げんせいりやく》」**の**「世俗」**の**「価値観」**に従っていて、何一つ**「超俗」**した価値観はないと、僕は理解しています。

すなわち、いずれも意識体の「自分の意識」と、肉体の「他人の意識」との峻別《しゅんべつ》がされずに、

極めて曖昧な理論体系になっているからです。

このことについては、後ほど、誰でも理解できるように、詳しく検証して証明します。

ですから、僕は、他人である肉体の延長線上に存在する、すべての常識や良識の**「現世世界」**を疑って、疑って、疑っていくことに、自助努力を傾注してきました。

すなわち、他人である肉体の延長線上にある「常識」と「価値観」と、自分である意識体の延長線上にある「良識」と「価値観」とを、峻別する作業を徹底して試みてきました。

なぜならば、目の前に存在する**「嘘」**と**「偽り」**と**「間違い」**を、徹底して疑わない限り、「嘘」と「偽り」と「間違い」の、対極に存在する、**「真実」**と**「事実」**の存在に至ることが、絶対にできないと考えたからです。

僕は、闇雲《やみくも》に真実を探求するよりも、今、目の前に**「実在」**する「嘘」と「偽り」と「間違い」を、疑いながら**「真偽」**の有無を検証していくべきだと考えたからです。

そのほうが、**「事実を保障」**することによって、より次元の高い**「真実を保証」**できると、僕は考えたからです。

ですから、僕は、手探りで真実を求めることよりも、この世のありとあらゆる常識や良識を疑って、疑って、疑って、徹底して疑って、**「真逆」(Paradox)**に検証していく**「思考体系」**を、徹底して身につけてきました。

人間世界の「嘘」と「偽り」と「間違い」を疑って、疑って、**「否定」**していくことによって、必ず、**「真実」**の**「確信」**と**「肯定」**に至ることができると思ったからです。

皆さんも、僕の言っていることを、鵜呑《うの》みにしないで、まずは、自分で疑って、疑って、疑って、「**嘘**」と「**真実**」を、自分自身で検証して見極めていってください。他人の意見はあくまでも他人の意見であって、自分の考えとは一致しないことがたくさんあります。

僕は、決して、自分が言っていることが、すべて真実であり真理だとは思っていません。

ですから、間違っているところがあったら、遠慮せずにご意見なり、ご指導なり、ご鞭撻《べんたつ》を、よろしくお願いいたします。

この世の常識や良識と思っていたことが、すべて「**逆説**」に説かれていきますので、戸惑われたら、そこで止まらずに、どんどん読み進めてください。

真逆の理論と法則が多く含まれていますので、同じような内容が何度も何度も、繰り返し言及されていますが、またかと思わずに読み進めてくださると幸いです。

必ず、理解し納得できる瞬間を迎えることになると思います。

✦私たちに存在する真逆のロジック――「自分」と「他人である肉体」

これから、他人である肉体と、自分である意識体の事実について、明瞭かつ明確に証明していきましょう。

では、一体、自分といえる存在は、何なのでしょうか。

私たちは、他人である肉体とは真逆の「**もう一つの存在**」があることを、理解し認識することが、「**真実**」と「**事実**」を、検証し把握する上で、最も重要なことになると、僕は理解しています。

一つの存在や、一つの現象や、一つの概念が存在すると、必ず、真逆の存在や、真逆の現象や、真逆の概念が、必然的に存在することを、まずは、理解しておくことだと思います。

例えば、プラスに対してマイナス、陰に対して陽、N極に対してS極、善に対して悪、破壊に対して創造、ネガティブに対してポジティブ、内向性に対して外向性、引力に対して斥力《せきりょく》、被害者に対して加害者、女性に対して男性、**「有形」**に対して**「無形」**といったように、すべてに於いて**「真逆」（Paradox）**の**「ロジック」（論理性）**が、お互いに存在して向き合っているという事実です。

では、他人である肉体の真逆の存在とは、一体、何なのでしょうか？

例えば、「自分は、ゲームがしたい」。しかし、「他人である肉体が、『仕方なく』勉強をしている」。「自分は、自由に遊んでいたい」。しかし、「他人である肉体が、『仕方なく』学校に行っている」。

「自分は会社に行きたくない」。しかし、「他人である肉体が、『仕方なく』満員電車に揺られて会社に行っている」。「自分は、仕事なんかしたくない」。しかし、「他人である肉体が、『仕方なく』仕事をやっている」。

「自分は、この人、あの人、その人とは関わりたくない」。しかし、「他人である肉体が、忖度《そんたく》しながら『仕方なく』無理して関わっている」。

このように、「自分の意識」は、自分を偽って、行きたくもない学校に「仕方なく」行って、やりたくもない勉強を「仕方なく」やって、行きたくもない会社に「仕方なく」行って、やりたくもない仕事を「仕方なく」やって、一日の大半を**「仕方ない理論」**に従って、何の疑いもなく矛盾すら持たないで、「他人の意識」である肉体の「無意識」に従属して不自由に生きています。

自分の願いとは、真逆なことばかりが、他人である肉体には起こっています。

例えば、自分は、幸せになりたい。しかし、他人である肉体は、どういうわけか、不幸ばかりになっている。自分は、健康で暮らしたい。しかし、他人である肉体は、なぜか、病気に罹《かか》ってばかりいる。自分は、平穏に暮らしたい。しかし、他人である肉体は、どういうわけか地震や台風などの災害に見舞われている。

自分は、こんな両親からは生まれたくなかった。しかし、他人である肉体は、なぜか、あんな両親から生まれてきた。自分は、こんな子どもを産みたくなかった。しかし、他人である肉体が、どういうわけか、あんな子どもを産んでしまった。

自分は、両親と仲良くしたい。しかし、他人である肉体は、いつも不仲になっている。

自分は、女性だったら良かったのに、どういうわけか、他人である肉体は、男性として生まれてきてしまった。

自分は、女性になんかなりたくなかったのに、なぜか、他人である肉体は、女性の身体で生まれてきてしまっている。

この自分と他人である肉体の**「真逆性」**の違和感が、ＬＧＢＴＱの人たちの大きな問題となる、最たる原因になっています。

自分は、勉強やスポーツなどが得意だったら良かったのに。しかし、他人である肉体が、どういうわけか、すべてが不得意ばかりで、そのようにはなっていない。

他人である肉体は、何もかもが自分の想いや願いとは、真逆のことばかりです。

「自分」が、好きなことや、やりたいことや、望んでいることは、**「他人である肉体」**によって、**「自由」**に叶《かな》えさせてもらえません。

「自分」が、嫌《いや》なことや、やりたくないことや、望んでいないことは、**「他人である肉体」**によって、**「仕方なく」**やらされたり、起こったりしているという、紛れもない**「事実」**です。

最終的に、自分は、死にたくない。しかし、他人である肉体は、「老若男女すべての人が、死にたくないのに**『仕方なく』**死んでいきます」。

この事実に対して、異論や反論をする人は、誰もいないと、僕は思います。

他人である肉体によって、**「不自由」**と**「不快な感情」**（不平、不満、不足、妬《ねた》み、嫉妬、謗《そし》り、軽蔑、悪口、差別、偏見、批判、批評、怒り、血気、怒気、怨《うら》み、辛《つら》み、不安、恐怖など）へと、仕方なく意識が方向づけられています。

「自分の意識」と「他人である肉体の意識」は、**「真逆の存在」**だからです。

「自分」がしたくないことは、**「他人である肉体」**が、「仕方なく」やっています。

「自分」がしたいことは、**「他人である肉体」**が、「自由」にさせてくれません。

このように真逆のロジックが、私たちには存在していることになります。

基本的に、**「自由」**でありたい**「自分の意識」**と、**「不自由」**に方向づけようとする肉体の**「他**

人の意識」という、**「真逆のベクトル」**の存在が、葛藤と摩擦という**「カオスの元凶」**になっていると、僕は思います。

すなわち、自分の精神的なモチベーションが、高いか低いかを他人である「肉体の意識」とはいいません。精神は「自分の意識」そのものだからです。

この葛藤と摩擦は、肉体が自分だと勘違いしている人たちの世界では、当たり前に現象化しています。

それは例えば、会社（経営者側）と社員（従業員）の関係によく似ています。従う側の従業員は会社にこうしてほしい、ああしてほしい、給料を上げてほしい、昇進させてほしい、と思っても、そのように言ったとしても、なかなか受け入れてくれません。

しかし、会社の経営陣は容赦なく従業員に、さまざまなノルマや成果を要求して、常に、なんらかの労働義務と成果責任を強要してきます。

自由でありたい自分の心情の世界と、不自由に方向づけようとする、他人である肉体の世界とまったく同じです。

ここで、よく理解できることは、自分の「情動」は、常に**「自由」**でありたいが、他人である肉体によって**「不自由」**な「行動」へと方向づけられてしまうということです。

✦自由と可能は満足へ、不自由と不可能は不足であるが故に欲望へ

このように、自分の心は「自由」な**「情動」**（Emotion）へと方向づけられていますが、他人

である肉体は、まったく**「真逆」（Paradox）**の「不自由」な**「行動」（Action）**へと、常に方向づけられています。

　これも紛れもない厳然たる事実です。誰も否定できないと思います。

「情動」とは、**「心」**と**「魂」**の間を**「意識」**が行き交うことで、**「意識体」**が、発動する心情的な力を**「意識体の情動」（Spiritual Emotion）**といいます。

「心」と「魂」の関係については、後ほど、詳しく解説します。

「行動」とは、**「頭」**と**「体」**の間を**「神経」**が行き交うことで、**「肉体」**が、発動する身体的な力を**「肉体の行動」（Physical Action）**といいます。

　私たちは二つのまったく違った、**「不自由」**へと方向づける**「有形」**の**「他人である肉体」**と、**「自由」**へと方向づけようとする**「無形」**の**「自分である意識体」**という、真逆なロジックと方向性（逆ベクトル）を、持った存在と共存していることが、誰でも容易に理解することができます。

　私たちは、「他人」と「自分」、「肉体」と「意識体」、「不自由」と「自由」、「有形」と「無形」といった、真逆のロジックに方向づけられた存在と、共存していることになります。

　すなわち、常に、**「自由」**を求めている無形の**「自分である意識体」**こそが、私にとって**「真実の実体」**そのものだといえます。

「自由」をわかりやすい言葉に置き換えると、それは、**「可能」**という言葉になります。

「可能」とは、自分の願いごとや希望することが、「自分の意識」によって、何でも叶うことです。

何でもかんでも可能になって、心や魂や意識体が、満たされている状態を、人は必ず**「満足」**したといいます。

故に、**「可能」**が故の**「自由」**なのです。

「可能」には、それ以上の欲求や欲望を持つ必要がないからです。

そのような状況を可能にするのは、唯一、自分である意識体の**「自由」**な**「意志」**による**「意識」**だけです。

「自由」と**「可能」**は、一体であって、必ず、**「満足」**に特化されていきます。

すなわち、**「自由」**であって**「可能」**であり、**「可能」**であって**「自由」**である、「自由」と「可能」は、まったく同じカテゴリーであり、**「可能」**であり**「自由」**であり、**「自由」**であり**「可能」**である、「可能」と「自由」は、常に、同じ方向性を示唆しているからです。

故に、**「可能」**であるが故の**「自由」**であり、**「自由」**であるが故の**「可能」**なのです。

しかし、**「他人である肉体」**は、**「自分である意識体」**にとっては、常に、**「不自由」**に方向づけられている、歓迎できない隣人であり、**「嘘」**と**「偽り」**と**「間違い」**だらけの面倒くさい共同生活者であり、極めて厄介で**「迷惑」**な存在でもあります。

不自由をわかりやすい言葉に置き換えると、それは、**「不可能」**という言葉になります。

「不可能」とは、自分が願うことや、欲しいものや、叶《かな》えたいことや、求めていることが、すべて思い通りにならない、**「不自由」**だらけの状態をいいます。

すべてが思い通りにならない、不平や不満だらけの状態を、人は必ず**「不足」**といいます。

そのような状況を創り出すことができる、唯一の存在が、「他人の意識」である「肉体の意識」に支配された「物質脳」の**「欲望」**の**「意識」**なのです。

かつて、大学の学者やさまざまな分野の先生方から、「君の言っていることは乱暴ではないか」との指摘を受けたことがあります。

僕からすれば、肉体が自分だと思い込んで勘違いしている人たちの「欲望」の「価値観の意識」によって、平気で「嘘」と「偽り」と「間違い」を偉そうに語っている、彼らこそが、極めて乱暴かつ傲慢な人たちです。

なぜならば、**「他人の意識」**である**「肉体の意識」**の中心に**「欲望の意識」**が存在しているからです。

話を戻しましょう。

故に、**「不自由」**と肉体の**「不可能」**は一体であり、必ず**「不足」**に特化されていきます。

すなわち、**「不自由」**であって**「不可能」**であり、**「不可能」**であって**「不自由」**である、「不自由」と「不可能」は、まったく同じカテゴリーであり、**「不可能」**であり**「不自由」**であり、**「不自由」**であり**「不可能」**である、「不可能」と「不自由」は、常に、同じ方向性を示唆しているからです。

故に、**「不可能」**であるが故の**「不自由」**であり、**「不自由」**であるが故の**「不可能」**なのです。

地位欲や名誉欲や財物欲などの欲深い人、とくに、財物に対して欲深い人は、あれも欲しい、これも欲しい、それも欲しいと言っては、自らが**「欲の奴隷」**となって、自分である意識体は、意識界に於いて**「不自由」**極まりない奴隷生活を強いられていきます。

それが、金持ちほど嘘つきで欲深い人はいないと、いわれる所以《ゆえん》だと思います。

欲深いから嘘を手練手管《てれんてくだ》に使いこなして、金持ちになっているのではないかと、思わされてしまいます。

これが、昔から言われている、「欲望に駆られて魂を悪魔に売る」といわれる所以だと思います。

もし、私たちの身近に**「悪魔」**や**「サタン」**や**「悪霊」**というモノが存在しているとしたら、それは、「他人の意識」である「肉体の意識」に支配された**「欲望」**の**「意識」**以外に存在していません。

それが、「金持ちが天国に入るには、ラクダが針の穴を通るよりも難しい」といわれる所以なのではないでしょうか。

しかし、正直者ほど現世では馬鹿を見るのが、常套的《じょうとうてき》なことであり、世の常となっています。

これが、「貧しき者は幸いかな、天国は彼らの**『内なる意識体』**にあるだろう」といわれる所以なのでしょう。

故に、**「真の自由」**は、自分である意識体が、喜び満足することであり、他人である肉体が、喜び満足することではありません。

すなわち、意識体の自由と、肉体の不自由は、価値観が真逆に方向づけられているといっても過言ではありません。

✦情愛とは「愛したい情動」、情欲とは「愛されたい情動」

ネガティブな思考や不快な感情は、「他人の意識」である「肉体の意識」の**「欲望」**から、すべて「発動」されていきます。

この事実に基づいて、誰にも理解できることは、自分である意識体の**「意識の心情」**と、他人である肉体の**「肉体の感情」**の狭間で、**「自分の意識」**は、常に**「カオスの葛藤」**に方向づけられているということです。

自分である**「意識体の心情」**と、他人である**「肉体の感情」**は、常に、真逆に方向づけられていることを理解することだと思います。

「心情」と「感情」については、後ほど詳しく解説します。

最終的な肉体の行動は、善くも悪くも**「自分の意識」**が決定する、一人ひとりの意識体の**「意識次元」**（心の次元、魂の次元）が、高いか低いかに委ねられています。

「意識次元」とは、人格次元（心の次元）や霊格次元（魂の次元）のことをいいます。

それは、自分である意識体の価値観で、自分に**「正直」**に生きている人なのか、それとも他人である肉体の価値観で、自分に**「嘘」**をついて生きている人なのかで決まります。

それを理解することが、**「カルマ」**（悪業）と**「カオス」**（混乱と混沌と混迷）を回避するために、とても重要なことになります。

ただし、意識体の情動にも、**「善い情動」**と**「悪い情動」**が存在します。

意識次元が高い意識体**「ロゴス体」**（愛したい情動）が、発動する情的な力を**「善い情動」**といいます。

意識次元の低い意識体**「エロス体」**（愛されたい情動）が、発動する情的な力を**「悪い情動」**といいます。

「エロス体」を**「非合理体」**といい、**「ロゴス体」**を**「合理体」**といいます。

なぜならば、**「愛されたい」**という**「感情」**と**「情動」**の、最たる原因は、すべて**「性欲」**を起源とした**「エロス」**（非合理）の動機だからです。

意識次元の高い人は、自分である意識体の**「意識脳」**による**「情動」**や**「直感」**を大切にする人たちです。

「意識脳」とは、意識体の「自分の意識」が、意識体の成長のために道具として使う**「心」**の**「智慧」**（愛）や**「人格」**のことをいいます。

「物質脳」とは、肉体の「他人の意識」である「肉体の意識」が、肉体の欲望を満たすための道具として使う**「知識」**（欲）や**「感覚」**（五感）のことをいいます。

すなわち、「自分の意識」である「意識体の意識」の道具が「意識脳」であり、「他人の意識」である「肉体の意識」の「欲望」の道具が「物質脳」です。

肉体が自分だと勘違いしている意識次元の低い人は、他人である「肉体の意識」に支配されて、**「物質脳」**による**「欲望」**や**「情欲」**を満たすために生きようとしている人たちです。

意識体の情動には、意識次元に従って、真逆の情動が、大きく分けて二つ存在しています。一つは、意識次元の低い悪い意識体に基づく情動で、それを**「情欲」**といいます。

もう一つは、意識次元の高い善い意識体に基づく情動で、それを**「情愛」**といいます。

「情欲」とは、基本的に**「愛されたい情動」**の人たちのことをいいます。

「愛されたい人」は、基本的に、**「承認欲求」**と**「自己欲求」**という、先祖から踏襲した**「潜在的」**な**「遺伝子意識」**が**「肉体の意識」**に存在している人たちです。

故に、潜在的に、愛して欲しい、理解して欲しい、認めて欲しい、評価して欲しい、わかって欲しい、優しくして欲しい、信じて欲しい、お金が欲しい、地位が欲しい、名誉が欲しい、などといった具合に、欲しい、欲しい、欲しい、の欲しい尽くしで**「自己欲求」**と**「承認欲求」**のエゴイズムという、世俗的な欲情まみれの**「情欲」**に基づく、性格（心）と性質（魂）を兼ね備えた**「現世利益《げんせいりやく》」**のみの人たちです。

すなわち、美味《おい》しいものに癒され満足したい、セックスをして快楽を得たい、ディズニーランドに行って癒《いや》され楽しみたいという「欲望」によって、肉体の**「他人の意識」**が、**「愛されたい」**のであって、別に、意識体の**「自分の意識」**が、**「愛したい」**わけではありません。

どのようにこの人を愛してあげようか、どのように食べ物を愛してあげようか、どのようにディズニーランドを愛してあげようかなどとは、一切、思ってもいませんし、考えてもいません。

一方、**「情愛」**とは、基本的に**「愛したい情動」**の人のことをいいます。

「愛したい人」は、常に、愛して上げたい、理解して上げたい、認めて上げたい、評価して上げたい、わかって上げたい、優しくして上げたい、信じて上げたい、といった具合に、上げたい、上げたい、上げたいというように、人格次元そのものを上げたい、霊格次元そのものを上げたい、意識体の次元そのものを上げたいと願っている**「意識界の利益《りやく》」**の人たちです。

「愛したい」は、**「自分の意識」**が、**「自由」**であって**「可能」**であり、**「可能」**であって**「自由」**なことですが、**「愛されたい」**は、**「他人の意識」**に依存しなくてはならないので、**「不自由」**であって**「不可能」**であり、**「不可能」**であって**「不自由」**なことなのです。

「愛されたい」は、**「一過性」**の喜びで終わりますが、「愛したい」は、永遠に**「持続可能」**な喜びであり続けます。

なぜならば、私たちは、他人である肉体の不自由と不可能な世界から、自分である意識体の自由と可能な世界に、唯一、行くための準備をしていると、僕は理解しているからです。

✦心情と感情の違い

「霊主体従の法則」とは、**「運命の主人」**または**「人生の主体」**は、自分である意識体が、**「主人」**であり、**「主体」**であり、他人である肉体が、**「従者」**であり、**「客体」**として存在している、という基本的な法則です。

「霊主体従の法則」に基づいて、**「善い情愛」**による**「善い意識体の情動」**が、必然的に**「善い肉体の行動」**に特化されていきます。

当然、**「悪い情欲」**による**「悪い意識体の情動」**が、無条件的に**「悪い肉体の行動」**に特化されていきます。

故に、意識体の意識次元が低いと、容易に肉体の「欲望意識」に支配されて、意識体の意識次元が高いと、肉体の「欲望意識」に支配されにくくなります。

意識体の意識次元が、肉体に善くも悪くも現象化して顕在化するという、必然的な法則です。

例えば、意識体が楽しければ、必然的に肉体は笑う、意識体が悲しければ、肉体は必然的に泣く、という基本的な現象です。

笑っているから楽しいわけでもなく、泣いているから悲しいわけでもないと思います。

肉体の現象は、意識体の情動を原因として、現象化して顕在化しているからです。

意識体と肉体は、まったく真逆の存在目的と意味と意義と存在価値に方向づけられています。

意識体である心が悲しければ、ディズニーランドに行っても少しも楽しくありませんが、意識体が嬉しければ、どこに行っても楽しくなります。

しかし、最終的な肉体の行動は、善くも悪くも、一人ひとりの意識体の**「意識次元」**（心の次元、魂の次元）が、高いか低いかに委ねられています。

先ほども言及しましたが、**「意識次元」**とは、人格次元（心の次元）や霊格次元（魂の次元）のことをいいます。

それは、自分である意識体の愛の価値観で、自分に対して**「正直」**に生きている人なのか、他人である肉体の欲の価値観で、自分自身に対して、**「嘘」**をついて生きている人なのかで決まります。

意識次元の高い人は、自分である意識体の直感や情愛を大切にする人たちです。

意識次元の低い人は、他人である肉体の欲望や情欲を満たそうと「物質脳」で生きている、心貧しい人たちです。

肉体が自分であると思い込んで勘違いしている人の現世である地球生活は、**「体主霊従の法則」**に従って、他人である肉体が、「運命の主人」であり「人生の主体」になって、自分である意識体が、**「運命の従者」**であり**「人生の客体」**となって、完全に**「主従逆転」**であり、**「主客転倒」**している、人生そのものを生きています。

故に、自分である意識体は、常に、他人である肉体に従属しながら**「仕方ない理論」**に従って、奴隷のごとく、囚人のごとく、人生を送っています。

ここで、**「意識体の心情」**と**「肉体の感情」**の違いについて、詳しく言及しておきましょう。

「意識体の心情」と**「肉体の感情」**の違いは、とても大切なことですので、このことの理解があるのとないのとでは、人生に対する生き方の姿勢が大きく変わってきます。

「意識体の心情」とは、自分である意識体の**「心」**を動機として、善くも悪くも発動する情的な「意識」のことです。

「肉体の感情」とは、肉体の**「感覚」**（五感）を動機として、「他人の意識」である「肉体の意識」が、善くも悪くも作り出す情的な「意識」のことです。

すなわち、自分である意識体の**「心」**を動機として、善くも悪くも発動する**「情的」**な**「意**

識」を**「心情」**といいます。

他人である肉体が、外からの外的な刺激を**「感覚」**として受け取って、それぞれの感覚を善くも悪くも動機として、発動する**「情的」**な**「意識」**を**「感情」**といいます。

例えば、視覚による「感覚」や、聴覚による「感覚」や、嗅覚による「感覚」や、触覚による「感覚」などによって、善くも悪くも肉体から発動する意識をいいます。

すなわち、「心情」は、あくまでも「自分である意識体」の意識次元に基づいて、善くも悪くも発動する「情的」な「意識」です。

「感情」は、あくまでも「他人の意識」である「肉体の意識」が作り出す「感覚」によって、善くも悪くも発動する「情的」な「意識」です。

例えば、見るもの、聞くもの、味わうもの、嗅ぐもの、肌身に感じるものなどによって、嬉しいとか、楽しいとか、悲しいとか、寂しいとか、悔しいとか、不平や不満とか、妬《ねた》みや嫉妬とか、怒りや怒気などは、すべて「他人の意識」である「肉体の意識」が、勝手に作り出した「肉体の感情」なのです。

この肉体の感覚によって、「肉体の意識」が作り出した**「他人の感情」**が、あたかも**「自分の心情」**だと思い込んで、勘違いしていることが、極めて愚かなことであり、根本的に大きな「嘘」と「偽り」と「間違い」の元凶になっています。

肉体の「他人の意識」は、あくまでも「他人の感情」であって、意識体の「自分の意識」は、あくまでも「自分の心情」だからです。

すなわち、「他人の意識」であって「肉体の感情」であり、「肉体の意識」であって「他人の感情」である、「他人の感情」と「肉体の感情」は、まったく同じモノなのです。

故に、一事が万事、人類は、「他人の意識」である「肉体の感情」が、勝手に作り出した「不快な感情」に、いいように支配されて、仕方なく**「不自由」**に生きていることになります。

「心情」は、あくまでも「自分である意識体」の「心の次元」によって、善くも悪くも**「自由」**に発動する「情的」な意識です。

故に、「自分の意識」であって「意識体の心情」であり、「意識体の意識」であって「自分の心情」である、「自分の心情」と「意識体の心情」は、まったく同じモノなのです。

当然、「肉体の感情」にも、善い肉体癖の感情と、悪い肉体癖の感情があります。「意識体の心情」にも、善い心癖《こころぐせ》の心情と、悪い心癖の心情があります。

例えば、不快なものや嫌なものなどを、見たり、聞いたり、嗅いだり、食べたり、触れたりすると、当然、**「不快な肉体の感情」**に陥っていきます。

真逆に、好きなものや善いものなどを、見たり、聞いたり、嗅いだり、食べたり、触れたりすると、当然、**「愉快な肉体の感情」**になります。

「心情」は、自分である意識体の**「心性《しんせい》」**の意識を動機として、**「感情」**は他人である肉体の**「感覚」**の意識を動機としています。

心情は、肉体の感覚では、わからない世界に存在しています。

感情は**「有形」**の肉体の世界に存在して、心情は**「無形」**の意識体の世界に存在しています。

例えば、「自由」とか「愛」などが、心情の動機と発露になっています。

自由や愛が見えたとか、聞こえたとか、においがしたとか、味がしたという人に、未だかつて会ったことがありません。なぜならば、無形の世界に存在しているからです。

もし、肉体の感覚で自由や愛がわかるのであれば、ぜひとも、その事実を証明してほしいものです。

なぜならば、自由や愛は、未存なる未来の意識界への投資のために存在していますから、現世では誰もわからないようになっているからです。

自由や愛が、どんな形をしているのか、どんな音をしているのか、どんなにおいがするのか、どんな味がするのかを、ぜひとも教えてほしいと思います。

それはすなわち、肉体の感情の原因と発露は、あくまでも肉体の**「五感」**を起源としているからです。

「他人である肉体」が、悪いものや嫌なことなどを見たり聞いたりすると、**「不快な感情」**に陥って、不快に**「感情支配」**されることによる**「感情損失」**によって、運命の主人であり、人生の主体である**「自分である意識体」**が、必然的に、すべての運勢を失っていくことになります。

ですから、不快な感情に陥りやすい人たちには、常に、不快になることばかりが起きています。

例えば、子どもの時期に、両親が不仲で夫婦ゲンカが絶えず、両親の暴力や争いごとを見たり、暴言や辛辣《しんらつ》な言葉を聞いたりすると、著しく**「感情破壊」**されていき、人格そのものが崩壊していきます。

最終的に、両親に復讐《ふくしゅう》するために、両親が与えてくれた肉体の破壊行為として**「自殺」**という、最悪な自己破滅へと陥っていくことになります。

また、両親がお金のことで苦労している姿や、悩んでいる姿ばかりを見て、いつもお金のことで、言い争ったり愚痴ばかり言い合っているのを聞いたりすると、お金に対する怨みや欲望に、意識が**「感情支配」**されて、お金そのものが怨みになり、お金の奴隷となって**「心貧しい」**、人生を生きるようになります。

そのような人たちは、必ず、自分が作り出した肉体の感情から、**「感情逃避」**しようとして、自己逃避から**「現実逃避」**へと陥っていくことになります。

世間では、「親の心、子知らず」、「子の心、親知らず」といいますが、敢えて言わせていただきますが、僕は、「子の心、親知らず」のほうに、重要な問題と課題があるのではないかと、思っています。

親は、常に、子どもの心を思い図り、子どもがどうしたいのか？　どうしてほしいのか？　を考えながら、思いを尽くし、心を尽くして、**「愛の心情」**で関わっていくべきだと、僕は思います。

それができないが故に、引きこもりであったり、登校拒否であったり、いじめや虐待であったり、社会適応障害であったり、起立性調節障害であったり、経済的に自立できない自立障害であったり、妄想障害に陥って、自分勝手な妄想世界（宗教界や精神世界など）に逃げ込み、稀《まれ》に無差別殺人などに暴走することがあります。

現実逃避という妄想世界は、虚相世界である物質世界よりも、はるかに劣悪かつ醜悪な虚相世界です。

これらの**「元凶」**である、「心魂分断の恩讐《おんしゅう》」である「自己分離境界線」については、**『ZERO の法則』の第10章**で詳しく言及されています。重要なことですから、ぜひ、参考にしてみてください。

このように、私である意識体は、一事が万事、肉体の感覚によって感情支配されて、「仕方ない理論」による感情逃避によって**「心情損失」**して、不快な感情を押し殺しながら、無理しながらストレスを抱えて生きています。

故に、朝起きる時から、他人である肉体を養い生かすために、まだ、意識体の**「自分の意識」**は眠いのに、肉体の**「他人の意識」**は、「仕方なく」起こさせて、「自分の意識」は休養したいのに、「他人の意識」は、「仕方なく」勉強や仕事をさせて、肉体の「他人の意識」によって「仕方なく」就寝させられます。

意識体の「自分の意識」は、常に、**「自由」**へと方向づけられていますが、肉体の「他人の意識」は、常に、**「不自由」**へと方向づけられています。

このように、意識体の**「自分の意識」**と、肉体の**「他人の意識」**は、まったく、**「真逆」(Paradox)**のベクトルに**「意識」**が、方向づけられています。

✦「肉体の感情」と「意識体の心情」

「感情」と**「心情」**の決定的な違いは、次のようになっています。

「肉体の感情」とは、他人である肉体の**「五感」**が、外からの刺激を**「感覚」**として受け取って、その感覚によって、善くも悪くもそれぞれの感情が、それぞれに派生するようになっています。すなわち、あくまでも、肉体の感情とは外からの刺激を原因として、**「受動的」**に派生する情動をいいます。

「意識体の心情」とは、あくまでも、自分である意識体の内なる「心」の意識を原因として、**「能動的」**に派生する情動をいいます。

なぜならば、自傷行為や自虐的行為をする人を除けば不幸になりたいと思っている**「心」**の人は、基本的に、心が破壊された人以外には存在していないからです。

結論です。「受動的」な「愛されたい」という「感情」と、「能動的」な「愛したい」という「心情」の違いは、一言で言って、欲しい、欲しい、欲しいの、欲しい尽くしの、**「愛されたい」**感情の人なのか？

それとも、あげたい、与えたい、上げたいの、あげたい尽くしの、**「愛したい」**心情の人なのか？　が、決定的な違いになっています。

「愛されたい」は、肉体の「他人の意識」であって、「愛したい」は、意識体の「自分の意識」だからです。

すなわち、**「愛されたい」**が、動機の人を、総称して**「感情的な人」**といい、**「愛したい」**が、動機の人を総称して**「心情的な人」**といいます。
「肉体の感情」によって、愛されたいという**「受動的」**な情動を**「感情従属」**といい、**「意識体の心情」**によって、愛したいという**「能動的」**な情動を**「心情統治」**といいます。
「仕方ある理論」で生きている人たちは、「感情的」な生き方をするのではなく、「心情的」な生き方をすることを、常に、心がけています。

　このように、「感情的」に生きている人たちは、一事が万事**「仕方ない理論」**に従って、他人である肉体は**「死が宿命」**とわかっていながら、肉体を養い生かすために、一生涯を**「仕方ない理論」**に従って、仕方なく**「肉体の活動」**という物理的な**「現世への投資」**に終始しています。

　肉体が自分だと勘違いしている人たちは、一生涯、「仕方ない理論」に従って、苦労と苦悩と苦悶《くもん》で**「未来の損失」**または**「意識界の損失」**のために生きて死んでいきます。

　意識体が自分だと理解している人たちは、自分である意識体を養って、他人である肉体の死後の**「未来の投資」**または**「意識界への投資」**のために、感謝と喜びで生きて、平安と安寧のうちに死んでいきます。

　すなわち、**「他人の意識」**である**「肉体の意識」**に支配されて、肉体が、自分だと思い込んで、勘違いしている人たちは、肉体の**「死」**に対する不安や恐怖、または、病気や事故や災害などに怯えながら生きる**「人生観」**で、「食欲」の奴隷のごとく、「性欲」の囚人のごとく生きて、仕方なく死んでいきます。

　肉体が、自分だと思い込んで、勘違いしている人たちの**「死生観」**は、「死」は、不安と恐怖であり、苦痛と苦悩と悲しみであると思って、人生の終焉《しゅうえん》を仕方なく迎えていきます。

しかし、意識体が、自分であると理解し確信している人たちは、「死」は、肉体の**「桎梏《しっこく》」**（足かせ、手かせ）から解放される瞬間であって、自由と感謝と喜びであり、平安と安寧の時を迎えることを納得しながら、毎日を生きる**「人生観」**で生きています。

意識体が、自分であると理解し納得している人たちの**「死生観」**は、肉体の「死」は、最高の自由と感謝と喜びであり、平安と安寧の時を迎える瞬間だと理解していて、人生の終焉を楽しみに迎えていきます。

ですから、肉体が自分だと思い込んで、勘違いしている人たちの「死生観」と「人生観」と、意識体が自分であると理解している人たちの「死生観」と「人生観」とでは、**「真逆」（Paradox）**の価値観と方向性になっています。

故に、一人ひとりの**「死生観」**が、その人の**「人生観」**の**「価値観」**そのものを、すべて決定することになっているのです。

ただし、肉体の「死」が、最高の「自由」と「感謝」と「喜び」の瞬間であるとはいっても、自分が自分自身の生きる「自由」と「権利」を剝奪《はくだつ》する**「自殺」**という行為は、最悪の結果を招くことになります。

なぜならば、自分が、自分自身の「生命」と「意識体」の居場所すら失って、極めて狭い空間で孤独のまま、これ以上に「不自由」と「不幸」である**「阿鼻叫喚《あびきょうかん》」**（むごたらしい）の場所はないところに、「自分の意識」が、**「自縄自縛《じじょうじばく》」**されていく結果を招いていくからです。

当然、**「殺人」**という蛮行《ばんこう》は、どんな理由（戦争など）があっても、あってはいけない論外なことだと思います。

✦運の良い人は、自分である意識体の心情を主体として生きている

では、運命について、わかりやすく言及しておきましょう。

私たちは人生を送る上に於いて、さまざまな選択を迫られる時があります。

例えば、進学や就職や転職など、とくに恋愛や結婚などに於いて、人生の選択をしなければいけない時に、どのような選択をしたら善いのか悪いのか、誰でも迷う時があります。

そんな時に、失敗しない方法を、少し紹介しておきましょう。

先ほども、言及しましたように、運命の主人であり主体は、「自分である意識体」であり、「他人である肉体」ではありません。

ですから、二者択一の時は、自分である**「意識体の意識」**に基づいて、自分に**「正直」**に選択するのと、他人である**「肉体の意識」**に従って、自分を**「偽って」**欲望に従って選択するのとでは、まったく、真逆の結果に方向づけられて導かれてしまいます。

なぜならば、人生に於ける、運命の主人であり、人生の主体は、絶対的に、自分である意識体の意識だからです。

自分の従者であり客体である肉体の**「欲望」**に従うより、主人であり主体である意識体の**「愛」**と**「直感」**に正直に従ったほうが、絶対に善い方向に導いてくれるからです。

運の良い人と、運の悪い人の違いは、運の良い人は、自分である意識体の心情を主人として、主体として、素直に生きている人です。

運の悪い人は、他人である肉体の欲望を主人として、主体として、自分である意識体の直感を完全に無視して生きている人です。

他人である**「肉体の感情」**で考えるよりも、自分である**「意識体の心情」**に素直に従って、**「愛」**に基づく**「直感力」**を習得しながら、「意識体」に直感力を付けていくことです。

例えば、結婚相手を選ぶ時には、他人である「肉体の感情」の欲望に従って、容姿や学歴や職業などの優劣で、打算的に選択することではないと、僕は思います。

なぜならば、必ず、失敗して後悔する結果になるからです。

自分である「意識体の心情」の**「直観」**（ファースト・インスピレーション）に基づいて、意識の**「直感」**に従って、選択していくことです。

ただし、意識次元が高いか低いかにもよりますが、結果に対しては、それぞれの意識次元に於いては、善くも悪くも間違いがないと思います。

なぜならば、**「運勢」**は、虚相世界の価値観に於ける、動機と行動と、実相世界の価値観に於ける、動機と情動とでは、逆ベクトルに方向づけられているからです。

この選択が正しいのか、間違っているのかを、自己検証する時は、他人である肉体の感情の価値観である情欲に従っているのか？

それとも、自分である意識体の心情の価値観である情愛に基づいているのかを、正直に検証して、「愛されたい」のか、「愛したい」のかを分別できる**「峻別力」**を磨くことが重要になると、僕は感じています。

とにかく、他人である肉体の欲望の感情が、方向づけようとしている、真逆を選択することが、無難な選択になります。

実は、この直感力は誰もが持っていて、ただ、自分の直感を信じて素直に従うのか、他人の言葉や嘘を信じて、何も疑わず**「欲望」**に従っていくのかの違いです。

例えば、宗教団体やボランティア団体などに於いて、「この人たちの言動は、言葉では良いことを言っているなぁ〜」とか、「正義感で良いことをやっているなぁ〜」などという具合に見える人たちがいます。

しかし、自分の「直感」では、「何か変だなぁ!!」とか、「どことなく嘘っぽいなぁ〜」とか、「なんとなく違和感があるなぁ〜」とか、「単なる偽善者の自己満足ではないのか!!」などと、直感力で感じ取っている時があります。

しかし、他人である肉体に飼い慣らされていますから、すぐに他人の言葉を疑うことなく素直に受け入れて、宗教団体やネットワーク販売や詐欺集団などに引っかかってしまいます。

これが、「地球癖」であり「人間癖」であり「肉体癖」であり「欲望癖」の最たるものです。

ですから、この直感力に素直に従っていくと、詐欺師や宗教団体の占い師や、霊媒師の言っていることなどに騙《だま》されなくなります。

また、この世は**「金儲け主義」**が言動の中心ですから、直感力を磨くと、金儲けしたいが故に、善人を装った株式投資や先物投資や相場などを紹介する、銀行や証券会社の**「偽善者」**などに騙されなくて済むようになります。

基本的に、人の言葉には**「嘘がある」**と疑って、自分の直感力に従って、自己決定して自己責任を負っていくことです。

あの人が、この人が、その人が、あのように言った、このように言った、そのように言ったからといって、被害者意識に陥って責任転嫁しなくて済むからです。

何よりも被害者意識によって、**「不快な感情」**に陥ることがなくなります。

ですから、僕の言っていることを、鵜《う》呑《の》みにしないで、まずは、自分で疑って、疑って、疑って、**「嘘」**と**「真実」**を、自分自身の「直感力」で検証して、正しく見極めてください。

先ほども言及しましたが、運の良い人と、運の悪い人の違いは、運の良い人は、自分である意識体の心情を主人として、主体として生きている人です。

運の悪い人は、他人である肉体の感情を主人として**「主従逆転」**で生きている人、または、他人である肉体の欲望を主体として**「主客転倒」**で生きている人です。

常に、何かを選択して決定しなくてはいけない時は、自分である**「意識体の直感」**に基づいて、損得なく選択することを心がけていくと、必ず、自分の人生に於いて**「運命を拓く」**ことが、誰にでもできます。

すなわち、人生の岐路に立った時は、肉体の欲望である損得の、真逆を選択することを、おすすめします。

なぜならば、私たちは、他人である肉体の感情の世界から、自分である意識体の心情の世界に行くための準備をしているからです。

現世で他人である肉体を養い生かすための人生ではなく、死後に行く意識界への投資のために、自分である意識体を愛で養生しながら、意識界で快適に生活しやすいように、自助努力していくべきだと、僕は思います。

他人である肉体の欲望の世界が終わると同時に、自分である意識体の愛の世界が始まる、その時のために**「霊主体従の法則」**で生きたいものです。

第2章

人類最大の悲劇とは

✦地球生活は宇宙意識界で生活するための準備期間

では、地球生活の存在目的と存在価値は一体、どこにあるのでしょうか。

頭上高く見上げると、そこには神韻縹渺《しんいんひょうびょう》たる大宇宙というものが、厳然たる事実として存在しています。

子宮生活も地球生活も荒唐無稽《こうとうむけい》な存在ではなく、厳然たる事実として、誰でも認める存在です。

宇宙が厳然たる事実として存在している以上、地球生活の目的は、地球を超越した存在である**宇宙意識界**で生活するためにあるということになります。

なぜならば、宇宙意識界も地球意識界も肉体を着たまま行くところではないからです。

「意識体」になって、地球物質界と変わりない宇宙物質界に行くわけではないと、僕は理解しています。

故に、私たちは、他人である肉体の虚相世界から、唯一、自分である意識体の実相世界に行くための準備をしているのです。

実相世界の意識体が虚相世界の宇宙物質界に行くのではなく、実相世界である宇宙意識界に行くための準備をするべきだと、僕は理解しているからです。

地球物質界に意識体が飼い慣らされて、地球意識界に行ってしまうと、輪廻の法則に従って、また、地球物質界に戻ってくることになってしまいます。

このことについては、後ほど、誰でも理解できるように、詳しく解説します。

すなわち、地球生活の次の段階として**「宇宙意識界」**があるということになります。

地球生活の存在目的は、唯一、死線を超えたところにある、宇宙意識界で生活するための準備期間であることです。

宇宙意識界については、**「意識場」**のところで、**「地球意識場」**と**「宇宙意識場」**の存在という箇所で、詳しく解説していきます。

地球生活の存在がなければ、子宮生活という準備のための胎中環境と、40週という時間軸はまったく必要がないと思います。

宇宙意識界の存在がなければ、地球生活という準備のための地球環境と、80年~90年という時間軸の必要性は、まったくないと思います。

しかし、胎児が子宮で地球生活を理解して過ごしていたわけではなく、当然、私たちも宇宙生活を理解して、現世を過ごしているわけではありません。

なぜならば、子宮生活にとって地球生活は、未知なる未来の生活環境であり、地球生活にとって意識界の生活は、未知なる未来の生活環境になるからです。

すなわち、未知なる未来の生活環境が、すでにわかってしまったら、今を生きる自由が保障されなくなるからです。

よく聞かれることに、あの世に行って、この世に帰ってきた人はいないから、という人がいますが、この世に生まれて、子宮に帰った人もいないと思います。

胎児は子宮内にいる時は、自分の存在と環境すら理解していませんでした。地球に生み出されて、初めて、自分の存在と地球環境を知ることになります。それと同じように私たちは、肉体の桎梏《しっこく》から解放されて、初めて、自分の意識体と意識界の存在を善くも悪くも知ることになります。

自由法則に基づいて、**「未来がわからないが故に、今の自由が保障されている」**ことを、徹頭徹尾、常識的に理解することだと思います。

私たちは、常に**「未知なる未存の世界」**に突き進んでいるからです。

子宮生活から地球生活、地球生活から意識界生活までの、一連の流れについてまとめておきましょう。

子宮生活の子宮という環境は、他人である肉体を準備する場所ですから、自分である意識体からみたら、他人の他人である子宮環境と場所といえます。これも紛れもない事実です。

他人の他人である子宮環境から地球環境に生まれ出てくる時に、へその緒を切って母体から離脱します。

これを**「母体離脱」**といいます。

へその緒を切るということは、胎児にとっては**「命の綱」**を切られるのと同じことです。

しかし、胎児の肉体は死ぬかといいますと、死ぬことはありません。

他人の他人である子宮生活の**「終わり」**である**「死」**と共に、他人である肉体の地球生活の**「始まり」**である**「生」**へと**「生命」**が踏襲されたことになります。

すなわち、他人の他人である子宮環境から、他人である肉体の地球環境へと、**「他人という呪縛」**から一つ解放されて、子宮環境より自由になっていきます。これも紛れもない事実です。

他人である肉体の地球生活の**「終わり」**である肉体の**「死」**と共に、他人である肉体の世界から完全に解放されて、自分である意識体の意識界生活の**「始まり」**である**「生」**へと**「生命」**が踏襲されていきます。

これを**「肉体離脱」**といいます。

では、なぜ、「生命」が踏襲されていくのかについては、第8章「『COSMOSの法則』に基づく生命原理」で、詳しく解説します。

すなわち、他人である肉体の虚相世界から、自分である意識体の実相世界に、晴れて他人という呪縛からすべて解放されて、自分の意識次元に基づいて、それぞれの意識次元の意識界に行く瞬間を迎えていきます。

意識界は肉体の死後の世界ですから、まさに現世に於いては、未知なる未来の世界ということになりますから、誰でもわからないのが当然のことです。

逆にわかってしまったら、今を生きる**「自由」**そのものが失われることになります。

このことによって、明瞭かつ明確に理解できることは、人生に於ける、存在目的と存在する意味と意義と存在価値が、明確に示唆できるということです。

すなわち、**「私たちは、他人である肉体の『虚相世界』から、自分である意識体の『実相世界』に行くための準備をしているということです」**。

「意識体」という**「意識」**ですから宇宙物質界ではなく、宇宙意識界に行くための準備をするのが、至極当然のことになります。

なぜならば、物質と意識は、まったく異質の存在であり、異次元の存在だからです。

このことによって、**「地球生活の目的は、唯一、宇宙意識界に行くための準備期間」**であるということが、誰にでも簡単に明瞭かつ明確に理解できます。

我々が見ている宇宙空間は、他人である肉体の目が見ている**「宇宙物質界」**という物質的な虚相世界であって、肉体を失った世界である**「宇宙意識界」**という霊質的な実相世界ではないと理解してください。

なぜならば、**「意識」**は、「意識体」と、「肉体」の両方に「自由」かつ「可能」に方向づけて存在することができるからです。

他人である肉体の延長線上に、他人である地球物質界があり、他人である地球物質界の延長線上に、他人である宇宙物質界が存在しています。

自分である意識体の延長線上に、自分である地球意識界があり、自分である地球意識界の延長線上に、自分である宇宙意識界が存在しています。

これが、他人である肉体の物質世界から、自分である意識体の意識世界である宇宙意識界に行くための準備をしている、唯一の証明になります。

宇宙意識界は未知なる未来の世界ですから、現世の物質世界では、絶対に解明できない存在であり、わからない存在になっています。

未存なる未来がわからないのは、今を生きるための**「自由法則」**が保障されていて、一人ひとりの**「自由意志」**に基づく、**「自己決定」**と**「自己責任」**の原則に、すべてが方向づけられているからです。

宇宙物質界は、どこまで行っても、地球と大差ない物質世界であり、**「質量」**と**「時間」**と**「空間」**に**「呪縛」**された**「不自由」**な**「物質世界」**に過ぎないと、僕は思います。

あくまでも、他人である肉体の物質的な目で見ている世界は、たとえ宇宙とはいっても、不自由で物質的な世界そのものであり、それ以外の何ものでもないと思います。

なぜならば、宇宙パイロットが、肉体を着たまま宇宙に行ったならば、「不自由」と「不可能」なことばかりに、意識が置かれてしまうからです。

意識世界と物質世界とでは、何から何まで、**「真逆」（Paradox）**の存在であり、意識次元と物質次元とでは、あまりにも次元の違う、**「真逆」**な**「異次元」**であり**「異質」**な世界になっているからです。

そもそも、次元の低い物質世界の肉体の感情では、次元の高い意識世界を見ることも、理解することもできないようになっています。

宇宙物質界と宇宙意識界に決定的な違いがあるとしたら、宇宙物質界は、他人である肉体のように、何かによって作られた**「既存」**の存在であり、有形実体世界である**「有」**の世界です。

宇宙意識界は、自分の意識体が未知なる未来の意識界に於いて、自分が創り出す**「未存」**の存在であり、無形実体世界である**「無」**なる世界です。

意識界と物質界の決定的な違いは、意識世界は未存なる未来を示唆していて、物質世界は既存なる過去を示唆しています。

宇宙物質界と宇宙意識界の決定的な違いを、もう少し整理すると、既存なる**「有」**は**「過去」**を代表していて、未存なる**「無」**は**「未来」**を代表しています。

故に、未知なる未存の未来を代表する、意識体と宇宙意識界は誰にもわからないようになっています。

未存なる未来がわからないが故に、今を生きる**「自由」**が保障されているからです。

既存の作られた**「有」**と、未存の自分が創り出す**「無」**については、本書の第6章にて、詳しく解説します。

✦人間社会はフェイクワールド

ここで、現世で生きながらにして、死という状況と死後の世界を、垣間見ることができる方法を、少し紹介しましょう。

これから僕が言うことに従って、一つひとつゆっくりと想像しながら、瞑想《めいそう》してみてください。よろしいでしょうか。

あなたは目をつむって、「目が見えません。何も見えません。耳も聞こえません。何も聞こえません。においもしません。味もしません。だんだん肉体が溶けて空中に消えていきます。触る感覚すらありません。すべての肉体の感覚は、完全に消えました」。その状況を少し瞑想してみてください。

あなたは生きながらにして、一体、あなたの**「意識」**は、どのような空間に存在しているのでしょうか？

そうです。そこは誰もいない、何ものにも束縛されない**「無」**の**「自由な空間」**に、ただ、**「あなたの意識」**のみが、存在していることに気づきます。

「無」については、最も重要なことですので、後ほど、**「無の真髄」**について、詳しく解説します。

そのまま瞑想を続けていると、やがて、自分の心が、自分自身の魂に創造した**「意識体の情動」**の世界が、意識体の記憶と共に意識の中に、どこからともなく顕在化し始めます。

現世に於いて、**「次元の低い意識体」**は、**「世俗的」**な低次元の**「意識の世界」**を顕在化させて、死後、意識体の記憶に従って、それぞれの低い意識次元によって、それぞれの低い意識界で生活をすることになります。

現世に於いて、**「次元の高い意識体」**は、**「超俗的」**な高次元の**「意識の世界」**を顕在化させて、死後、意識体の記憶に基づいて、それぞれの高い意識次元に従って、それぞれの高い意識界で生活をすることになります。

他人である**「肉体の記憶」**は、年齢と共に**「破壊」**されていきますが、自分である**「意識体の記憶」**は、年齢と共に**「創造」**されていきます。

例えば、他人である肉体の苦痛は、肉体の死をもって、肉体の記憶から消滅しますが、自分である意識体の苦痛は、肉体が死んでも意識体の記憶として残ります。

自分自身の意識体に身についた**「真実」**は、善くも悪くも消えてなくなることはないからです。

肉体の記憶の嘘は、どこまでいっても、嘘でしかありません。

僕は、**「他人である肉体」**の**「頭脳」**に**「嘘の知識」**である**「欲望の嘘学《うそがく》」**を、**「煩悩《ぼんのう》」**として**「植えつける」**ことではないと思っています。

それよりも、**「自分である意識体」**に**「真実の智慧」**である**「愛の真学《まことがく》」**を、**「正覚《しょうがく》」**として**「植えつける」**ことに自助努力することだと思います。

なぜならば、他人である肉体を養い生かすための努力よりも、自分である意識体を養い生かすための努力のほうが、はるかに価値があるからです。

私たちは唯一、他人である肉体の**「嘘の世界」**から、自分である意識体の**「真の世界」**に行くための準備をしているからです。

善い肉体癖が、善い心癖《こころぐせ》を作り、善い心癖が、善い魂癖《たましいぐせ》を作り、善い意識体となって、善い意識界に行くことになります。

悪い肉体癖が、劣悪な心癖を作り、劣悪な心癖が、醜悪な魂癖を作り、邪悪な意識体となって、邪悪な意識界に行くことになります。

当たり前のことであり、誰でも理解できる至極当然のことでもあります。

その証拠として、人間社会は、**「フェイク（嘘）」**によって社会全体が築かれている**「フェイクワールド」**といっても過言ではないと、僕は思います。

例えば、他人は、顔で笑っていても、心の中では、一体、何を思い、何を考えているのかわかりません。

心の中が見えないことをいいことに、肉体という**「嘘の鎧《よろい》」**を身につけて、嘘で言いたい放題、やりたい放題のことを、当たり前のように行っています。

例えば、夫婦の間でも、親子の間でも、友人や知人の間でも、フェイク（嘘）は当たり前のように行われています。

ただし、嘘にも二つあって、**「愛」**に基づく嘘を**「智慧《ちえ》」**といいます。**「欲」**に基づいた嘘を**「知識」**といいます。

「智慧」は、善い方向に方向づけようとする嘘という「愛」であり、たとえ嘘であっても「嘘も方便」といい、それは愛に基づいた智慧になります。

「知識」は、悪い方向に方向づけようとする「欲」であり、たとえ正しいと思っても「偽言《ぎげん》」とか「虚言《きょげん》」になってしまいます。

✦実相世界と虚相世界

さまざまな人間関係に於いて、欲望や忖度《そんたく》のためのフェイクは、至極当然のごとく当たり前に行われています。

肉体が自分であると思い込んで勘違いしている人たちの、**「嘘の世界」**である「フェイクワールド」では、フェイクがうまければうまいほど、フェイクをうまく積み上げれば積み上げるほど、上位に出世していくように仕組まれています。

現世に於いて、**「嘘の世界（フェイクワールド）」**では、フェイクで生きることが常識となり、むしろ、フェイクを使いこなせなくては、生きていけないように仕組まれています。

ですから、**「知識という嘘」**を、小学生から大学生に至るまで、しっかり学問として身につけた人たちは、**「フェイク学の手法」**を、**「欲望」**のために巧みに使いこなす手練手管《てれんてくだ》を、フェイクワールドのために習得していきます。

「フェイク学」は、まさに、**「騙《だま》しのテクニック」**そのものの**「嘘学《うそがく》」**です。

「フェイク学」によって、**「レトリック」**（修辞技法）を身につけて、地位や名誉や財産などを築いて、**「フェイクワールド」**に於いて、**「上級国民」**（宗教家、政治家、官僚、財界人など）として、傲慢な人生をフェイク尽くしで送る人は、フェイクだらけの**「醜悪な意識界」**に突き進んでいきます。

「レトリック」とは、修辞技法など巧みに言葉を使いこなすテクニックのことをいいます。

人間世界では、これが騙しのテクニックとなって、**「自己欲求」**と**「承認欲求」**を満たすための「自己正当性」の手段や方法になっています。

ですから、僕の言葉は、常に、疑ってくださいと、必ず、講演会などで言うようにしています。

他人である肉体のフェイクの世界では、フェイクやレトリックがうまい人ほど、地位や名誉や財産などを築いて、フェイクやレトリックが下手な正直者が、馬鹿をみる社会構造になっています。

これが、さまざまな差別や貧富の格差を、社会に作り出す主な原因になっています。

これに異論や異議を申し立てる人は、**「支配階級」**に存在する人や富裕層の人以外は、誰もいないはずです。

「フェイク学」の**「大罪」**は、何かといいますと、例えば、**「実相世界」**には、「時間」は存在しないのに、時間があるかのように教えます。

「数字」は存在しないのに、数字があるかのように教えます。

生命そのものに「死」は存在しないのに、死があるかのように教えます。

「空間」や「時空」は存在しないのに、空間や時空があるかのように教えます。

「質量」は存在しないのに、質量が存在しているかのように教えます。

これでは、とても意識界の生活をするための準備にはならないと、僕は思います。

他人である肉体の目で見ている宇宙物質界でさえ、枠組みも限界も境界もない無限の世界です。

ですから、そもそも「時空」は、存在しないと、僕は理解しています。

「時間」も「空間」も「数字」も「死」も、すべて「物質世界」である**「虚相世界」**に於いて、肉体が自分だと思い込んでいる**「人間」**の肉体の感情のみに通用する概念ばかりだからです。
「意識世界」である**「実相世界」**には、そのようなものは存在しないと思いますし、一切、通用しない存在ばかりだと思います。

自分である意識体の**「真の世界」**を、**「実相世界」**といいます。
他人である肉体の**「嘘の世界」**を、**「虚相世界」**といいます。

私たちは、他人である肉体の**「嘘の世界」**である、**「虚相世界」**から、自分である意識体の**「真の世界」**である、**「実相世界」**に行くための準備を、唯一の価値として生きているからです。

嘘はどこまで行っても嘘でしかないからです。

真実、**「実相世界」**には、人間が作り出した時間や数字や空間や死などは、存在しないと、僕は理解しています。

しかし、**「虚相世界」**には、思い込みと勘違いだらけの人間が、人間のために作り出した「妄想」であり「幻想」であり、実際には、「実相世界」には存在しないモノばかりだからです。

このことの証明は、後ほど、**「COSMOSの法則」**で、詳しく検証しながら、誰にでも理解できるように、明瞭かつ明確に解説していきます。

✦なぜ、一生涯が「仕方なく」虚しくもはかなく終わってしまうのか

もう一度、大切なことですので、「自分である意識体」と「他人である肉体」について、詳しく言及します。

基本的に、**「自分である意識体」**は、**「真実」**と**「自由」**と**「可能」**へと方向づけられていて、**「他人である肉体」**は、常に**「嘘」**と**「不自由」**と**「不可能」**へと方向づけられています。

肉体の**「行動」（Action）**は、**「他人の意識」**である**「肉体の意識」**に支配されて、肉体の**「頭脳」**と**「身体」**の間を、**「神経」**が行き交うことによって、**「肉体の行動」**の**「運用」**と**「運行」**がなされていくように仕組まれています。

意識体の**「情動」（Emotion）**は、**「自分の意識」**である**「心」**と、**「意識体の意識」**である**「魂」**の間を、**「意識」**が行き交うことによって、善くも悪くも**「意識体の情動」**の**「運用」**と**「運行」**がなされていくように仕組まれています。

では、私たちの人生が、**「肉体の行動」**によって、いかに**「不自由」**な人生を**「仕方なく」**生きているのかを、わかりやすく検証しながら証明してみましょう。

人間の一生涯の**「行動人間学」**を検証するために、最も有効な方法は、一日の生活そのものの**「事実」**を、検証することで、それにより一生涯に於ける人間の行動の**「真実」**を、簡単に理解し認識することができます。

なぜならば、一日は一生涯の縮図といわれるからです。

私たちの一般的な一日の「生活行動」は、どのようになっているのでしょうか？

まずは、朝、他人である肉体の耳が、目覚ましの音を聞いて、脳が神経を通して体に起きるように指令を送ります。

そして、体はその指令に従って、起きるという**「肉体の行動」（Action）**を起こします。

しかし、その真逆に、自分である意識体の**「情動」（Emotion）**は、「もう少し眠っていたいなぁ～」「起きたくないなぁ～」「学校や会社に行きたくないなぁ～」と、無条件で思います。

なぜならば、眠っている間は、**「自分の意識」**は、自分である意識体の**「意識世界」**にいることができるからです。

しかし、起きると他人である肉体の**「不自由」**な**「物質世界」**に従属させられて、呪縛されることになります。

眠っている間は、「自分の意識」は、将来、行くことになる、未知なる未来の意識世界にいます。

ですから、他人である肉体の世界とは、別次元の世界ですから、肉体記憶には一切存在していないことになります。

「自分の意識」は、眠っている間は、自分である意識体に存在していますが、肉体の覚醒と共に徐々に、他人である「肉体の意識」に移行していきます。

夢は、他人である肉体が覚醒する時に、脳の肉体記憶に基づく、虚相世界の妄想と幻想という「物質脳」の幻覚現象です。

眠りについては、重要なことですから、『**ZEROの法則**』の**「眠りの哲学」**にて、詳しく言及しています。ぜひ、参考にしてみてください。

わかりやすく言及しますと、寝ている間は、**「自分の意識」**が、自分である意識体の世界に存在して、肉体が覚醒した直後から、「自分の意識」が、「他人の意識」である「肉体の意識」に支配されて不自由な世界に、**「従属」**しなければならなくなります。

このように、自分である**「意識体の情動」（Spiritual Emotion）**と、他人である**「肉体の行動」（Physical Action）**は、真逆の方向に方向づけられて、**「逆ベクトルの葛藤《かっとう》」**から一日が始まります。

朝、「自分の意識」は、まだ眠っていたいのに、肉体の「他人の意識」である「無意識」に支配されて、**「仕方なく」**起きて、その後、**「仕方なく」**顔を洗い、歯を磨き、お化粧をして、食欲がなくても**「仕方なく」**肉体の活力を得るために、朝食をとって、学校や職場に行きたくなくても、他人である肉体の通常の行動に従って、「無意識」に**「仕方なく」**通学や通勤に疑問もなく出かけていきます。

自分である「意識体の情動」が、他人である「肉体の行動」に「無意識」に従って、行きたくもない学校に**「仕方なく」**行って、やりたくもない勉強を**「仕方なく」**やって、行きたくもない会社に**「仕方なく」**行って、やりたくもない仕事を**「仕方なく」**やって、一日の大半が**「仕方ない理論」**に「無意識」のうちに従って、何の疑いもなく、何の疑問もなく、「無意識」のまま**「不快な感情」**に陥りながら過ごしていきます。

最終的に、「老若男女すべての人が、死にたくないのに『**仕方なく**』死んでいきます」。

すなわち、私たちの**「肉体の行動」**には、常に、一事が万事**「仕方ない理論」**が、ついて回っていることになります。

この他人である**「肉体の行動」**は、自分である**「意識体の情動」**が、決して、望んでいることではないと、僕は理解しています。

自分である意識体が、他人である肉体の行動に従属させられることは、決して、嬉しいことでも、楽しいことでも、幸せなことでもないことを、徹頭徹尾、理解し認識して自覚することだと、僕は思います。

なぜならば、私の **「意識体の情動」（Spiritual Emotion）** が、**「仕方ない理論」** に従って、他人である肉体の **「肉体の行動」（Physical Action）** によって、たとえ食べることが好きであっても、食べるためには労働という、不自由な **「仕事」** に支配されて **「仕方なく」** 働かざるを得なくなるからです。

少なからず、不快な感情に苛《さいな》まれながら、満員電車に揺られて学校や職場に通い、学校や職場では数時間の **「不自由」** な **「時間拘束」** の下に、**「仕方なく」** 学業と仕事に囚人のごとく、奴隷のごとく支配されて、また、満員電車に揺られて **「仕方なく」** 帰宅の途につきます。

帰宅したら、入浴をして夕食をとって、時間がきたら就寝して、また、次の朝を **「仕方なく」** 迎えることになります。

このように、他人である肉体は、数字と時間の支配の下に置かれて、肉体が覚醒している時間は **「肉体拘束」** によって占められています。

他人である肉体が覚醒している間は、自分である「意識体の情動」は、**「不自由」** かつ **「不快な感情」** に呪縛されたまま、**「虚しく」** もはかなく時間だけが過ぎて、人生が「仕方なく」終わっていきます。

「虚しく」もはかない人生が終わっていくから、**「虚相世界」**といわれる所以《ゆえん》です。

他人である肉体を養い生かすために、艱難辛苦《かんなんしんく》と難行苦行《なんぎょうくぎょう》を乗り越えて、どんなに努力しても、築いた地位や名誉や財物などは、必ず、すべて失う宿命にあるからです。

すなわち、人生の最終章で他人である肉体に、すべて裏切られる結果が待っている、ということです。

自分である意識体が、一日のうちで、何の束縛も拘束もなく、自由を許される時間は、**「眠っている」**間だけです。

眠っている間は、肉体の感覚である、視覚、聴覚、嗅覚、味覚、触覚などの五感から解放されて、**「自分の意識」**は、安寧に過ごすことができます。

とくに、痛いや痒《かゆ》い、空腹や寒い暑いなどの苦痛を感じることもなく過ごすことができます。

運命の主人は、自分である意識体であり、人生の主体は、自分である意識体です。

しかし、すべての人が、運命の主人は、他人である肉体であり、人生の主体が、他人である肉体になっています。

ですから、何の**「情緒」**もなく能面のような顔をして、一日が、他人である「肉体の行動」に、自分である「意識体の情動」が、奴隷のごとく、囚人のごとく従属して、物理的かつ機械的に**「仕事」**として、**「仕方なく」**一生涯が虚しくもはかなく終わっていきます。

運命の主人であり主体は、自分である意識体です。運命の従者であり客体は、他人である肉体です。

これが、純理の法則であり、原理の原則なのです。

しかし、他人である肉体に、自分である意識体が従属してしまうと、この**「主従逆転」**であり**「主客転倒」**の人生こそが、「嘘」と「偽り」と「間違い」の始まりとなります。

✦「仕方ない理論」に従って、仕方なく生きる人たちとは

世の中には、**「運がない人」**と**「運がある人」**がいます。

その違いはどこにあるのでしょうか？

「運のある人」は、運命の主人であり、人生の主体に従って、生きようと心がけているから、必然的に、運のある人生になります。

「運のない人」は、運命の従者であり、人生の客体に従って、生きようとしているから、当然、運のない人生になります。当たり前のことです。

この世で地位や名誉や財物などを得た人たちは、運があると思われていますが、肉体の死後の世界では、「金持ちが天国に入るには、ラクダが針の穴を通るよりも難しい」「この世にあって偉大な者は、あの世にあって、最も卑しく小さき者となるであろう」といわれるように、最も運のない人になってしまいます。

なぜならば、この世とあの世は、肉体と意識体のように**「真逆」（Paradox）**になっているからです。

基本的には、自分である「意識体の情動」は、勉強にしても、仕事にしても、不自由で不快な

感情に陥る人生などは、誰も望んでいることではない!!　という**「真実」**を、正しく理解して素直に受け入れていくことです。

そして、他人である肉体を養い生かすために、「他人の意識」である「肉体の意識」に従って、**「仕方なく」**生きることは、大きな**「嘘」**であり**「偽り」**であり**「間違い」**であることを、正しく理解し認識して自覚することが、人生にとって、最も重要なことになります。

他人である肉体の欲望のために生きるということは、まさしく他人事であり絵空事です。

すなわち、人の為《ため》と書いて、「偽り」と読みます。まさしく、肉体のために生きることは、人のためであり**「偽り」**そのものに他なりません。

すべてが、**「現世利益《げんせいりやく》」**のために、「**仕**方なく**事**を成す」という**「仕事」**または、自分である意識体が、他人である肉体に「**仕**える**事**」である**「仕事」**によって、一日が過ぎて一生涯が過ぎていきます。

「運命の主人」であり**「人生の主体」**は、**「自分である意識体」**であって、**「他人である肉体」**ではないと、僕は確信しています。

なぜならば、**「自分である意識体」**の**「意識」**のみに、**「自由法則」**が保障されていて、**「自由意志」**に基づく、**「自己決定」**に対して、**「自己責任」**を負っていかなければいけない、**「不可侵不介入の原則」**が貫徹されているからです。

ですから、自分である意識体の自由意志に基づく自己決定によって、最終的に善くも悪くも**「意識」**の**「スイッチ」**を入れているのは、自分自身であることを、常に自覚することです。

ですから、「愛」に基づいて、「意識」の「スイッチ」を入れるのも、「欲」に従って、「意識」の「スイッチ」を入れるのも、すべてが一人ひとりの意識次元に於ける、自由意志による自己決定に委ねられています。

故に、善くも悪くも、自由意志による自己決定ですから、**「自己責任」**を負わなければいけない原則になっているのです。

人生の主人が他人である肉体だと勘違いしているから、**「責任転嫁」**ばかりしています。故に、肉体は**「死ぬ宿命」**とわかっていても、肉体を養い生かすために、肉体に依存しながら、肉体の欲望に支配されて、「仕方なく」生きて、「仕方なく」死んでいくことになります。

一日は一生の縮図といいます。私である意識体は、一生涯の大半が他人である肉体を**「養い生かす」**ために仕方なく**「仕事」**として生きています。

自分である意識体の世界に行くための準備もせずに、仕方ない**「肉体の行動」**によって支配され、**「仕方なく生きて」**、最後は、**「仕方なく死んでいきます」**。

人間は、何から何まで、**「仕方ない理論」**に従って、自分自身を正当化し納得させながら、「不自由」へと方向づけて、無意識に**「不快な感情」**へと自分自身が陥っていきます。

皆さんは、肉体の「他人の意識」という「肉体の意識」に支配されて、「無意識」のまま疑問もなく生きています。

人間とは、なんと愚かで**「稀有《けう》」**な存在なのでしょう。

「生きるためには、**『仕方ない』**ではないか!!」と、語気を強めて豪語する無知なる人たちばかりです。

現世を永遠に生きることができない人生を、**「仕方なく生きる」**ことは、**「仕方ない以上に仕方ない」**ことであり、意味も意義も価値もない無駄な人生になってしまいます。

意識界が存在していなければ、死ぬ**「理由」**と**「意味」**と**「根拠」**がどこにあるのでしょうか？

そんなにこの世で生きたいのであれば、不自由な肉体を背負ったまま、囚人のごとく奴隷のごとく、永遠に生き続ければよいのです。

このように、いかに自分である「意識体の情動」が、他人である「肉体の行動」に支配され管理されているのかが理解できます。

他人である肉体によって、いかに人生が**「不自由」**かつ**「不快な感情」**に苛《さいな》まれているかが、誰でも簡単に理解でき、納得することができると思います。

このことは、紛れもない**「厳然たる事実」**です。事実に対して目を背ける行為を、私たちは、「嘘」と「偽り」と「間違い」であるといいます。

これに異議申し立てする人は、自分の人格次元（心の次元）を、もう一度、しっかりと検証されたほうが良いと思います。

すべての「肉体の行動」が、ルーティン化していて、他人である肉体を**「養い生かす」**ための行動が、当然のごとく当たり前になっています。

ですから、貴重な人生が一生涯にわたって、**「仕方ない理論」**に従って、無駄な人生として仕方なく終わっていきます。

これだけ一事が万事、**「仕方ない理論」**が、ついて回っている人生に対して、人類は、そろそろ心情的に賢くなって、気づかなくてはいけない時代に入っていると思います。

「仕方ない」といって、他人である肉体のせいばかりにはしていられませんから、自分である意識体の**「意識」**によって、**「仕方ある理論」**の人生にしていくしかないと、僕は思います。

✦「仕方ある理論」に従って、仕方ある生き方をする人たちとは

「仕方ある生き方」をしている人たちは、どのような生き方を心がけているのでしょうか？

「COSMOSの法則」を理解している人たちは、**「仕方ない理論」**に対して、常に、**「仕方ある理論」**で生きようと自助努力しています。

「仕方ある理論」とは、他人である肉体の行動に支配されて「仕方ない理論」に従って、生きるのではなく、自分である意識体の情動に基づいて、自分である意識体の「意識」が感謝と喜びになるように、正直に生きていくことです。

「仕方ない理論」に従って、**「不快な感情」**で生きるのも、一人ひとりの自由意志に基づく、自己決定と自己責任に委ねられています。

「仕方ある理論」に基づいて、**「愉快な心情」**で生きるのも、一人ひとりの自由意志に基づく、自己決定と自己責任に委ねられています。

意識体が自分であると理解している人たちは、自分である意識体の**「仕方ある理論」**に基づい

て、**「未来への投資」**である**「意識界への投資」**のために人生を送っています。

肉体が自分だと勘違いしている人たちは、他人である肉体の**「仕方ない理論」**に従属して、**「未来の損失」**である**「意識界の損失」**のために人生を送っています。

一人ひとりの**「意識」**は、絶対に、**「自由」**かつ**「可能」**に方向づけようとしていますから、どちらを選択するかは、すべてが一人ひとりの自由意志です。

しかし、自由と可能を阻《はば》んでいる存在は、「他人の意識」である「肉体の意識」に支配された「物質脳」の「欲望」の意識なのです。

なぜならば、「仕方ある理論」に基づいて、生きている人たちは、**「運命の主人」**であり**「人生の主体」**は、**「自分である意識体」**であることを理解しているからです。

ですから、人生の主人であり主体は、絶対に、**「他人である肉体」**ではないことを、徹頭徹尾、理解し認識して確信することです。

他人である肉体の**「意識」**で生きるのも「自由」です。自分である意識体の**「意識」**で生きるのも「自由」です。

それぞれの生き方に対する**「意識」**は、**「自由意志」**と**「自己決定」**が、保障されているからです。

なぜならば、**「自分である意識体」**の**「意識」**にのみ、自分自身に対する**「自由法則」**が保障されていて、**「自由意志」**に基づく、**「自己決定」**に対して、**「自己責任原則」**に従っていくようになっているからです。

故に、他人である肉体には、自分である意識体に対して、他人であるが故に責任を負う理由も根拠もないからです。

最も身近な他人である肉体でさえ、自分の責任を負ってくれませんから、他人の他人である、その他の人には、一切、自分の責任を負えないからです。

故に、どんな人でも、たとえイエスであっても、釈迦であっても、新興宗教の教祖であっても、カルト宗教の教祖であっても、他人には絶対に責任を負えない、**「不可侵不介入の原則」**が、厳しく保障されているからです。

ですから、**「救世主」**なる存在も、**「メシア」**なる存在も、**「救い主」**なる存在も、絶対にあり得ないのです。

なぜならば、「救われるべき者は、自分自身であり、自分自身を救うべき者は、自分である」という所以《ゆえん》だからです。

すなわち、救いは、自己決定と自助努力と自己責任に委ねられているということです。

ですから、**「仕方ある理論」**に基づいて、自分である意識体に従って、生きている人たちは、すべてが自分の「自由意志」に基づく「自己決定」だということを理解しています。

なぜならば、最終的に「善くも悪くも」**「意識」**の**「スイッチ」**を入れたのは、自分の**「意識」**であるということを、常に自覚して「自己責任」を負っているからです。

故に、「何があっても、他人である肉体の『**感覚**』である『**肉体の感情**』には『**責任転嫁**』しない!!」というコンセプトとアイデンティティーで生きています。

他人である肉体が、見るものや、聞くものや、嗅ぐものや、味わうものや、触れるものなどが、たとえ不快であっても、他人である肉体の**「肉体の感情」**と、自分である意識体の**「意識体の心情」**との間に、**「自他分離境界線」**を引いて、**「感情統治」**していきます。

肉体が自分だと思い込んで勘違いしている人たちは、不快な感情や、悲しみや、寂しさや、虚しさや、儚《はかな》さなどは、すべてが「自分の意識」から出ていると、思い込んで勘違いをしています。

これらのネガティブな感情は、決して、**「自分の意識」**が、求めているモノでも、願っているモノでも、希望しているモノでもなく、すべてが**「他人の意識」**である**「肉体の意識」**から発動した感傷的な**「肉体の感情」**なのです。

なぜならば、他人である**「肉体の感情」**は、自分である**「意識体の心情」**には、一切、責任を負わない**「無責任」**な存在だからです。

他人である**「肉体感覚」**は、意識体と肉体の**「死別」**をもって、すべてが脳の記憶から解放され消滅します。

意識体の「自分の意識」は、常に自由と愛と喜びに、心情を方向づけているからです。

ですから、「仕方ある理論」に基づいて、生きている人たちは、何があっても、何が起きようとも**「ありのままを無条件で全面的に感謝と喜びで受容する」**ように自助努力しています。

肉体が自分だと思い込んでいる人たちは、他人である肉体の感覚による、不快な肉体の感情に**「感情支配」**されて、自傷行為や自虐行為という**「感情破壊」**に陥って、最終的に**「自己破滅」**していくことになります。

故に、自分である意識体の**「意識」**は、すべてが**「自由意志」**と**「自己決定」**に方向づけられていて、すべてに於いて**「自己責任」**を負うように仕組まれています。

ですから、「仕方ある」生き方をしている人たちは、自分である意識体は、**「自由意志」**によって、**「自己決定」**した意識体の情動に対して、すべて**「自己責任」**を負わなくてはいけないことを理解しています。

この法則と原則によって、**「仕方ある理論」**に基づいて、生きられるようになっています。

しかし、他人である肉体は、自分である意識体に対して、極めて**「無責任」**な**「他人」**であるが故に、そのようにはなっていないと、僕は理解しています。

他人である肉体が、自分である意識体に対して、どんなに「艱難辛苦《かんなんしんく》」と「難行苦行《なんぎょうくぎょう》」をさせたからといって、一切、他人であるが故に責任は、絶対に負ってくれません。

✦肉体の存在目的は、自分の意識体を「仕方ない理論」へ方向づけること

では、他人である肉体が、自分である意識体に対して、どれだけ無責任な存在なのかについて言及しましょう。

他人である肉体の痛い苦しいは、あくまでも「他人の意識」である「肉体の意識」に支配された「頭脳」の**「神経感覚」**によるものです。

ちなみに、意識体には神経というものが存在していませんので、肉体のような感覚は、一切、存在していないことを理解しておいてください。

肉体が自分だと思い込んで勘違いしている人たちは、「死ぬ時ぐらいは楽に死にたい‼」「痛い思いはしたくない‼」「苦しんで死にたくない‼」といいます。

しかし、肉体感覚と意識体の情動は別モノであり、まったく違った異質のモノであり、異次元の存在です。

なぜならば、肉体の「物質脳」である「頭脳」の「感覚」や「知識」は、単なる「肉体」の**「他人の意識」**である**「肉体の意識」**の**「道具」**に過ぎないからです。

ですから、肉体が非業の死を遂げたり、悲惨な死を迎えたり、肉体がバラバラに破壊されるような死を遂げても、意識体の情動が自分であると理解している人たちには、一切、苦痛にも苦悩にも苦悶《くもん》にもならない絵空事になります。

なぜならば、**「肉体事」**は**「他人事」**であり**「絵空事」**であって、**「自分事」**ではないからです。

しかし、肉体が自分だと思い込んで勘違いしている人たちにとっては、肉体事は、自分事になっていますから、**「自分の意識体」**に付随（存在）して、苦悩と苦痛と苦悶を、そのまま意識界に持っていくことになります。

故に、肉体が自分だと思い込んでいる人たちは、肉体感覚の意識を、そのまま「自分の意識」として、意識界に持っていくことになります。

すなわち、「仕方ある理論」に基づいて、生きている人たちは、自分である意識体には、他人である肉体の感覚は、一切、存在していないことを理解しています。

先ほども言及したように、自分である意識体には、他人である肉体の神経が存在していないからです。

神経は、肉体に必要な存在であって、意識体には、まったく必要のない存在です。

自分である意識体は、食べなくてもよいし、呼吸しなくてもよいし、寝なくてもよいし、まして、痛いとか、痒《かゆ》いとか、暑いとか、寒いとか、苦しいとか、辛いとか、という肉体感覚による不快な感情は、意識体には一切、存在していないからです。

それはすなわち、**「肉体の感情」**は、他人である**「肉体」**の**「感覚」**の**「意識」**が、すべての動機の原因になっていて、**「意識体の心情」**は、自分である**「意識体」**の**「心」**の**「心情」**の**「意識」**が、すべての動機の原因になっているからです。

わかりやすく言及しますと、肉体が眠っている間は、意識が意識体側に存在していますから、肉体感覚は、一切、存在していませんが、肉体が覚醒している間は、意識が肉体側に存在していますから、肉体感覚として感じるようになっています。

ですから、どんなに悲惨な痛々しい肉体の死を遂げたとしても、自分である意識体の心情には、一切関係ないと、僕は理解しています。

なぜならば、意識体は、肉体のような姿かたちはしていない、「無なる存在」だからであり、あくまでも、他人である肉体が破壊されたに過ぎないと理解しているからです。

他人はどこまで行っても、他人事であり絵空事に過ぎません。

自分である意識体の心情には、一切、関係ない無駄な感情だと理解しています。肉体は残された蟬《せみ》の抜け殻に過ぎないからです。

肉体は極めて面倒くさい厄介な共同生活者ですが、現世にいる限り付き合わなければいけない隣人ですから、少しでも仲良くやっていきたいものです。

しかし、肉体が自分だと勘違いしている人たちは、死ぬ時は、痛い思いや苦しい思いをしたくないと思っています。

肉体の感覚は、あくまでも他人の感覚ですから、肉体の感覚を感知する脳の死滅と共に、死なずして、すべての痛みや苦痛は消滅するようになっています。

すなわち、「仕方ある理論」で生きている人たちは、肉体からの死別をもって、すべての苦痛や不自由から解放されることを理解しています。

故に、「仕方ある理論」で生きている人たちは、自分である意識体の情動は、一切、肉体の感覚とは関係ないことを理解しています。

むしろ、他人である肉体を、自分だと勘違いしている人たちが、肉体の苦痛や苦悩によって、心の痛みや、魂の苦痛や、意識体の悲しみなどに陥ることが、最も深刻な問題になるのです。

例えば、自分である意識体に於いて、肉体が自分だと思い込んでいる**「嘘の親子関係」**に対する心の怨《うら》みや辛《つら》みや、夫婦関係に於ける魂の悲しみや苦しみ、人間関係に対する意識体の不快な心情などは、すべて自己責任を負わなければいけないからです。

「死人は死人に任せなさい」「他者責任原則は、すべて他者に任せなさい!!」「自己責任原則は、すべて自分で負いなさい!!」といわれる所以《ゆえん》です。

他人である肉体の苦痛は、他人である肉体の責任に任せなさい!! 自分である意識体の苦痛は、自分である意識体の自己責任で負いなさい!!

なぜならば、意識体の苦痛は、自分の心が、自分自身の魂に創り出したものだからです。

故に、自分である意識体が自己責任を負わなければいけないようになっています。

無責任な他人である**「肉体の感情」**よりも、自己責任を負わなければいけない、自分である**「意識体の心情」**のほうが、意識界の生活に於いて、はるかに責任ある重要なことだからです。

他人である肉体が、自分だと勘違いしている人たちの**「意識体」**にとっては、肉体は極めて不条理であり、理不尽な存在であり、厄介で面倒くさい、極めて迷惑な隣人であり、不遜な共同生活者でしかないと、僕は思っています。

なぜならば、自分である意識体が、他人である肉体に騙《だま》されて、他人である肉体の苦痛が、あたかも自分である意識体の苦痛のように思わされているからです。

だから、肉体の虚相世界は、**「フェイクワールド」**以外の何ものでもないと、僕は理解しています。

故に、肉体が自分であると思い込んで勘違いしている人たちは、そのまま肉体の**「苦痛の意識」**を踏襲して地球意識界に行って、苦しむことになります。

ですから、意識体の**「自分の意識」**は、自分である意識体を、自由へと方向づけていますが、他人である肉体の意識は、常に、**「死」**という不自由と恐怖と悲しみへと、方向づけようとしています。

肉体の「無意識」である**「他人の意識」**を、自己管理することは、極めて困難なことであり、不可能なことに思われています。

自分である意識体の**「自分の意識」**と、他人である肉体の**「他人の意識」**とでは、そもそも**「意識のベクトル」**が、真逆に方向づけられている以上、なかなか自分では肉体感覚による肉体の感情をコントロールできないと思います。

なぜならば、それぞれの意識には、**「自由法則」**が保障されていて、**「自己責任原則」**が担保されていて、**「不可侵不介入の原則」**が貫徹されているからです。

肉体は意識体に対して、極めて**「無責任な他人」**そのものです。

自分である意識体が、決して、望んでいないことでも、他人である肉体の欲望に従って、勝手なことを勝手にやって、勝手に病気や怪我などになって、不快な感情に陥れていきます。

例えば、暴飲暴食や薬物依存や遊興《ゆうきょう》活動（危険なレジャースポーツ）などです。

病気になりたい、事故に遭いたい、怪我に見舞われたい、障害者になりたい、悲惨な死を遂げたい、と思っている人は誰もいないと、僕は思います。

もし、自分が不幸を望んでいるのであれば、間違いなく自分が原因です。

基本的には、現世の不幸を望んで生きている人は、一人もいないはずです。

しかし、誰一人、不幸や苦労や苦痛は望んでいないのに、突然に不幸や苦労や苦痛を被《こうむ》らざるを得ないとしたら、その原因は、自分に最も近い隣人であり、共同生活者である肉体にしか存在していないと、僕は思います。

例えば、他人である肉体が不快な感情に方向づけて、**「感情支配」**しようとした時は、自分である意識体の情動の**「意識」**を、どのように方向づけるのかは、一人ひとりの意識次元に基づく、自由意志と自己決定と自己責任にすべて委ねられています。

他人である肉体の存在目的は、自分である意識体を「仕方ない理論」に従属させて、艱難辛苦《かんなんしんく》と難行苦行《なんぎょうくぎょう》に方向づけることです。

ですから、常に、肉体の行動によって、意識体の情動は不自由と苦痛と苦悩の中に置かれ、**「仕方ない理論」**に従って生きています。

すなわち、肉体の苦痛と苦悩の目的は、唯一、**「罪」**(自分自身の恩讐《おんしゅう》)に対する償《つぐな》いと贖《あがな》いのために存在しています。

自分自身の恩讐については、後ほど解説します。

✦「笑い」は最悪を最善に変えるゲームチェンジャー

では、意識体の情動が主人になって、肉体の行動を管理して責任を負っていく方法があるのでしょうか?

意識体の情動が主人となって、**「仕方ある理論」**に基づいて、肉体の行動を愛に特化して方向づける行動は、唯一、**「感謝」**と**「笑い」**だけです。

僕は、**「笑いの奇跡」**とか、**「笑いの哲学」**なるものを提唱しています。

肉体の行動の目的は、艱難辛苦《かんなんしんく》と難行苦行《なんぎょうくぎょう》に方向づけて、苦痛や苦悩に陥れることですから、肉体の行動を真逆に方向づければ、意識体の情動に於いては、最高に都合がよく歓迎されることになります。

昔から「笑う門には福来る」といいますが、僕も「笑いの奇跡」を、たくさん経験してきました。

笑うだけで難病が治ったり、さまざまな困難を克服したり、最悪の状況を最善の状況に変えるなど、挙げたらきりがありません。

僕は、何度となく「笑い」に助けられてきました。笑いのコツは、顔で笑うのではなく、腹で笑うことです。

僕には、出産時の医療事故によって、第一級の障害者になった娘がいます。その子のためにどれほど泣いたかわかりません。

「僕の生命にかえても構わないから、なんとか娘を助けてほしい」と、三年以上にわたって苦悶《くもん》し続けました。

その間に、悪いことは続くもので、負のスパイラルに嵌《は》まってしまい、不幸の連鎖が次から次へと訪れてきました。

人間は、悲しみや苦痛や苦悩が行き着くところまでいくと、何もかもなくなってしまい「負の情動」が、**「無」**の情動になってしまいます。

「無」の情動になると、もう笑うしかないと、真逆の情動が発動することを、この時、障害のある娘から、初めて教えられました。

この時の、詳しい内容は、**『逆説の真理が運命を拓く宇宙の法則』**（ヴォイス社）という本の中で紹介しています。

人間は、不快な情動が限界まで達すると、残された情動は、真逆の笑うしかないのかと、その時に思わされました。

悩んでいる間は、まだ、余裕があるから悩めるのであって、悩んでいる暇はないという「愛の力」があれば、真逆に転換できます。

この**「愛の力」**があれば、絶対に、自己逃避による自己破滅という、最悪の**「自殺」**を選択することはないと思います。

その時、僕は、どういうわけかわかりませんが、無心のまま腹を抱えて大声で笑っていました。

理由もなく大声で馬鹿笑いすればするほど、不思議なことに何もかもが、どうでもよくなって、急に楽になって、気持ちが晴れていくのを感じました。

それどころか、「僕の意識」のモチベーションが、どんどん上がって、ポジティブになっていくのが感じ取れました。

よく「笑い飛ばす」といいますが、まさに、ネガティブな感情を吹き飛ばした気がしました。

そのことを通して、笑いには不思議な力があることを理解した瞬間でもあり、まさに笑いの実力を実感した瞬間でもありました。

それから、抱えていた問題と課題が嘘のように解決していって、以前の生活以上の平安と安寧の日々が訪れるようになりました。

僕は、この時、**「笑い」**は、最悪の状況を、最善に変えていく、最強の**「ゲームチェンジャ**

」（状況転換）になると思いました。

本当に笑いには、今でも感謝しています。人間にとって、笑えないことほど不幸なことはないと、僕は思います。

もし、笑えない人生だとしたら、これほど不幸な人生はないと思います。

かつては、大笑いすると「みっともない」とか、「若い子が歯を見せて笑うものではない」とか、「意味なく笑うものではない」とか、笑うこと自体が下品だと捉えられていました。

年配者から「若い頃はよく笑っていたような気がするが、年を重ねるごとに、笑えなくなってきた」という話をよく聞きます。

なぜ、年を取ると笑えなくなってしまうのでしょうか？

大きな理由があるとしたら、考えられることは、一つしか思い当たりません。

それは、幼少期の子どもたちを観察することで理解できます。

子どもたちをよく観察していると、たわいもないことでも、よく笑っている様子が確認できます。

昔から、「箸が転んでも楽しい年頃」といわれるように、若い時はよく笑うことができます。

幼少期の子どもたちに対して、よく、「子どもたちは無邪気でいいよね!!」と言われます。

この**「無邪気」**というものが、実は、**「笑い」**と深く関係していると、僕は思います。

幼少期の無邪気が、年齢を重ねるごとに減少していって、真逆に**「邪気」**が増加していって、笑えない状態を作っているのではないでしょうか。

それと同時に、幼少期は、なんでも人に与えることを喜びとしますが、年を重ねるごとに欲望という邪気ばかりが、成長して成熟していきます。

無邪気に比例して**「愛」**が増加していき、邪気に比例して**「欲望」**が増加していきます。

無邪気に比例して笑いが増加して、邪気に比例して笑いが減少していきます。

すなわち、「邪気」と「笑い」は、反比例の関係にあり、「無邪気」と「笑い」は、正比例の関係にあると、僕は理解しています。

年を重ねるごとに、他人である肉体の**「嘘の世界」**に、自分である意識体が、**「欲に侵食」**されていき、「邪気」ばかりが増大して肥大化していきます。

すなわち、「邪気」が多い人ほど、「笑えない」人になっていることになります。

年を取れば取るほど、厳しく難しい顔のまま、向き合っている老夫婦が、ほとんどだと思います。

現実に、「夫は単なる同居人であり、共同生活者です」と言う女性がたくさんいます。

本来は、年を重ねるごとに、自分である意識体が成熟していって、他人である「肉体の意識」である**「欲の邪気」**が減少して、幼少期よりも**「無邪気」**になって、よく笑うようにならなければいけないと、僕は思うのです。

なぜならば、肉体の死が近づき意識界の生活が、間近に近づいてきているからです。

本当の、**「終活」**は、遺言を書くことでも、葬儀のための費用を準備することでも、お墓を作ることでもないと、僕は思っています。

真実まことの終活は、質の高い笑いをたくさん創造して、意識体に喜びを集積していくことだと思います。

なぜならば、人生の終末期ほど笑わなくてはいけないと理解しているからです。終わり良ければ、すべて**「善し」**と、僕は解釈しているからです。

笑いが多い人生ほど、加齢による認知症やアルツハイマーなどの脳萎縮は起こりにくいと、僕は感じています。

笑いが少ない人ほど、認知症に罹《かか》る人が多いのではないかと、僕は感じています。

笑いにも、作り笑い、苦笑い、営業笑い、ほくそ笑む、泣き笑いなど、いろいろありますが、僕の経験上、腹を抱えて笑う馬鹿笑いが、一番、良いように感じます。

「難有りて有難う」のごとく、難をいただいた時こそ、笑いを大切にして、笑うことを心がけていくと、不思議なことに笑いがゲームチェンジャーとなって、すべてが好転していくように思います。

僕は、この現象を**「笑いの奇跡」**または**「笑いのゲームチェンジャー」**といって提唱しています。

ですから、僕は、一日にどれだけ笑える生活をしたのか？　という、笑いの質と量を検証するようにしています。

「不快な顔」で過ごすのも一日、**「笑顔」**で過ごすのも一日、どうせ同じ一日を過ごすのであれば、笑顔でいるほうが**「運ある一日」**を過ごすことができます。

なぜならば、一生涯に於ける**「笑いの質と量」**によって、死後に行く意識界の次元と場所が決まる、といっても過言ではないと、僕は理解しているからです。

一生の価値は、一日一日の笑いの質と量の集積によって決まる、といっても良いのではないかと、僕は思っています。

笑いについては、『**逆説の真理が運命を拓く宇宙の法則**』の中で**「自顔笑法」**という内容にて、詳しく紹介しています。ぜひとも、参考にしてみてください。

✦自分である意識体を「仕方ある理論」へ方向づける最たる肉体芸術が「笑い」

僕は、最高の**「肉体芸術」**は、一人ひとりの**「笑顔」**だと、自分勝手に理解し解釈しております。

なぜならば、一人ひとりにとって、「笑顔」は、唯一無二のかけがえのない尊いものであり、最高に価値あるオンリーワンの「肉体芸術」だと、理解し認識しているからです。

ただし、笑いにも質と次元の違いがあって、質と次元が低い笑いと、質と次元が高い笑いがあります。

質と次元の低い笑いは、意識次元の低い下品な笑いです。

例えば、「人の不幸は蜜の味」といって、人の不幸を見て「ほくそ笑む」笑いや、漫才などで相方を蔑《さげす》む笑いや、下ネタなどといわれる下品な笑いです。

質と次元の高い笑いは、意識次元の高い上品な笑いです。

例えば、心が和む笑いや、勇気が出る笑いや、モチベーションが上がる笑いや、ポジティブに意識を方向づける**「愛ある笑い」**です。

このように「不快な感情」に意識を方向づけるのも、「愉快な心情」に意識を方向づけるのも、自分である意識体の意識の**「自由意志」**に委ねられています。

どのように意識を方向づけて発動させようとも、一人ひとりの自由意志に基づく、自己決定と自己責任にすべてが委ねられているからです。

それはすなわち、他人である肉体が、善くも悪くもどのような状況に置かれても、「自分の意識」を「不快な感情」に方向づけるのも、「愉快な心情」に方向づけるのも、一人ひとりの自由意志に基づく、自己決定と自己責任にすべてが委ねられているからです。

他人である肉体の**「感覚」**や**「欲望」**には、「自分の意識」は、一切、介入も介在も適用も通用もしないと、僕は理解しています。

他人である肉体の感覚は、痛いものは痛いし、痒《かゆ》いものは痒いし、寒いものは寒いし、暑いものは暑いし、ほしい物はほしいからです。

なぜならば、肉体の感覚による感情も、肉体も他人以外の何者でもないからです。

他人である肉体の感覚や欲望は、自分である意識体の情動を完全に**「無視」**します。

だから、他人である肉体は、**「無責任」**極まりない、面倒くさい極めて厄介で迷惑な共同生活者なのです。

自分は空を飛びたいと思っても、肉体が空を飛ばせてくれません。肉体と意識体は別モノであり、**「相克の関係」**そのものだからです。

他人である肉体の「嘘の世界」は、「虚相世界」であり「他人事」ですから、すべてに於いて、自分である意識体に対しては、常に、**「仕方ない理論」**が、一事が万事に於いて、ついて回っています。

他人である肉体を一生涯にわたって、養い生かすために、朝起きる時から肉体の行動に従って、まだ、「自分の意識」は、眠っていたいのに、肉体の「無意識」である「他人の意識」に支配されて、「仕方なく」起きなくてはいけません。

起きたら「仕方なく」お化粧などの身支度をして、「仕方なく」乗りたくもない満員電車に乗って通学や出勤を、「無意識」に疑いもなくしています。

「仕方なく」行きたくもない学校や会社に行って、「仕方なく」やりたくもない勉強や仕事をして一日を過ごします。「仕方なく」何時間も不自由な箱モノの中に拘束されて、「仕方なく」不自由な時間を苦痛や不快と共に過ごします。

また、「仕方なく」満員電車に詰め込まれて帰路につき、「仕方なく」明日のために就寝して、また次の日、他人である肉体を養い生かすために、意識体の「自分の意識」は、肉体の「無意識」である「他人の意識」に支配されて、「仕方なく」奴隷のごとく、囚人のごとく過ごさなければいけなくなります。

このように、他人である肉体を養い生かすために、一生涯、**「仕方ない理論」**に従って、一事が万事、「仕方なく」生きて「仕方なく」死んで、**「虚しく」**一生涯が終わっていきます。

故に、「老若男女すべての人が、死にたくないのに『仕方なく』死んでいきます」。

まさしく、自分である意識体という主人が不在な**「虚相世界」**のゾンビか亡霊のような人生になっています。

これに異論や疑問や反論のある人は、「自分の意識」が、「他人の意識」である「肉体の意識」が作り出す「物質脳」の「欲望」に侵されていることを、自ら証明していることになります。

他人である肉体は、自分である意識体が、やりたいことはやらせてくれない、しかし、やりたくないことばかりやらせる!!という不快な感情に陥れていきます。

しかし、他人である肉体は、所詮、他人ですから、自分である意識体に対して、一切、責任を負ってくれないと、僕は理解しています。

なぜならば、肉体は他人であるが故に、意識体に対して責任を負えないし、責任を負う理由と義務がないからです。

意識体は自分ですから、自己責任を負う使命と責任と義務があります。

無責任極まりない存在が、肉体だということを、理解し認識することが、自分である意識体にとって、嬉しくも、楽しくも、幸せなことだと思います。

なぜならば、どんなに他人である肉体を、養い生かすために努力しても、最終的に、肉体の死によって裏切られる結果になるからです。

他人である肉体の欲望を満たすために、どんなに努力をしても、最終的に、すべて失う宿命になっているからです。

例えば、地位を得るために努力しても、名誉を得るために努力しても、財物を得るために努力しても、**「死」**と共にすべてを失う宿命にあるからです。

「不快な心情」は、すべてが**「自分持ち」**になっていて、誰のところにもいかない**「自己責任原則」**になっているからです。

故に、すべての心情に対して、善くも悪くも「自己責任」を負わなければいけないようになっているからです。

この**「無責任」**な他人である肉体に「仕方ない理論」で従って、艱難辛苦《かんなんしんく》と難行苦行《なんぎょうくぎょう》のような苦労の人生を、無責任な**「他人である肉体」**のために生きる価値が、一体、どこにあるというのでしょうか!?

失う宿命にある、地位や名誉や財物などを得ることに、いかほどの価値があるというのでしょうか!!

しかし、自分である意識体の**「実相世界」**に於ける価値観は、すべてに於いて、「自由意志」に基づいて、「自己決定」に従って「自己責任」を負って、最終的に善くも悪くも「自己完結」していくように仕組まれています。

ですから、すべてに於いて、自分である意識体を、**「自分の意識」**で**「仕方ある理論」**へと方向づけることが可能なのです。

その最たる**「肉体芸術」**が**「笑い」**です。

「意識体の芸術」である「個性芸術」は、自分である意識体が、唯一無二のかけがえのない尊い、最も価値ある存在であるという「自己慈愛」に基づいて、「ありのままを無条件に全面的に感謝と喜びで受容する」という「自由意志」と「自己決定」と「自己責任」に委ねられています。

ですから、僕は、不快な感情に陥るような、人の言動やさまざまな現象に遭遇した時は、必ず、「自分の意識」で「心でニコッと笑って感謝」と言いながら、「僕には関係ない」と自他分離境界線を引くようにしています。

すなわち、不快な感情に感情支配されるのも、愉快な心情に心情統治していくのも、すべてが、「自分の意識」の自由意志に基づく自己決定に委ねられているからです。

最終的に、自分が押した**「意識」**の**「スイッチ」**に対して、最後まで自己責任を負っていくようになっているからです。

初めと終わりは原因と結果に於いて、「自分の意識」のみに、すべて一致するという、大原則があるからです。

✦人類最大の悲劇は、肉体が自分であると思い、嘘、偽り、間違いで生きること

では、そもそも他人である肉体とは、いかなる存在なのでしょうか。

ここで認識しなければいけない重要なことは、他人である肉体とはいえ、地球物質界の下では、いやでも共に生活しなければいけない、**「共同生活者」**であるということです。

ですから、いやだといって肉体と別れるために、自殺するわけにもいきませんし、別の肉体がいいといって引っ越すわけにもいきません。

他人である肉体とはいえ「共同生活者」であることには間違いないからです。ですから、否定し合うのではなく、肯定し合って、仲良く共同生活をして、ウィンウィンの関係とはいかなくても、お互いが**「仕方ある理論」**に基づいて、人生を送っていきたいものです。

この厄介で面倒くさい、極めて迷惑な隣人であり、とても不快で不自由な共同生活者と、いかに納得して付き合っていくのか‼　については、**「真実の先祖供養」**という内容で、第4章にて詳しく解説したいと思います。

話がずれましたので、話を戻しましょう。

私である意識体は、他人である肉体という**「桎梏《しっこく》」**（足かせ、手かせ）を、身につけているために、空気に**「依存」**しなければ、生きていくことさえできません。

しかし、空気が作り出す大気圏によって、大気ドームという**「重力」**の場の中に封緘《ふうかん》され、重力の**「圧力支配」**により、肉体は不自由を強いられています。

空気を必要としない**「無重力」**の空間に存在できる生命体でしたら、なんと「自由」で楽なことでしょう。

他人である肉体は、酸素に依存して**「酸化現象」**により老化していき、やがて病気などによって破壊されながら死んでいきます。

酸素に依存して**「酸素」**によって破壊されていく、なんとも**「稀有《けう》」**な存在です。

他人である肉体という**「モビルスーツ（作業着）」**に依存しなければ、私である意識体は移動することも活動することもできません。

自分である「意識体の情動」が、ハワイに行きたいと思っても、他人である肉体というモビルスーツが移動してくれなければ、ハワイにさえ行くことができません。

ハワイにさえ行くことができない肉体が、宇宙空間に行くことを考えたら、宇宙の存在そのものが、あまりにも遠い存在になってしまいます。

ですから、半径1メートル以内の目先のことに追われて、「仕方ない理論」に従った生き方しかできないようになってしまいます。

そのモビルスーツである肉体のエネルギーを獲得するためには、食べなくてはいけません。食べるためには働かなくてはいけません。働くためには時間と労力を提供して**「不自由」**な労働に拘束されなくてはいけません。

すなわち、行き着くところは**「労働従属」**という**「不自由」**に方向づけられていきます。

個体種を保存するためには、**「生殖依存」**しなくてはなりません。

生殖依存するためには、基本的には結婚をしなくてはなりません。

すなわち、結婚という契約の下で**「共依存」**と**「共従属」**によって、お互いが「子育て」と「仕事」という**「不自由」**と**「不快な感情」**の生活に方向づけられていきます。

このように、**「不自由」**であることが、**「不快な情動」**のすべての始まりであるということを、誰でも事実として理解し認識することができます。

事実、地球のメカニズムとシステムは、**「依存」**することによって、**「従属」**しなければいけない**「不自由」**へと方向づけられています。

ですから、地球のメカニズムは、**「依存」**と**「従属」**と**「不自由」**の**「原則」**によって、システム化されています。

他人である肉体によって、すべてが**「不自由」**という**「不条理」**と**「理不尽」**な**「カルマ」**と**「カオスの世界」**に、自分である意識体は置かれて、**「仕方ない理論」**に従って、すべての人生が運行されていくことになります。

この生き方はバクテリアやウイルスの時代から38億年、何も変わっていないと、僕は理解しています。

バクテリアは活動のためのエネルギーを得るために、なんらかの捕食活動に勤《いそ》しみ、種の保存のためになんらかの生殖活動に励み、すべての生物は、生きるための**「食的欲望意識」**（食欲）と、種を保存するための**「性的欲望意識」**（性欲）に従属しています。

「食的欲望意識」と「性的欲望意識」は、原始生命体であるバクテリアからの遺伝子意識ともいえる、原初の宿命的な欲望意識です。

ですから、この二大欲望意識を、**「本能的原存意識」**といいます。

人類は食的欲望意識を、より強化して**「自己欲求」**を満たすための**「財物欲」**などに変化させていきました。

また、性的欲望意識は種の保存と版図の拡大のために、支配力をより強化するように方向づけられていき、競争原理に従って、**「優生意識」**に基づく、**「自己欲求」**と**「承認欲求」**を満たすための**「地位欲」**と**「名誉欲」**などに変化していきました。

このように基本的に、**「本能の欲望」**を変えずに踏襲して、欲望そのものを歴史と共に強化してきている欲望意識を、**「本能的残存意識」**といいます。

これらを総称して、**「肉性欲望意識」**といいます。**「肉性」**とは、**「肉体の性稟《せいひん》」**または**「肉体の意識」**のことをいい、肉体が歴史を通して踏襲し続けている**「DNAの情報」**のことをいいます。

地球内生物は、すべてが、この「肉性欲望意識」に従属して、毎日、欲望を満たすために仕方なく活動しています。

地球内生物は、それぞれの**「肉性欲望意識」**に従って、アリは**「アリの道」**を巣穴からエサ場まで、一列になって行ったり来たりしています。

ゴキブリは**「ゴキブリの道」**を巣穴からエサ場まで、一列になって行ったり来たりしています。

獣は**「獣の道」**を巣穴からエサ場まで行ったり来たりしています。

人間は**「人間の道」**を家庭から職場まで、上下線を一列になって行ったり来たりしています。

このように、姿かたちは違っても、地球内生物は、同じDNAの欲望意識に支配されて、食べることと種（固体種）の保存のために、奴隷《どれい》もしくは囚人としての仕事で生涯が終わっていきます。

人間は万物の霊長とはいえ、自分である意識体で生きる**「霊物」**ではなく、他人である肉体の欲望に支配され、**「もののけ」**のごとく、**「物の化」**となって、まさしく**「物の怪」**としての生涯が終わる**「運命」**に従って、やがて骨となり灰となって没していきます。

人間は歴史を通して肉体の五感に支配され、**「物質的な環境」**によって飼い慣らされて、物理的に作られた世界の枠組みで、**フィジカル・フィーリング（物理的感覚）**のみを、筋力として鍛え上げてきました。

人類は、**フィジカル・アクション（Physical Action、肉体の行動）**のみを頼りに生きて、**スピリチュアル・エモーション（Spiritual Emotion、意識体の情動）**の世界で生きようとはしていないのが現実だと、僕は思います。

なぜならば、「他人の意識」である「性欲」と「食欲」で作られた「肉体」が、自分であると勘違いして、「無意識」で生きているからです。

この**「嘘」**と**「偽り」**と**「間違い」**が、人類の**「最大の悲劇」**といっても過言ではないと、僕は思います。

このメカニズムとシステムは、まさに、**「牢獄世界」**の**「不自由」**な環境に、身を置かざるを得ないメカニズムとシステムそのものを、意味し示唆していることは間違いないと、僕は思います。

すなわち、神韻縹渺《しんいんひょうびょう》たる大宇宙の**「自由世界」**から見た地球は、一言でいって、**「牢獄の惑星」**といっても過言ではないと思います。

なぜ、「宇宙がこんなに広いのか？」「こんな広い宇宙に匹敵するものが、僕自身にあるとしたら、一体、それは何なのか!!」と、真剣に幼少期から考え続けました。

そのための必要かつ絶対的な条件は、一つしかないという考えに至りました。

その存在とは、どのようなモノにも、どんな状態にも、**「自由」**に、存在することができるモノでなければ、宇宙という「広大無辺な世界」には、一切、通用しないと考えたからです。

では、一体、その存在とは、何なのか？　と真剣に考えてきました。その結果、それは、誰にも**「自由」**かつ**「可能」**に存在する**「意識」**そのものだと結論づけました。

なぜならば、**「意識」**は、善なるものにも、悪なるものにも、どちらにも「自由」な意志によって「可能」に方向づけて存在できる、**「唯一の存在」**だからです。

「意識」だけは、誰が何と言っても、善くも悪くも一人ひとりに許された**「自由」**なる存在です。

この「意識」だけは、誰も入り込めない、誰にも入り込ませない、不可侵不介入の存在であり、自己責任を負っていかなければいけない存在であり、絶対的に、一人ひとりの自由意志に委ねられている存在だということです。

故に、一人ひとりの**「意識」**は、**「自由意志」**に基づいて、**「自己決定」**したことは、誰も責任を負えない、**「不可侵不介入の原則」**に貫かれています。

ですから、最終的に、善くも悪くも**「自己責任原則」**を担保しなければならない存在になっているからです。

誰かの意識が勝手に入り込んでいると勘違いしていますが、善くも悪くも自分の意識が、自由意志に従って、勝手に**「感情移入」**して、勝手に創り出している意識なのです。

自分の自由意志に基づく自己決定によって、最終的に善くも悪くも**「意識」**の**「スイッチ」**を入れているのは、自分自身であることを、常に自覚することです。

愉快な心情も不快な感情も、誰にもどこにも責任はありません。初めも終わりも原因も結果も、すべて自分自身の「意識」のみに一致しているからです。

たとえ、自分が、人を怨《うら》んだり妬《ねた》んだりしても、「意識」はすべて**「ブーメランの法則」**に従って、自分自身のところに返ってきて、結果的に、自傷行為や自虐行為によって、自らが**「邪悪な意識体」**になっていくだけです。

✦地球星人は地球物質界と地球意識界を行ったり来たり

すべてのものが、**「意識から始まって意識で終わる」**ことによって、創り出されていく相対的な場を**「意識場」**といいます。

実は、**「意識場」**の中には大きく分けて、二つの「意識場」が存在しています。

それは、**「宇宙意識場」**と**「地球意識場」**という存在です。

先述しましたように、**「意識」**は、「意識体」と、「肉体」の両方に存在することができます。

他人である肉体の延長線上に、他人である地球物質界があり、他人である地球物質界の延長線上に、他人である宇宙物質界が存在しています。

自分である意識体の延長線上に、自分である地球意識界があり、自分である地球意識界の延長線上に、自分である宇宙意識界が存在しています。

故に、私たちが、他人である肉体の物質世界から、自分である意識体の意識世界である宇宙意識界に行くための準備をしている、唯一の証明になります。

このように宇宙意識場の中には、**「宇宙物質界」**と**「宇宙意識界」**が存在しています。

地球意識場の中には、**「地球物質界」**と**「地球意識界」**が存在しています。

ですから、地球意識場といったら、地球物質界と地球意識界の両方を示唆していて、宇宙意識場といったら、宇宙物質界と宇宙意識界の両方を示唆していると理解してください。

地球星人は宇宙意識場の中で存在しているわけではなく、あくまでも地球意識場のカテゴリーの中で飼い慣らされて、**「肉性欲望意識」**に従って、**「意識」**が、地球癖と人間癖と肉体癖の範疇《はんちゅう》と価値観のみで存在しています。

ですから、地球意識場という檻《おり》の範疇から、意識が出ることが極めて困難な状況になっています。

地球意識場から創り出されたものには、地球物質界と地球意識界があって、地球物質界も地球意識界も、肉体も意識体も地球意識場の**「意識の範疇」**の中にだけ存在しています。

宇宙物質界とはいっても、人間は地球意識場だけの「意識」を中心に、他人である肉体の目で、天動説的に天文学も宇宙工学も、宇宙意識場を物質的にしか見ていませんし、考察もしていないと、僕は思います。

肉体が自分だと勘違いしている、天文学者も宇宙工学者も、**「他人である肉体」**の興味と好奇心だけで、自己欲求と自己満足のために宇宙物質界に思いをはせて、物理的な解明にしか没頭していません。

宇宙物質界を物理的に解明したところで、「自分である意識体」にとって、何か関係があるかといいますと、まったく関係もなく、意味も意義もないと、僕は考えます。

単なる物理的な興味で、他人である肉体の「知識欲」という自己満足と自己陶酔に、**「意識」**が呪縛されているからです。

ですから、地球星人は、**「自分の意識体」**が、地球意識場の中で**「輪廻の法則」**に従って、地球物質界と地球意識界の範疇を、行ったり来たりしています。

すなわち、神韻縹渺《しんいんひょうびょう》たる大宇宙が存在していても、地球意識場という範疇の**「肉体の目」**でしか、**「自分の意識」**が存在していない、極めて不自由な生命意識体そのものになってしまっています。

肉体が自分だと勘違いしている人たちは、地球意識場を中心に、他人である肉体の目で宇宙意識場を見る、**「天動説的」**なモノの見方しかしていないと、僕は思います。

ですから、自由なる「自分である意識体」の「意識」で、宇宙意識場から地球を見る**「地動説的」**なモノの見方ができていないと思います。

すなわち、動物園の檻の中で暮らす動物たちと、何ら変わらない生命体だと思います。

故に、牢獄星の囚人であるという自覚さえ持てないで、意識体の禊《みそぎ》のために贖罪降臨《しょくざいこうりん》したことさえも忘れています。

本当は、自己反省と悔い改めで、毎日、加害者意識で謙虚に生きるべきなのに、皆さん、「偉そうに傲慢に生きているなぁ〜!!」と僕は、フッと思う時があります。

ほとんどの人は、他人である肉体の桎梏《しっこく》に支配されて、艱難辛苦《かんなんしんく》と難行苦行《なんぎょうくぎょう》を強いられながら、地球内の目先のことだけに囚われて、人生は現世利益《げんせいりやく》という近視眼的な目的と価値観のみに、「自分の意識」が従属させられて、一生涯が終わっていきます。

自分である意識体の「意識」で生きていませんから、牢獄星に存在する囚人の**「立場」**や**「役割」**や**「責任」**を理解して、自分の存在を思いはかり、思い知ることができないと、僕は思います。

肉体が自分だと思い込んで勘違いしている、「欲望」だらけの牢獄星の囚人たちに、一体、何を期待したらいいのでしょうか？

ここで話を戻しましょう。

では、本来の牢獄の**「役割」**と**「責任」**は、どこにあるのでしょうか。

それは、一言でいうと、**「罪」**の**「償《つぐな》い」**と**「贖《あがな》い」**という**「贖罪《しょくざい》」**にあります。

しかし、贖罪と言っても**「一般的な罪」**ではなく、**「宗教的な罪」**でもないと、僕は思っています。

不自由な地球意識場の地球星人は、自由な宇宙意識場から検証したら、牢獄星の囚人であることを、前提で話を進めていきましょう。

地球意識場に於いて、私たちに意識体と肉体が存在しているように、地球意識界と地球物質界が存在しています。

地球意識界と地球物質界の接点は、「霊主体従の法則」に基づいて、肉体の子どもとなる意識体が、意識進化するために輪廻の法則に従って、自分が自分自身に作った恩讐《おんしゅう》（罪）を、贖罪するために、自由意志と自己決定に従って、母親の受精卵を選択して、地球意識界から地球物質界という牢獄星に贖罪降臨してきます。

霊主体従の法則に従って、地球意識界から地球物質界に意識進化するために、母親の受精卵を**「自分の意識」**で選択し、お互いの問題性と課題性を改善するために、他人である肉体の親子関係という、特別かつ密接な関係によって、現世生活がスタートすることになります。

しかし、子どもたちは、「両親が勝手に自分を産んだ!!」「子どもは両親を選べない!!」と思い込んで勘違いをしています。

これも肉体が自分だと思い込んで勘違いしている人たちの、大きな「嘘」と「偽り」と「間違い」という典型的な大問題です。

何度もいいますが、**「自分である意識体」**の**「意識」**のみに、**「自由法則」**が保障されていて、**「自由意志」**に基づく**「自己決定」**に対して、**「自己責任」**を負っていかなければいけない、**「不可侵不介入の原則」**が徹頭徹尾、貫徹されていることです。

故に、「霊主体従の法則」に基づいて、「子どもの意識体」の自由意志が、他人である両親の受精卵を選択して、地球意識界から地球物質界に受胎降臨してきたことになります。

ですから、肉体の両親には、**「子どもの意識体」**を選ぶ権利がありません。

肉体の両親からすれば、「勝手に受胎してきたのに」というのが、正しいのかもしれません。

自分の罪を償い贖うために、地球意識界から地球物質界の受精卵を選択して降臨してくる現象を、**「贖罪降臨《しょくざいこうりん》」**といいます。

ですから、両親との恩讐関係や因果関係が、一致した一個の受精卵に、子どもとなる意識体が二体、贖罪降臨した場合は一卵性双生児となり、四体、贖罪降臨した場合は一卵性四生児となり、六体、贖罪降臨した場合は一卵性六生児となります。

霊主体従の法則に基づいて、たった一個の受精卵であっても、贖罪降臨した意識体の数で、生まれてくる子どもの数が決まります。

故に、双子の兄弟であっても**「性質」**や**「素行」**が、善くも悪くも違っていて、思うように育ってくれないことがある、大きな根拠と理由がここにあります。

この他人である肉体の両親と子どもの関係に於いて、基本的な**「罪の償いと贖い」**のメカニズムとシステムが、見事に仕組まれています。

つまり、**「私たちの意識体」**が、地球意識界から罪を、償い贖って牢獄星から出所するために、**「他人である肉体」**という桎梏、つまり**「囚人服」**または**「奴隷服」**を**「自分である意識体」**が着ることになります。

囚人服であり奴隷服である肉体を着て、人生に於いて、罪を償い贖うために、囚人服である肉体を養い生かすために、一生涯にわたって艱難辛苦と難行苦行という仕事を、償いと贖いのために強要されることになります。

私たちは、囚人服である肉体を養い生かすために、不自由を強要されながら、罪を償い贖うために、地球物質界という牢獄に**「贖罪降臨」**してきました。

故に、自分である意識体が、他人である両親の受精卵を選択して、受胎降臨してきたことになります。

前世に於ける意識体の罪を償い贖うために、自分である意識体が、他人である肉体に受胎降臨してくるメカニズムが**「贖罪降臨」**です。

大半の人は前世という概念を、過去世の「地球物質界」の何々時代に於いて、自分と先祖が作った因縁関係だと思っています。

ところが、そうではありません。前世とは、自分である意識体が、現世の前に存在していた**「地球意識界」**のことをいいます。

この勘違いと間違いが仏教界に於ける、先祖供養という概念になっています。

✦牢獄星に贖罪降臨《しょくざいこうりん》する理由と根拠は、すべての人が「加害者」だから

では、前世と現世のそれぞれの存在の目的と意味と役割について、もう少し詳しく言及してみましょう。

宇宙意識場に於いて、地球が「牢獄の惑星」というのであれば、自分である意識体が、その牢獄に収監されるには、されるなりのなんらかの**「被害者」**と**「加害者」**の関係が成立しなければ、収監される理由も根拠もないと、僕は思います。

基本的には、被害者が加害者を牢獄に収監する**「権利」**があります。

前世の恩讐《おんしゅう》の問題性と課題性は、現世に贖罪降臨《しょくざいこうりん》する以前に、自分である意識体が存在してい

た地球意識界で作り出されたものです。

すなわち、地球意識界に於いても、自分の意識界生活が存在していて、地球意識界は静止して留まっているわけではありません。

地球意識界には、意識体が存在する意識界の生活が、厳然たる事実として存在しています。

しかし、現世が終わって、将来、自分である意識体が行く意識界は、自分にとっては、未知なる未来の世界ですから、自由法則に基づいて、現世では未来の意識界の存在は、わからないようになっています。

子宮内で将来の地球生活の準備をしている胎児は、子宮から地球に生み出されて、初めて地球の環境と自分の存在を知ることになります。

なぜならば、未来がわからないが故に、今の自由が保障されているからです。

実は、前世被害者であった意識体が、現世の肉体の両親となって、前世加害者である私の意識体に、唯一、牢獄星の**「囚人服」**または**「奴隷服」**である肉体という、不自由な桎梏《しっこく》を着せる**「権利」**があるからです。

権利がないのに勝手に囚人服や奴隷服を覆い被《かぶ》せることは、誰にもできないと、僕は理解しています。

なぜならば、初めと終わりが原因と結果に於いて、一致しなくなるからです。

では、罪の償《つぐな》いと贖《あがな》いは、一体、誰が誰に対して行うのでしょうか？

個々の自分自身に内在する**「愛に対する恨み」**による、**「問題性」**と**「課題性」**に起因する

「恩讐」を、**「罪」**として理解し認識してください。

「恩讐」とは、「不平、不満、不足、妬《ねた》み、嫉妬、謗《そし》り、軽蔑、悪口、差別、偏見、批判、批評、怒り、血気、怒気、怨《うら》み、辛《つら》み、不安、恐怖など」の**「不快な心情」**を、**「自分の心」**が作り出して、その結果、**「自分自身の魂」**そのものを傷つける**「自傷行為」**や**「自虐行為」**そのものをいいます。

自分の**「劣悪な心」**が、自分自身を**「醜悪な魂」**へと陥れて、結果的に、**「邪悪な意識体」**を作り出していく行為そのものを**「自己恩讐」**といいます。

すなわち、自分の心が**「加害者」**になり、自分自身の魂が**「被害者」**となって、被害者なる自分自身の魂が、加害者なる自分の心を**「讒訴《ざんそ》」**して、自分である意識体に**「自己恩讐」**を作ってしまうことです。

その「自己犯罪」による「自己恩讐」によって「自己投獄」することを、真実の「恩讐関係」といいます。

「自己投獄」とは、被害者の自分自身が、加害者の自分を讒訴して、「自分の意識」が意識体を地球意識界から地球物質界という牢獄星に陥れることをいいます。

「諸悪の根源」は、自分の心の意識が加害者になって、自分自身の魂の意識が被害者になっていく、「自己犯罪」による「自己恩讐」によって「自己投獄」されていくことです。

自分が他人に対して、迷惑や悪いことや犯罪などを具体的に行うことを、**「自他犯罪」**といいます。

ですから、人間は、他人に対して迷惑や悪いことや犯罪などをしなければ、自分は何も悪いことをしていない、**「善人」**だと思い込む、とんでもない勘違いをしています。

例えば、「自分は誰にも迷惑をかけていない」といっては自己正当性を堅持して、「自分は何も悪いことをしていない」「自分は人に危害を加えていない」といっては自分は正しい人であり善人だと思い込んでいるところに、すでに大きな間違いと勘違いがあります。

自分が自分自身に対して、不快な心情という自己恩讐によって、自分自身を著しく傷つけていく行為を、**「自己犯罪」**といいます。

「自他犯罪」は、現実的な犯罪行為ですから、「肉体感情」で具体的に**「自覚」**することができます。

しかし、**「自己犯罪」**は、自分の心が、自分自身の魂に行う犯罪行為ですから、具体的に魂が痛いとか、苦しいとか、熱いとか、冷たいなどと訴えてはきません。

故に、自覚は、一切、自分の意識である「意識体の意識」にはありません。

なぜならば、意識体は未来への投資であり、意識界への投資の存在だからです。

私たちは、「自他犯罪」を、罪として自覚できますが、**「自己犯罪」**は、無意識のまま罪の自覚もなく、罪を無尽蔵に積み重ねていきます。

ですから、「自己犯罪」は、罪の自覚がないことが、最も恐ろしい**「罪」**なのです。

他人は傷つけなくても、「自傷行為」や「自虐行為」によって、自分はしっかりと自分自身を傷つけています。

故に、人生の目的は唯一、他人の肉体の世界から、自分の意識体の世界に行く準備ですから、**「自他犯罪」**よりも**「自己犯罪」**のほうが、極めて罪が重いことになります。

なぜならば、肉体の死後、自分の心は自分自身の魂に作り出した、**「意識体」**の世界に行くことになるからです。

人間は**「罪感」**もなく、無意識のまま、当たり前のように、毎日、「自己犯罪」を常習的に行っています。

例えば、具体的に殺人という「自他犯罪」はしていなくても、心の意識では殺人という「自己犯罪」をしている人は、どこにでもたくさんいます。

この「自己犯罪」の質と量で、肉体の死後、意識体が行くべき意識界が決定します。

すなわち、「自己犯罪」は、「自分の意識」が、犯罪を行う原因者であり、「自分の意識」が犯罪を行った結果者でもあります。

なぜならば、初めと終わりは、原因と結果に於いて、私の心である加害者の意識と、私自身の魂である被害者の意識が、**「私の意識」**に於いて一致しているからです。

ですから、すべてが自己責任原則に貫かれていますから、**「自己犯罪」**による**「自己恩讐」**によって**「自己投獄」**したわけですから、当然、**「自己贖罪《じこしょくざい》」**しなければいけませんので、「自分の意識体」に従って、再び牢獄星に**「贖罪降臨」**せざるを得ません。

故に、私たちは、「自己犯罪」と「自己恩讐」による「自己投獄」に対して、「自己贖罪」するために、地球という牢獄星に「贖罪降臨」してきたことになります。

すでにお気づきかと思いますが、このように、**「自己」**というフレーズは、最初から最後までついて回っています。

自分が自分自身に牢獄星で**「贖罪」**と**「懺悔《ざんげ》」**する方法は一つしかないと、僕は思っています。それは、自分である意識体に対して、自分が、心を尽くし思いを尽くして**「懺悔と贖罪」**の意識を込めて、**「ごめんなさい」**と言いながら、自己反省と悔い改めの日々を過ごすことだと思います。

牢獄星で「自分である意識体」に対して、最も美しく価値のある言霊《ことだま》は、**「ごめんなさい」**という「自己反省」と「自己贖罪」の**「ロゴス」**(言霊)だと思います。

宗教が論じている、念仏や題目ではなく、マントラでもなく、まして、人間が作った神に懺悔して祈ることでもないと、僕は理解しています。

決して、人に謝ることでも、神に懺悔することでもないと、僕は思っています。

なぜならば、自分が自分自身に対して、「ごめんなさい」というロゴスに勝る謙虚な言霊はほかに存在しないと思うからです。

ですから、僕は一生涯にわたって、常に、自己反省と悔い改めを信念として、自分の意識体に謝り続けることが、牢獄星を永久出所する、唯一の**「自己完結」**であると決意した次第です。

なぜならば、他人に謝っても、赦《ゆる》すか赦さないかは他人の意識次第であって、極めて曖昧なことであり、まして、**「他者責任原則」**に従って、他人の感情までは、絶対に責任を負えない原則になっているからです。

「他人の意識」は、「他人」に任せなさい。なぜならば、「他人の意識」には、「不可侵不介入の原則」によって、一切、誰もが責任を負えないからです。

怨むか恨まないかは、相手の肉体の感情に委ねるしかありません。相手の感情は、すべて相手に自己責任を負ってもらうしかないからです。

ですから、僕は、何事にも自分に「**謝りを感じる**」ことを旨として、何事にも「**感謝**」で過ごすように心がけています。

牢獄星に贖罪降臨する理由と根拠は、すべての人が「**加害者**」だからです。

もし、世界中のすべての人が、「**加害者意識**」に立ち返って、「私が悪かったです」「私が間違っていました」「申し訳ありません」「もとをただせば、私が悪かったのです」「あなたは少しも悪くありません」「私の心の貧しさ卑しさが問題なのです」「**ごめんなさい**」という謙虚な「**意識**」で生活していたら、どんな世界になるのでしょうか⁉

世界中の人が、牢獄星に於いて、「**自己反省**」と「**悔い改め**」の自己贖罪の意識で、一人ひとりが向き合って、お互いが謙虚に謙遜に思い合っていけば、争うことも奪い合うことも、まして、殺し合う戦争も、完全に世界中から消滅していきます。

ですから、すべてが「自分の意識」の「自由意志」によって、「自分である意識体」への贖罪が可能になり「**自己贖罪**」できるようになっています。

自分である意識体に対しては、他人である肉体は他人であって、それ以外の他人の他人は、誰も「自分の意識」に対して責任を取ってくれません。

当然、他人であるが故に、責任を負う義務も根拠も理由もないからです。

これが、「自由法則」と「自己責任原則」と「不可侵不介入の原則」を、証明する根拠になっています。

すなわち、「初めと終わりも、原因と結果も、自分の心と自分自身の魂のみに一致している!!」という大原則があるからです。

✦肉体を自分だと勘違いしていることが、悲劇と不幸の始まりの元凶

ここで、私たちは、最大の「恩讐《おんしゅう》の原因」がどこにあるのかを、「理解」し「認識」しなければいけないと思います。

最大の恩讐の原因がわからなければ、何も解決しようがないからです。

「恩讐の原因」を理解し納得するために、最も重要なことは、**「真の親と子の関係」**とは、どういう関係なのか? **「嘘の親と子の関係」**とは、一体、どのような関係なのか? 嘘偽りなく理解し納得していくことです。

僕は子どもの頃、両親や兄弟を含めて、周りの大人たちや友人たちが、どうして自分を偽って、平気で**「嘘」**ばかりつくのかが、理解できなくて、不思議で仕方ありませんでした。

「嘘の原因」は、どこから始まったのか? 誰から始まったのか? 一体、何のために嘘をつくのか? などなどを、知りたい衝動にかられたのを、今でも強烈に覚えています。

皆さんが、当たり前に理解し認識している、**「他人である肉体」**の関係に基づく、**「他人の両**

親」との関係が、当然の**「親と子の関係」**だと、誰もが疑いもなく常識的に理解していることだと思います。

他人である肉体の親と子の関係が、本当の親子関係であると思い込んで勘違いしているところが、極めて**「稚拙」**かつ**「拙劣」**な**「無知」**であり、大きな**「嘘」**と**「偽り」**と**「間違い」**の始まりがあります。これは紛れもない厳然たる事実です。

この思い込みと勘違いが、すべての悲劇と不幸の始まりの元凶になっています。

あくまでも、**「他人である」**が、主語である以上、他人という「フレーズ」は、どこまでいっても、**「他人である」**という**「キーワード」**のまま、最後まで変わらずについて回ります。

ですから、「他人である」というフレーズとキーワードは、勝手な都合で変えるべきものではないと、僕は思います。

他人である肉体の親と子の関係は、**「他人事」**であり、決して、**「自分事」**ではないからです。

自分である意識体と、他人である肉体の両親との関係が、親と子の関係だと、勘違いしていることが、すでに、大きな**「嘘」**と**「偽り」**と**「間違い」**であるということを、誤魔化《ごまか》しなく理解し認識することだと思います。

他人である肉体のフェイクワールドである**「嘘の世界」**に従っている、「親と子の関係」は、自分である意識体の**「智慧《ちえ》」**（愛）に基づいて、正しく検証して理解してみると、肉体が自分だと思い込んで勘違いしている**「嘘の親子関係」**に他ならないことが、誰でも理解できます。

なぜならば、幼少期から、自分が、やりたいことや、興味のあることや、好きなことなどは、肉体の両親によって、あれは駄目、これは駄目、それは駄目などと言われて、何もさせてもらえないことがあるからです。

しかし、自分が、やりたくないことや、興味がないことや、嫌いなことなどは、肉体の両親によって、勉強しなさい、塾に行きなさい、名門校に進学しなさい、などと言われては、自由のない幼少期から青年期までを、**「受験地獄」**で過ごすことになります。

この受験地獄で経験した不安や恐怖が、**ＰＴＳＤ**（過去のストレス障害）となって、成人になっても受験の**「悪夢」**にうなされて、起きることになります。

この関係は、自分である意識体の**「心情」**と、他人である肉体の**「感情」**の、真逆な関係とまったく同じ構図です。

それも、被害者と加害者という**「恩讐の関係」**でつながったもの以外の、何ものでもありません。

なぜならば、肉体という他人と、それ以外の他人の関係は、どこまでいっても、他人の他人の関係ですから、自分である意識体にとっては、やはり肉体の親は他人の関係であり、無責任な**「他人事」**以外の何ものでもないと、僕は、事実として理解しています。

他人である肉体の感情である、目で見るもの、耳で聞くもの、鼻で嗅ぐもの、舌で味わうもの、肌で感じるものでさえ、他人事であり絵空事に過ぎません。

これは、**「主語」**が他人であり、**「述語」**も他人だからです。他人は他人であって自分にはなり得ないからです。

第3章

「心魂同根の愛」と「心魂分断の恩讐」

✦真の親子関係とは、自分である心と自分自身である魂

では、**「自分事」**である、真実まことの**「真の親と子の関係」**とは、どのような関係をいうのでしょうか？

僕は、幼少の頃から母の影響もあって、僕はどうして生まれてきたのか？　何のために生まれてきたのか？　何のために生きているのか？　僕の魂の親は誰なのか？　キリスト教は、父なる神様というけれども、本当に親なる神は存在するのか？　などという素朴な疑問を抱いていました。

なぜならば、生きることの矛盾や不条理や理不尽なことが、あまりにも多くありすぎると思ったからです。

「真実の親なる存在」が、事実として存在するならば、こんなに矛盾に満ちた、不条理で理不尽

な親と子の関係は、絶対にあり得ないと、考えていたからです。

神様に祈っても、イエス様に頼っても、親に願っても、誰かに依存しても、不幸は消えることなく、悲惨な歴史だけが連綿と繰り返されています。

もし、真実まことの全知全能の**「親なる神」**が、存在するのであれば、必ず、愛する子どもを助けてくれるのは、当然の親の**「愛情」**だと思っていました。

しかし、「自由法則」と「自己責任原則」と「不可侵不介入の原則」によって、そのようにはなっていません。

最終的に、**「自分の意識」**には、誰も責任を負ってくれませんし、手を貸してくれませんし、助けてもくれません。

肉体が自分だと思い込んで勘違いしている、「欲望」だらけの牢獄星の囚人たちに、一体、何を期待したらいいのでしょうか？

では、「真の親子関係」について、詳しく検証し、真実として証明してみましょう。

先ほども言及しましたように、**「自分の心」**と**「自分自身の魂」**が、**「自分の意識」**によって**「統合」**された存在が**「自分である意識体」**です。

「自分である」が、主語である以上、どこまで行っても、**「自分である」**というフレーズとキーワードは変わらずに、最後までついて回ります。

では、自分である意識体の親と子の存在を、真実として証明できなければ、僕は**「嘘つき」**そのものになってしまいます。

「主語」が、「自分である」という、フレーズとキーワードである以上、**「他人事」**ではなく、すべてが**「自分事」**にならなければ、僕は皆さんに**「嘘」**をつくことになってしまうからです。

皆さんは、心とか人格というと、なんとなくわかるような気がすると思います。

「私には心も、人格もありません」と言った人に、出会った記憶がありません。

しかし、魂とか霊格と言われると、まったくわからない存在だと思います。

基本的に、心の存在は、なんとなく理解していると思いますが、魂の存在となると、わからないのが現実だと思います。

なぜならば、心が現世を運用しながら運行していますが、魂は、心によって肉体の死後、意識界で生活するために準備されているものだからです。

魂である霊格は、**「未来への投資」**または**「意識界への投資」**の存在であるが故に、現世ではわからない存在になっています。

心の存在は理解していても、心が存在する目的になると、まったく理解していないのが現実だと思います。

では、心が存在する目的とは、一体どこにあるのでしょうか？

実は、**「真の親子関係」**とは、**「自分である心」**という**「人格」**が、現世の**「親」**の立場になって、**「自分自身である魂」**という**「霊格」**が、意識界に行くための**「子」**の立場として存在しています。

親なる心が、子なる魂を慈しみ愛して、育みながら成長させて、意識次元の高い**「意識体」**に成熟させていく、まさに親と子という**「自己創造」**の関係なのです。

この関係が、自らが己に「愛」を方向づける「自己慈愛」であり「自己肯定」、「自己確信」、「自己受容」、「自己創造」、「自己発展」へと基礎づける礎になっています。

「自分である意識体」は、「自分の心」の意識が「自分自身の魂」の意識を成長させながら、意識体を成熟させていく使命と役割を、唯一、**「自己責任」**として負っているからです。

「自分である意識体」に於いては、**「自分の心」**の意識が**「自分自身の魂」**の意識に責任を負ってこそ、**「自由法則」**に基づく、**「自己責任原則」**が担保されるからです。

「自分の心」の意識のみが「自分自身の魂」の意識を、唯一、成長させ成熟させることができる存在だからです。

ですから、誰一人として、この役割と責任を負うことができない**「不可侵不介入の原則」**に貫かれていますから、唯一、**「自己完結」**することができるのです。

ですから、「自分である意識体」を成熟させることは、誰にもできないし、誰も責任を負えません。

故に、親の心と子の魂の関係は、「自分である意識体」の唯一無二の自己責任として、最後までついて回ることになります。

すなわち、自分の心という「人格」が**「親」**になって、自分自身の魂という「霊格」が**「子」**になって、**「心の感謝」**と**「魂の喜び」**で「意識体」を育てながら、成熟させていく関係が、**「真の親と子の関係」**といえるのです。

✦意識体とは「心魂一如の意識体」

ここで正しく理解し認識すべきことは、**「心」**と**「魂」**は、別のモノと理解して、認識しがちですが、決して、そうではないということです。

心と魂というと、言葉や表現が違うので、まったく違ったものだと思いがちですが、心と魂は**「意識体」**に於いて**「一如《いちにょ》」**の存在であって、まったく同じモノなのです。

「一如」とは、仏教用語であり、**「完全に同じ」**であるという意味ですが、ここでは、相反するプラスとマイナス、陰と陽、善と悪などの現象や概念や言葉が、一切、存在しない、瞬間、瞬間が唯一無二のモノであり、オンリーワンの存在であり続けることをいいます。

心と魂が別モノと理解すると、必ず**「意識」**が混乱と混沌と混迷に陥って、**「カオス」**の状態になります。

「心」と「魂」は、決して、別モノではなく、**「自分の意識」**によって統合された、**「心魂一如」**の存在であり、**「心」**即**「魂」**であり、**「魂」**即**「心」**の関係にあります。

すなわち、「心」と「魂」の間には、時間も空間も質量も存在せず、二つは一如の存在であり、瞬間、瞬間に於いて、唯一無二の存在ということになります。

自分である**「意識体」**に於いては、**「心」**であって**「魂」**であり、**「魂」**であって**「心」**である、心と魂は、「自分の意識」に於いて、一如の存在であり、まったく同じモノなのです。

ですから、「心」と「魂」は、一如の存在であり、まったく同じ現象ですから、意識体とは、**「心魂一如の意識体」**と、表現したほうが、正しい表現となります。

故に、瞬間、瞬間に於いて、「心魂一如の意識体」は、後にも先にも二度と再び同じ「意識体」は、永遠に存在しない、瞬間、瞬間が、唯一無二の存在なのです。

この**「心魂一如の意識体」**が、理論的に理解されていると、**「COSMOSの法則」**を理解する上に於いて、とても役立つのではないかと思います。

心と魂の違いは、現世と意識界に於ける、役割と責任にあります。「心」とか「人格」というと、なんとなくわかるような気がします。

例えば、「人格者ですね‼」「心が広いですね‼」「人格が低いですね‼」「心が狭いですね‼」と言われると、なんとなく理解できます。

すなわち、人格である心が、現世を運用していて、人生を運行しているからです。

しかし、「魂」とか「霊格」と言われると、まったくわからなくなってしまいます。

例えば、「霊格者ですね‼」「魂が広いですね‼」「霊格が低いですね‼」「魂が狭いですね‼」と言われると、まったく理解できなくなってしまいます。

なぜかといいますと、現世に於いて、**「心」**が、将来、行く意識界のための**「魂」**を創造して、**「人格」**の意識が、未知なる未来の意識界に行くための**「霊格」**の意識を、現世で成長させ「意識体」を成熟させているからです。

故に、人格なる心の意識が、現世生活を運用しながら、人生を運行して、肉体の死後、未来の意識界生活と共に、霊格なる魂の意識に転換されて、「心魂一如の意識体」になります。

現世生活の終わりと共に、意識界の生活が始まるようになっているからです。

未知なる未来の**「未来への投資」**または**「意識界への投資」**のための、霊格であり魂ですから、現世では誰もわからない存在になっているのです。

「未来への投資」のための霊格である魂が、事前にすべてわかってしまったら、現世を生きる「人格なる心」の**「自由」**が失われてしまうからです。

人生のすべてがわかってしまったら、現世を生きるための自助努力も向上心も失われてしまうからです。

自由法則に基づく、「自由意志」による「自己決定」と「自己責任の原則」が失われることになるからです。

故に、個人の**「自由意志」**そのものが保障されずに、**「自由の尊厳」**までもが崩壊することになるからです。

例えば、現世に於いて、すでに東京大学に受かって、一流企業に就職して、僅《わず》か30代そこそこでこの世を去る、という人生のシナリオが、すべてわかっていたら、何を希望として、何を理想として、生きていったらよいのでしょうか。ですから、心の意識と魂の意識の関係は、役割と責任が違うだけで、「自分である意識体」の「自分の意識」に於いては、心魂一如の存在であり、唯一無二の存在ですから、まったく同じモノなのです。

このメカニズムとシステムについては、後ほど第6章「『ZEROの法則』と『COSMOSの法則』」で、未来を代表した「今の初め」と、過去を代表した「今の終わり」が、同時に存在するが故に、すべてのものが「今の今」であり続けている、その根拠と証明を、詳しく検証し論理的に証明します。

✦心と魂は同根でも役割と責任が違う

すなわち、**「親」**である**「善なる心」**が、**「子」**である**「善なる魂」**を育て、高い次元の**「善なる意識体」**へと成長させ成熟させながら、**「意識進化」**に方向づけていきます。

「親」である**「慈悲の心」**が、**「子」**である**「慈愛の魂」**を育て、高い意識次元の**「心魂同根の意識体」**へと方向づけながら成熟させていきます。

「親」である**「劣悪な心」**が、**「子」**である**「醜悪な魂」**を作って、低い意識次元の**「邪悪な意識体」**へと**「堕落」**させながら、**「意識退化」**へと陥れていきます。

このように、**「心」**という人格と、**「魂」**という霊格は、言い方や表現が違っていても、決して別モノではなく、**「心魂同根の意識体」**の存在であり、まさに**「表裏一体」**の関係だといえます。

まさに、一枚のコインの表と裏の関係であり、コインにとっては、裏も表も一如の存在になります。

すなわち、コインにとっては、「裏」であって「表」であり、「表」であって「裏」である、一如の存在であり、まったく同じモノなのです。

ただ違うところは、「親」として**「育てる立場」**の**「心」**の意識と、「子」として**「育てられる立場」**の**「魂」**の意識という、立場的な**「役割」**と**「責任」**が違うことです。

親なる心の「愛」に基づく、善なる行いが、子なる魂に「喜び」を与えることにより、子なる魂が成長して、親なる心のレベルに成熟すると、今度は、子だった魂が、親の立場である心になろうとします。

なぜならば、子として**「与えられる愛と喜び」**よりも、親として**「与える愛と喜び」**のほうが、はるかに高い次元の「愛と喜び」を創り出せることを、意識体が最も理解しているからです。

このように、親という心と、子という魂が、**「相対変換の法則」**に基づいて、左足という前足と、右足という後ろ足が入れ替わって、前進していくように意識進化へと方向づけています。

「相対変換の法則」とは、相反するものが、真逆に入れ替わりながら、左足と右足が入れ替わって、後ろ足と前足が交互に変換しながら、進化または発展していく現象をいいます。

この「相対変換の法則」に関しては、『**ZEROの法則**』にて詳しく解説しています。

✦肉体は「有って無いもの」、意識体は「無くて有るもの」

「自分である意識体」の親は、人間が作った神でもなければ、御仏でもなければ、他人である肉体の親でもないと、僕は理解しています。

自分である意識体は、自分の「人格」である「心」による、「自由法則」と「自己責任原則」と「不可侵不介入の原則」によって、すべてが**「自助努力」**によって、意識進化を**「自己完結」**していくように仕組まれているからです。

真実まことの親と子の存在は、自分である意識体のみに内在している、自分の心と自分自身の魂の関係であることが、誰でも簡単に理解できると思います。

これも紛れもない事実です。ただ、自分である意識体に内在する恩讐があまりにも強い意識次元の低い人には、内在の怨《うら》み辛《つら》みが強すぎて、絶対に理解できないことだと、僕の経験に於いて理解しています。

意識界が存在していなければ、死ぬ理由がありません。現世で生きたいのであれば、奴隷服または囚人服である肉体を着たまま、永遠に不自由と不快な感情で生き続ければよいことです。

この世に生を享《う》けた時は、すべての人が地位や名誉や財産などという、現世利益《げんせいりやく》のまったくない裸の状態で生まれてきます。この世を去る時も、この世で得た現世利益はすべて失われます。

ですから、現世利益はないところから始まって、ないところで終わる宿命にあります。

他人である肉体の価値観は、**「無」**から始まって**「無」**で完結するように宿命づけられています。

なぜならば、他人だからです。これも紛れもない事実です。

すなわち、肉体の人生は、無から始まって無に終わる宿命ですから、プロセスである一生涯に於ける現世利益も**「無」**に等しいことになります。

他人である肉体の世界は、どこまで行っても他人の世界ですから、無から始まって無に完結する宿命に置かれています。

故に、**「現世利益」**の価値観のために努力して生きることは、極めて、**「虚しい世界」**で生きることだといわざるを得ないと、僕は思います。

ですから、他人である肉体の世界は、虚しくもはかない、**「虚相世界」**といえます。

真逆に、自分である意識体の世界は、どこまで行っても自分の世界ですから、**「意識界の利益《りやく》」**の価値観のために自助努力すればするほど、自分である意識体に報われ還元されていきます。

ですから、自分である意識体の世界を、**「実相世界」**といいます。

他人である肉体の存在は、事実として存在しています。しかし、死を迎えた瞬間にない存在になります。

結論です。他人である肉体は、肉体の**「死を境界線」**として**「有って無いもの」**に宿命づけられていることになります。

では、自分である意識体はといいますと、未来への投資であり意識界への投資の存在ですから、現世に於いては、存在すらわからない存在となっています。

わからない存在ということは、取りも直さず「無い」に等しい存在だということです。

現世に於いて、無形なる意識体は、肉体の「死を境界線」として、意識体は、必然的に、意識界で在《あ》るものとなります。

すなわち、自分である意識体は、肉体の**「死を境界線」**として、**「無くて有るもの」**に宿命づけられていることになります。

なぜならば、**「自分の意識」**である**「意識体の意識」**は、肉体の死と共に**「意識界」**に於いて、**「顕在化」**していくことになるからです。

肉体の死後、**「自分の意識」**である**「意識体の意識」**が、顕在化する世界を**「意識界」**といいます。

故に、私たちは、「他人の意識」である「肉体の意識」の世界から、「自分の意識」である「意識体の意識」の世界に、唯一、行くための準備をしていることになります。

子宮生活の終わりと共に地球生活が始まります。地球生活の終わりと共に意識界生活が始まります。

すなわち、他人の他人の子宮生活が終わると、他人の地球生活が始まり、他人の地球生活が終わると、名実共に自分の意識界の生活が始まります。

肉体が、**「有って無いもの」**に方向づけられて、意識体が、**「無くて有るもの」**に方向づけられている、真逆のメカニズムとシステムは、重要な**「ZEROの法則」**になっています。

「有って無いもの」と「無くて有るもの」については、後ほど、**「COSMOSの法則」**で、詳しく言及します。

話を戻しましょう。

なぜ、心が魂を育てながら意識体を成長させて、より高い次元に成熟させていかなければいけないのかといいますと、人生の目的は、唯一、**「他人である肉体の物質世界」**から、**「自分である意識体の意識世界」**に行くための準備をすることにあるからです。

故に、すべてが、**「自分の意識」**に基づいて、**「自由意志」**による**「自己決定」**に対して**「自己責任の原則」**を担保しなくてはいけないようになっています。

なぜならば、**「不可侵不介入の原則」**によって、誰にも頼れないし、誰も助けてくれない、**「自立」**と**「自由」**に方向づけられているからです。

しかし、他人である肉体の虚相世界は、**「依存」**と**「従属」**と**「不自由」**の原則に、すべてが貫かれています。

ですから、一事が万事に於いて、肉体が自分だと勘違いしている人たちは、意識が他人ばかりに向いて、常に、**「被害者意識」**による、**「自己保身の原則」**と**「責任転嫁の原則」**に方向づけられていると、僕は理解しています。

「神」や「御仏」や「肉体の親」に、まったく関係なく、自分である意識体は、**「自分の意識」**に基づく、「自由意志」による、「自己決定」と「自己責任原則」に従って、**「親なる心」**と、**「子なる魂」**の関係に於いて、無意識のまま意識進化の歴史を、今もなお、歩み続けています。

人間が作った神や宗教に依存しても、宗教団体に支配され宗教奴隷になるだけで、何の意味も意義も価値もありません。

意識体の進化は、心と魂の関係が、親と子の関係に基づいて、「相対変換の法則」に従って、お互いが親と子の関係を入れ替えながら、自己責任の原則によって、意識進化していくように仕組まれているからです。

親なる心の意識が、子なる魂の意識を育て、子なる魂の意識が、親なる心の意識以上に育ったら、相対変換して、今度は、子だった魂の意識が、親なる心の意識の立場に置き換わります。

それぞれの**「意識」**の立場が真逆に転換されながら、永遠に意識進化していくメカニズムとシステムに方向づけられているからです。

故にそれは、宇宙意識場が、永遠かつ無限の世界に広がっている証明にもなります。

いいます。

✦心と魂が相対変換を繰り返しながら、永遠に共に意識進化していく

人格と霊格の**「格」**とは、「格位」の格であり、わかりやすく言及すると**「次元」**のことをいいます。

人格とは**「心の次元」**の意識であり、霊格とは**「魂の次元」**の意識のことをいいます。

結論です。肉体が自分だと勘違いしている**「嘘の親子関係」**によって、**「悪い肉体癖」**が身につき、**「悪い肉体癖」**によって、**「悪い心癖《こころぐせ》」**が作られて、**「悪い心癖」**によって、**「悪い魂癖」**に堕落していき、最終的に**「劣悪かつ醜悪な意識体」**に**「意識崩壊」**して、死後は**「邪悪な意識界」**に行くことになります。至極当然のことです。

他人である肉体の「嘘の親子関係」に於いては、肉体の子どもが、肉体の親に対して、唯一、許される**「情動」**は、**「産んでくれてありがとう」**という感謝だけであり、それ以上でもなく、それ以下でもないと、僕は思っています。

ですから、一生涯、肉体の親に対しては、「産んでくれてありがとう」という意識で生きて、人生を**「自己完結」**するべきだと思います。

当然、肉体の親が、肉体の子に許される**「情動」**は、**「生まれてくれてありがとう」**という感謝と喜びだけであり、それ以上でもなく、それ以下でもないと、僕は思います。

ですから、一生涯、肉体の子に対しては、「生まれてくれてありがとう」という意識で生きて、人生を**「自己完結」**するべきだと思います。

これで肉体の親と子の関係に於ける意識体の情動は、すべて「**自己完結**」していきます。

これ以上の感情移出や感情移入は、必ず、「**不快な感情**」に陥って、「カルマ」による「**カオス**」になるからです。

次元の高い「**愛の理想の人格**」によって、次元の高い「**愛の理想の霊格**」が作られ、ひいては、それが次元の高い「**愛の理想の意識体**」となって、次元の高い「**愛の理想の意識界**」に行くことになります。

故に、「**自分である意識体**」は、神や御仏や他人である両親や、誰か他の人が作るわけではなく、自分の親なる心の意識が、自分自身の子なる魂の意識を、「**心魂同根の愛**」によって、「**心魂同根の意識体**」を育てて、心と魂が相対変換を繰り返しながら、永遠に共に意識進化していくように仕組まれています。

ユダヤ教の神、**ヤハウェ**が親なる神でしょうか？　キリスト教の神、**ゴッド**や**エホバ**が親なる神でしょうか？　イスラム教の神、**アラー**が親なる神でしょうか？　ヒンドゥー教の神、**ヴィシュヌ**や**シヴァ**が親なる神でしょうか？　さまざまな民族や部族が作り出した、それぞれの神が親でしょうか？

絶対に違います。そんなことはあり得ない妄想と幻想に過ぎないと、僕は理解しています。

それらの存在は、他人である肉体の延長線上に存在する、肉体の「他人の意識」である「肉体の意識」に支配された、物質脳である頭脳の妄想と幻想が作り出した「**バーチャルの神**」であって、単なる他人事であり、「**虚相世界の神**」に過ぎず、「**絵空事の神**」に過ぎないと、僕は理解しています。

なぜならば、その証拠に、宇宙が広大無辺だとはいえども、どこを探しても、自分である意識体と、まったく同じ意識体が、二つとして存在することは、絶対にあり得ないからです。

すなわち、私である意識体は、宇宙意識場に於いて、唯一無二の存在であり、最もかけがえのない尊い存在であり、最高に価値あるオンリーワンの存在だからです。

もし、自分である意識体にとって、神なる存在があるとしたならば、親なる**「心」**の存在を神と言わずして、一体、誰を神と言ったらよいのでしょうか。

まさしく、私の意識体は、私にとって唯一無二の神以外の何ものでもないと、僕は理解しています。

自分である意識体に内在する**「心魂一如の意識」**が、最も重要な**「私の神」**といえる存在だと、僕は確信しています。

✦親なる心以上に子なる魂が育った瞬間に、相対変換し共に意識進化する

なぜ、「私の意識」が、神なる存在なのかは、**「COSMOSの法則」**に於いて、詳しく解説します。

自分である意識体の**「心の意識」**以外に存在する**「神」**は、他人が作った**「無責任」**な存在であり、自分にとっては、必要もないどうでもよい神であり、単なる**「虚相の神」**に過ぎないからです。

自分である**「自分の意識」**以上に価値のある存在は、宇宙意識場に存在することは、絶対にないからです。

これこそが、まさに**「自己自立」**による**「自己解放」**によって、**「自己自由」**と**「自己可能」**の**「自己完結」**になるからです。

なぜならば、今の瞬間、瞬間が、唯一無二の存在であり、オンリーワンの「私の意識」だからです。

私である意識体にとっての神なる**「人格」**である**「心」**は、必要不可欠ですが、他人である肉体が作った神は、依存と従属と不自由に方向づける、まったく必要もない、むしろ邪魔な存在だと、僕は理解しています。

これが**「宗教の神」**に**「依存」**することによって、**「教団」**に**「従属」**せざるを得ない信者となって、**「不自由」**な**「宗教奴隷」**や**「宗教囚人」**に方向づけられていく、**「諸悪の元凶」**になっていると、僕は理解しています。

もし、神なる存在があるとしたならば、自分である意識体にとっての**「神」**は、唯一無二の親なる**「自分の心」**の「意識」のみが、オンリーワンの**「自分自身の魂」**の「意識」を、**「唯一」**、創造し成長させることができる、**「無二」**の存在であり、真実まことの**「親なる神」**である**「私の意識」**ということになります。

他人である肉体が漠然と信じている神は、どうでもよい存在であり、宗教団体の詐欺師やペテン師が作り出した神も**「無用の無要」**の存在だと、僕は思います。

「真の親子関係」に基づく、**「心魂同根の愛」**である**「私の意識」**によって、自分である意識体が、永遠に親なる心と、子なる魂が、相対変換の法則に基づいて、入れ替わりながら、無限に成長し成熟していくからです。

親なる心が善なる行いをすると、必然的に子なる魂が喜びを得ます。喜んだ子なる魂の中に、それ以上の喜びを得たい、という**「衝動的な情動」**が生まれた瞬間に、子の立場から親の立場に相対変換して入れ替わります。

なぜならば、子として愛を与えられる喜びよりも、親として子に愛を与える喜びのほうが、はるかに大きいからです。

すなわち、与えられる愛と喜びよりも、与える愛と喜びのほうが、大きい**「慈愛の情動」**を経験することができるからです。

当然、与えられるよりも、与えるほうが、はるかに大きい**「愛の衝動的な喜び」**を、得ることができるようになっているからです。

「他人の意識」である「肉体の意識」である**「欲望」**は、与えられることに喜びを感じるようになっています。

「自分である意識体」の「自分の意識」である**「愛」**は、与えることに喜びを感じるようになっています。

ですから、善なる行動をすると、必然的に喜びの**「意識体の心情」**が湧いてきます。

しかし、悪なる行動をすると、必然的に不快な**「肉体の感情」**に陥ります。

それと同じように、善なる親は、無条件で子どもに愛を与え、子が立派に成長し成熟する姿を見て、喜ぶようになっています。

「心魂一如の愛」の基本は、ギブ・アンド・ギブの情動であり、**「すべてを与えて、すべてを忘れる」**という、**「見返り」**をまったく求めない**「意識体の心情」**が、理想の意識体に成熟させます。

このように自分の心と自分自身の魂との間に、**「感謝と喜びで心情の通路」**を拓くことによって、意識体が上位の次元に意識進化していくように仕組まれています。

すなわち、親なる人格である心の意識が、子なる霊格である魂の意識を育てて、親なる心以上に子なる魂が育った瞬間に、親と子の立場が入れ替わることによって、永遠かつ普遍的に、共に意識進化するように仕組まれています。

宗教は、「真の親子関係」に基づく、**「実相の神」**と、肉体が自分だと思い込んで勘違いしている、「嘘の親子関係」に基づく、**「虚相の神」**を峻別《しゅんべつ》できなければ、詐欺師の集団またはペテン師の集団になってしまいます。

なぜならば、宗教依存という**「嘘の罠」**にはまって、宗教支配の下に不自由で無意味な人生を、**「宗教奴隷」**として、仕方なく過ごさざるを得なくなるからです。

他人である肉体の延長線上に存在する、物質界である地球物質界も宇宙物質界も、単なる**「物質世界」**であり、自分である意識体の延長線上に存在する**「意識世界」**にとっては、単なる**「虚相世界」**であり、他人事の世界に過ぎないからです。

私たちは、お母さんとお父さんという、他人の「性欲」と「食欲」によって作られた**「他人である肉体に依存」**して、なおかつ、すでに作られた既存の**「物質世界」**にすべて**「依存」**して、**「従属」**しながら生きています。

なぜならば、皆さんの肉体は、初めから終わりまで、すべてが**「他人の意識」**によって、**「他人の身体」**で作り上げられた存在だからです。

ですから、**「自分の意識」**が、自由に創り出す**「宇宙意識界」**という、「意識世界」で「自立」して、「自由」に生きる偉大な価値がわかっていないと、僕は思います。

私たちは、生まれる前からすべてが作られた**「既存」**の世界に存在しています。

ただ、人間は地球物質界にある素材を利用して、さまざまなモノに作り変えることはできても、自分自身で新たな生命を創り出せたことは、未だかつてないと、僕は思います。

あくまでも地球物質界に存在する、既存の素材である、素粒子や原子、分子を操作することや、DNAを組み換えて品種改良はできます。

しかし、新たな生命を創り出すことはできていないと思います。

なぜならば、人間は、他人である物質的な肉体はセックスによって創り出せても、自分である意識体は、誰も創り出すことができないからです。

唯一、自分ですべてを自由に創り出すことができる世界は、**「自分の意識」**の世界のみです。

自分の心の意識が、自分自身の魂の意識に創り出す、「心魂一如の意識体」の**「自分の意識」**の世界のみが、自由な個性芸術を可能にする、**「自作」**の世界といえます。

基本的に、肉体が自分だと思い込んでいる人たちは、脳と体を行き交う神経の五感という肉体感覚だけで、すでに作られた**「万物被造世界」**のみを**「被造物」**として捉えています。

故に、肉体が自分であると勘違いしていますから、肉体感覚を頼りに「被造物」のみを事実として受け入れています。

私たちは、すでに、地球物質界に作られた既存のモノを利用するだけで、何一つ人間が**「無」**から作り出したものはないと、僕は理解しています。

すべて地球にある素材を利用して、作り変えることはできても、材料はすべて地球に存在しているものばかりです。

例えば、ｉＰＳ細胞にしても、ＤＮＡの組み換えによる品種改良にしても、すべてに於いて、まったく新しい生物を**「無」**から創り出したわけではありません。

超ウラン元素も現存する元素を利用して、新たな元素に作り変えているだけです。

すでに、作り変えるために必要な元素が存在しなければ、新たな元素を人工的に創り出すことすらできません。

人類の進化の歴史は、科学者や芸術家たちが、それぞれの立場やそれぞれの専門分野に於いて、科学や芸術などの質を向上させてきたものだと、僕は理解しています。

✦「脳の芸術」と「魂の芸術」

肉体感覚である、視覚に捉えられるものを被写体といいます。聴覚に捉えられるものを被聴体といいます。

嗅覚に捉えられるものを被嗅体といいます。味覚に捉えられるものを被味体といいます。触覚に捉えられるものを被触体といいます。

人類の歴史に於いては、肉体の五感によって、それぞれが、それぞれの肉体感覚によって、それぞれの分野の科学や芸術などを、進化の方向へと方向づけてきたといっても過言ではないと思います。

例えば、視覚の世界は、光がなければ真っ暗闇になって黒一色になってしまいます。

黒一色では、絵画芸術をはじめとして、さまざまな色の芸術は、社会の中では成立しなくなってしまいます。

色は、それぞれが持つ**「光の波動」**によって決まるからです。

肉体の目の視覚が作り出す芸術を、総称して**「光の芸術」**といいます。

例えば、この世界に所属している顕著な人たちは、絵画芸術や造形芸術や建築家などの人たちが代表していて、社会全体がその造形芸術の恩恵を受けて進化してきました。

肉体の耳の聴覚が作り出す芸術を、総称して**「音の芸術」**といいます。

この世界に所属している顕著な人たちは、音楽家や声楽家や雄弁家などの人たちが代表していて、多かれ少なかれ社会は、なんらかの恩恵を受けて進化してきました。

肉体の鼻の嗅覚が作り出す芸術を、総称して**「匂いの芸術」**といいます。

この世界に所属している顕著な人たちは、芳香研究家やアロマテラピストや香水研究家などの人たちが代表していて、社会全体がその恩恵を受けて進化してきました。

肉体の舌の味覚が作り出す芸術を、総称して**「味の芸術」**といいます。

この世界に所属している顕著な人たちは、料理研究家やそれぞれのエスニック料理や各国のシェフや調理人などの人たちが代表していて、社会全体が食文化の恩恵を受けて進化してきました。

肉体の皮膚の感覚が作り出す芸術を、総称して**「肌の芸術」**といいます。

この世界に所属している顕著な人たちは、アパレル業界やエステティシャンなどの肌感覚に携わる人たちが代表していて、少なからず快適な肌文化に方向づけて進化してきました。

すなわち、肉体が自分だと思い込んでいる人たちに於いては、肉体の五感が捉えている**「万物被造世界」**を、**「他人の意識」**である**「肉体の意識」**の道具である「物質脳」が、すべてを**「感覚」**として物理的に捉えて、そのまま善くも悪くも受け入れています。

この「物質脳」の**「感覚世界」**を**「頭の原風景」**または**「物質脳の芸術」**といいます。

もう、すでにお気づきかと思いますが、肉体の「他人の意識」に「無意識」のまま支配された、物質脳の**「感覚」**によって、発動する情的な芸術を、総称して**「感情芸術」**といいます。

肉体の感覚が、神経を介して脳細胞に集約されて、脳がさまざまな「感情芸術」を善くも悪くも作り出していますから、**「脳の芸術」**になるわけです。

しかし、僕のような意識体が自分だと確信している人は、すべての存在を、自分の**「心の被造世界」**として捉えていて、自分自身の**「魂の芸術」**として、万物被造世界と友好的に嬉しい、楽しい、幸せを感じることができるように、いかに、「意識体の心情」を自己管理していくのかを考えます。

この**「心の心情世界」**を**「心の原風景」**または**「魂の芸術」**といいます。

自分である意識体の**「心」**の心情によって、発動する情動的な芸術を**「心情芸術」**といいます。

なぜならば、他人である肉体の五感を中心とした、作られた**「感情芸術の世界」**と、自分である意識体の心情を中心にした、創り出す**「心情芸術の世界」**は、すべてに於いて、ベクトルが真逆に方向づけられているからです。

「感情芸術」は、他人である肉体の五感に基づく、すでに作られた**「有」**の「既存の被造世界」によって、創造されていく**「肉体の意識の芸術」**の世界です。

「心情芸術」は、自分の心が自分自身の魂に、最初から最後まで**「心魂一如の意識体」**の**「自分の意識」**によって、**「無」**からすべてを創り出す**自作**の世界であり、瞬間、瞬間に於いて、常に、新しい自分自身の**「オリジナル芸術」**となって、唯一無二のオンリーワンの**「意識体の意識の芸術」**になっています。

例えば、私の**「心の被造世界」**である**「心の原風景」**は、私自身の**「魂の芸術」**を、創造していく唯一無二の心情芸術の世界そのものになっていきます。

まさに「心魂一如」の**「意識体の芸術」**そのものの世界です。

すなわち、意識体の芸術とは、**「私の意識」**が、心をアーティストとして使って、魂というキャンバスに意識体の芸術として創造していくことです。

自分の**「心の愛」**による、自分自身の**「魂の喜び」**によって、常に**「心情の通路」**が、「心魂一如の意識体」の個性芸術として、拓かれ開花するように、自助努力していくことだと、僕は思います。

✦自分である意識体は、真実の創造主

人間以外の万物被造世界に対する、私の**「心の原風景」**は、基本的に、不快な感情に陥ることがないように僕は自助努力しています。

人間が、「不快な感情」に陥る、主なる存在は人間だからです。

私自身である**「魂の芸術」**の世界は、私である**「心の個性」**によって、**「私の意識」**が創り出す**「個性芸術」**の世界になっているからです。

なぜならば、他人である肉体の感覚による**「肉体の感情」**は、少なからず**「不快な感情」**に方向づけられているからです。

ここで理解しておかなければいけないことは、**「肉体の意識の芸術」**に従った、**「五感の芸術」**である**「感情芸術」**の世界は、今後、**「生成ＡＩ」**と**「ＡＩロボット」**によって、すべて奪われていく宿命にあるということです。

その証拠に、本物の名画以上に本物と思わせる模写を、すでに「生成ＡＩ」が描いてしまう時代が到来しています。

「僕の意識」が、創り出す個性芸術の世界は、すべてがユニークな存在であり、トリッキーな楽しい愉快な仲間たちであり、友好的な存在ばかりです。

この世界こそが、**「自分の意識」**が、「自分の心」を**「アーティスト」**として使って、「自分自身の魂」を**「芸術」**として創り出すことが、唯一、自由と可能へと方向づけることができる**「個性芸術」**の**「意識の世界」**なのです。

この証明は、「COSMOSの法則」によってなされていますので、楽しみにしていてください。

故に、**「私の意識」**だけが、唯一、**「自由」**かつ**「可能」**な、私だけの無二の**「意識世界」**を創り出せます。

ですから、すべてが**「私の意識」**を中心に、初めと終わりは、原因と結果に於いて、私の**「心の意識」**と私自身の**「魂の意識」**のみに**「一致」**するという、大原則の証明にもなると、僕は理解しています。

例えば、この世で恐れられている、ライオンやトラやクマなどの猛獣も、誰もが嫌うゴキブリやダニやノミも、僕の**「意識体の芸術」**の世界では、愉快な仲間たちであり、とても友好的であり、芸術的な存在になっています。

僕の**「アーティスト」**である**「心」**が、**「心の原風景」**に基づいて、僕自身の**「魂」**の**「芸術」**として創造した**「意識体の芸術」**は、僕の**「心魂一如の芸術」**として、すでに**「自己完結」**しているからです。

すなわち、僕の**「心魂一如の意識体」**を、「僕の意識」の**「ノアの箱舟」**ならぬ**「宇場の箱舟」**として、「僕の意識」が創造した、愛する愉快な仲間たちと一緒に、**「地球牢獄世界」**からの

「出所計画」が、すでに**「自己完結」**しています。

今は、すべてが愉快な仲間たちとして、すでに自己完結していますから、僕の意識体の記憶は、完全に未存なる未来の**「無の世界」**に於いて完結しています。

「無の世界」についいては、誰でもわかるように、最後のほうで解説します。

本来、私たちの「人生の存在目的と存在価値」は、他人である**「肉体の感情芸術」**の**「虚相世界」**から、自分である**「意識体の心情芸術」**の**「実相世界」**という、**「宇宙意識界」**に行くための準備を、唯一、することだと、僕は思います。

結論です。**「他人の意識」**である**「肉体の意識」**に支配された**「物質脳」**は、**「不自由」**であって**「不可能」**であり、**「不可能」**であって**「不自由」**である、**「限界領域」**の範囲に於ける、個性芸術の世界でしかないと、僕は理解しています。

「自分の意識」である**「意識体の意識」**に統治されている**「意識脳」**は、**「自由」**であって**「可能」**であり、**「可能」**であって**「自由」**である、**「無限」**の個性芸術を創造できる世界になっています。

もし、私である意識体に神なる存在があるとしたならば、相対変換の法則に従って、常に、親なる心と、子なる魂が入れ替わって、親の立場になった人格である心のみが、その時、その時の意識体に対する**「創造主」**の立場であり、**「全知全能の神」**になるからです。

そのことによって、「心魂同根の愛」の「意識」によって、「心魂同根の意識体」の「意識」が、新たに創造されながら、成長し成熟していくことが可能になります。

「自分の意識」が、自分である意識体を、新たに創造し成長させ成熟させながら、永遠に意識進化させていくことができる、唯一無二の存在であり、**「真実」**の**「創造主」**という存在だと、僕は思っています。

自分自身の霊格である「魂」の意識を育てるのは、唯一、自分の人格である「心」の意識しかありません。

誰も、自分以外に自分の意識体を育てることも、責任を取ることもできないからです。

「他人の意識」である「肉体の意識」は、**「肉体の感情」**を育てることはできても、**「意識体の心情」**は、育てることができないからです。

ですから、自分にとっての**「内在」**の**「創造主」**であれば善いのであって、自分である意識体以外の**「外在」**の**「神」**である他人事の神や宗教事の神は、一切、必要もなければ、なんの意味も意義も価値もないと、僕は思っています。

✦「嘘の親子関係」が我々の意識体を牢獄星につなぎ止めている

三大聖人と言われる、**「イエス」**も**「釈迦」**も**「孔子」**も、肉体が自分だと思い込んで勘違いしていましたから、肉体は他人であると、厳格に峻別《しゅんべつ》して、はっきりと言及した事実は、どこにも存在していません。

「哲学者」である、ソクラテス、プラトン、アリストテレス、ジョン・ロック、デカルト、カントなども、一切、言及していません。

「心理学者」である、フロイト、ユング、アドラーなども、肉体は他人であると、明瞭かつ明確には言及していません。

すべてが「他人の意識」である「肉体の意識」が中心であり、極めて曖昧で不確かな言い回しばかりです。

ですから、何も解決できずに、**「カオスの世界」**が連綿と続いてきているのです。

当然、**「科学者」**も、**「ノーベル賞学者」**も、すべての人たちが、**「肉体は自分であると勘違い」**しています。

すべての**「理論体系」**を、他人である肉体を中心に、「宗教的」に「哲学的」に「心理学的」に「科学的」に構築してきたことに、すでに、大きな**「嘘」**と**「偽り」**と**「間違い」**があり、人間の最悪な**「愚かさ」**が、そこにあります。

もし、これに異論や反論があるのであれば、肉体は自分であるということを、誰でも理解できるように、「事実の保障」と「真実の保証」を持ってきていただければと、僕は強く思います。

なぜならば、イエスも釈迦も孔子も、哲学者たちも、心理学者たちも、科学者たちも、医学者たちも、すべての**「学者」**たちが、肉体は自分だと勘違いしているわけですから、「嘘」と「偽り」と「間違い」だらけであると、僕は言わざるを得ません。

なぜならば、肉体が自分だと思い込んで勘違いしている、「欲望」だらけの牢獄星の囚人たちに、一体、何の救いを期待したら善いのでしょうか？

人類は、「肉体は、自分であるという理解と認識に基づいて、すべての理論体系を構築してきました」。

他人である肉体の虚相世界から、自分である意識体の実相世界に、行くための準備をしていることも理解せずに、仕方なく肉体の奴隷のごとく、囚人のごとく死を迎えていきます。

故に、**「他人事の神」**も**「宗教事の神」**も、他人である人間の物質脳が作り出した神は、自分である意識体にとっては、どうでもよい存在だと、僕は理解しています。

「宗教の神」を信じていても、人格が著しく劣悪かつ醜悪な人たちは、たくさんいます。

自分の心である人格の意識のみが、唯一、自分自身の魂である霊格の意識を、**「自分の意識」**に基づいて、新たに**「心魂一如の意識体」**として創造することができる、唯一無二の**「創造主」**であり**「全知全能の神」**になるからです。

唯一、**「我が意識体と意識界の創造主は、我が意識にあり」**といえる所以《ゆえん》です。

これに異論や疑問を呈する人は、自己犯罪による自己恩讐《おんしゅう》によって、怨《うら》み辛《つら》みの強い人であり、意識次元が、極めて低い人であると、僕は理解しています。

なぜならば、意識次元が低い、極めて劣悪かつ醜悪な意識体であることを、自分が自己証明することになるからです。

人類の歴史は、よく**「自己発見」**の旅といわれますが、まさに、自己発見は自分に内在している、自分である意識体に宇宙意識界を創造することができる、唯一無二の**「全知全能の神」**の発見であり、我が**「内在の創造主」**に出会う旅であった、といっても過言ではないと、僕は思っています。

私たちは、38億年にわたって、肉体に奪われ蹂躙《じゅうりん》されてきた不自由な「他人の意識」から、意識体の自由な「自分の意識」に「意識」を奪還《だっかん》する、千載一遇《せんざいいちぐう》の時を迎えていると、僕は理解しています。

なぜならば、「他人の意識」である「肉体の意識」は、**「不自由」**であって**「不可能」**であり、**「不可能」**であって**「不自由」**である、「不自由」と「不可能」は、肉体に付随して同根の存在であり、**「不可能」**であり**「不自由」**であり**「不自由」**であり**「不可能」**である、「不可能」と「不自由」は、肉体に於いて、まったく同じ方向性を示唆しているからです。

しかし、「自分の意識」は、**「自由」**であって**「可能」**であり、**「可能」**であって**「自由」**である、「自由」と「可能」は、「自分の意識」に付随して、一如の存在であり、**「可能」**であり**「自由」**であり、**「自由」**であり**「可能」**である、「可能」と「自由」は、「自分の意識」に於いて、まったく同じ方向性を示唆しているからです。

なぜならば、「自分の意識」が、「不自由」であって「不可能」である「肉体の世界」から、「自由」であって「可能」である「意識体の世界」に行くための準備をしているからです。

人生は、**「宗教事の神」**や**「他人事の神」**に出会う旅ではないと、僕は思います。

「COSMOSの法則」には、「初めと終わりは、原因と結果に於いて、私の心と私自身の魂の**『意識』**のみに一致している」という**「大原則」**があるからです。

肉体が自分だと勘違いしている**「不自由と欲」**の**「嘘の親子関係」**が、あたかも**「自由と愛」**の**「本当の親子関係」**であると思い込んで勘違いしていることが、すべての**「諸悪の根源」**となって、**「歴史的な悲劇」**が、連綿と繰り返されている**「元凶」**にもなっていると、僕は考えています。

他人である肉体の親と子の関係に於いて、怨《うら》み辛《つら》みの恩讐関係を増長していく過程で、劣悪かつ醜悪な自分である意識体が形成されていきます。

実は、肉体が自分だと思い込んでいる**「嘘の親子関係」**が、我々の意識体を**「牢獄星」**に、歴史を通して連綿とつなぎ止めている、**「牢獄星」**の**「桎梏《しっこく》の鎖」**としての、メカニズムでありシステムにもなっています。

すなわち、肉体の「嘘の親子関係」による、**「自己犯罪」**によって**「恩讐の人格」**が形成されて、その**「自己恩讐」**によって**「自己投獄」**という牢獄星の**「桎梏の鎖」**である、肉体の「嘘の親子関係」を、「輪廻の法則」によって、連綿と踏襲し続けているというのが、紛れもない**「厳然たる事実」**です。

ですから、他人である肉体の**「嘘の親子関係」**という、恩讐の**「輪廻の鎖」**を断ち切らない限り、牢獄星からは、永遠に解放されないことになります。

✦両親に「産んでくれてありがとう」、子どもに「生まれてくれてありがとう」

肉体の親に対して許される意識は、唯一、**「産んでくれてありがとう」**という意識体の心情だけです。それ以上でもなく、それ以下でもないと、僕は思います。

僕が、この意識に至った経緯を少し紹介しておきましょう。

それは、僕が、山籠《ご》もりをしていた時のことです。

その時は、12日間の断食をしながら、毎日、滝行も同時にしていました。

その日は、12日間の断食が終わる日に、滝行をしていたら、突然、気が遠くなっていき、意識を失いかけて、滝つぼに頭から倒れて転落してしまいました。

その時、水中に沈みながら、誰かに頭を叩かれたように、石に頭をぶつけた意識と共に、もう一つの意識が、自分の中に湧き上がってきました。

その意識が、まさしく「お父さん、お母さん、産んでくれてありがとう」という意識だったのです。

その意識が湧いた瞬間に、意識が我に返って、息を吹き返して滝つぼから、生還できました。

もし、僕の意識が、両親に対して、「感謝」という意識を覚醒しなかったら、僕は、その時点で他界していたと、今でも思っています。

なぜ、このような現象が起きたのか、自分なりに深く「自己検証」してみました。

その結果、わかったことは、肉体は肉体の両親が与えてくれたモノだということです。

僕は、その肉体を、艱難辛苦《かんなんしんく》と難行苦行《なんぎょうくぎょう》の限界まで追い込む修行をしていました。

すなわち、肉体の意識からのメッセージとして、「そこまで肉体を酷使しなくてもいいよ!!」と言ってくれているのではないかと、自分なりに解釈しました。

すなわち、両親に対して「産んでくれてありがとう」という意識さえ、一生涯を通して持ち続ければ、肉体の親子関係の恩讐《おんしゅう》に対する**「肉体の感情」**に対しては、すべてが**「善」**に**「自己完**

結」するということを、この時に感得しました。

肉体の子どもに対して許される意識は、唯一、**「生まれてくれてありがとう」**という情動だけです。あとは自由に育ててあげることです。

なぜならば、それ以外の情動になると、必ず、子どもたちが、親は自分のことを「愛してくれたのか!?」それとも「愛してくれなかったのか!?」という、自己欲求と承認欲求による、不快な感情に陥ることになるからです。

ですから、他人である肉体の「虚相世界」である**「物質世界」**から、自分である意識体の「実相世界」である**「意識世界」**に行くための準備をしている、という自覚がないから、未だに**「牢獄星の住人」**で居続けているのだと、僕は思います。

何度も言及しますが、肉体は、肉体の両親の「性欲の意識」から始まって、他人である、お父さんの精子と、お母さんの卵子が結合して、他人である母親の胎中で胎児の食欲によって作り上げられた存在であり、他人である両親が与えてくれた、肉体という他人の存在に他なりません。

皆さんの肉体は、初めから終わりまで、すべてが**「他人の意識」**によって、**「他人の身体」**で作り上げられた存在だからです。

それも前世の被害者である恩讐の肉体の両親が、不自由な**「囚人服または奴隷服」**として、前世の加害者である「自分である意識体」に覆い被《かぶ》せた恩讐の存在です。

私たちは他人である肉体を含めて、自分自身だと思っているところに、大きな勘違いと大きな間違いがあります。

このことの**「無知」**が、人類の最大の**「愚かさ」**と**「カルマ」**と**「カオス」**の主たる元凶になっています。

肉体は他人です。だから、必ず、お別れしなくてはならない**「死別」**の時を迎えるのです。

このように、**「嘘の親子関係」**と**「真の親子関係」**が、すべての**「学問」**によって、正しく理解されずに峻別《しゅんべつ》されることなく、曖昧にされてきたことで、歴史は大きな**「嘘」**と**「偽り」**と**「間違い」**だらけになってしまったといわざるを得ないと、僕は思います。

他人である肉体の関係が、親と子の愛の関係だと、とんでもない勘違いをしているから、恩讐の怨《うら》み辛《つら》みの親と子の関係になって、お互いが憎しみ合い、罵倒し合い、傷つけ合う関係に陥って、**「自殺」**にまで至る、若い子たちが後を絶ちません。

子どもたちの自殺を防ぐことができるのは、「嘘の親子関係」と「真の親子関係」の事実と真実を教えることだと、僕は思います。

「真の親子関係」を、まったく理解していない、肉体の**「嘘の両親」**が、肉体の**「嘘の子ども」**を、**「心魂一如の愛」**に基づいて、愛してあげることは、絶対に、できないからです。

この関係は、先祖代々、連綿と踏襲され続けています。

「嘘の親子関係」に、過分なる愛を期待するから、うつ病になるか、パニック症や起立性調節障害、解離性精神障害、統合失調症、人格破壊などの精神障害に陥っていくのではないかと、僕は理解しています。

また、具体的に、引きこもりやリストカット、拒食症、過食症、アルコール依存症、薬物依存症などといった、自傷行為や自虐行為などの自己破壊と自己破滅に陥っていく原因にもなると、僕は理解しています。

✦子どもは親の「夢の道具」ではない

「恩讐《おんしゅう》の原因」かつ**「諸悪の根源」**は、肉体という「嘘の親子関係」によって、他人である肉体の両親の**「肉体の欲望」**が、自分の両親の**「愛情」**だと勘違いしていることであり、それが大きな嘘と偽りと間違いの始まりです。

他人である肉体の恩讐の親が、他人である肉体の恩讐の子を、産んだからには責任をもって、愛するべきだと、勘違いしているから、悪目立ちという承認欲求による**「愛の確認行動」**が、不幸と悲劇の始まりになると、僕は理解しています。

「嘘の親子関係」は、情動的には、**「愛の関係」**ではなく、加害者と被害者の**「恩讐の関係」**であることが、まったく理解されていないと、僕は思います。

肉体の両親は、好き勝手にセックスして、子どもを産みましたから、子どもの**「肉体の成長」**には、責任を負う義務と責任があります。

他人である肉体の両親は、他人である肉体の子どもを、自分の子どもだと思って、**「所有概念」**に従って、善くも悪くも親の欲望の価値観や思い込みで育てていく傾向が、多分にあります。

例えば、他人である肉体の両親が、幼少期から、他人である肉体の子どもが、やりたいことに対して、あれをしては駄目、これをしては駄目、それをしては駄目、といった具合に、親たちの都合で育てようとします。

子どもの意識体が興味や関心のあることは、すべて駄目、駄目、駄目といって、駄目のレッテルを貼って、見事に**「駄目人間」**に育てあげていきます。

真逆に、子どもの意識体が、やりたくないことは、肉体の**「嘘の両親」**に、無理やりやらされます。

例えば、「勉強しなさい、塾に行きなさい、お稽古ごとに行きなさい、スポーツ・クラブに通いなさい、名門校に進学しなさい、社会に出たら出世しなさい」などなどです。

同じ兄弟なのに差別されたり、感情的に怒られたり非難されたり、辛辣《しんらつ》な言動がなされたり、いじめや虐待《ぎゃくたい》まで受ける、などなど、挙げたらきりがないと思います。

「馬」のお父さんと、**「鹿」**のお母さんが、関われば関わるほど、子どもに**「馬鹿《ばか》」**というウイルスが感染していって、頭は良くても、とんでもない意識体的に脆弱《ぜいじゃく》な、稚拙《ちせつ》かつ拙劣《せつれつ》な無知、極まりない劣悪かつ醜悪《しゅうあく》な**「優生意識」**だけの子どもが見事に育ちます。

事実、東京大学や京都大学を出ても、社会に出て使えないお馬鹿がたくさんいます。

肉体の頭脳が成長する栄養は与えても、意識体の心が成長するための栄養は与えずに、むしろ、子どもの意識体に**「毒」**を与えているのかもしれないとさえ、僕は思います。

よく**「親の夢を子に託す」**と耳にしますが、子どもは親の**「夢の道具」**ではありません。

自分の夢は自助努力によって、自己実現していくものです。

他人である肉体行動と、自分である意識体の情動は、すべて、真逆の「不自由」な「行動」と、

「自由」な「情動」という**「逆ベクトルの葛藤《かっとう》」**に、方向づけられていることが、まったく理解されていないから、そのような間違いを犯すのだと思います。

なぜかといいますと、他人である肉体を養い生かすために生きても、自分である意識体を養い生かすためには生きていないからです。

他人である肉体の親と子に於ける、恩讐の関係については、誰でも理解できるように**『ZERO の法則』**の第3章、「贖罪降臨《しょくざいこうりん》と輪廻の法則」にて、詳しく言及されています。ぜひ、参考にしてみてください。

こうした事態を回避する方法は、ただ、一つしかないと思います。

そのためには、両親が、「真の親子関係」を理解していることが大前提です。

その大前提で両親が、子どもが物心ついた時点から、「あなたの肉体は、私たちが与えたものですが、あなたの心と魂である意識体は、もともと、あなた自身に備わっているモノなのです」。「だから、あなたの人格である心の意識が、あなた自身の霊格である魂の意識を、愛の理想の意識体に育てて成熟させながら、意識界の生活をするための準備を、心がけて人生を送っていってください」と、常日ごろから、教育しながら、そのための協力と援助をしてあげることです。

他人である肉体と、自分である意識体との峻別《しゅんべつ》を、厳しく行って幼少期から、しっかり**「自立と自由の法則」**を、自覚させていくことが、最も重要なことになると思います。

当然、両親も「真の親子関係」に基づいて、**「心魂一如の愛」**によって、自らが**「愛の理想の人格者」**になるように、自助努力していくべきだと思います。

両親が、愛の理想の人格者として、子どもたちのロールモデル（お手本）になれるように、常に、自助努力していくことだと思います。

✦偽善者を隠して生きるのは、魂への最大の背信行為

芸能人や学者は偉そうなことを、テレビや大学やあちらこちらで、無責任に言いますが、僕の知る限りに於いて、自分の子どもすらまともに育っていないのが現状です。

なぜならば、肉体が自分だと勘違いしている**「優生意識」**だから、無責任も甚《はなは》だしい育て方をしているからです。

「優生意識」の強い親たちほど、「劣悪な子ども」が、見事に育っていると痛感しています。

人心《じんしん》を指導する立場の、宗教団体の教祖も学校の先生もしかりだと思います。

これも紛れもない厳然たる事実だと、僕は理解しています。

教祖の長男が、教祖のゴシップをYouTubeで拡散して、裁判沙汰になっているなどの話を、いろいろな人たちから聞いたことがあります。

すでに、その教祖は、60代で他界されているそうです。

もし、疑問と疑いがあるのでしたら、自分で事実を検証して確認してみてください。

他人の他人である肉体の両親は、自分の**「意識体の心情」**で、子どもの**「意識体の情動」**を育てながら、自分の意識体を子どもの意識体と共に成熟させていくように、お互いが自助努力するべきだと、僕は思います。

なぜならば、地球生活の「存在目的と意味と意義と存在価値」は、唯一、**「他人である肉体の嘘の親子関係」**から**「自分である意識体の真の親子関係」**である、宇宙意識界で生活するための準備期間であり、それ以外にはないからです。

このような理論は、意識次元が高ければ高いほど、誰でも簡単に理解し納得できる、至極当然の法則であり、当たり前の原則だと思います。

ですから、先ほども言及したように、情動には、真逆の情動が二つ存在しています。

一つは、悪い意識体に基づく情動であり、それを**「情欲」**といいます。

もう一つは、善い意識体に基づく情動であり、それを**「情愛」**といいます。

そもそも、他人である肉体が、自分だと勘違いしている人たちは、**「人の為《ため》に生きる」**ことが、**「愛」**だと、根本的に勘違いして、思い込んでいます。

なぜならば、他人である肉体を養い生かす為に生きてこそ価値があると思い込んでいますから、その延長で他人のために生きることが、良いことであり**「善」**であると、エゴイスティックに勘違いしているからです。

肉体が自分だと思い込んでいる**「嘘の親子関係」**の下で**「欲望」**に従って育った人間は、親の願いのために生きることが、**「愛」**だと無意識のまま教えられて、そのまま受け入れているところに、大きな**「嘘」**と**「偽り」**と**「間違い」**があると、僕は理解しています。

なぜならば、人の為と書いて、まさに**「偽り」**と読むからです。

そもそも、肉体が自分だと思い込んで勘違いしている人たちは、肉体が性欲と食欲という**「欲**

望」によって作られた、奇怪な**「エロス」**の創造物だと理解していません。

どんなに偉そうなことを言っている**「学者」**の言動も、所詮、**「欲望」**のカテゴリーにあり、自己欲求と承認欲求の範疇《はんちゅう》でしかなされていません。

世の中には、自分の**「自己欲求」**や**「承認欲求」**を満たすために、**「自分の心」**が**「自分自身の魂」**を**「偽って」**、世のため、人のためといっては、自分の欲望のために**「偽善者」**を見事に隠して生きている**「人たち」**がたくさんいます。

例えば、**「嘘の親子関係」**によって、他人である両親の**「評価」**や**「承認」**や**「機嫌」**ばかりをうかがって、**「忖度《そんたく》」**を、自然に身につけて、育った子どもたちはたくさんいると、僕は思います。

そのような子どもは、したくない勉強をしたり、無理して良い子を演じたり、両親からも、周りの人たちからも、**「優秀」**という**「評価」**を得ることが、人生の目的であり価値であるという思考体系をもつようになり、必然的に**「優生思想」**という差別意識に方向づけられていくと、僕は思っています。

その結果、**「人格形成の過程」**に於いて、自分を守るための唯一の手練手管《てれんてくだ》として、自己正当性と自己保身と責任転嫁が、心癖《こころぐせ》として自然に身についていきます。

そもそも、**「恩讐《おんしゅう》の原因」**は、どこにあるかといいますと、人格形成史に於いて、両親の顔色や機嫌に対して、**「良い子」**や**「機嫌取り」**という**「嘘の行動」**を、知らず知らずに**「行動人間学」**として身につけていくからだと思います。

偽善者を隠して生きていくということは、自分の心が、自分自身の魂に対して、**「嘘」**をついて生きていく、最大の、**「背信行為」**に他ならないと、僕は思います。

そもそも、嘘の親子関係によって、嘘の両親の欲望に洗脳されて、欲望によって育った子どもたちは、強烈な両親の洗脳に無意識のまま自分の意識が呪縛されていくことになります。この**「父母教」**の洗脳は、**「宗教の洗脳」**よりも、はるかに劣悪かつ醜悪な洗脳であり、とくに、**「母親教」**という洗脳は極めて強い呪縛力があります。最も恐ろしい洗脳は、**「宗教の洗脳」**ではなく**「父母教」**という洗脳であり、とくに母親の欲望による**「母親教」**の洗脳なのです。

自分の心が、自分自身の魂に対して、背信行為をすることによって、その行為が自分である意識体に、そのままフィードバックして、自己嫌悪や自己否定、自己不信、自己保身、自己逃避、自己破壊、自己破滅に陥って、肉体の死後、自分自身が劣悪かつ醜悪な意識界に行くことになります。

先ほども言及しましたように、肉体の親に対して許される意識は、唯一、**「産んでくれてありがとう」**という心情と情動だけです。

それ以上でもなく、それ以下でもないと、僕は確信しています。

他人である肉体の親が、愛してくれようが、愛してくれなかろうが、「産んでくれてありがとう」という、それ以上の感情も心情も、一切、必要のない情動だからです。

なぜならば、肉体の親は他人の他人以外の何者でもないからです。

「自分の心」と「自分自身の魂」に於いては、「自由意志」に基づく、「自己決定」と「自己責任」の「原則」に、すべてが委ねられていますから、誰も自分である意識体に対して、一切、責任を負ってくれないからです。

それ以外の情動や感情に陥ると、必ず、不快な心情による**「自己犯罪」**に陥って、必然的に、自傷行為や自虐行為に至って**「自己恩讐」**による**「自己投獄」**になっていくからです。

✦「良い人」と「正しい人」の違い

「良い人」と**「正しい人」**は、まったく違います。

「良い人」とは、他人に対して良い人を**「良い人」**といいます。すなわち、厳しくいうならば、**「良い子症候群」**に陥った**「偽善者」**のことをいいます。

「正しい人」とは、**「自分の心」**が、**「自分自身の魂」**に従って、自分自身の魂が望むように**「正直」**に生きる人であり、自分自身の魂が望まないことは、誰が何と言おうと、絶対に言わない、やらないという人のことです。

この「良い人」を無理して演じて、自分自身に対して自分が、嘘偽りの**「背信行為」**を続けていくことが、最大の悲劇の始まりです。

「自分の意識体」が、**「自己犯罪」**による**「自己恩讐《おんしゅう》」**によって、やがて、自分自身が自分を嫌悪するようになって、**「自己嫌悪」**による**「自己投獄」**に陥ります。

自分自身が自分を否定するようになって**「自己否定」**となります。自分自身が自分を避けるようになって**「自己逃避」**となります。

自分自身が自分を不信していくようになって**「自己不信」**となり、自分自身が自分を破壊する**「自傷行為」**や**「自虐行為」**に陥って、**「自己破壊」**へと陥っていきます。

最終的に、最悪な状況である**「自己破滅」**という、**「自殺」**にまで至ってしまいます。

このように、**「嘘の親子関係」**に基づく、**「肉体の欲望」**を中心にした**「人格形成史」**によって、**「自己欲求」**というエゴイズム（自己中心）と、自分の存在を他人から認められたい、評価してほしいなどの**「承認欲求」**というナルシシズム（自己満足）の**「さもしい意識」**が、無条件で育って成熟していきます。

他人から評価され認められたいという、地位欲や名誉欲や財物欲などを満たした偽善者ほど、欲望の人格形成史の過程に於いて、無意識のままに**「優生意識」**が、強く身について傲慢になっていきます。

学歴至上主義や経済至上主義、成果主義などの、さまざまな至上主義に於いて、熾烈《しれつ》な競争原理の社会の中で、勝ち組になった人ほど、**「優生意識」**が強く存在するようになっていきます。

ですから、**「自己満足」**のための**「差別意識」**や**「偏見意識」**や**「蔑視意識」**が、根強く身につくようになっていきます。

とくに、テレビなんかで、もてはやされている容姿のよい人たちは、テレビの表の顔と裏の顔では、真逆の人たちが大半だと理解したほうが、正解かもしれません。

テレビなんかにもてはやされている人たちほど、無知と蒙昧《もうまい》が故の、**「優生意識」**に陥っている人たちはいないと思います。

この人たちこそ、肉体が自分だと思い込んでいる、「嘘」と「偽り」と「間違い」だらけの最たる人たちだと思います。

まるで、狭い世界の取り巻きに囲まれた、不自由で寂しくも悲しい**「裸の王様」**そのものだと、僕は理解しています。

この人たちは、一体、どこの意識界を目指しているのかと、老婆心ながら思ってしまいます。

「優生意識」の強い人ほど、意識次元の低い**「エゴイスト」**であったり、**「ナルシシスト」**であったり、また、著しく偏見が強く傲慢で不遜な人たちだったりする傾向があると、僕は理解しています。

とくに、上級国民やハイソやセレブといわれている人たちに、どういうわけか、そのような人たちが、多く見受けられるという声を、たくさん聞くことがあります。

すなわち、そのような人たちは、著しく**「人格破壊」**がなされていて、彼ら自身の心と魂である意識体に、そもそも偏見と差別と蔑視《べっし》が、強く根づいているからだと思います。

ですから、他人に対する「差別意識」や「偏見意識」が、常態化していて無意識に発動しているのだと思います。

故に、**「自分の心」**が**「自分自身の魂」**を**「偽って」**、人のためといいながら、世俗的な**「情欲」**で生きている**「偽善者」**がたくさんいます。

偽善者ほど、**「地位欲」**や**「名誉欲」**や**「財物欲」**などを満たすことによって、他人から評価されたり、認められたり、ちやほやされることに、**「至上の喜び」**があると思い込んでいます。

その最たる存在が、タレントや芸能人などと、いわれる存在ではないかと思います。「優生意識」に無意識のまま支配されている人たちは、差別化こそが、自らの承認欲求を満たして、自己満足と自己陶酔に至れると思い込んでいる人たちだと思います。

これが、「金持ちが天国に入るには、ラクダが針の穴を通るよりも難しい。この世にあって偉大な者は、あの世にあって、最も卑《いや》しく小さき者となるであろう」という所以なのではないでしょうか。

✦不快な心情が「自己恩讐」を作り、自傷・自虐行為に陥らせ自他破滅を招く

先ほども言及したように、情動には、真逆の情動が、大きく分けて二つ存在しています。

一つは、**「嘘の親子関係」**に基づく、他人である肉体の**「欲望」**による**「人格形成史」**によって、意識体に癖づけた**「自己欲求」**と**「承認欲求」**という、**「低次元の意識体」**による**「情欲」**です。

このように、**「情欲」**に支配されている人たちが多いのも、牢獄星の**「性《さが》」**であり、**「常《つね》」**でもあります。

もう一つは、**「真の親子関係」**に基づく、**「心魂一如の愛」**による、**「人格形成史」**によって、意識体に癖づけた**「自己慈愛」**や**「自己肯定」**、**「自己創造」**という、**「高次元の意識体」**による**「情愛」**です。

「情欲」に支配されている人とは、基本的に、**「嘘の親子関係」**によって、**「心魂分断の恩讐《おんしゅう》」**の

「意識体癖」を身につけた人たちで、**「自己嫌悪」**や**「自己否定」**、**「自己逃避」**、**「自己不信」**、**「自己破壊」**などの意識に陥っていて、常に、**「愛されたい」**人たちのことをいいます。

「心魂一如の愛」と「心魂分断の恩讐」の違いは、一体、何なのでしょうか？

「心魂一如の愛」とは、「真の親子関係」に基づいて、「自分の人格である心」と、「自分自身の霊格である魂」の中心に、**「自分の意識」**が存在していて、**「自分軸」**が、しっかりと確立されている**「自己責任」**に基づく**「情愛」**のことをいいます。

「情愛」のある人とは「心」であって「魂」であり、「魂」であって「心」である、「心」と「魂」は、一如の存在であり、まったく同じモノであることを理解している人のことをいいます。

すなわち、「心」即「魂」であり「魂」即「心」という、「心魂一如の愛」に基づく、「心魂一如の意識体」が、普遍的な唯一無二の**「自由」**な存在であることを**「自分の意識」**が、完全に理解していることが、とても重要なことだと思います。

「心魂一如の愛」とは、どのような「意識状態」のことをいうのでしょうか。

それは、自分の**「人格」**である心が、何があっても、何が起きても、「ありのままを無条件で全面的に受容する」ことによって、自分自身の**「霊格」**である魂が、「感謝」と「喜び」に**「自己完結」**するように方向づけられていることです。

すなわち、**「自分の意識」**に於いて、**「自分の心」**と**「自分自身の魂」**の間に、**「心情の通路」**を拓いて、**「愛の理想の意識体」**を目指していくことだと思います。

それは、僕の経験上、現世利益《げんせいりやく》に支配されている人たちには、本当に難しいことだと理解しています。

「心魂分断の恩讐」とは、「嘘の親子関係」に基づいて、肉体の両親の愛が、真実の愛と勘違いして、子どもが親に対して「良い子症候群」や「忖度《そんたく》や機嫌取り」などの偽りで「人格形成」をすることによって、**「自己犯罪」**によって、自分自身に作られた**「自己恩讐」**のことをいいます。

または、「親のエゴイズムやナルシシズム」の価値観によって、奴隷のごとく、囚人のごとく育てられて、自分で自分自身に作った「自己恩讐」などです。

その結果、あの両親が、この先生が、その上司が、あの人が、この人が、その人がなどといって責任転嫁ばかりをして、常に、被害者意識による自己正当性と自己保身による責任転嫁などによって、自分の**「意識」**が、常に、**「他人軸」**に存在している人たちです。

「自分の意識体」が、「他人の意識」である「肉体の意識」による**「自己欲求」**や**「承認欲求」**によって、「心」と「魂」の価値観が外に向かって分断されていき、「心」と「魂」との間に、「不快な心情」の「恩讐の壁」が作られていきます。

この不快な心情によって、自分である意識体が**「自傷行為」**に陥って、やがて**「自暴自棄」**に陥っていって**「自己恩讐」**を積み上げていくことになります。

「心」と**「魂」**の**「分断の壁」**が、大きくなればなるほど、自己嫌悪や自己否定、自己不信、自己保身、自己逃避、自己破壊が顕著に現象化して顕在化します。

その結果、自らを嫌うが故に他人を嫌い、自らを否定するが故に他人を否定し、自らを不信するが故に他人を不信し、自ら逃避するが故に現実逃避をしていき、自らを破壊するが故に秩序破壊をしていき、自らを破滅させるが故に、結果的に自他共に破滅させていく、という**「自傷行為」**や**「自虐行為」**などという、**「自己犯罪」**と**「自己恩讐」**に従うようになり、最終的に無差別殺人などの**「自他破滅」**を招いていくことになると、僕は理解しています。

「愛されたい人」は、基本的に、**「自己欲求」**や**「承認欲求」**という**「潜在意識」**が、遺伝子の意識体に内在している人たちだと理解しています。

常に、理解して欲しい、認めて欲しい、評価して欲しい、わかって欲しいという**「承認欲求」**に**「意識」**が、支配されている人たちだと思います。

また、愛して欲しい、優しくして欲しい、お金が欲しい、地位が欲しい、名誉が欲しいという**「自己欲求」**に**「意識」**が支配されている人たちだと思います。

「愛されたい人」は、欲しい、欲しい、欲しいの、欲しい尽くしの**エゴイスト**と**ナルシシスト**という**「意識体」**の人たちだと、僕は理解しています。

「情愛」とは、基本的に、**「真の親子関係」**に基づく、**「心魂一如の意識体」**に従って、**「心魂一如の愛」**による、**「自己慈愛」**や**「自己肯定」**、**「自己受容」**、**「自己確信」**、**「自己創造」**、**「自己発展」**、**「自己進化」**などへと、自分が自分自身に対して、常に、**「愛したい」**人たちのことをいいます。

自らを慈《いつく》しむが故に他人を愛し、自らを肯定するが故に他人を肯定し、自らを受け入れるが故に他人を受容していきます。

自らを信じるが故に他人を信じ、自らを創造するが故に他人を創造し、自らを発展させるが故に他人を発展させる、という「情愛」に従うようになります。

ですから、「自分の意識」が、自分自身を愛してもいないのに、他人を愛することはできません。

自分自身を肯定してもいないのに、他人を肯定することはできません。自分自身を信じてもいないのに、他人を信じることはできません。

自分自身を受け入れてもいないのに、他人を受容することはできません。

「真の親子関係」である**「心魂一如の愛」**に基づいて、自分が自分自身を、**「愛したい人」**は、常に、すべてを愛してあげたい、理解してあげたい、認めてあげたい、評価してあげたい、わかってあげたい、優しくしてあげたいと思っています。

常に、上げたい、上げたい、上げたいというように、人格次元そのものを上げたい、霊格次元そのものを上げたい、**「意識次元」**そのものを上げたいと願っている人です。

なぜならば、私たちは、他人である肉体の価値観である虚相世界から、自分である意識体の価値観である実相世界に行くための準備を、唯一、しているからです。

故に、行動人間学に於いて、**「意識次元の高い」**善い意識体の**「情愛」**なのか、**「意識次元の低い」**悪い意識体の**「情欲」**なのかで、まったく真逆の人生の目的と価値と行動になります。

他人である肉体の延長線上にある、**「世俗的」**なものの価値観と、自分である意識体の延長線上にある、**「超俗的」**なものの価値観とを、峻別《しゅんべつ》することができる意識次元に成熟していきたいものです。

すなわち、悪い**「肉体癖」（現世利益）**が、劣悪な**「心癖《こころぐせ》」**を作って、劣悪な心癖が、醜悪な**「魂癖《たましいぐせ》」**を作って、死後、邪悪な意識体が**「邪悪な意識界」**に行くことになります。

このぐらいのことは、誰でも理解できる、当たり前のことであり、至極当然なことでもあります。

✦重大な恩讐は、「子なる自分自身の魂」が「親なる自分の心」に「讒訴《ざんそ》」までする「恩讐」の意識

正しく理解しておかなければいけないことは、**「意識体の親子関係」**にも、大きく分けて、相反する、**「真逆の親子関係」**が、一人ひとりの**「意識体」**に内在していることです。

一つは、**「心魂一如の愛」**に基づく、**「真の親子関係」**と、もう一つは**「心魂分断の恩讐《おんしゅう》」**に基づく、**「恩讐の親子関係」**です。

「心魂一如の愛」も「心魂分断の恩讐」も、「自分の心」が、「自分自身の魂」に創り出した「意識体」ですから、「親と子の関係」に於いては、どちらも間違いではないと思います。

善くも悪くも自分である意識体に内在していて、逃げることも、隠れることもできない、「親」であって「子」であり、「子」であって「親」である、「一如」の存在であり、まったく同じモノだからです。

当然、「心」であって「魂」であり、「魂」であって「心」である、「一如」の存在であり、まったく同じモノだからです。

まして、善くも悪くも、唯一無二の存在であり、オンリーワンの存在なのです。

「心魂一如の愛」であるならば、意識進化に於いて、何の問題もありませんが、「心魂分断の恩讐」であるならば、問題と課題だらけになってしまいます。

なぜならば、最も重大な恩讐は、現世利益《げんせいりやく》に支配されている**「親なる自分の心」**に対して、意識界の利益《りやく》を求めている**「子なる自分自身の魂」**が、**「親なる自分の心」**に対して、**「讒訴《ざんそ》」**までする**「恩讐」**の意識が、心情と動機として存在しているからです。

「讒訴」とは、「心魂分断の恩讐」に基づいて、自分の劣悪な心が、自分自身の醜悪な魂を育てた結果、**「嘘」**をついてでも、子なる魂が、親なる心を、低次元の意識界に陥れようとする、強烈な怨《うら》みや怒りなどによる**「自己投獄行為」**をいいます。

まさしく、肉体が自分だと思い込んでいる人たちが、肉体を与えてくれた**「情欲」**だらけの両親に対して、怨みや辛みの**「復讐心《ふくしゅうしん》」**を募らせて、両親の代替である自らの肉体を、リストカットや拒食症、起立性調節障害、パニック症、不安神経症、うつ病、薬物依存、自殺などの自傷行為や自虐行為へと陥れていくのと、まったく同じ「現象」です。

「自己投獄」とは、「自分の意識」が、自分である意識体に対して、罪の償《つぐな》いと贖《あがな》いをするために、牢獄星である地球物質界に**「自己贖罪《じこしょくざい》」**するために降臨してくることをいいます。

すなわち、輪廻の法則に従って、自分である意識体が、現世の牢獄星に贖罪降臨して、他人である不自由な肉体を、囚人服または奴隷服として身にまとって、罪の償いと贖いをするために、艱難辛苦《かんなんしんく》と難行苦行《なんぎょうくぎょう》をするように宿命づけるメカニズムを、「自己投獄」と「自己贖罪」といいます。

この**「自己犯罪」**による**「自己恩讐」**に対して、**「自己投獄」**と**「自己贖罪」**に方向づけるメカニズムとシステムも**「自己責任原則」**に貫かれています。

すなわち、他人である肉体のフェイクワールド（嘘の世界）で培った「嘘の心癖《こころぐせ》」によって傷ついた、自分自身の魂が、自分の心に対して、**「嘘」**をついてでも牢獄に陥れようとする、魂の**「讒訴」**に従って、**「自己贖罪」**をするための**「自己投獄」**となります。

結果、善くも悪くも「心魂一如」ですから、意識体そのものに特化されて、意識体そのものが贖罪降臨せざるを得なくなります。

ですから、「嘘」は、どこまでいってもついて回りますから、嘘までついて**「偽善者」**になる必要はありません。

自分が自分自身に正直に生きる**「真善者」**になれば善いのです。

すなわち、**「真の恩讐」**とは、自分の**「親なる心」**が、不快な心情を作った**「加害者」**であり、自分の心が作った不快な心情によって、自分自身の**「子なる魂」**が、傷つき苦しめられていく**「被害者」**となります。

現実に、他人である肉体の親子関係であっても、両親の不仲や虐待や暴言によって、人格が著しく傷ついて、「人格破壊」や「精神障害」に陥っていく子どもたちがたくさんいます。

「親なる劣悪な心」が、「子なる醜悪な魂」を作り出して、意識体そのものを「不快な心情」に陥れていくわけです。

ですから、子の立場である魂にとっては、とても受け入れることも、赦《ゆる》すこともできなくなると、僕は理解しています。

「心魂分断の恩讐」によって、自分自身の魂が、自分の心に対して、讒訴するわけですから、すべてが自分である意識体の中で、「自己責任」として、**「自己投獄」**することによって、**「自己贖罪」**しなければならないようになっています。

ですから、自己嫌悪や自己否定、自己逃避、自己不信、自己破壊、自己破滅に陥るのは、自業自得として至極当然であり、当たり前のことになってしまいます。

これこそが、自分である**「心魂一如の意識体」**に内在する**「真の恩讐」**の実体であり、恩讐は「自分である意識体」以外のどこにも存在していないことになります。

故に、「人を呪わば穴二つ」の格言のごとくの結末を、自分自身に迎えることになります。

例えば、**「心魂一如の意識体」**に、怒りという意識が、まったくなかったとしたら、何があっても怒るという、心情も動機も情動も派生しないと思います。

なぜならば、怒りという意識も心情も動機もないので、怒りたくても、怒る心情も情動も派生することは、絶対にないと、僕は理解しています。

しかし、自分である意識体が、被害者意識による自己正当性によって、怒りが満ち溢《あふ》れていたら、誤った劣悪かつ醜悪な**「正義感」**によって、ちょっとしたことに対しても、あおり運転や暴言や暴力などを行うようになります。

この**「被害者意識」**と**「正義感」**というものほど厄介で面倒くさい、極めて迷惑な存在はありません。

テレビを見ながら、正しいのは自分であるがごとく、ブツブツと文句や批判ばかりを言っている人たちも、被害者意識による怒りや怨《うら》みが強烈に内在している、誤った**「正義感の種族」**です。「自己恩讐」による「心魂分断の恩讐」によって、自分が**「不快な心情」**になって、自分が**「自傷行為」**や**「自虐行為」**に陥って、自分自身の魂そのものを崩壊させていきます。

結果、自分の**「劣悪な心」**が、自分自身を**「醜悪な魂」**へと陥れて、最終的に**「邪悪な意識体」**となって、**「邪悪な意識界」**に行くことになります。

これこそ、**「身から出た錆《さび》」**とか**「自業自得」**という**「自己責任原則」**に、従うしかない結末だと思います。

✦意識界は「心魂一如の愛」か「心魂分断の恩讐《おんしゅう》」かに委ねられている

この**「加害者の意識」**と**「被害者の意識」**が、意識体に存在している状態を、まさしく**「内在する恩讐関係」**といい、また、内在する**「善心と悪心」**または**「本心と邪心」**ともいいます。

ここで、**「被害者意識」**と**「加害者意識」**について、重要なことですので、詳しく言及しておきましょう。

加害者の**「意識」**に存在している深層心理と、被害者の**「意識」**に存在している深層心理の違いを、よく理解しておく必要があります。

加害者の意識に存在する深層心理は、どのような心理かと言いますと、**「罪の自覚」**があるから**「加害者意識」**といいます。

罪の**「自覚が無い」**のに加害者の**「意識」**とはいいません。それは、ただの**「加害者」**です。

当然、罪を犯した自覚がありますから、「私が悪かったです。私が間違っていました。申し訳ありません」という、自己反省と悔い改めの意識を、少なからず持っていることになります。

「真実の加害者意識」とは、被害者に対して、何事も自己責任で謙虚に謙遜に受け入れていこうという、自己反省と悔い改めの意識と姿勢に方向づけられている**「意識」**だと、僕は理解しています。

テレビに事件の犯罪者が映し出されますが、ほとんどの人は頭を下げて、罪を自覚して、犯してしまった罪を後悔したからこそ、うつむいたまま顔を隠して登場してきます。

罪の自覚もなく偉そうに胸を張って登場する加害者が、少しはいますがほとんどいないと思います。

では、被害者の**「意識」**に存在する深層心理は、どのような心理かといいますと、「あなたは私に一方的に被害を与えた人」「あなたは私の足を踏んだ人」「私はあなたに一方的に被害を与えられた人」「私はあなたに一方的に足を踏まれた人」といったものです。

当然、「私は絶対に悪くない。私は決して間違っていない。私が絶対に正しくて、あなたが間違っている。あなたがすべて悪い」という「心魂分断の恩讐」の意識が、無条件で顕著に発動しています。

「私は絶対に悪くない、絶対に間違っていない」という**「被害者意識」**による**「自己正当性」**と**「正義感」**に陥っていきます。

その結果、**「自己犯罪」**による**「心魂分断の恩讐」**によって**「自己恩讐」**による**「自己投獄」**の**「意識」**に陥っていきます。

実は、この「被害者意識」による「自己正当性」と「正義感」が、最も劣悪かつ醜悪な「心魂分断の恩讐」へと方向づけて、邪悪な「意識」と「動機」と「行動」へと、無条件で方向づけていきます。

被害を受けた「苦しみや怒り」や、「怨《うら》み辛《つら》み」などの意識が、日を追うごとに強くなると、真逆に、被害者意識が加害者に対して復讐《ふくしゅう》したい、私と同じ苦しみを味わわせてやる、私の正義感に於いて、必ず法廷に於いて、極刑として裁いてやる。という**「修羅」**と**「鬼畜」**の「意識」と「動機」と「行動」に転落していきます。

つまり、被害者の立場になった人たちの肉体の感情は、その苦しみや悲しみの一方で、怒りと怨みに満ちた**「復讐心」**と**「正義感」**という意識に、陥りやすくなります。

ですから、悲惨な事件にあった被害者の遺族は、必ず、法廷に於いて、加害者の極刑を望んで、**「死刑」**という、この世の**「合法的な殺人」**を、当然のように要求します。

「被害者意識」と「自己正当性」に基づく、「正義感」と「復讐心」によって、たとえ、加害者が合法的に「死刑」になったとしても、**「ブーメランの法則」**によって、それ以上の苦痛と苦悩と苦悶《くもん》が、意識界に於いて、自らの意識体に反映して顕在化していくことになります。

なぜならば、**「心魂分断の恩讐」**（怨みや怒り）によって、他人を合法的に裁いたとしても、真実は、自分の親なる心が、自分の子なる魂に、何を動機として行動したのかを、嘘を包み隠さず自分の意識体が記憶していて、すべてがわかっているからです。

もし、現世で「心魂分断の恩讐」で加害者を裁いたとしても、意識界に於いて、自分自身の魂が自分の心に、**「ブーメランの法則」**によって、なぜ、裁いたのか、なぜ、赦《ゆる》さなかったのかと、激しく心が讒訴《ざんそ》され、最終的に、劣悪かつ醜悪な意識界に**「自己投獄」**せざるを得なくなります。

なぜならば、**「恩讐を愛することによって、自らの恩讐が解放される!!」**という**「贖罪《しょくざい》の方程式」**が、自分である意識体の中に仕組まれて存在しているからです。

ですから、「心魂一如の愛」に基づいて、「恩讐を愛することによって、自らの恩讐を解放する」という「贖罪の方程式」に従って、**「復讐心」**と**「正義感」**を**「自己解放」**することによって、「意識」が赦されて**「自由」**になっていくことになります。

なぜならば、最も身近な恩讐は、肉体の**「他人の意識」**である**「肉体の意識」**の**「感情」**の中にあるわけですから、自分である意識体の**「心情」**によって、**「感情統治」**するしか、解決の方法はないからです。

わかりやすく言及しますと、意識界に於いては、**「心魂一如の愛」**によって、**「意識体の心情」**の「意識」を、動機として行動したのか、それとも、**「心魂分断の恩讐」**によって、**「肉体の感情」**の「意識」を、動機として行動したのかに、すべて委ねられているからです。

なぜならば、**「意識」**と**「動機」**の「初めと終わり」は、「原因と結果」に於いて、「自分の心」と「自分自身の魂」の**「意識」**のみに一致しているからです。

「心魂一如の愛」と「心魂分断の恩讐」については、『ＺＥＲＯの法則』の第10章に詳しく言及されています。

もし、被害者意識によって、このような「心魂分断の恩讐」という心霊状態で死を迎えたとしたならば、自己責任原則に従って、確実に自分が、修羅と鬼畜の意識界を、自分自身で選択して「自己投獄」していくことになります。

第4章
「肉体は他人」革命

✦被害者意識のほうが加害者意識より、はるかに劣悪かつ醜悪な怒りと怨みの意識が存在している

よく検察官や刑事が、犯罪者などの取り調べや、尋問などをしている時に、彼らが嘘をついている間は、修羅や鬼畜の顔をしているが、罪を認めて自白を始めた瞬間に、仏の顔に変わるといいます。

ここで理解しなければいけない、最も重要なことは、被害者の意識のほうが加害者の意識よりも、はるかに劣悪かつ醜悪な怒りと怨《うら》みの意識が存在しているということです。

この「被害者意識」に基づく、「自己正当性」と「正義感」という、安っぽい「意識」が、「心魂分断の恩讐《おんしゅう》」という「不快な情動」に陥れる**「諸悪の根源」**になっています。

すなわち、被害者意識が、加害者以上の加害者になり得るということです。

「被害者意識」という「不快な情動」によって、「自分の心」が、「自分自身の魂」を、著しく傷つけ破壊していく、「自傷行為」や「自虐行為」に陥っていく**「元凶」**ということになります。

被害者と加害者の心情統治に於ける、**「自己責任」**に対する**「課題」**は、加害者よりも被害者のほうが、はるかに**「大きく重い」**ということです。

すなわち、被害者のほうが加害者よりも、贖罪《しょくざい》に対する問題性と課題性が、重たくて大きいということになります。

世間一般の人たちは、**「被害者が正しく」**て**「加害者が悪い」**と、単純に他人である肉体の虚相世界の常識や良識で捉えています。

それもたしかに一理ありますが、本人の**「意識体の心情」**である実相世界は、**「真逆」（Paradox）**に方向づけられていることを、理解してください。

ですから、私たちは、自分にとって都合の悪いことが起きると、あの人が悪い、この人が悪い、その人が悪いといって、被害者意識と自己正当性による責任転嫁と自己保身に陥っていきます。

そのことによって、自分自身が不快な心情に陥る「心魂分断の恩讐」へと、必然的に誰もが方向づけられていきます。

被害者意識と自己保身による責任転嫁は、牢獄星の囚人として、当たり前であり常套手段《じょうとうしゅだん》の**「悪い心癖《こころぐせ》」**です。

真逆に、牢獄星に於いては、常に、加害者意識によって、自己反省と悔い改めという、「贖罪の方程式」に従って、**「懺悔の意識」**で謙虚と謙遜に生きる生き方に、自助努力していくことだと、僕は思います。

そうすることが、牢獄星から解放されるための、重要なコンセプトとアイデンティティーになると、僕は理解しています。

世界のすべての人が、牢獄星の囚人であることを自覚して、加害者意識という立場に立ち返って、「私が悪かったです。私が間違っていました。申し訳ありません。もとをただせば、私が悪かったのです。だから牢獄に収監されているのです」「あなたは少しも悪くありません。ごめんなさい」という意識でお互いが向き合ったら、どんな世界になると思いますか？

私たちの人間関係は、多かれ少なかれ、加害者と被害者という**「情動の引力」**で引き合って関わるようになっています。

その最たる関係が、夫婦関係であったり、親子関係であったり、兄弟関係であったり、友人や知人などの関係であったり、その他の人間関係であったりします。

もし、世界中の人が、「自己反省と悔い改め」の意識で、一人ひとりが向き合って、お互いが謙虚に謙遜に思い合っていけば、争うことも奪い合うことも、完全に世界中から消滅していきます。

そのためには、**「肉体は他人運動」**を世界的に展開して、**「肉体は他人革命」**を全人類に推進していくしかないと、僕は強く確信しています。

✦「憾《かん》の思想」と「恨《こん》の思想」

人類の歴史は、被害者意識同士が向き合った時に、お互いが自己正当性を主張して、必ず、正義感を正当化して、争いや闘争や戦争という、最悪の暴力と破壊という、**「カオスの状態」**に陥ってきました。

「加害者意識」に基づく、**「心魂一如の愛」**による生き方を、**「憾の思想」**といいます。

真逆に、**「被害者意識」**に基づく、**「心魂分断の恩讐」**による生き方を、**「恨の思想」**といいます。

「憾の思想」も「恨の思想」も両方とも、**「ウラミの思想」**のことです。

しかし、性質的な意味と意義は、まったく真逆に方向づけられる、**「ウラミ」**になっていて、「心魂分断の恩讐《おんしゅう》」のウラミを「恨の思想」といい、「心魂一如の愛」のウラミを「憾の思想」といいます。

「恨の思想」は、他人である肉体の欲望に支配された、情欲による不快な感情に従って、被害者意識と自己正当性と責任転嫁によって、自分以外の他者にのみ方向づけられた**「恨み」**です。

恨の思想は、常に、**「自分以外」**に**「意識」**を向けて、被害者意識と自己正当性と自己保身という責任転嫁に、無条件で意識が方向づけられていきます。

例えば、あの人が悪い、この人が悪い、その人が悪い、あの国が侵略した過去の歴史が悪い、強制労働させたあの国が悪い、恩讐のはずの国が発展したことが悔しい、といった具合に意識を、他者や他国の責任原則に一方的に方向づけていく怨《うら》みの現象です。

国家元首たるものが、**「被害者中心主義」**なるものを提唱して、**「恨の思想」**（ハンの思想）と称して、国民の思想教育をして、被害者意識を増長させて、政治的に利用している国までもが存在しています。

世界の紛争や闘争や戦争は、この「恨の思想」によるものだと、僕は理解しています。

先述しましたように、最も重要なことは、加害者意識よりも被害者意識のほうに、はるかに劣悪かつ醜悪な**「怨恨《えんこん》」**が存在していて、自分自身の意識体に問題性と課題性が、大きく重く存在しているということです。

故に、「心魂分断の恩讐」によって、一人ひとりの意識体に、自分が自分自身に創造した、恨み辛《つら》みが多く存在しているということになります。

生き方の基本的な姿勢は、自分である意識体と、他人である肉体との間に、**「自他分離境界線」**を引いて、自己統合性を確立することです。

他人である肉体の外に存在するモノは、**「他人の他人事」**以外の、何ものでもないと、僕は理解しています。

ですから、すべてが、単なる**「虚相世界」**であり**「絵空事」**に過ぎないと思わざるを得ません。

所詮、人間は、他人事に対する興味や関心などを、満たすことに習慣づけられています。

ですから、自分事には何の関心もなく、まして、責任を負ってくれない無責任な他人に対して、過剰に興味や関心などを持つように方向づけられています。

自分に関係ないことなのに、興味本位で騒ぎ立てて見物する人たちや、人のうわさ話を面白がって、嘘でも平気で流布したがる人たちです。

これを昔から、**「やじ馬根性」**といいます。馬に鹿まで加わる「馬鹿」でしかありません。

他人である肉体が、自分であると勘違いしているために、**「人の不幸は蜜の味」**のごとく、他人の「不幸事」に対しては、無責任に強く関心を持つようになっています。その典型が、「事故見渋滞」などという現象です。

また、テレビやSNSなどの内容が、その典型であって、自分にはほとんど関係のないことばかりに、惑わされ続けています。

ですから、「心魂一如の愛」によって、他人の言っていることや、評価に対して一切、ネガティブに感情移入しないように、**「自己管理」**と**「自己責任」**を、最優先にして生きることが、自分である意識体を守るにあたって、最も重要なことになると思います。

わかりやすく言及しますと、他人である両親が、どんなに劣悪であり、醜悪な人たちであっても、「心魂一如の愛」によって、自分である意識体は**「自己完結」**して、「産んでくれてありがとう」という、感謝の存在であればいいのです。

すなわち、他人である恩讐の両親が、どのような存在であっても、加害者である自分の意識体に対して、被害者である両親は、自分の意識体が意識進化して、牢獄星から永久出所できるチャンスを与えてくれた**「愛すべき人たち」**だという理解が、最も大切なことだと、僕は理解しています。

故に、肉体が自分だと思い込んでいる**「嘘の親子関係」**を、正しく理解し認識することで、自分である意識体の**「真の親子関係」**が、よくわかるようになり、人生に於いて**「真の自己完結」**ができるのではないかと僕は思います。

✦肉体の優劣の評価より、意識体（心）の優劣のほうが、はるかに価値がある

では、ここで、他人である肉体のルーツ（起源）に迫ってみましょう。

皆さんの他人である肉体は、誰が与えたのかといいますと、当然、他人である、お母さんとお父さんです。

お母さんとお父さんにも、お母さんとお父さんという存在がいました。そうです。祖母と祖父の存在です。

当然、祖母と祖父にもお母さんとお父さんという、曽祖母と曽祖父の存在がありました。

このように、子から親の進化の過程をさかのぼっていくと、そこには他人である親なる**「先祖」**という存在が、連綿と続いて**「厳然たる事実」**として存在していることが、誰でも容易に理解できます。

これも紛れもない事実だと、僕は理解しています。

なんと、この**「子と親の関係」**は、一度として途切れることなく、地球の**「生命の起源」**と言われている、原始生命体であるバクテリアやウイルスといわれる存在にまで辿《たど》りつくことができます。

もし、一度でも子と親の関係が途絶えたら、私たちの肉体は存在していないと、僕は確信しています。

これは、天文学的な数の先祖が存在していることを示唆しています。

では、生命の起源であるバクテリアやウイルスから、現在の人間まで38億年の進化の歴史を、導いてきた水先案内人の存在とは、一体、何だったのでしょうか。

肉体という物質的な踏襲ですから、神様や仏様でないことは、誰でも理解できることです。

他人である肉体は、**「遺伝連鎖の法則」**に従って、38億年分の親なる先祖たちの遺伝情報を、DNAによって踏襲しながら集積して、遺伝子を組み換えながら進化してきた存在です。

すなわち、子と親の関係が、一度として途絶えることなく、すべての時代、時代にそれぞれのDNAの情報を、親なる先祖から子へと連綿と受けつなぎながら、新たなDNAの情報へと書き換えて進化してきました。

このように親なる先祖たちから、38億年かけて連綿と相続しながら、現世の肉体にまで踏襲してきた遺伝情報によって作られた肉体の性稟《せいひん》を**「体質」**といいます。

現世に生み出されてから、体質に基づいて、自分自身の人生に於いて、自分で作り上げた肉体を**「体格」**といいます。

肉体を氷山にたとえると、海水の下に沈んでいる、氷山の大部分を占めている、巨大な氷の塊が**「体質」**であり、海面の上に少し現れている、小さな氷の部分が、現世の**「体格」**です。

すなわち、**「体質」**は、38億年分の親なる先祖の遺伝情報によって作られたもので、現世の**「体格」**は、僅《わず》か数年から数十年の人生で作られたものです。

ですから、現世の**「体格」**は、すべてといってよいくらい、**「体質」**によって決まってしまうことになります。

この「体格」の大部分を決定してしまう、**「潜在的」**な存在を**「体質」**といい、現世に生み出されてから、人生に於いて、さまざまな肉体現象、例えば、遺伝性の病気や先天性の障害などに**「顕在化」**する存在を、現世の**「肉体」**といいます。

潜在的な体質が、肉体に顕在化するものによって、癌《がん》などの難病や奇病になる人なのか、それとも頑健な人なのか、背が高い人なのか、低い人なのかが決まってしまいます。

当然、勉学ができる人、できない人、運動能力が高い人、低い人、顔かたちがよい人、わるい人、太りやすい人、太りにくい人、など「潜在的」な「体質」が、「肉体」に、自分の意思にかかわらず、現象化して「顕在化」するようになっています。

よく、あの人は頭が良い、この人は勉強ができる、その人は天才的な才能がある、彼女は芸術的な才能がある、彼はマラソンが速い、などといわれることがあります。

しかし、決して、あの人が、頭が良いわけではなく、この人が、勉強ができるわけでもなく、その人が、天才的であるわけでもなく、彼女は芸術的な才能があるわけではなく、彼はマラソンが速いわけでもありません。

すべて先祖から受け継いだDNAが、たまたま踏襲されて現世で顕在化した、他人である肉体に過ぎないからです。

先述しましたように、癌や難病や顔かたちは、**「自分の意識」**が、作りたくて作ったものではなく、すべてが先祖から踏襲した遺伝子の意識によって、「他人の意識」である「肉体の意識」が作り出したものです。

なぜならば、**「意識」**は、すべてのモノに対して、それぞれの次元に応じて存在していて、遺伝子DNAにも意識が存在しています。当然、細胞にも意識が存在しています。

それらの意識が統合されて作り上げられたのが、現世の「他人の意識」である「肉体の意識」なのです。

すなわち、「肉体」は、遺伝子の意識に基づく「他人の意識」である「肉体の意識」が作り上げた創造物です。

もし、「自分の意識」が、肉体を形成する過程に於いて、介在したり反映したりするのであれば、誰もが、健康的で頭《ず》脳明晰《のうめいせき》、容姿《ようし》端麗《たんれい》、スポーツ万能の肉体で生まれてきたはずです。

しかし、現実は、まったく違っていて、そのようにはなっていません。

なぜならば、**「自分である意識体」**にとっては、**「他人である肉体」**は、あくまでも**「他人事」**であって、**「絵空事」**に過ぎず**「自分事」**にはなり得ないからです。

ですから、あの人、この人、その人という肉体の評価は、自分自身の**「意識体」**である**「自分事」**にとっては、一切関係のない、どうでもよいことです。

他人である肉体の優劣の評価よりも、自分である意識体の心（人格）の評価のほうが、はるかに価値があるからです。

所詮、他人である**「肉体」**の他人事である、単なる優劣の評価であり、他人である肉体事は、**「他人事」**である虚相世界であり、絵空事に過ぎないからです。

他人事の肉体をどんなに褒《ほ》められても称賛されても、自分事ではないので、いい気になって喜ぶことを、一瞬の馬鹿な**「ぬか喜び」**といいます。

わかりやすくいいますと、乗っている車の性能が良いか悪いかの話であって、乗っているドライバーの**「性質」**や**「資質」**（意識次元）とは、まったく関係のないことだからです。

他人である肉体の良し悪しを評価したところで、肉体の死と共に火葬場で焼かれて、骨となり灰になる宿命であり、自分である意識体にとっては、何の意味も意義も価値もないことだからです。

他人である肉体を、どんなに評価されても、称賛されても、認められても、賛美されても、自分である意識体には、一切、関係ありません。

故に、喜ぶ理由はどこにもないのであって、先祖にそのような人がいて、たまたま自分に遺伝情報が踏襲され顕現して、顕在化しているだけだと、謙虚に謙遜に生きていくべきだと、僕は思います。

なぜならば、このとんでもない思い込みと勘違いが、肉体に翻弄されて傲慢や不遜になって、意識退化する原因になっていくからです。

✦真実の評価は、意識体である人格（心）や霊格（魂）の愛の質的次元の高低でされるべき

他人である肉体は、先祖の賜物《たまもの》であって、自分の意識体には、一切、関係ないことですから、肉体の善し悪しで、悩む必要も、嘆き悲しむ必要もないと、僕は考えています。

それよりも、他人である肉体の虚相世界から、自分である意識体の実相世界に行くための準備

に勤《いそ》しむほうが、はるかに価値があると思います。

なぜならば、自分の意識体は、「自分の意識」が介在し反映しながら、自分自身の自助努力で善くも悪くも創造していくことができるからです。

肉体だけは、与えられたモノですから、自助努力では、どうにもしようがありません。

ですから、肉体は先祖のDNAの**「結実」**ですから、自分だと思い込んだり、勘違いしたりしないで、「自他分離境界線」を引いて、肉体と峻別《しゅんべつ》して関わることが、「嘘」と「偽り」と「間違い」のない人生になると、僕は理解しています。

なぜならば、「心魂一如の愛」に基づいて、自分自身である魂が、自分の心の生き方や、あり方を、称賛し、賛美し、評価して、尊敬している、という**「心魂一如の意識体」**による**「自己完結」**をするべきだからです。

しかし、肉体が自分だと思い込んでいる人たちは、肉体のことを他人から称賛されたり、賛美されたり、評価されたり、認められると、嬉しくてうれしくてたまらないと思います。

まさしく、無知なる愚か者の「ぬか喜び」そのものです。

人生の目的を理解して、価値観が確立している、「仕方ある理論」に基づいて、生きている人たちは、他人である肉体のことを、どんなに評価されても、認められても、少しも嬉しくありません。

なぜならば、他人である肉体の評価や価値観ですから、自分である意識体にとっては、どうでもよいことだからです。

他人である**「肉体の感情」**は、他人の絵空事に一喜一憂して、泡沫《うたかた》のごとく失われていきながら、肉体の死をもって完全に価値は消滅します。

その証拠に、脳細胞が破壊されて、認知症が重くなると、すべてが失われるからです。たまたま、先祖に頭の良い人がいて、勉強ができる人がいて、天才的な才能に恵まれた人がいて、芸術にたけた人がいて、また、飛脚などの足の速い人がいて、先祖たちのＤＮＡの一部の情報が、その人たちにたまたま**「体質」**として相続されて、現世に顕在化した結果に過ぎないからです。

あの人、この人、その人の**「真実の評価」**は、あの人、この人、その人の**「意識体」**である、**「人格（心）」**や**「霊格（魂）」**の**「愛の質的次元」**が、高いのか低いのかによって、評価されるべきです。

他人である肉体を、正確に評価するならば、あの人には、**「頭の良い先祖」**がいたのですね。この人には、**「勉強ができる先祖」**がいたのですね。その人には、**「天才的な先祖」**がいたのですね。

彼女には**「芸術にたけた先祖」**がいたのですね。彼には、飛脚のような**「足の速い先祖」**がいたのですね。

そのように優劣の評価をしてあげないと、必ず、優れていることが、自分のことだと大きな勘違いをして、**「優生意識」**に支配されて、傲慢や不遜な人になることはあっても、謙虚で謙遜な**「愛の人格者」**にはなり得なくなります。

ですから、頭が良い悪いで評価するのではなく、人格が善い悪いで評価することが、正しい評価だと、僕は理解しています。

独裁者といわれる人たちは、決して、知的レベルが低いわけではありません。

むしろ、知的レベルの高い人が、独裁者になる確率が高いという、歴史的な事実が証明しています。

家庭でも社会でも国でも、知的レベルの高い独裁者のような人が、どこにでもたくさんいます。

官僚や国会議員や会社役員などは、典型的な頭の良い独裁者そのものです。

ですから、他人である肉体の**「頭が良い」**という理論と、自分である意識体の**「心が善い」**という理論は、必ずしも一致しないということだと思います。

むしろ、フェイクワールドに於いては、頭が良い人ほど心が悪い**「真逆」（Paradox）**の関係にあるのではないかと、僕は理解しています。

このように、**「他人である肉体」**と、**「自分である意識体」**を、峻別して評価するのが**「正当な評価」**であり、本当の**「真実の価値」**だといえます。

なぜならば、「他人の意識」である「肉体の意識」の世界から、「自分の意識」である「意識体の意識」の世界に、唯一、行くための準備を、毎日しているからです。

そこにしか、人生に於いて、真の存在目的と意味と意義と存在価値がないからです。

他人である肉体を養い生かすために生きても、「無」から始まったものは、「無」に帰す宿命にあるからです。

「他人の他人である子宮」という環境を通過してから、**「他人である肉体」**の環境を通過して、最終的に**「自分である意識体」**の環境である意識界に行くことになるからです。

このように、子宮生活から意識界の生活に向かって、他人という呪縛から段階的に一つひとつ解放されていきます。

すなわち、子宮生活の終わりと同時に地球生活が始まり、地球生活の終わりと同時に意識界の生活が始まることになります。

✦「運命の主人」は、「他人である肉体」ではなく「自分である意識体」

他人である肉体は、最終的に物質世界である、自然界に回帰することになります。

故に、肉体は、38億年分の親なる先祖の遺伝情報を、現世の肉体にまで踏襲して集積した、まさに、すべての先祖を代表して、現世に事実として存在している**「生きている先祖」**そのものなのです。

故に、他人である肉体は、**「唯一、先祖を証明できる事実の実体」**なのです。

38億年分の潜在的な、先祖の遺伝情報である**「体質」**が、僅《わず》か数十年の人生を運行する**「肉体の運命」**そのものを、決定していることになります。

ですから、自助努力では**「他人である肉体の運命」**を、変えることは容易にできません。

しかし、**「自分である意識体の運命」**を変えることは、一人ひとりの「自由意志」と「自己決定」による、「自助努力」で可能にすることができます。

なぜかといいますと、**「運命の主人」**は、「他人である肉体」ではなく「自分である意識体」だからです。

すなわち、先祖といえる**「事実の存在」**は、現世の肉体であって、先祖は、**「お墓」**にはいません。**「仏壇」**の中にもいません。**「お位牌」**の中にもいません。まして、お寺や納骨堂にもいません。

先祖は、一人ひとりの肉体の中に**「肉体」**を決定する、**「体質」**である先祖の遺伝子の**「意識」**である「肉体の意識」と共に、事実として実存しています。

「供養」という字は、**「人を共に養生する」**と書きます。人とは、まさしく、先祖の遺伝情報の集積体である**「他人である肉体」**のことをいいます。

それはすなわち、私である意識体が、共同生活者として存在している、先祖の集積体である現世の肉体を、「養い生かす」ために、艱難辛苦《かんなんしんく》と難行苦行《なんぎょうくぎょう》をすることによって、嘘偽りのない**「真実まことの先祖供養」**ができることになっているからです。

すべての先祖の代表である、他人である肉体は、自分である意識体にとっては、極めて厄介で面倒くさい迷惑な隣人ですが、現世に於いては、共同生活者であることには間違いない存在です。

故に、肉体を養い生かしながら、丁寧に仲良くやっていき、大切に関わっていくことが、真実まことの先祖供養といえます。

ですから、宗教団体が、やっている**「念仏」**（**南無阿弥陀仏**《なむあみだぶつ》）や**「題目」**（**南無妙法蓮華経**《なむみょうほうれんげきょう》）などを唱えることでもなく、**「護摩木《ごまぎ》を焚《た》く」**先祖供養や、その他のさまざまな先祖供養といわれる法事や祭事、お布施や献金、布教や伝道、選挙運動などではありません。

すべてが宗教団体の収益のための、身勝手な都合のいい論理であり、エゴイズムの**「大嘘」**と**「詐欺」**と**「ペテン」**ということになります。

故に、先祖供養を唱えるお寺や宗教団体は、すべてが霊感商法と詐欺集団であり、人生泥棒の団体以外の、何ものでもないと、僕は理解しています。

これも、すべて**「無知が故に」**成せることだと思います。

あなたの意識体にとって、他人の他人である肉体の**イエス**も**釈迦**も**最澄**《さいちょう》、**空海**、**法然**《ほうねん》、**栄西**《えいさい》、**道元**、**日蓮**、**親鸞**《しんらん》なども、真実まことの親なのでしょうか?

絶対に違います。単なる他人の他人であり、他人以外の何者でもないと、僕は思います。これは紛れもない事実だと思っています。

先ほども言及しましたが、自分である意識体の存在は、宇宙意識場に於いて、唯一無二の存在であり、唯一無二のかけがえのない尊い存在であり、唯一無二の最も価値ある存在です。

絶対に、自分の意識体以上の価値ある唯一無二の存在は、宇宙意識場のどこにも存在していないからです。

ですから、自分自身を、自分が勝手に価値のない存在にしないことです。

真実まことの神なる存在は、他人である**「肉体の虚相世界の神」**といわれている、ユダヤ教のヤハウェの神でもなく、イスラム教のアラーの神でもなく、キリスト教のゴッドやエホバの神でもなく、ヒンドゥー教のヴィシュヌの神でも、シヴァの神でもないと、僕は理解しています。

もし、真実まことの神なる存在があるとするならば、自分である意識体の**「神」**は、唯一無二の親なる**「自分の心」**の意識であり、自分の心のみが、**「自分自身の魂」**を育て創造してくれる、オンリーワンの存在であり、真実まことの**「親なる創造主」**という存在なのです。

ですから、自分である**「心魂一如の意識体」**にとっては、自分の親なる心が、自分自身の子なる魂を、高次元に育て成熟させていく、唯一の存在であり、無二の全知全能の**「親なる創造主」**という存在に他ならないのです。

なぜならば、自分である意識体に対して、「自由法則」を保障するために、「不可侵不介入の原則」が担保されていますから、誰も責任を負ってくれないし、誰も責任を負えないからです。

私である意識体に神なる存在があるとしたならば、相対変換の法則に従って、常に、親なる心と子なる魂の関係が入れ替わって、成長し成熟していくメカニズム、そのモノが**「神なる存在」**といえます。

親の立場になった人格である心の意識が、子の立場になった霊格である魂の意識を、新たに進化的に創造し、**「心魂一如の意識体」**に内在する、親なる心の立場が、唯一の「創造主」であり、**「真実の神」**の立場になれる存在だからです。

他人の他人が作った神を信じるのは勝手ですが、自分である意識体を、育て成熟させることができるのは、自分である心の**「意識」**しか存在しません。

なぜならば、**「真の親子関係」**に基づく、**「心魂一如の愛」**によって、自分である意識体が、永遠かつ無限に成長し成熟していくことが可能だからです。

「心魂一如の愛」の意識体には、自分という**「意識」**の**「全知全能の神」**は存在しますが、「心魂分断の恩讐」の意識体には、他人という**「意識」**の**「無責任な魔」**が存在します。

他人である肉体癖による、感情移入によって、「心魂分断の恩讐」の壁が、厚くなればなるほど、「無責任な魔」が、自分の意識体の中に作られていくことになります。

自分である意識体の**「実相世界」**と、他人である肉体の**「虚相世界」**は、真逆の存在だからです。

ですから、肉体の延長線上にある神なる存在は、無知なる人間の**「嘘学《うそがく》」**が作り出した、嘘の**「虚相の神」**であるが故に、一切、責任を負ってくれませんから、信じる必要もありませんし、依存する必要もないと、僕は思います。

✦真の先祖供養とは38億年分の親なる先祖に対して「肉体を養生」していくこと

仏教系の**「他力本願」**による**「仕方ない理論」**に従って、**「南無阿弥陀仏」**や**「南無妙法蓮華経」**などの、念仏や題目に依存して、宗教従属することによって**「宗教奴隷」**になっていきます。

家族が、宗教奴隷になることで救済されたり、自分である意識体が成長し成熟したりすることは、絶対にないと、僕は理解しています。

そんなことで救済や意識進化ができるのであれば、他人である肉体を養い生かすための、「真の先祖供養」や「贖罪《しょくざい》」としての**「仕事」**という艱難辛苦《かんなんしんく》や難行苦行《なんぎょうくぎょう》といった、苦労や苦悩や苦悶は、人生に於いて、まったく必要ないことになってしまいます。

念仏や題目では、ご先祖様の集積体である、他人である肉体を養い生かすことは、絶対にできないからです。

先祖である肉体を養い生かすものは、空気と食べ物以外にないからです。

しかし、**「自力本願」**である**「仕方ある理論」**は、肉体の**「艱難辛苦」**や**「難行苦行」**を感謝と喜びで受け入れていくように、自助努力していくことを心がけています。

故に、「自己慈愛、自己肯定、自己受容、自己確信、自己創造、自己進化」へと方向づけていくことに、自助努力を傾注していきます。

「真の親子関係」に基づいて、人生に於いて、**「心魂一如の愛」**に従って、最終的に**「自己責任」**による**「自己完結」**へと仕組まれているからです。

肉体が自分だと思い込んでいる**「嘘の親子関係」**が、あたかも**「真実の親子関係」**であると勘違いしていることが、すべての「嘘」と「偽り」と「間違い」の始まりです。

この、**「恩讐の関係」**が、**「歴史的な悲劇」**を、連綿と繰り返してきている、元凶になっていると、僕は思います。

他人である肉体の「嘘の親子関係」に従った、**「嘘の先祖供養」**は、嘘と偽りと間違い以外の何ものでもないと、僕は思います。

まさしく、宗教団体は、嘘の先祖供養という**「霊感商法」**と、宗教依存による宗教従属という**「人生泥棒」**を、公然と行っている、最も質の悪い**「詐欺集団」**または**「ペテン師集団」**以外の何ものでもないと、僕は理解しています。

決して、宗教という美化された**「詐欺」**に騙《だま》されないことが、人生の自己責任に於いて、**「自己背信」**と**「心魂分断の恩讐」**を、作らないために、最も重要かつ肝要なことになると思います。

ですから、現世に於いて、他人である肉体を養い生かすことは、肉体のDNAに相続された38億年分の先祖の進化の思いを、共に、共有し共感しながら、感謝と喜びで養生することだと、僕は思います。

「真の先祖供養」は、先祖の代表である肉体を、いたわり感謝しながら、38億年分の親なる先祖に対して、思いを尽くし、心を尽くして、大切に**「肉体を養生」**していくことではないかと、僕は理解しています。

そのような**「生活心情」**が、38億年分の歴史的な親なる先祖に対する、**「真実まことの先祖供養」**と、僕は理解しています。

宗教団体がやっている先祖供養は、すべてが詐欺行為と霊感商法そのものだと、僕は思います。ですから、絶対に騙されないことが肝要かとも思います。

そもそも、**「宗教」**なるものが存在していること自体が、「詐欺」と「ペテン」であり、**「カルマ」**と**「カオス」**の元凶であると、僕は理解しています。

僕が言っていることは、**「事実のみを保障」**していて、嘘はどこにもないと思っています。

すなわち、他人である肉体の存在目的は、肉体側から見た場合と、意識体側から見た場合とでは、役割が真逆に方向づけられていると、僕は理解しているからです。

他人である肉体側から、肉体の存在目的を検証すると、自分である意識体を、不自由にしてことです。

「艱難辛苦」と**「難行苦行」**という、罪の償《つぐな》いと贖《あがな》いのための、苦難と苦痛と苦悩に方向づける

なぜならば、肉体の存在は、自分である意識体が、贖《しょく》罪《ざい》と罪の償いのために、牢獄星で着た囚人服であり奴隷服であり、「艱難辛苦」と「難行苦行」という、苦難と苦痛と苦悩がなければ、牢獄星での罪の償いと贖いにならないからです。

自分である意識体側から検証すると、38億年分の親なる先祖を代表した、他人である**「肉体を養生」**することによって、奴隷服であり、囚人服である肉体を愛して**「肉体の桎梏《しっこく》」**から、永遠に、解放されることを、目指すことではないかと、僕は理解しています。

あくまでも、肉体の病気や怪我《けが》などの苦痛は、意識進化のための艱難辛苦と難行苦行という試練であり、同時に**「善くも悪くも」**38億年分の先祖からの恩讐《おんしゅう》の解放であると、理解し感謝していくことだと、僕は思います。

そして、肉体の養生を心がけて、肉体の死を境界線にして、他人である肉体の桎梏から、自分である意識体の永遠の解放を、楽しみに心待ちにしながら、今を、嬉しい、楽しい、幸せに生きることに、自助努力を傾注していくことだと思います。

✦「死を楽しみに送る人生」と「死に不安と恐怖を抱えて生きる人生」

死ぬことを楽しみにしながら送る人生と、死ぬことに不安と恐怖を抱えながら生きる人生とでは、人生を送る過程に於いて、天国と地獄ほどの差があります。

本来、私たちは、人生の終わりである肉体の死の瞬間を、毎日、楽しみにしながら生きるべきであって、死ぬことに対する不安や恐怖に怯《おび》えて生きるべきではないと、僕は思います。

他人である肉体の**「不自由と苦悩と悲しみ」**の世界から、自分である意識体の**「自由と愛と喜び」**の世界に行くための準備を、毎日しているわけですから!!

ですから、それに見合った**「愛の理想の人格者」**になるように、毎日、自助努力していくことだと、僕は思います。

故に、「自分である意識体」と「他人である肉体」は、真逆の目的と価値観である**「別者」**ですから、厳しく**「峻別《しゅんべつ》」**しなくてはいけないと思います。

歴史上、肉体が他人であると、ハッキリと論理的に峻別した人は、誰も存在していないと思います。

なぜならば、そんな人がいたら、こんな悲惨な世界が、未だに続いているはずがないからです。

自分である意識体と、他人である肉体の仕分けが、極めて曖昧なままにされてきたことが、さまざまな問題ばかりを、歴史の中に提起して、複雑化させてきた元凶であると、僕は考えています。

イエス・キリストも間違いなく、肉体は自分であると理解し認識していました。

本当の自分である意識体の存在を、真実として事実として、理解も認識も確信もしていなかったことになります。

その証拠に、弟子たちに向かって、パンをちぎりながら、**「これは私の肉である!!」**と、葡萄《ぶどう》酒《しゅ》を注ぎながら、**「これは私の血である!!」**と、聖書の中で同じ内容に何度も言及しています。

すなわち、肉体も血液も私という存在であると理解し解釈していたことになります。

イエスは、「これは他人の肉である!!」「これは他人の血である!!」とは言及していません。

決定的な証拠として、十字架上でイエスは、**「外在の神」**に向かって、「エロイ、エロイ、ラマ、サバクダニ」（神よ、神よ、どうして私を見捨てたのか）と、**「肉体の感情」**に支配されて、はっきりと言及しています。

もし、イエスが、肉体は恩讐《おんしゅう》の他人であると理解していたならば、恩讐である肉体の桎梏《しっこく》から解放されて、自分である意識体が、最高の自由と喜びを迎える瞬間になっていたはずです。

ですから、最後の晩餐で弟子たちに、このように言及したはずです。

「弟子たちよ！　喜んでくれ！　私は十字架にかかることを決意した。この不自由な恩讐である肉体の『桎梏』（足かせ、手かせ）から、いよいよ私の意識体が解放されて、晴れて、**『自由な愛と喜びの世界』**に行くことができる」

「だから、決して、別れを惜しみ悲しまないでくれ!!」と、肉体から死別の時を迎えたことを、自分の心の「意識」が、自分自身の魂の「意識」に対して、「心魂一如の愛」に基づいて「心魂一如の意識体」で祝福したはずです。

なぜならば、**「肉体の感情」**の世界から、**「意識体の心情」**の世界に行くための準備を、唯一、しているからです。

もし、他人である肉体が動かなくなる現象が、神から見捨てられることでしたら、地球物質界に生息する、すべての生物は、平等に体が**「動けない病《びょう》」**に罹《かか》って、死別の瞬間を迎える運命ですから、最終的に地球内生物は、すべてが神から見捨てられる宿命にあることになってしまいます。

キリスト教が、イエスの言葉を**「事実として保障」**するならば、最終的に人類は神から見捨てられる宿命にあり、キリスト教の存在目的と意味と意義と存在価値は、神から見捨てられることになってしまいます。

キリスト教が、イエスの言葉を忠実に保障するならば、神から見捨てられる宿命の生命体に、一体、人生のどこに真実の存在目的と意味と意義と存在価値があるのか、嘘偽りなく正確に誰にでも理解できるように、証明してほしいものです。

そもそも、イエスは神という存在を、**「外在の神」**としたところに、すでに誤りがあります。

そのことこそが、肉体は自分だと思い込んで勘違いしていた、事実と真実の証明であり、何よりの証拠にもなります。

自分である意識体の**「内在の神」**は、唯一、意識体に存在する**「我が心の意識の神」**でなくてはならないと、僕は理解しています。

肉体が自分だと勘違いしている人たちの**「神観《かみかん》」**と、意識体が自分だと理解している人たちの「神観」は、まったく真逆と言っても過言ではないと、僕は思います。

それは、**「神依存」**による**「不自由」**なのか、**「神自立」**による**「自由」**なのかの違いだと、僕は思います。

なぜならば、**「神依存」**すれば、必然的に**「神従属」**していかなければいけない、不自由な**「信仰者」**になってしまうからです。

「自分の意識」が、**「神自立」**を確立して、何ものにも依存しない**「自立と自由の法則」**に従って、**「自由意志」**と**「自己決定」**と**「自己責任」**に基づいて生きていくことだと、僕は理解しています。

✦宗教団体の教祖の死は、意識体の解放記念日として信者は祝福するべき

そもそも、他人である肉体の**「死という現象」**は、何を意味し何を示唆しているのでしょうか？

ここで理解しておかなければいけないことは、**「他人である肉体」**からみた**「死生観」**と、**「自分である意識体」**からみた**「死生観」**が、まったく真逆に方向づけられて示唆されているということです。

すなわち、**「真の親子関係」**と**「嘘の親子関係」**と、同じように、**「真の死生観」**と**「嘘の死生観」**を、理解し認識することが、人生に於いて重要なことになると思います。

肉体が自分だと**「勘違い」**している人たちの死生観では、**「死」**は、まさしく、肉体が動かなくなる現象ですから、完全に**「不自由」**な状態を迎えることになります。

ですから、究極の**「苦痛」**と、最高の**「悲しみ」**の瞬間を迎えることになります。

故に、死の瞬間を喜ぶ人は、一人もいません。すべての人が、死は、最も不自由で悲しい苦悩

と苦悶《くもん》の瞬間だと、イエスでさえそのように思って認識していました。

そもそも、**「肉体の死」**のメカニズムは、**「他人の意識」**である**「肉体の意識」**が、肉体の死と共に**「消滅」**していくことです。

真逆に、**「自分の意識」**である**「意識体の意識」**が、肉体の死と共に**「意識界」**に於いて、**「顕在化」**していくことです。

故に、私たちは、「他人の意識」である「肉体の意識」の虚相世界から、「自分の意識」である「意識体の意識」の実相世界に、唯一、行くための準備をしていることになります。

肉体が自分だと思い込んで勘違いしていた、イエスの**「十字架の贖罪論《しょくざいろん》」**が、いかに**「嘘」**であり**「偽り」**であり**「間違い」**であったかを、これから**「事実」**をもって証明します。

事実はこうです。イエスは、最後に、**「外在の神」**に向かって、「主よ、彼らを赦《ゆる》したまえ、彼らは、一体、何をしようとしているのかわからないのです」と言及しています。

もし、人生の結論である、肉体の死が、最も悲しい悲劇の瞬間で終わるのであれば、そもそも、この世に生まれてくる目的と価値は、一体、どこにあるのでしょうか？

なぜならば、この世の肉体の死は、自分である意識体が、他人である肉体の桎梏《しっこく》である、牢獄世界の**「囚人服」**であり**「奴隷服」**を脱いで、最高に自由と喜びを迎える、感謝するべき瞬間だからです。

故に、彼らは、イエスの「囚人服」であり「奴隷服」を脱がせてくれるわけですから、むしろ**「意識体の心情」**によって、死を歓迎しなければいけないはずです。

他人である肉体の死は、あくまでも他人の死であって、自分である意識体には、一切、関係のないことだからです。

そもそも、**「彼らを赦したまえ」**という言葉は、同じ囚人服を着ているイエスが、何を根拠として、何の権威と権能と権限によって言っているのかが、僕には、はなはだ疑問であり、違和感と不信感を禁じ得ません。

なぜならば、イエスの「彼らを赦したまえ」という言葉は、同じ奴隷服を着た平等の囚人の立場でありながら、単なる被害者意識と自己正当性による、自己保身と責任転嫁以外の何ものでもないからです。

すなわち、自分は「善人」であり、彼らは「悪人」であると、自分で独善的に**「差別化」**を図ったことになります。

自分は被害者の立場であり、彼らは加害者の立場である、という「被害者意識」による「責任転嫁」と「敵対意識」によって、宗教に於ける独善的な**「善」**と**「悪」**の**「闘争論」**に発展し暴走していく**「諸悪の根源」**になっています。

彼らは加害者の立場である、という敵対意識と被害者意識による「対立意識」が、宗教の独善的な**「善悪論」**による**「闘争意識の根源」**になっています。

そもそも、人類は、すべてが牢獄星に収監されているわけですから、全員が加害者であって被害者はどこにもいません。

肉体が自分だと思い込んで勘違いしている、同じ牢獄星の「欲望」だらけの囚人が、何の権限と権能によって、囚人たちを救済できるのかが、僕は疑問でなりません。

まさしく、**「外在の恩讐《おんしゅう》を愛することによって、自らに内在する恩讐が解放される!!」**という**「自己贖罪《じこしょくざい》」**の方程式を**「自己完結」**できるからです。

なぜならば、「自己犯罪」による「自己恩讐」の「救済」は、一人ひとりの、自由意志に基づく、「自己贖罪」という「自己責任原則」に、すべて委ねられているからです。

この独善的な意識が、特別な人を作り出して、ありとあらゆる差別と格差を、**「宗教的」**に作り出す元凶だと、僕は理解しています。

なぜならば、一人ひとりの救いの権利と権限はすべて、一人ひとりの**「自由意志」**と**「自助努力」**と**「自己責任の原則」**に委ねられているからです。

誰かに救いの権限を**「依存」**したら、**「従属」**しなければいけなくなり、**「不自由」**と**「不可能」**に方向づけられていくからです。

故に、一人ひとりの**「自由法則」**を保障するために、**「不可侵不介入の原則」**が担保されていますから、誰も意識体の救いには、関与できないようになっていると、僕は理解しています。

イエスの十字架上の言葉は、僕には偉そうに聞こえるし、被害者意識による誤った正義感と自己保身による責任転嫁であって、傲慢と不遜な自己正当性の言葉に感じられてなりません。

イエスが、肉体は恩讐の他人であるという、**「事実」**を知っていたならば、イエスが死を迎える時、**「内在の神」**に向かって、「我が内なる創造主よ、『**彼らに感謝します**』。彼らは、私の意識体を囚人服である肉体の桎梏から解放してくれて、私を晴れて自由にしてくれます。ありがとうございます」と言ったはずです。

故に、イエスは奴隷服であり囚人服である肉体との**「決別」**と**「解放」**の時を、**「意識体の心情」**によって、**「ありのままを無条件で全面的に感謝と喜びで受容した」**ことでしょう。

このように、イエスが、肉体は**「他人の意識」**であって**「肉体の意識」**であることを、理解していたならば、十字架上のイエスの言動は、真逆になっていたはずです。

もし、イエスが言動を間違わなかったら、すでに人類はすべて救済されていたはずです。

なぜならば、他人事は、どこまで行っても他人事であり、自分である意識体にとっては、絵空事に過ぎないからです。

故に、「嘘」と「偽り」と「間違い」だらけの、イエスの**「十字架の贖罪論」**を信じても、誰も救われることは、絶対にありません。

なぜならば、「救われるべき者は我に有り、救うべき者も我に在り」だからです。

故に、自分自身の霊格である**「魂」**を救済できるのは、唯一、自分の人格である**「心」**以外に存在していないからです。

肉体が自分だと思い込んでいる人の「死生観」は、死ぬことは不幸で**「悪いこと」**として、毎日を不安と恐怖で**「仕方ない理論」**に従って、肉体を養い生かすために、必死に仕方なく生きています。

老若男女すべての人が、生きたいのに「仕方なく」死んでいきます。

意識体が自分だと理解している人の「死生観」は、死ぬことは**「善いこと」**として、感謝と喜びで**「仕方ある理論」**に基づいて、毎日を、嬉しい、楽しい、幸せで、積極的に生きる笑い多きものになっています。

「仕方ない理論」の人生と、「仕方ある理論」の人生とでは、「死生観」と「人生観」が天と地ほどの雲泥《うんでい》の差があります。

最高の自由と喜びが、人生の終わりに待っていると思ったら、その準備が毎日、楽しくて嬉しくて幸せで仕方ないと思います。

私たちは、一か月後の旅行の準備でさえ、そのための一か月間は、嬉しく楽しく準備しながら、毎日を過ごすことができるのと同じことだと思います。

しかし、毎日が、「仕方ない理論」に従って、不平や不満の**「肉体の感情」**で過ごして、死ぬ瞬間だけ感謝と喜びの**「意識体の心情」**になることは、あり得ないと思います。

毎日の、嬉しさ、楽しさ、幸せ、感謝と喜びの積み重ねと、自己反省と悔い改めという懺悔《ざんげ》と贖罪の生き方が、重要なことだと、僕は思います。

最高の不自由と悲しみが、人生の終わりに待っていると思ったら、毎日が艱難辛苦《かんなんしんく》と難行苦行《なんぎょうくぎょう》という「仕方ない理論」の、苦痛と苦悩の悲しい人生になってしまいます。

他人である「肉体の意識」に支配された人生ですから、すべてが**「仕方ない理論」**に従って、自分である意識体に対して、無責任な生き方しかしていない!!　というのが「紛れもない真実」だと、僕は思います。

運命の主役であり、人生の主人は、自分である意識体です。これだけは間違っていないと思います。

ですから、すべてが**「仕方ある理論」**で、常に、自分である意識体に対して、自己責任を負っていくような、生き方をするべきだと思います。

その証拠に、肉体が自分だと思い込んでいた、イエスの弟子たちも、釈迦の弟子たちも、師匠の肉体の死を嘆き悲しみました。

嘆き悲しむこと自体が、他人である肉体と、自分である意識体との、目的と価値観の峻別を、弟子たちに教授してこなかった、何よりの証拠であり証明にもなります。

例えば、釈迦の教えである、四苦八苦《しくはっく》の四苦である「生《しょう》・老《ろう》・病《びょう》・死《し》」も、**「肉体の感情」**に支配された**「肉体事」**であり、**「他人事」**です。

八苦である、「愛別離苦《あいべつりく》」、「求不得苦《ぐふとくく》」、「怨憎会苦《おんぞうえく》」、「五陰盛苦《ごおんじょうく》」も、他人である**「肉体の感情」**の**「世俗的」**な悲哀と怨讐の他人事の世界観です。

釈迦の教えである「四苦八苦」は、「他人の意識」である「肉体の意識」が作り出す「肉体の感情」であって、単なる肉体の**「欲望」**による**「煩悩」**に過ぎないからです。

故に、「肉体の感情」は、**「他人の感情」**であって、**「自分の心情」**ではないからです。

「自分の心情」が、悲しみや苦悩を願っていることでも、求めていることでもないからです。

宗教団体の教祖が死ねば、信者たちは嘆き悲しみます。他人である肉体の**「嘘の死生観」**と、自分である意識体の**「真実の死生観」**が、何も理解されていない**「無知蒙昧《むちもうまい》」**な団体だからです。

これが嘘偽りのない、宗教という虚相世界の現実であり実態です。

本来は、宗教団体の教祖が死んだら、意識体の解放記念日として、信者は最高に喜び祝福するべきです。

✦一人ひとりの「死生観」が、その人の「人生観」を決定する

基本的に、人生に於いて最低限、誰でも知っていなければいけない、重要な**「三大要素」**があります。一つは、人生の**「存在目的と意味と意義と存在価値」**を理解し認識することです。二つめは、**「肉体は他人」**であるということを、徹頭徹尾、理解して意識脳で悟り納得していくことです。三つめは、肉体の死は、**「感謝と喜び」**であって、決して、**「不安と恐怖」**で迎えるものではない!!　ということです。

意識体が自分だと理解し認識している人の死生観は、肉体の**「死」**は、まさしく、自分である意識体が、他人である肉体の**「桎梏《しっこく》」**（足かせ・手かせ）から解放されて、完全に**「自由」**になる瞬間であり、同時に、究極の**「平安」**と**「安寧」**と、最高の**「感謝」**と**「喜び」**に満たされる瞬間であると理解しています。

ですから、「仕方ある理論」に基づいて、生きている人たちは、この世の**「死」**を、最高の自由と喜びを迎える瞬間であると、**「意識体の心情」**によって、理解し認識して確信しています。

ですから、肉体の死に対する**「不安」**や**「恐怖」**を持ち込むことなく、毎日を感謝と喜びで生きる、自助努力を決して惜しまないようにしています。

むしろ、その瞬間を楽しみにしながら、肉体の死という宿命の時を、今か今かと心待ちにして、

今を楽しく自分である意識体の運命と共に生きています。

なぜならば、肉体の死ぬ瞬間の**「意識体の情動」**によって、行くべき意識界の**「次元」**と**「位置」**と**「場所」**が、決まることを知っているからです。

肉体が死ぬ時だけ、平安と安寧と感謝と喜びに満たされることは、絶対にありません。毎日、毎日の積み重ねがなければ、絶対に不可能なことです。

必然的に、自分である意識体が、他人である肉体と別れなければならない、**「死別」**という宿命の時が、訪れることになります。

「仕方ない理論」に従って、「仕方なく」生きている人たちは、「仕方なく」死の瞬間を迎えることに、「仕方なく」観念して納得しています。

「仕方ある理論」に基づいて、生きている人たちは、死ぬ瞬間を待ちわびながら、宿命に従って、今を感謝と喜びで「仕方ある」人生として生きています。

例えば、何か楽しいことや、喜びになることが、未来に待っていると、それだけで、その時まで頑張って、今を楽しみと喜びと感謝で生きることができます。

一週間後に、楽しみにしている旅行があるだけで、旅行の準備をするだけでも、喜びで一週間を頑張って過ごすことができます。

一か月後に、最高の喜びの時が訪れると思ったら、そのために、一か月間は感謝と喜びで過ごすことができます。

この世の終焉《しゅうえん》である死ぬ時が、自分である意識体が、他人である肉体の桎梏から解放されて、最高の自由と愛と喜びを迎える瞬間であると、完全に理解し納得している人は、一生涯にわたって、一日一日を感謝と喜びで、意識進化のために生きることができます。

しかし、肉体が自分であると勘違いして、「嘘」と「偽り」と「間違い」で生きている人は、死が最大の不自由と悲しみの瞬間だと理解し認識しています。

ですから、一生涯にわたって死の不安と恐怖に怯《おび》えながら、人生を過ごさなければいけなくなります。

故に、他人である肉体を養い生かすために、一生涯、**「仕方ない理論」**に従って、奴隷のごとく肉体に仕えて、仕方なく死んでいくことになります。

「仕方ある理論」に基づいて、生きている人たちは、死に対して真摯《しんし》に向き合って、決して、目をそらすような生き方はしないと、僕は確信しています。

この世の死が、最高の自由と感謝と喜びの瞬間であると理解し認識して、そのような自己確信がある人は、死ぬことに不安や恐怖を持ち込まなくて済むからです。

ですから、毎日、平安と安寧で過ごすことが可能になると、僕は思います。

このように、**「嘘の死生観」**と、**「真の死生観」**によって、死の瞬間を、**「不自由と悲しみ」**の瞬間なのか、真逆に**「自由と喜び」**の瞬間なのか、という**「逆ベクトルの瞬間」**として迎えることになります。

ただし、自由になったからといって、**「劣悪」**かつ**「醜悪」**な**「邪悪の意識界」**に行って自由になっても、むしろ、自分としては歓迎できませんし、絶対に行きたくないと思います。

自由になったならば、当然、**「愛と喜びを謳歌《おうか》する意識界」**に行きたいものです。

肉体が、自分だと思い込んで、勘違いしている人たちの「死生観」と、意識体が、自分であると理解し確信している人たちの「死生観」は、**「真逆」（Paradox）**の価値観へと「人生観」が、方向づけられています。

肉体が、自分だと思い込んで、勘違いしている人たちの**「人生観」**は、「死」は、不安と恐怖であり、苦痛と苦悩と苦悶《くもん》の終焉を迎えると思っています。

意識体が、自分であると理解し納得している人たちの**「人生観」**は、「死」は、感謝と喜びであり、平安と安寧の終末を迎えると確信しています。

結論です。一人ひとりの**「死生観」**が、その人の**「人生観」**そのものを、すべて決定することになるからです。

✦LGBTQの人たちは、自分である意識体に対して正直に素直に生きていこうとしている

先ほども言及しましたが、三大聖人といわれている**イエス**も**釈迦**も**孔子**も**宗教開祖**なども「肉体は自分であると思い込んで勘違いしていました」。

当然、ソクラテス、プラトン、アリストテレス、ジョン・ロック、デカルト、カント、ルソーなどの**「哲学者」**たちも「肉体は自分であると勘違いしていました」。

フロイト、ユング、アドラーなどの**「心理学者」**たちも「肉体は自分であると勘違いしていました」。

そもそも、地球物質界という範疇《はんちゅう》で、他人である肉体の、見るもの聞くものなどの、**「感覚」**による**「肉体の感情」**によって、**「意識」**が発動している**「世界観」**だからです。

少なからずとも、宇宙意識界に意識が方向づけられていたとは、とても思えません。

当然、**「科学者」**も、**「医学者」**も**「生物学者」**なども、すべての人たちが、今もなお、「肉体は自分であると思い込んで勘違い」しています。

その証拠に、肉体が自分だと思い込んでいる「嘘の親子関係」に基づいて、「物質的な肉体の虚相世界」の下で、「地球の地球による地球のため」の**「嘘学《うそがく》」**に従って、フェイクワールドである**「虚相世界」**に従属して、人格形成の歴史をそのまま歩んで来ています。

すなわち、彼らは、「真の親子関係」に基づいて、**「心魂一如の愛」**による、**「実相世界」**に於いて、**「真学《まことがく》」**に基づいて、**「心魂一如の意識体」**を創造してきたわけではないと、僕は理解しています。

科学者は、物質的かつ物理的な**「虚相世界」**の**「嘘学」**の経験に従って、すべての人格形成史を歩んできています。

なぜなのかは、「COSMOSの法則」によって、すべて証明されますから、楽しみにしていてください。

ですからその人たちは、すべての**「理論体系」**に於いて、物質的かつ科学的な証拠（エビデンス）に従って、「嘘学」の理論式を構築しようと試みてきました。

所詮、すべてが、他人である**「肉体事」**に基づく、**「他人事」**の**「嘘」**の理論と理屈に過ぎないからだと、僕は思います。

なぜならば、肉体は、**「性欲」**と**「食欲」**という**「欲望」**によって、作られた奇怪な**「エロス」**の創造物だからです。

ですから、**「肉体の意識」**の中心に存在している意識は、**「欲望の意識」**そのものだからです。

すなわち、肉体が自分だと思い込んで勘違いしている人たちの「意識の中心」には、常に「欲望の意識」がついて回っていることになります。

故に、どんなに偉そうなことを、学者たちが言ったとしても、その人たちの意識には少なからず、なんらかの「欲望の意識」が内在していることになります。

これが、すべての**「嘘」**と**「偽り」**と**「間違い」**だらけの歴史を、連綿と築いてきた、紛れもない事実であり真実だと思います。

私たちは、さらなる進化をしたければ、絶対に、この事実から目を背けるべきではないと、僕は思っています。

歴史上、肉体は他人であると、理論的かつ論理的に**「厳格」**に**「峻別《しゅんべつ》」**した人は、誰もいなかったと、僕は思います。

肉体は**「魂の乗り物」**などと、極めて曖昧で不確かなことを、まことしやかに、**「宗教」**などが語っています。

そして、**「自分である意識体の真実の世界」**と**「他人である肉体の嘘の世界」**が、宗教によって、正しく理解もされず認識もされずに、極めて曖昧にされてきました。

その結果、「嘘」と「真実」が、厳しく峻別されてこなかったことが、**「不幸」**の**「歴史」**を、連綿と築いてきたのです。

なぜならば、肉体が魂の乗り物というのであれば、肉体という車は、意識体であるドライバーの意志に忠実に従って、やりたいことが自由に簡単に可能になって、ほしいものがすぐに手に入って、行きたいところにすぐに、どこにでも連れていかなくてはいけないと、僕は理解しています。

しかし、真実はまったく違っていて、自分である**「意識体の心情」**と、他人である**「肉体の感情」**は、常に、**「自由」**と**「不自由」**、**「可能」**と**「不可能」**という**「逆ベクトルの葛藤」**に方向づけられています。

「肉体が他人」という事実を証明することは簡単にできますが、**「肉体が自分」**という事実の証明は、誰にもできないと、僕は確信しています。

なぜならば、あまりにも**「嘘」**と**「矛盾」**と**「偽り」**ばかりが、次から次へとありすぎて、事実を証明し尽くすことができないからです。

先述しましたように、それが証拠に、LGBTQの人たちや、SOGIの概念に対して信念や確信を持っている人たちは、**「自分である意識体」**に従って、**「性的思考」**（性的指向）や**「性的認知」**（性自認）をしています。

決して、他人である肉体に、自分である意識体を合わせて生きようとはしていないと、僕は思います。

性転換手術も自分である**「意識体の性」**に合わせて、他人である**「肉体の性転換」**を行います。

そのような人たちこそが、自分である意識体に対して、正直に素直に生きていこうとしている人たちです。

決して、他人である肉体に合わせて、「嘘」と「偽り」と「間違い」で生きようとはしていないと思います。

絶対に、そのような人たちを軽蔑したり、差別や偏見で見たりすることは、するべき行為ではないと思います。

そのような行為は、あまりにも**「無知が故」**の蛮行であり暴力に他なりません。

まして、**「SOGIハラスメント」**などは、決して、あってはならない、劣悪な差別行為の何ものでもないと思います。

とくに、「優生思想」や「独善的な宗教」に偏っている人たちの価値観は、差別や偏見を持ちやすい醜悪な**「心癖」**になっています。

所詮、肉体は他人ですから、LGBTQの人たちやSOGIに信念を持っている人たちは、人の評価など気にすることなく、自分である意識体に従って、正々堂々と正直に生きていくべきだと思います。

そして、社会はそれを無条件で全面的に愛をもって受け入れるべきです。

なぜならば、それが一人ひとりの真実の世界だからです。

ただし、人生の**「存在目的と意味と意義と存在価値」**が保障されていなければ、どうでもよいことになってしまいます。

ですから、誰にでも平等に訪れる肉体の**「死」**に対して、一人ひとりの**「恐怖感」**や**「不安感」**が、それぞれの**「意識次元」**に従って、まったく異なった意識次元の意識で存在しています。

逆説的に検証すると、**「病気」**や**「死」**に対する不安と恐怖が、異常にある**「批判的な人」**は、「私は、他人である肉体に執着した、**邪悪な意識体**です!!」ということを、自らが表明し証明しているようなものです。

✦「意識体」(心や魂)を高い次元に育てて、高い次元の意識界へ

次元の高い意識体とは、**「心魂一如の愛」**に基づいて、自らが**「愉快な心情」**(感謝、喜び、満足、許し、寛容、平安、安寧、称賛、尊敬、謙虚、謙遜、賛美、安らぎ、安心……)などの、**「感謝」**と**「喜び」**の意識体の情動になりやすい**「性格」**または**「性質」**である**「慈悲」**と**「慈愛」**の**「意識体」**です。

「慈悲と慈愛の意識体」とは、基本的に**「愛したい」**という、合理的な心魂一如の**「愛」**のことをいいます。

これが現世で肉体を失った時に、自分が行く**「意識世界」**の意識次元と環境と状況になります。

故に、肉体の桎梏《しっこく》から解放されて自由になっても、**「劣悪」**かつ**「醜悪」**な**「意識界」**に行く自由では、何の意味も意義もありません。まして、何の価値もないと思います。

どうせ自由になるのであれば、**「慈悲」**と**「慈愛」**に満ちた**「意識界」**で、自由と愛と喜びを

謳歌《おうか》したいものです。

ですから、私たちは、**「意識体」（心や魂）**を、**「心魂一如の愛」**で高い次元に育てて、成熟させて高い次元の意識界に行けるように、真剣に生きることだと思います。

もし、あなたが肉体感覚によって、不快な感情に陥った時は、透明人間瞑想法を思い出して、自分と自分自身が向き合うことを実践してみてください。

自分の心の「意識」が、自分自身の魂の「意識」に向き合って、**「心魂一如の意識」**になっていくと、不思議と人のことやさまざまなことが、どうでもよくなって、自然と平常心に立ち返ることができます。

生きるには生きるなりの目的があって、それなりの意味と意義が存在していて、そのための価値が創造されていくようになっているからです。

「人間の最も愚かなこと」は、人生に於ける**「存在目的と意味と意義と存在価値」**を見出していないことだと思います。

✦他人である肉体を養生するために生きるのではなく、自分である意識体を養生するために生きてこそ価値がある

人類は未だに肉体の**「死」**のことすらも、明確に解明しておらず、**「死の定義」**すら、極めて曖昧で不正確な理論ばかりです。
他人である肉体の「死」は、誰でも理解し認識していることだと思います。

そもそも、自分である意識体に「死」なるものがあるのか、僕は、いささか疑問でなりませんでした。

そんな素朴な疑問に答えていきたいと思います。

肉体が自分だと勘違いしている限り、**「嘘の死生学」**や**「生命学」**では、「死」を解明できないのは、仕方ないといえば、仕方ないことだと思います。

真の死生観については、『**ZEROの法則**』の第8章**「ZEROの法則に基づく生命原理」**で詳しく言及しています。

人類の歴史に於いて、肉体の**「死」**について、明確に言及した人物は、一人もいないと思います。

まして、**「肉体が自分だと勘違い」**している「死生観」に、もはや、大きな**「嘘」**と**「偽り」**と**「間違い」**があることすら理解していません。

ですから、**「地球癖」**、**「人間癖」**、**「肉体癖」**、**「欲望癖」**、**「囚人癖」**、**「奴隷癖」**で、一生涯が終始していきます。

それはすなわち、他人である肉体を養い生かすために、半径1メートル以内の目先の現世生活に追われて「仕方なく」生きているからです。

まだ、意識体の「自分の意識」は、眠っていたいのに、肉体の「他人の意識」に支配されて、「仕方なく」朝起きて顔を洗い、歯を磨き、お化粧をして「仕方なく」労働活力を得るために朝食をとります。

その後、「仕方なく」満員電車に揺られて通学や出勤をして、「仕方なく」学校の校則に従属し、会社の理念に従属して、数時間にわたって拘束され、不自由な時間を「仕方なく」過ごすことになります。

故に、自分である意識体が、他人である**「肉体を養い生かす」**ために、「他人の意識」である「肉体の意識」に「無意識」で支配されて、**「奴隷のごとく」**一生涯にわたって、なんらかの仕事という**「労働従属」**と**「艱難辛苦《かんなんしんく》」**と**「難行苦行《なんぎょうくぎょう》」**の下に、**「仕方ない理論」**に従って、「仕方ない」人生へと方向づけられていきます。

ですから、基本的に、「不快な感情」による「感情支配」と「感情損失」によって、「人格破壊」に陥っていきます。

自分である意識体が、他人である肉体に奴隷のごとく「**仕える事**」を**「仕事」**といいます。または、「**仕方なく事を成す**」ことを**「仕事」**といいます。

僕が、このことに言及すると、ほとんどの人が口を揃えて異口同音、「生きていくためには**『仕方ない』**ではないか!!」と、被害者特有の意識である、「自己正当性」と「正義感」による怒り心頭で、当たり前のごとく主張してきます。

生きていくためには**「仕方ない」**といっても、永遠に生きることはできないのであって、いずれ**「死ぬ宿命」**の肉体です。

意識界が存在していなければ、**「死ぬ理由」**が、どこにも見当たらないと、僕は思います。

生きたいのであれば、不自由な肉体に支配されて、永遠に奴隷のごとく、囚人のごとく生き続ければよいことです。

「仕方ない理論」に従って、奴隷のごとく不自由な肉体という囚人服を着て、生きるために生きても、それこそ**「仕方」**ないと、僕は理解しています。

ですから、無知なる人類は、仕方なく生まれて、仕方なく生きて、仕方なく死んでいきます。

他人である肉体が消滅しても、なお存在する、自分である意識体のために生きてこそ、**「仕方ある理論」**に基づく、**「真実まことの価値」**ある人生が送れると思っています。

他人である肉体を養生するために生きるのではなく、自分である意識体を養生するために生きてこそ価値があると、僕は理解しています。

第5章

物質世界と意識世界

✦「個性芸術」を開花させ、「愛の質的次元」を上げて、「意識の量的次元」を広げていく

宗教学も哲学も心理学も、一般科学、自然科学、医学、その他、この世のすべての学問や芸術は、他人である肉体の世界である、現世のみに限定されている**「嘘学《うそがく》」**に他ならないと、僕は理解しています。

自分である意識体の世界観である実相世界の**「仕方ある理論」**を学ぶことを**「真学《まことがく》」**といい、他人である肉体の世界観である虚相世界の**「仕方ない理論」**を学ぶことを**「嘘学」**といいます。

「真学」は、物質世界には、絶対にあり得ない理論であり法則です。

逆に言うとフェイクワールドである物質世界に通用する理論でしたら、それこそ「真学」ではなくて**「嘘学」**になってしまいます。

この証明は、「COSMOSの法則」で、詳しく解説していきたいと思います。

ですから、「嘘学」を、どんなに他人である肉体の知識として身につけても、どんなに物質を解明しても、自分である意識体には、何の関係もなく、まったく無意味で価値がありません。

なぜならば、頭脳という道具が破壊された瞬間に**「嘘」**は、消えてなくなる**「宿命」**にあるからです。

人間は、他人である肉体の物質脳に、知識でも感覚でも、なんでもかんでも**「肉体記憶」**として残そうとしています。

しかし、死なずとも、どんなに有名な大学教授であっても、認知症やアルツハイマーが進むと、何もかも失って、ただの肉体という単なる物質に変わり果ててしまいます。

ですから、一般的な概念は、知識という**「記憶」**が、たくさんある人が、優秀な人だと思っている、極めて稚拙かつ拙劣な大きな勘違いをしています。

例えば、人間は、嬉しい記憶、楽しい記憶、幸せな記憶、真逆に、悲しい記憶、悔しい記憶、怨《うら》みや辛《つら》みの記憶など、善くも悪くも「肉体感情」の脳の記憶として大事に保存しています。

しかし、自分である意識体にとっては、他人である肉体の記憶など、一切、関係なくどうでもよいことです。

肉体の「他人の感情」である、嬉しい感情、楽しい感情、幸せな感情、真逆に、悲しい感情、悔しい感情、怨みや辛みの感情などが、意識体の「自分の心情」であると、思い込んで勘違いしていることに、すでに「嘘」と「偽り」と「間違い」があります。

肉体の物質脳である頭脳の「知識」も「感覚」も「記憶」も、現世に於ける、単なる「肉体」

の**「他人の意識」**である**「肉体の意識」**が**「物質脳」**に作り出した**「感情」**に過ぎないからです。

ただただ、自分である意識体は、地球次元の意識から宇宙次元の意識に通用する**「愛の人格者」**になれるように、**「意識次元」**さえ上げてくれれば、それでよいと、常に、願っているからです。

なぜならば、宇宙意識界の「意識次元」になったならば、地球次元の肉体の感情は、「無くて無い」存在になるからです。

すなわち、**「自分である意識体」**の**「愛の質的次元」**を上げて、**「自由の量的次元」**を広げてくれれば、それで**「心魂一如の意識体」**にとっては、必要かつ十分に満たされていくことになるからです。

「自分の意識」の「愛の質的次元」を上げて、「自由の量的次元」を広げていく方法は、唯一、一人ひとりが、心と魂の芸術である**「個性芸術」**を開花させていくことです。

個性芸術を開花させていくためには、自分である意識体の存在が、宇宙意識場に於いて、唯一無二のオンリーワンの存在であることを理解することです。

また、唯一無二のかけがえのない尊い存在であり、唯一無二の最も価値ある存在であることを理解することです。

そのことを、自分自身が理解し自覚することによって、自分に対する普遍的な価値と確信と信念に至ることができるからです。

私たちは、何かによって作り出された、既存の物質世界に、他人である肉体が依存して、管理され従属しながら、「仕方ない理論」に従って**「不自由」**に生きています。

故に、自分の心が、自分自身の魂を育てながら、自由に生きていく個性芸術という**「意識世界」**の偉大な価値が、まったく理解されていないと思います。

「宇宙物質界」は**「有って在るもの」**の世界ですが、「コスモスの世界」は**「有って無いもの」**の世界です。

「コスモスの世界」は、「有るけど無い」世界ですから、基本的には、作られた世界ではなく、**「無なる世界」**ですので、すべてが、「自分の意識」で創り出す「創造世界」になっています。

「コスモスの世界」と「宇宙意識場」は、根本的に違う世界です。

「コスモスの世界」は、唯一、「自分の意識」が創り出す**「自由」**であって**「可能」**であり、**「可能」**であって**「自由」**である、「自由」と「可能」は、「自分の意識」に付随して、一如の世界であり、**「可能」**であり**「自由」**であり、**「自由」**であり**「可能」**である、すべてが「自分の意識」に於いて、「可能」な「自由世界」になっています。

その違いについては、後ほど、誰でも理解できるように、詳しく解説します。

ですから、意識体には、現世の肉体の「他人の意識」である**「脳の記憶」**は、一切、必要ありませんし、持ち込むこともできない、他人の**「欲望」**の知識と記憶であって、すべて肉体の破壊と共に消え去る宿命にあって、むしろ、邪魔な存在なのです。

なぜならば、自分である意識体が、常に望んでいることは、ただただ、**「心魂一如の愛」**の**「質的次元」**を、向上心によって上げてもらうことと、**「自分の意識」**の**「量的次元」**を、無限に広げてもらうことだけだからです。

　次元の低い意識体とは、肉体が自分だと勘違いしている**「嘘の親子関係」**に従って、**「心魂分断の恩讐《おんしゅう》」**によって、自らの**「不快な心情」**（不平、不満、不足、妬《ねた》み、嫉妬、謗《そし》り、怒り、血気、怒気、蔑《さげす》み、軽蔑、傲慢、優生思想、差別、批判、批評、不安、恐怖……）などによって、**「劣悪」**かつ**「醜悪」**な意識に陥りやすい**「邪悪な意識体」**のことです。

　わかりやすく言及しますと、極めて物質に近い意識体ということになります。

　実は、死に対する**「不安」**や**「恐怖」**を、最も強く感じている真の存在は、自分自身に存在している**「邪悪な意識体」**なのです。

　誰もが、そのことを、理解もしていませんし、認識もしていないと思います。まさしく、**「無知は死の影です」**。

　「邪悪な意識体」とは、基本的に**「愛されたい」**という、非合理的なエゴイズムである「自己欲求」と、ナルシシズムである「自己満足」と「承認欲求」の**「情欲」**の意識体のことをいいます。

　すなわち、自分の**「邪悪な意識体」**によって、自分自身が**「邪悪な意識界」**に行くことを、意識体は前世意識によって、無意識に潜在意識として感じ取っているからです。

　ここで、もう一度、自分である意識体の実相世界と、他人である肉体の虚相世界について言及しておきましょう。

✦「嘘の親子関係」の偽善者と、「真の親子関係」の真善者

「心魂分断の嘘」に基づいて、フェイクワールドである、「嘘の世界」で、悩みなく満足して生きている人たちは、相当に嘘をつくことがうまい人たちといえるでしょう。

高等な嘘学《うそがく》を身につけた、極め付きの嘘つきである偽善者ほど、フェイクワールドに於いて、出世していくように仕組まれています。

「嘘つき」といっても、他人に嘘をつくだけではなく、最も劣悪かつ醜悪な嘘は、「自分の邪心」が、「自分自身の本心」に嘘をつくことです。

いずれにしても、そういう人たちは現世の善人を装って、**「欲の権化《ごんげ》」**であるにもかかわらず**「偽善者」**であり**「権力者」**であることを、見事に隠した**「偽善者」**であることは間違いないと、僕は思います。

とくに、宗教団体の教祖や幹部、政治家や官僚、学者や教授などが典型的な人たちだと思います。

故に、このような人たちは、フェイクワールドに於ける、不条理も理不尽も不合理も、何も感じていないと思います。

嘘の世界では、緻密《ちみつ》な嘘つきほど、世渡りが上手ですが、真逆に、正直者で意識体が**「脆弱《ぜいじゃく》」**な小心者ほど素直で世渡りが下手です。

ただし、意識体が脆弱で小心者という人は、人格形成史（心の形成過程）に於いて、両親からの愛が欠落して、精神的に自立ができていない、**「愛の欠落症候群」**または**「愛の欠乏症候群」**に陥っている人たちです。

ですから、人格形成史の過程に於いて、**「愛の欠落症候群」**または**「愛の欠乏症候群」**に陥っている、**「意識体が脆弱」**な人たちほど、起立性調節障害や適応障害や不登校、引きこもり、ニートなどになっていく傾向があると、僕は理解しています。

例えば、**「良い人」**と**「正しい人」**は違います。

良い人とは、人に対して良い人であり、「自分の心」が、「自分自身の魂」を偽って、10人に無理しながら仕方なく忖度《そんたく》して、良い人を演じれば、演じるほど、必ず、10人分の負担を背負うことになり、自分が自分自身に対する自傷行為となって、悪い人に必然的になっていきます。

すなわち、他人に対して、自分を偽って良い子を演じれば演じるほど、自分自身に対して、どんどん悪い子になっていきます。

ですから、良い子を演じた分、**「不快な心情」**に、自分自身が陥ることになっていきます。

「この人にこんなことを言ったら、嫌われるのではないだろうか」「あの人にあんなことをしたら、いじめられるのではないか」「その人を無視したら、仲間外れにされ、皆から疎外されるのではないか」などと、他人の目や口や批判や批評を気遣って、自分の心が自分自身の魂に対して**「フェイク」**を行うようになります。

肉体が自分だと思い込んでいる**「嘘の親子関係」**に従って、人格形成史に於いて、**「他人の他人である両親」**から**「嘘の情欲」**で育てられて、**「他人である肉体」**が**「嘘の経験」**を積み重ねて、「フェイクワールド」に於いて、**「嘘学」**に従って嘘を習慣づけていくようになります。

「他人の他人である両親」の**「フェイク教育」**によって、両親が望むように、喜ぶように**「忖《そん》**

度《たく》」する心癖を身につけながら、知らず知らずのうちに、自分が自分自身を偽り騙《だま》すことを、自然と習得しながら、悪い心癖になっていきます。

そのことにより、**「自分の心」**の意識が、**「自分自身の魂」**の意識を傷つける**「自傷行為」**や**「自虐行為」**に陥ることになって、精神障害や人格障害を患うようになります。

人間社会では目上の人や上司の前では、**「フェイク」**の**「忖度」**は、当たり前に行われています。

上司に対して、フェイクの忖度が上手な人ほど、出世するように仕組まれています。

他人である肉体を養い生かすために生きる生き方の延長線上で、善くも悪くも物事の是非を判断していますから、人のために生きることが、**「愛」**だと大きな勘違いをしています。

「人の為《ため》と書いて、偽りと読みます」。まさしく、人のためは偽りとなって、偽りは必然的に嘘と間違いになっていきます。

そもそも、他人である「肉体の意識」に従って、「無意識」で生きていること自体が、フェイクそのものだと、僕は思います。

「フェイクの原点」は、**「嘘の親子関係」**によって、**「嘘の情欲」**に従って**「欲の嘘学」**を習得していくことに尽きます。

正しい人とは、**「心魂一如の意識」**に基づいて、自分の親なる心が、自分自身の子なる魂に、絶対に背信行為を行わない、自分自身に対して正直かつ誠実な心で生きる人です。

自分の心（人格）が、自分自身の魂（霊格）が願うことはやる。願わないことはしない。魂に善いことはやる。魂に悪いことはしない。という、信念が確立するように、自助努力することだと思います。

当然、「肉体に善いことはする」「肉体に悪いことはしない」と、まったく同じことです。本心が、やりたくないことはやらない、やりたいことはやる。邪心には絶対に、従わない信念の人だと思います。

ですから、**「良い子症候群」**によって、人に対して良い子を演じる必要は、まったくないと、僕は思います。

故に、肉体が自分だと思い込んでいる**「嘘の親子関係」**に従って、**「フェイク学」**である**「嘘学」**によって、**「嘘の情欲」**を身につけて、人のために生きることが、**「愛だと勘違い」**している**「偽善者」**（ＮＧＯやＮＰＯなど）が、世の中にたくさん誕生してくることになります。

そもそも、その原点は、他人である肉体を養い生かすために生きることが、最も善いと思っている価値観ですから、仕方ないと言えば仕方ないことだと、僕は思います。

自分である意識体に於ける、**「真の親子関係」**に基づく、**「真学《まことがく》」**による**「真の愛」**を身につけて、親なる**「愛の心」**によって、子なる**「喜びの魂」**を創造する人が、**「真実の愛」**がある**「真善者」**だといえます。

✦一人ひとりの心・魂・意識体の次元によって、すべての「思考形態」が決まる

では、この世が、いかに嘘（フェイク）の上に存在しているのかについて言及したいと思いま

す。

他人である肉体という奴隷服または囚人服を着ている人類は、旧態依然《きゅうたいいぜん》として、肉体を中心に半径1メートル以内の、目先の価値観に従って、仕方なく生きていると、僕は思います。

例えば、地球は太陽の周囲を時速10万8０００㎞で回っていて、時速１７００㎞で自転しています。

この事実さえ他人である「肉体の意識」は、感じ取ることもできずに、静止している世界に存在していると勘違いしながら生活しています。

そのこと自体が、すでに、事実に反してフェイクであることを示唆しています。

このようなことを、曖昧《あいまい》にすることが、他人である肉体に意識が、支配されていくことに他なりません。

もし、自由な意識体の状態であれば、地球の重力場の外に容易に出ることができます。

ですから、地球が動いていることぐらい、当たり前にすぐ理解できます。

それができないようになっていることが、自分である意識体にとっては、地球は牢獄星である何よりの証拠です。

刑務所に入っている囚人たちが、社会の動きがまったくわからなくなっているのと、同じことだと思います。

動物園で生まれたチンパンジーは、動物園の環境しか経験していませんので、檻《おり》の外から見た動物園のことも、本来、自分が存在する自由なジャングルのことも意識すらしていません。

私たち人間も、地球という牢獄世界しか経験していませんので、他人である肉体の目から見た**「宇宙物質界」**の存在は、肉体感覚の「物質脳」でしか理解できません。

しかし、自分である意識体に於ける、未知なる未来の**「宇宙意識界」**の存在は、他人である肉体から解放された後の、自分である意識体でしか理解できない存在になっています。

胎児は子宮の胎中では、将来訪れる未知なる未来の地球生活を、まったく理解もせずに過ごしていました。

胎児は、地球環境に産み出されてから、初めて、自分の存在と地球環境を知ることになります。

私たちの意識体は、意識界に産み出されて、初めて、自分の意識体の存在と、意識界の環境を知ることになります。

結論です。「嘘の親子関係」に従って、「心魂分断の恩讐《おんしゅう》」による人格形成史によって、自分である意識体が、自己嫌悪、自己否定、自己不信、自己逃避、自己破壊、自己破滅へと陥っていくことの「元凶」になるからです。

「真の親子関係」に基づいて、「心魂一如の愛」による人格形成史によって、自分である意識体の意識次元が、自己慈愛、自己肯定、自己確信、自己受容、自己創造、自己進化へと進化していきます。

現世の人間にとっては、厳しい内容ばかりのことが、次から次へと矢継ぎ早に語られてきたかと思います。

しかし、事実は事実であって嘘ではないのですから、このぐらいのことを言っても、まったくわからない人が大半だということも、僕は十分に理解しています。

なぜならば、人類は、それだけ肉体の欲望意識に、強烈に支配されているからです。

それが、まさしく、一人ひとりの心の次元であり、魂の次元であり、それらの意識体の次元によって、すべての**「思考形態」**が決まることになるからです。

頭は良くても、心が悪い人格の低い人は、どこにでもたくさんいます。

他人である肉体の頭がいいのと、自分である意識体の意識次元が高いのとでは、まったく違います。むしろ真逆かもしれません。

理解できるかできないかは、ひとえに意識次元が高いか低いかに委ねられているからです。

✦「コスモス」(秩序と調和)と、「エントロピー」や「カオス」(無秩序と不調和)は、真逆の意味と意義と概念に方向づけられている

私たちは、「他人の意識」である「肉体の意識」に、「無意識」で支配されて、虚相世界の常識という「嘘学《うそがく》」に従って、他人である肉体を養い生かすために、半径1メートル以内の**「意識」**で近視眼的な牢獄《ろうごく》生活ばかりを、長年にわたって送ってきました。

ですから、いかに、「嘘」と「偽り」と「間違い」だらけの人生だったのかと、今更ながらに、やっと気づかされたことと思います。

肉体の常識という「嘘学」に飼い慣らされてきましたから、あまりにも真逆な「真学《まことがく》」のために、食べたこともなければ、食べ慣れてもいない、理論や法則ばかりだったと思います。

読者の皆さんも、少々、食傷気味になられたことと思います。

ですから、ここでちょっと箸休めに、宇宙物質界に目を向けて意識を変えてみましょう。

宇宙物質界に果てがあるのかないのかということは、未知なる永遠のテーマであり、宇宙がどのくらい大きいのか、わかる範囲で検証してみましょう。

太陽をドッジボールの大きさとすれば、10メートルほど離れたところに、小豆より少し小さい大きさで地球があります。地球が33万個集まると太陽の質量と同じになります。

太陽から100メートルほど離れたところに冥王星（現在は太陽系から外されています）が存在しています。これだけでもいかに太陽系が広いかが想像できます。

その広い太陽系がなんと2000億個も集まって銀河系が形成され、その銀河系がまた数十兆個も集まって島宇宙が形成され、さらにその広大な島宇宙が数億個も集まって、やっと、大宇宙の大陸の一部が形成されているといわれます。

もはや想像を絶する広大無辺な広さです。まだまだ、その数は今もなお、ものすごいスピードで増え続けていて、宇宙の果ては結局のところどこなのでしょうか。

まず、宇宙を検証してみますと、神韻縹渺《しんいんひょうびょう》たるこの大宇宙は、極めて**「調和」**と**「秩序」**を形成しながら、運行されているという紛れもない事実があります。

地球が誕生して46億年このかた、一度も不調和や無秩序を成したことがないと思います。

地球が少しでもスピードを上げたら公転軌道から外れて、宇宙の藻屑《もくず》と化してしまいます。

少しでもスピードを下げたら太陽に吸収されて木《こ》っ端《ぱ》みじんに破壊されます。

僅《わず》かな揺らぎによって、四年に一度の「うるう年」に暦の調整を、地球の時間軸の事情によって行いますが、それにしても見事なまでに調和と秩序を形成しながら運行されています。

この**「調和」**と**「秩序」**の**「基本的な原則」**に**「宇宙の根本的な法則」**がありそうです。

では、なぜ、神韻縹渺たる大宇宙が、**「コスモス」**という**「秩序」**と**「調和」**によって運行されているのでしょうか。

それは、**「COSMOSの法則」（秩序創世の法則）**という法則があるからです。

「COSMOSの法則」とは、何ものにも影響されずに、**「調和」**を持続可能にして、永遠に**「普遍的」**な**「秩序」**を形成し続けていく基本的な法則です。

「COSMOSの法則」については、後ほど、詳しく解説します。

また、**「エントロピー」**という言葉が出てきたら、**「物質的」**な**「混乱」**と**「混迷」**または、**「物理的」**な**「無秩序」**と**「不調和」**と理解してください。

「カオス」という言葉が出てきたら、**「精神的」**な**「混乱」**と**「混沌」**と**「混迷」**または、**「心情的」**な**「無秩序」**と**「不調和」**と理解し解釈してください。

すなわち、**「コスモス」**（秩序と調和）と、**「エントロピー」**や**「カオス」**（無秩序と不調和）は、まったく真逆の意味と意義と概念に方向づけられている存在です。

宇宙意識場の、**「哲学的な姿勢」**は、「CHAOSの法則」（カオスの法則）である無秩序は、必ず真逆に相対化して、「COSMOSの法則」（コスモスの法則）である秩序へと、方向づけようとする、基本的な**「秩序の法則」**です。

この法則によって、宇宙の絶妙なバランスと秩序と調和が保たれています。

✦相反するモノのバランスがゼロに近づこうとする「ZEROの法則」

「ZEROの法則」とは、**「相反するもの」(Paradox)**が、ゼロを中心に必然的に向き合って、それぞれの次元に応じてバランスを形成しながら、ゼロに向かってより良いバランスを形成しようと方向づけていく法則をいいます。

「ZERO」とは、相反するモノのバランスの中心をいいます。

例えば、ゼロを中心に、プラスに対してマイナス、陰に対して陽、N極に対してS極、善に対して悪、破壊に対して創造、ネガティブに対してポジティブ、内向性に対して外向性、引力に対して斥力《せきりょく》、被害者に対して加害者、メシベに対してオシベ、メスに対してオス、女性に対して男性、有に対して無といったように、すべてに於いて**「真逆」(Paradox)**のロジックが、お互いに内在し向き合って、バランスを形成しながら存在しています。

「ZEROの法則」に基づく、宇宙物質界と宇宙意識界は、私たちの有形なる肉体と無形なる意識体と同じように重なり合って、必ず相反するモノが、ゼロを中心に向き合って存在していて、なんらかのバランスの中に置かれています。

この相反するモノのバランスを、ゼロに近づけることによって、究極の**「ゼロ・バランス」**に方向づけながら、ゼロに近づこうとする法則を、**「ZEROの法則」**といいます。

宇宙意識場の哲学的な姿勢は、相反するものが相対的に向き合って、**「相対性原力の法則」**により、「バランスのメカニズムを創り出そうとする原因的な力」によって存在しています。

「相対性原力の法則」とは、**「相反するもの」（Paradox）**同士が、共時的に同時に存在して、共時的に同時に消滅していく現象をいいます。

宇宙意識場の哲学的な姿勢は、宇宙意識界と宇宙物質界という、相反するものが相対的に重なり合って、**「ZEROの法則」**により、**「普遍的」**な**「調和」**と**「秩序」**を創り出そうとする原因的な力によって存在しています。

「ZEROの法則」は、それぞれが調和と秩序を上位の次元に方向づけて、より良い**「調和」**と**「秩序」**を形成するように働きかけています。

プラスがなくなれば「相対性原力」を失って、マイナスも同時に消滅します。陰が消失すれば陽という存在も消えます。善という概念がなければ悪というロジックは存在しません。

物質世界に於いて、最も重要なメカニズムの一つは、一つの概念や存在が肯定されると、必然的に、真逆の概念や存在も肯定されることです。

当然、一つの概念や存在が否定されると、相反する概念や存在も否定されることになります。

このように、宇宙意識場は、常に、相反するモノが対局に対峙して、存在することを余儀なくされています。

故に、宇宙意識場に於いては、一つの概念や存在だけが、存在するということはありません。

他人である肉体の延長線上に、他人である地球物質界が存在していて、他人である地球物質界の延長線上に、他人である宇宙物質界が存在しています。

相反する自分である意識体の延長線上に、自分である地球意識界が存在していて、自分である地球意識界の延長線上に、自分である宇宙意識界が存在しています。

故に、宇宙意識場は、「ZEROの法則」に基づいて、相反する宇宙物質界と宇宙意識界によって、存在を余儀なくされています。

すなわち「ZEROの法則」は、相反するものが、**「僅《わず》かな揺らぎ」**によって向き合って、より次元の高いバランスのシステムをメカニズム化し、より次元の高い調和と秩序に方向づけようとしています。

✦コスモス化すれば、平和と秩序と繁栄が個人的な次元から世界的な次元へと拡大されていく

相反するものとの揺らぎが小さければ、小さいほど、無限にエントロピーやカオスが小さくなることによって**「ゼロに収束」**していき、**「ゼロ完結」**する瞬間に**「コスモスの力」**（秩序創世の力）が創り出されます。

「ゼロ完結」とは、一度しかない唯一無二の存在で完結して、後にも先にも二度と再び存在することがない、未来永劫《みらいえいごう》にわたって、オンリーワンの存在として完結し続けていくことです。

「コスモスの力」については、後ほど、詳しく解説します。

当然、揺らぎが大きければ大きいほど、バランスの悪いエントロピーとカオスの原因的な力を創り出していくことになります。

相反するものとの揺らぎが、調和と秩序のバロメーターになっています。

ですから、プラスとプラス、マイナスとマイナス、陰と陰、陽と陽、N極とN極、S極とS極などの同質または同次元のものには、反発し合う**「斥力《せきりょく》」**という「原力」が、必然的に派生します。

しかし、相反するプラスとマイナス、N極とS極、陰と陽などには、お互いがZEROに向かって引き合う**「引力」**という「原力」が、必然的に派生します。

相反するモノの中心に存在するものを、**「ゼロ」**といいました。

この相反する**「引力」**によって、中心の「ゼロ」に向かって、共に「ゼロ・バランス」に近づいていくことが可能になります。

同質の斥力は、お互いが中心の「ゼロ」から遠のいて、揺らぎが増大することによって、バランスを欠いていき、不調和と無秩序が拡大して、エントロピーやカオスが増大していきます。

すなわち、「相対性原力」には、「ゼロ」を中心に大きく分けて二種類の原力が発生します。

一つは、「ゼロ」を中心に相反するものとの相対性で発生する**「引力」**という原力です。

もう一つは、「ゼロ」を中心に同じ波動または同じ次元のモノとの相対性で発生する**「斥力」**という原力です。

この「ZEROの法則」に基づいて、前世の意識体の関係に於いても、現世の人間関係に於いても、前世と現世の親と子の関係に於いても、相反する被害者と加害者が、ゼロに向かってお互いが、贖罪《しょくざい》するために引き合って存在しています。

ゼロに向かって、お互いの問題性や課題性を解決しながら、意識進化できるように方向づけられているからです。

現世に於ける人間同士の意識のつながりは、それぞれの意識次元に従って、**「前世」**に於ける、なんらかの被害者と加害者という、相反する**「恩讐《おんしゅう》」**に基づく、**「意識体」**の**「情動の引力」**によって、お互いが引き合ってつながっています。

前世からの**「恩讐の引力」**によって、多かれ少なかれ引き合って、其々《それぞれ》がそれぞれの意識次元に於いて、相対的に関わるように存在しています。

人生は、突然にやってくる、予期しない出会いの連続だと、僕は思います。

ですから、一生涯に於いて、関わる人は限られていて、ランダムに誰とでも関われるようにはなっていないと、僕は理解しています。

故に、一生涯に於いて、誰でもごく僅《わず》かな人としか、密接に関わっていないはずです。通りすがりの人は、意識にすら入ってきません。

被害者と加害者という、「前世」に於ける、なんらかの恩讐関係によって、恩讐の**「意識体」**の**「情動の引力」**によって、一人ひとりがつながっているからです。

他人である肉体の親子関係でさえ、前世からの被害者と加害者という心情的な引力によってつながっています。

夫婦関係も、友人関係も、知人関係も、その他の人間関係なども、関わらざるを得ないすべての人たちは、前世に於けるなんらかの被害者と加害者という、恩讐の**「情動の引力」**によって、関わらざるを得なくなっています。

その反対に、恩讐関係のない人は、出会うＴＰＯ（時と場と状況）すらも、存在していません。

なぜならば、**「牢獄星の性《さが》」**と**「役割」**と**「責任」**に於いて、前世に於ける被害者と加害者という問題性と課題性を改善することが、現世のプライオリティ（最優先）になっているからです。

このように、同じ意識次元に従って、なんらかの「意識体」の「情動の引力」によって、それぞれがつながって、群れを形成していく現象を**「群れの法則」**といいます。

例えば、ホームレスはホームレスの意識次元に於いて、暴力団は暴力団の意識次元に於いて、富裕層は富裕層の意識次元に於いて、なんらかの**「意識体」**の**「情動の引力」**によって引き合って、善くも悪くも**「群れの法則」**に従って、それぞれが同次元の社会次元で存在しています。

例えば、宗教団体は、それぞれの団体の意識次元に従って、それぞれの宗教団体という群を作って、それぞれの信者が同じレベルの意識次元で、自己満足と自己陶酔で宗教活動をしています。

お金に欲深い者は、欲深い者同士で引き合って集まり、お金持ちは富裕層の居住区という場所で群を作って暮らしています。

暴力を好む者は、暴力を好む者同士で、暴力団という組織で群を作っています。

貧しい者は、貧しい者同士で、スラム街という居住区で群れを作って暮らしています。

地球意識界は、同じ意識次元に従って、同じ意識次元のテリトリーで群を作って、それぞれが、それぞれの意識次元に従って存在しています。

「ＺＥＲＯの法則」に於いて、すべてが、エントロピーやカオスを減少化するために、ゼロを起点としたゼロ・バランスに向かって、大きな揺らぎから小さな揺らぎの、絶妙なバランスへと方向づけられて存在しています。

例えば、陰と陽の相対的な関係は、陰の中にも陰と陽が存在し、陽の中にも陰と陽が存在し、その上位の次元に於ける、陰と陽の陰の中にも陰と陽が存在し、陽の中にも陰と陽が存在し、その上位の次元にも陰と陽はそれぞれに存在し、それぞれがゼロ・バランスに向かって、僅《わず》かな揺らぎの相対変換を繰り返しながら、永遠にゼロ・バランスに向かって進化できるように方向づけられています。

陰の存在は、揺らぎの偏差によって、陽よりも陰が僅かに上回っているので、全体的には陰が代表して現象化しています。

陽の存在は、揺らぎの偏差によって、陰よりも陽が僅かに上回っているので、全体的には陽が代表して現象化しています。

男性の中にも女性の性稟《せいひん》が内在し、女性の中にも男性の性稟が内在しています。

「ZEROの法則」は、プラスとマイナスが中和的な揺らぎへと、陰と陽が中性的な揺らぎへと、善と悪が中庸的な揺らぎへと、大きな揺らぎ（大きな無秩序）から小さな揺らぎ（小さな無秩序）へと方向づけています。

エントロピーやカオスが無限に**減少化**していき、絶妙のバランスを形成していくことによって、エントロピーやカオスは真逆に相対化して、コスモスという秩序と調和へと無限に近づいていきます。

このように、宇宙意識場に存在するものは、すべての相反するものが、無限の低次元の相反する揺らぎのモノから、無限の高次元の相反する揺らぎのモノまで、それぞれの次元に基づいて存在しています。

すなわち、内面的な心理的かつ精神的なカオス（葛藤や摩擦）が、減少することによって、外面的な肉体的かつ身体的なものが、秩序と調和に方向づけられて、心身が共に健全になっていき、真の健康になっていく現象と同じです。

例えば、哲学的な観点に於いて、人種差別や経済格差や宗教差別、民族差別、男女差別、ジェンダー差別などの、ありとあらゆる区別と差別と格差という、大きなエントロピーやカオスが減少していくと、家庭も社会も世界もコスモス化することによって安定化していき、必然的に平和と秩序と繁栄が個人的な次元から、世界的な次元へと拡大されていくようになります。

✦知的生命体（ホモ・サピエンス）から、哲学的生命体（ホモ・フィロソフィカル）に進化を遂げていく時代へ

これからが、僕が、皆さんに本当に伝えたい、真実まことの内容になります。

肉体の「他人の意識」である「肉体の意識」に、「無意識」で支配されていることが、虚相世界に於ける**「嘘学《うそがく》」**であるといえる所以《ゆえん》に言及していきましょう。

僕は、現世の一般的な常識や良識を、疑って、疑って、疑い続けてきました。

それは、フェイクワールドである、この世の常識や良識を疑って、疑って、疑って否定することによって、対極に存在する**「真学《まことがく》」**に基づく、真実の肯定に必ず到達することができると確信

したからです。

例えば、この物質世界である虚相世界に於いて、**「数字」**や**「質量」**や**「波動」**や**「時間」**や**「空間」**や**「死」**などというものが、意識世界である実相世界に於いて、本当に存在しているのかということです。

これらが真実として存在しているのか⁉ それとも存在していないのか⁉ という疑問に対して、**「事実を保障」**して、**「真実の保証」**が、できるように検証して、証明していきたいと思います。


これからの内容は、この物質世界には、絶対に存在しない、真逆の「法則」や「原則」や「理論」が、多く展開されていますので、かなり戸惑われると思います。

ですから、読者の皆さんも、疑って、疑って、疑いながら、「他人の意識」である「肉体の意識」に支配された**「物質脳」**の知識に頼るのではなく、自分である意識体の**「意識脳」**の智慧《ちえ》で尋ね求めながら、読み進めていってください。

近未来に於いて、人間の物質脳は「ＡＩ革命」と「ロボット革命」によって、追い越される時代が間近に来ています。

ChatGPTやさまざまな生成ＡＩやＡＩ搭載のロボットなどは、さらに進化を遂げて、人間の知識のレベルをはるかに超えて、さまざまなモノを、**「ＡＩロボット」**が創り出していく時代が来ます。

人類は、**知的生命体**（ホモ・サピエンス）から、**哲学的生命体**（ホモ・フィロソフィカル）に進化を遂げていく時代に入っていきます。

このことについては、すでに『ZEROの法則』の「人間が人間を必要としない時代が来た」にて、詳しく解説しております。

とにかく、この世には絶対に存在しない、「法則」や「原則」や「理論」が、次から次へと登場します。

ですから、難解であるが故に、同じような内容に、何回も何回も繰り返し言及されていますが、またかとは思わずに、読み進めていってください。

教育現場に於ける統計学によると、人間は、この世のことでさえ、**「532回」**、同じことを聞かないと、正確に理解できないようになっているそうです。

ですから、これからの内容は、物質世界の内容ばかりではなく、意識世界に通用する内容が多く含まれているため、同じような内容に、何度も、何度も、繰り返し、繰り返し、言及されますが、またかと思わずに読み進めてください。

何度も、何度も、同じ内容を重複して読んでいくと、知らず知らずに、心と魂が洗われていくように、内容が突然に理解できて、自然と納得がいくようになります。

✦宇宙物質界には、まったく同じモノが二つ存在しているという、「事実」も「真実」も存在しない

では、いよいよ本題に入っていきましょう。

まず、その代表が**「数字」**に対する大きな疑問です。

そもそも、数字は誰が作ったのかと言いますと、原始時代の人間が、**「物々交換」**などに有効な手段として物質脳の**「欲望」**が作り出しました。

人間の損得勘定に基づく、**「欲望の取引」**のために、合理的かつ合法的に**「数字」**を作りました。

まさに、経済社会は、利害損得という**「欲望」**が**「数字化」**され、人間を支配しており、その数字が最も**「欲望の世界」**を現象化している、摩訶不思議な**「数奇」**な**「存在」**といっても、過言ではないと思います。

その証拠に、私たちの生活に於いて、欲望を満たす指数のために、数字の存在は欠かすことができないものになっています。

私たちの日常の生活は、すべてが数字によって支配されているといっても過言ではないと、僕は思います。

真逆に、意識体の愛を満たす指数のための、数字化は、一切、存在していません。

人間は、何から何まで、他人である肉体を養い生かすために、一日が時間という数字に管理され、お金という数字に支配されて生きています。

大切な人生の方向性が、僅《わず》か十数歳という、若年期の知能指数や学習能力という数的評価によって、その人の優劣が判定されて、人生が方向づけられてしまいます。

すなわち、その後の人生の方向性が、数的評価によって、善くも悪くも決まってしまうことになります。

体力測定も数字で評価され、健康指数や血液検査など、すべてが数的評価によって診断され、健康なのか、不健康なのかが判定されてしまいます。

経済見通しなどは、株価や為替や設備投資などの数的評価によって判断され、私たちの生活は、すべてが数的価値に管理されながら、数字に従属しながらすべての生活行動が決定されています。

今や、個人の健康指数から始まって、社会の経済指標などに至るまで、スーパーコンピューターなどの数的な計算に基づく、診断や経済や天候の見通しが、重視されるようになっています。

これらの計算も、さまざまなアルゴリズムという、算定方式の組み合わせと計算式によって作られています。

コンピューターの生データは、すべて数字の組み合わせでできています。

CT画像もMRI画像もPET画像も、すべての画像は数字の組み合わせによって作られています。

ですから、人間のドクターが目視で画像診断するよりも、AIドクターは、生データである**「画像の素」**となる数字の段階で、すでにデータ診断が可能になります。

AIドクターは、血液検査に於いても、さまざまな画像診断などに於いても、身体の総合的なビッグデータを基礎にして、情報を統合的に解析することが可能になります。

そのことによって、正確かつ総合的な検査や診断ができるようになります。

近未来には、人間のドクターよりも、はるかに優秀なAIを搭載した、**「アンドロイド・ドク**

ター」が登場してきます。

最先端の宇宙工学から、一般の生活レベルであるSNSに至るまで、数字に依存して管理され、知らず知らずに無意識のまま数字に従属させられていきます。

人類は、自分たちが作り出した数字に、知らず知らずに**「奴隷化」**されているといっても過言ではないとさえ、僕は思います。

僕は、肉体の「他人の意識」である「肉体の意識」に、「無意識」のうちに支配されている、物質脳の知識が作り出した**「数字」**なるものが、**「事実」**として存在しているのか、それともフェイクワールドに存在する**「単なる虚数」**なのか、いささか疑問でなりませんでした。

では、便宜上の**「嘘の数字」**は存在しても、真実まことの事実に基づく数字は、一切、存在していないことを、明確に証明していきましょう。

「ZEROの法則」に基づいて、誰にでも理解できる、単純な算数の計算レベルで、シンプルに証明します。なぜならば、「シンプル・イズ・ベスト」だからです。

例えば、相反するプラスとマイナスという、単純な中和式を、足し算の数式で表すと、1＋（−1）＝1−1＝0となります。

しかし、理論式が、実際の事実として存在しているのか？　存在していないのか？　という**「理論式」**と**「実験式」**の**「整合性」**に於いて、具体的な事実に基づいて証明していきたいと思います。

他人である「肉体の意識」に従属している**「物質脳」**が作り出した、数字や数式の理論式によると、1－1＝0になります。

では、理論式には、本当に、事実としての整合性があるのか⁉　またはないのか⁉　などを、実験式によって事実を検証してみましょう。

宇宙物質界には1－1＝0というものが、事実として真実として存在しているのでしょうか⁉

結論です。宇宙物質界が広大無辺とはいっても、宇宙物質界のどこにも1－1＝0という、「事実」を保障することも、「真実」を保証することもできないと、僕は確信しています。

なぜならば、宇宙物質界には、まったく同じモノが二つ存在しているという、**「事実」**も**「真実」**も存在しないからです。

他人である肉体であっても、細胞数から始まって、分子数や原子数や素粒子に至るまで、まったく同じ肉体は、絶対に、二つ存在することはないからです。

あなたとまったく同じ人は、他人である肉体であっても、自分である意識体であっても、誰一人として宇宙意識場には存在することがないからです。

まさしく、すべてがそれぞれに**「完結したオンリーワン」**の存在だからです。

あなたに似た人は存在しても、まったく同じ人は、誰一人として存在しないからです。

もし、存在するとしたら、1－1＝0は、事実として成立しますが、残念ながら、まったく同じものは、宇宙意識場が広いとはいっても、どこにも存在していないと、僕は理解しています。

どんなものも、**「唯一無二」**のオンリーワンの存在であり、**「唯二無三」**の存在ではないからです。

この「唯一無二のオンリーワンの存在」というワードが、「COSMOSの法則」に於いて、重要なフレーズとキーワードになっています。

相反するプラス（＋1）とマイナス（－1）が、ゼロの中心で打ち消し合う瞬間に、すべてがオンリーワンの存在ですから、必ず、違うもの同士が、打ち消し合うことになります。

✦「ゼロは数字にあって数字にあらず」

それぞれのオンリーワン同士が、打ち消し合うことによって、僅《わず》かな揺らぎによるタイムラグやズレやブレが、必然的に派生することになります。

このタイムラグが**「時間軸」**の始まりとなります。

タイムラグとは、時間的なズレやブレが生じる**「揺らぎ現象」**をいいます。

この時のタイムラグによって生じる、**僅かな**時間の**「ズレ」**や**「ブレ」**による**「揺らぎ」**によって、絶えず揺らぎながら、変化を繰り返して、それぞれの存在が唯一無二の存在として、あり続けていることになります。

プラスとマイナスが打ち消し合いながら、どこまで行っても、揺らぎが持続的に保存され続けています。

すべてが揺らぎ続けている以上、ゼロを中心に**「ゼロの揺らぎ」**は存在しても、ゼロという数字は存在しません。

「ゼロは数字にあって数字にあらず」という所以《ゆえん》になります。

すなわち、ゼロそのものが揺らいでいるからです。

静止しているかのように見える物質界でさえ、素粒子や原子や分子の世界は、激しく変化を繰り返していて、ひと時として原形を留めてはいません。

真ん丸が存在するかといえば、真ん丸は存在しません。円の中心である点（ゼロ）そのものが揺らいでいる以上、同じ半径は存在しません。

そもそも同じ半径が存在しない以上、円は必ず歪《ゆが》みやズレを生じます。ですから、円周率は3.14159265358……と永遠に続くことになります。

プラスとマイナスが、中和しようとしても、ゼロの揺らぎによって、永遠に中和されず、僅かに揺らぎ続けることで、プラス（＋1）とマイナス（－1）が、それぞれの次元に於いて、それぞれの次元で存在し続けることになります。

陰と陽が中性になろうとしても、ゼロの揺らぎによって、永遠に中性になれないまま、僅かに揺らぎ続けることで、相反する陰と陽が、それぞれの次元に於いて、それぞれの次元で存在し続けています。

すなわち、答えが永遠である以上、宇宙物質界の時間軸は、「ゼロの揺らぎ」によって**「永遠」**と答えるしかないと、僕は理解しています。

宇宙物質界を一言で表現すると、**「ZEROの法則」**に基づく、**「ゼロの揺らぎ」**ともいえます。

宇宙物質界には、あらゆる揺らぎが、それぞれの次元に応じて存在し、不完全のまま完全を目指しながら、不完全であり続けるが故に、永遠に進化と発展が持続可能になっています。

宇宙物質界は、**「答えなき答え」**の永遠の世界であり、**「完結なき完結」**の無限の世界であり、不完全であり続けるが故に、**「永遠」**かつ**「無限」**なる世界であるといえます。

1＋1＝2という事実は、2になりたくても、永遠に2にはなれないまま、揺らぎ続けていることになります。

すなわち、答えが永遠に出ないまま、揺らぎ続けるということは、答えが永遠に出ないのが答えであり、それは**「永遠」**そのものを**「示唆」**していると、僕は理解しています。

すなわち、すべての答えは、永遠という答えに帰結することを示唆しているのです。

ですから、0も1も2も3も4も5も……も、永遠に揺らぎ続けて、数字や数式は、事実として真実として、存在していないことになります。

ですから、数字や数式に導き出される、正しい答えがあるとしたならば、それは**「永遠」**と答える以外に**「答え」**を、永遠に導き出すことはできないと、僕は理解しています。

故に、「嘘学《うそがく》」の学校教育に於ける、どんなに難しい「数学」のテストであっても、すべて「永遠」と答えたら、「真学《まことがく》」に於ける正しい答えとなります。

✦他人である肉体を含めて、物質世界に存在するものは、すべて限界がある有限世界の存在であり、必ず破壊と創造を繰り返している

では、数字や数式の答えが、**「永遠」**ということは、何を意味し示唆しているのでしょうか。

そうです。その答えは、唯一、私たちが存在している宇宙物質界が、「永遠かつ無限」の世界

だということです。

なぜならば、私たちは永遠であり、無限の宇宙物質界に包括され統合されている、「事実」と「真実」の下に存在しているからです。

私たちは地球意識場に存在していますが、地球意識場は宇宙意識場の中に於いて、ほんの微細な一部の意識場として存在しているからです。

ですから、永遠の宇宙意識場に包括され統合されているわけですから、答えの結論は、永遠と答えるしかないと、僕は理解しています。

なぜならば、「永遠に揺らぎ続けている永遠の世界」に存在しているわけですから、すべての答えが、「答えなき答え」である、「永遠」と答えたら、すべてが正しい答えになります。

単なる地球レベルの目先の答えだけに従属している、数字による「嘘学《うそがく》」の「意識」では、とても永遠なる宇宙意識界に**「意識体」**は行けません。

なぜならば、地球意識場が中心ではなく、宇宙意識場が中心だからです。

今、私たちは、永遠かつ無限の宇宙物質界に存在しているわけですから、すべての答えが永遠に「完結なき完結」であり続けるように方向づけられています。

ただし、他人である肉体を含めて、物質世界に存在するものは、すべて限界がある有限世界の存在であり、必ず破壊と創造を繰り返していることを理解してください。

ですから、有限であるが故に、必ず、人間の物質脳は、限界域である初めと終わりや原因と結果の答えを見出そうとする「肉体癖」に、すべてが方向づけられています。

最終的に、他人である肉体は、**「有って無いもの」** になる宿命である、虚相世界の **「嘘」** の存在であることを、理解しておいてください。

なぜならば、失うものに事実も真実もないからです。事実と真実は永遠に失うことのないものに存在しているからです。

「仕方ない理論」に従って、他人である肉体を養い生かすために生きている人たちの発想の原点は、限りある肉体の生命が、生命の限界だと理解していることです。

真逆に、「仕方ある理論」に基づいて、**「自分である意識体」** を養い生かすために生きている人たちは、**「永遠の世界」** に生命は方向づけられていると理解しています。

虚相世界の「嘘」と「偽り」ではなく、実相世界の「事実」と「真実」が、すべての発想の原点であり、人生の大前提でなければならないと、僕は理解しています。

それが、宇宙意識界に対する、基本的な **「愛したい」** という持続可能な意識の原点だと、僕は思います。

しかし、地球星人の発想の原点は、他人である「肉体の意識」の感覚によって、すべてに限界と枠組みがある、地球意識場の空間に意識が支配されていて、「地球癖」、「人間癖」、「肉体癖」、「欲望癖」、「囚人癖」、「奴隷癖」によって、見事に **「不自由」** に飼い慣らされて、「仕方ない理論」に従って、無意識に **「愛されたい」** という持続不可能な意識で「仕方なく」生きています。

ですから、1－1＝0という理論式が、「嘘学」によって、公然と承認されて使われています。

すべての答えが、**「永遠」** であることが理解できれば、誰でも永遠の世界を目指すと、僕は思います。

数字は、**「嘘」**であることを理解して、地球物質界に於いて、便宜上、使い勝手よく使用していくのであれば、一向に問題はないと思います。

なぜならば、他人である肉体の物質世界に於いて、「仕方ない理論」に従って、数字を仕方なく虚相世界であるフェイクワールドで使うことには、何も問題はないと、僕は理解しているからです。

もし、数字が存在すると、まことしやかに公言する人がいましたら、数字が存在する**「事実の保障」**と、**「真実の保証」**をしていただきたいと思います。

フェイクワールドに於いて、フェイクであることがわかっていて、数字を使うのであれば一向に構わないことだと、僕は理解しています。

単なる虚相世界の便宜上の理論式でしたら、一向に問題ありませんが、その前に、すべての答えは、**「永遠」**であるという真実を、すべての人に教えることが、大前提でなければ**「嘘」**を教えることになるからです。

その「嘘」が、現世の有限の世界だけに「他人の意識」である「肉体の意識」に支配されてしまい、永遠の世界を「自分の意識」が目指そうとしない、最大の原因があると、僕は思います。

永遠かつ無限の世界が「自分の意識」になければ、永遠かつ無限の世界の存在は、何の意味も意義も価値もありませんから行こうともしません。

なぜならば、他人である肉体の有限の物質世界から、自分である意識体の永遠かつ無限の意識世界に行くための準備を、唯一の価値としなければいけないからです。

そのためにも、永遠の世界を当たり前に理解していなければ、永遠の世界には行けなくなるでしょう。

私たちは、人生の目的地も理解しないで、目的地に辿り着くことはできません。

そのことを教えないことが、**「嘘学」**の始まりであることすら、人類は気づいていないと思います。

✦心や魂や意識体は、数字で表すことができない存在

肉体の「他人の意識」である、「無意識」に支配されて、**「嘘の世界」**で**「嘘学《うそがく》」**を学びながら、人間を何度もやり直しながら、不自由に生き続けたいのであれば、それはそれで、一向に構わないと思います。

そもそも、机上の空論である数字や数式は、他人である肉体の**「欲望の知識」**である、**「嘘学」**に基づいて、物理的な損得勘定の合理性と合法性によって作られたもので、最初から最後まで「物質脳」の**「知識欲」**という「動機」がついて回るからです。

その原点である数字と数式を、使い勝手よく、今もなお、何の意識進化もなく原始的に使い続けています。

なぜならば、**「他人の意識」**である**「肉体の意識」**に支配された**「物質脳」**は、**「性欲」**と**「食欲」**という**「欲望」**を、すべての**「原点」**としているからです。

あくまでもフェイクワールドに於ける、便宜上の**「嘘学」**であれば、それはそれでよいのですが、「欲望の対価」として、数字が、心や魂や意識体を**「数的」**に**「従属」**させることが、大きな問題であり間違いなのです。

故に、数字や数式は、**「真学《まことがく》」**に基づく、「意識脳」による**「智慧《ちえ》」**（愛）である情動世界という意識世界では、まったく通用しませんし価値もない、一切、必要とされない存在なのです。

「他人の意識」である「肉体の意識」に支配された、「欲望」の中心である「物質脳」により、「事実」のごとく「真実」のごとく解説して、まことしやかに流布している**「脳科学者」**ならぬ**「嘘学者」**の言うことが、世を惑わせる原因にもなっています。

すなわち、心や魂や意識体は、数字や脳波や画像で表すことができない存在であり、自由や愛や喜びなどの情動世界は、数式では表現できないからです。

故に、数字や数式が、**「事実を保障」**する根拠は、どこにも存在していません。

当然、**「真実を保証」**する証拠も存在していません。

数字は、他人である肉体の物質世界では通用しても、自分である意識体の意識世界では、まったく通用しません。

なぜならば、肉体の死をもって、すべての数字や数式が、無能な存在になるからです。繰り返しますが、脳細胞が破壊されて、重篤なアルツハイマー型などの認知症になった瞬間に、財物などの数的な価値は、すべて失うことになります。

まして、複雑怪奇な**「意識体の世界」**や**「無形の世界」**を、数字で表すことは、絶対に不可能なことだと、僕は理解しています。

数字は、他人である肉体の虚相世界では通用しても、自分である意識体の実相世界では、一切通用しない存在だと、僕は理解しています。

なぜならば、「意識界」は作られた世界ではなく、「自分の意識」が創り出す世界ですから、意識体は、肉体と違って、食べなくても、呼吸しなくても、寝なくてもよい存在だからです。

この時点で数字や数式という概念と存在は、他人である肉体には必要かもしれませんが、自分である意識体にとっては、必要のない**「嘘学」**ということが明確に証明されます。

もし、数字はあると公言する人や、数字がないことに異論と反論のある人たちは、すべてのモノが唯一無二の存在ではなく、**「唯一無三」**の存在であり、すべてに於いて、まったく同じモノが二つ、または、それ以上に存在していることを、事実をもって保障して、「真実の保証」を、誰でもわかるように、ぜひとも証明していただきたいと、僕は思います。

すなわち、すべてに於いて、まったく同じ現象を、事実をもって二つ提示していただきたいと、僕は思います。

もし、それができないのであれば、数字はないということを、素直に謙虚に受け入れるべきだと、僕は思います。

✦宇宙物質界には「今」という唯一無二の時を刻み続けているという、真実と事実しか存在していない

では、時間という概念はどうなのでしょうか⁉

先述しましたように、僕は子どもの頃、時間というものに対して、疑問をズーッと持っていました。

なぜかといいますと、過去とか未来という言葉があるのに、どうして過去とか未来に行くことができないのか？

そんな素朴な疑問の中から、ふっと思わされたのは、**「今の今」**は、未来の始まりである**「今の初め」**でもなく、過去の終わりである**「今の終わり」**でもなく、**「今」**であり続けているという事実です。

それも、「今」という瞬間、瞬間は、後にも先にも二度と再び経験することができない、唯一無二の「今」を刻み続けているということです。

その証拠に、私たちは、「今」という瞬間、瞬間に経験したことは、唯一無二の経験であり、もう二度と再びまったく同じ経験はできません。永遠に訪れることのないオンリーワンの瞬間だからです。

もし、時間軸があると公言する人がいたら、すべてに於いて、まったく同じ経験を**「唯二無三」**で経験できることを、証明しなくてはいけないことになります。

「唯二無三」とは、すべてに於いて、まったく同じモノや同じ人たち、または、まったく同じ事物や現象などが、二つ存在することをいいます。

すなわち、あなたとすべてに於いて、まったく同じ人が、もう一人いることを、事実をもって証明しなくてはいけなくなるからです。

私たちは、間違いなく「今」という、二度と訪れることのない、唯一無二の時を刻み続けています。

「今」に存在する瞬間が、唯一無二の**「事実」**であり、オンリーワンの**「真実」**として存在している瞬間だからです。

よく「鶏が先なのか？　卵が先なのか？」という論争がなされます。

人間は、どうしても、初めと終わりがあって、原因と結果が存在して、そのプロセスが時間軸によって証明されないと、落ち着かなくなります。

なぜならば、他人である肉体の物質世界には、初めと終わりには、必ず、プロセスが存在して、原因と結果には、質量が、時間軸をかけて空間を移動するための**「時空」**なるものが存在しなければ、理論が成立しなくなるからです。

自分である意識体の意識世界には、「今」しか存在しませんので、空間もなく時間軸もなく質量も存在していません。

卵の事実と真実は、「今」に於いて、卵は、卵であって卵以外の何ものでもありません。鶏の事実と真実は、「今」に於いて、鶏は、鶏であって鶏以外の何ものでもありません。

すなわち、「今」のみに「事実」と「真実」は、保障され存在し続けているからです。

このことの理解が意識界の生活に於いて、極めて重要なことになります。

すなわち、卵と鶏は、それぞれが「今」に於いてのみ、唯一無二の「事実」が「保障」されて、オンリーワンの「真実」が、「保証」されていることになるからです。

この事実と真実に対して、誰もが異論も反論もできないと思います。

肉体の物質脳である知識が作り出した**「時間」**なるものは、「事実」として「真実」として存在しているのか？

それとも、人間だけの**「単なる妄想」**として、フェイクワールドのみに通用している概念なのか？　僕は、いささか疑問でなりませんでした。

読者の皆さんが、今まで教わってきたものの見方では、宇宙には時間と空間という**「時空」**があり、その科学的な概念の上に、すべての歴史が成立していると、思われてきたかと思います。

しかし、時間という概念は、地球物質界の自然現象に於いて、人間の都合や使い勝手によって、人間の知識が人間のみに通用する枠組みとして、人間が、「人間の人間による人間のために」作り出した、概念の一つに過ぎないと、僕は理解しています。

事実、人間以外の動物や植物には一切、通用しない概念だからです。

日の出と日没の周期によって一日が定められ、月の満ち欠けで一か月が定められ、それを年に拡大し、一日を時間と分と秒に細分化して、人間が使い勝手の良いように作り出しました。

ですから、もし、この宇宙物質界に時間という「事実」と「真実」がないとすると、アインシュタインの発見をはじめとする、すべての**「科学」**が**「嘘学《うそがく》」**として無能化し風化してしまうことになります。

科学の限界は、光の速さを超えるものは存在しないという、アインシュタイン理論の下に、すべての理論の枠組みと限界域が、光速限界に置かれたことにあります。

すなわち、科学は時間軸の範疇《はんちゅう》の中で、時空に存在する現象や事象を検証して、時間と空間と質量と波動という距離間のカテゴリーの中で、すべてを理論づけようと試みてきました。

なぜならば、すべての**「嘘」**と**「偽り」**と**「間違い」**の原因は、物質で作られている他人である肉体が、自分だと思い込んで勘違いしてきたからです。

今の初めはいつですか？　と尋ねられたら、今ですとしか答えられません。今の終わりはいつですか？　と尋ねられたら、今ですとしか答えられません。今の今はいつですか？　と尋ねられたら、今ですとしか答えられません。

今の初めも今であり、今の終わりも今であり、今の今も今でしかありません。どこから尋ね求めても、今は今でしかありません。

結論からいって、宇宙物質界には時間という真実も事実も存在しません。

なぜならば、「今」という唯一無二の時を刻み続けているという、真実と事実しか存在していないからです。これも紛れもない事実です。

もし、時間軸なるものがあるという人がいたら、「今」というゼロ時限の他に、まったく同じ「今」というゼロ時限が、「唯一無二」ではなく、**「唯二無三」**で存在していることを、事実をもって証明していただきたいと思います。

宇宙意識場は、**「今」**という**「ゼロ時限」**のみが、**「今の連続性」**に於いて、**「永遠」**に**「唯一無二」**の**「今」**であり続けているからです。

この事実と真実を、**「真学《まことがく》」**として教えないから、過去の不快な感情の意識に支配されて、未来に対する不安と恐怖の意識で生きなければならないようになっています。

すなわち、**「今」**という瞬間は、アルファでありオメガであり、初めであり終わりであり、初めと終わりが、同時に存在し同時に消滅して、原因と結果が、同時に存在し同時に消滅して、初めなき終わりなき、原因なき結果なき**「有って無いもの」**であり**「無くて有るもの」**として、永遠に存在し続けているからです。

✦**「今」には時間軸も空間もない、「ゼロ次元」で「ゼロ完結」しながら、「今」であり続けている普遍的な存在**

「有って無いもの」であり**「無くて有るもの」**とは、過去や未来という時間軸が存在せず、「今」という「ゼロ時限」のみが、存在し続けていることをいいます。

「今」には時間軸も空間もない、「ゼロ次元」で「ゼロ完結」しながら、「今」であり続けている普遍的な存在をいいます。

なぜならば、過去と未来の事実を証明し保障する技術も方法もないからです。

過去という推測と憶測は存在します。当然、未来という妄想と幻想も存在します。

しかし、**「事実」**と**「真実」**は、**「今」**のみにしか**「存在」**していません。

「今」が、唯一無二の事実であり、「今」が、オンリーワンの真実として、瞬間、瞬間にあり続けているからです。

「今」の事実と真実は、後にも先にも二度と再び、永遠に同じモノが存在しないから、「事実が保障」され「真実が保証」されていると、僕は理解しています。

もし同じモノが二つ以上存在すると、必ず、お互いが斥力《せきりょく》を派生して、カオスやエントロピーが拡大し増大していくことになるからです。

この時点で時間軸の範疇《はんちゅう》にある科学は、**「嘘学《うそがく》」**ということになり、私の意識体にとっては、すでに無能化してしまいます。

すなわち、時間軸には、**「事実を保障」**して、**「真実を保証」**する根拠は、どこにも存在していないということになります。これも紛れもない事実です。

「時間軸」は、肉体が自分であると思い込んで勘違いしている人たちが、**「物質脳」**の「欲望」に支配されて作り出した**「物質世界」**の概念に過ぎません。

故に、時間という概念は、他人である肉体の物質世界では通用しますが、自分である意識体の意識世界では、一切、通用しない概念です。

物質世界に於いて、過去だとか、未来だとかと言って、便宜上、使い勝手よく使う分には、一向に問題はないと、僕は理解しています。

ただし、自分である意識体の意識世界では、「今」にしか事実も真実も存在しない、唯一無二の瞬間であることとの理解が大前提だと、僕は思います。

「過去」と「未来」という時間軸は、「嘘」であることを理解して、便宜上、使うのであれば一向に構わないと思います。

なぜならば、他人である肉体の時間軸のある物質世界から、自分である意識体の「今」しか存在しない意識世界に行くための準備を、唯一しているからです。

故に、「他人の意識」である「肉体の意識」に支配されている「物質脳」は、過去の不快な恩讐《おんしゅう》や未来の不安や恐怖に支配されて、「今」を「仕方なく」無目的かつ無価値に生きているのです。

すなわち、今を生きているとはいえ、過去と未来に呪縛《じゅばく》されて生きています。

今を生きる訓練と準備をしておかないと、意識界に行ってから過去の亡霊や妄想や幻覚に悩まされることになるからです。

なぜならば、私たちの肉体の感情によるカルマやカオスは、過去の推測や憶測、未来の幻想と妄想という時間軸によって、作り出されている「意識」だからです。

また、他人である肉体の脳の破壊と共に、すべての肉体記憶が、無能化して消滅すると同時に、自分である意識体の潜在的な記憶が、意識界にて意識体の記憶として善くも悪くも、覚醒して蘇《よみがえ》ってきます。

脳細胞が破壊された瞬間に、脳の記憶の価値観である地位や名誉や財物などは、すべてが失われる宿命にあるからです。

唯一、意識体の情動によって、善くも悪くも築き上げた意識体の記憶は、意識体と共に意識界に持っていくことになります。

まして、複雑怪奇な**「意識体の世界」**や**「無形の世界」**や**「自由な世界」**を、時間という枠組みで拘束することは、絶対に不可能であり無謀なことだからです。

他人である肉体の物質世界では、時間軸は通用しても、自分である意識体の意識世界では、時間軸は、一切、通用しない概念だと、僕は理解しています。

なぜならば、僕が経験した意識の世界は、光でさえ止まっている無空の世界観だったからです。

この時点で時間という概念と、時間軸という存在は、「嘘」ということが、明確に証明されることになります。

このことについては、後ほど詳しく証明します。

✦「今」という「ゼロ時限」は、オンリーワンの瞬間であり続けている

この基本的な事実と真実を理解した上で話を進めていきましょう。

では、宇宙意識場の時間軸と場の広さはどのようになっているのでしょうか。

なぜ、時間と空間という「時空」は存在しないのか？　について、その事実と真実の証明をしていきたいと思います。

まず、そもそも宇宙意識界に時間というものが存在しているのかという素朴な疑問について検証し、根本的な証明を試みてみましょう。

先ほども言及しましたが、僕は幼少期からいつも不思議に思っていたことがあります。

未来や過去という言葉があるのに、どうして未来や過去に行くことができないのか？

それどころか、そもそも、未来や過去という事実は存在しているのか？　はたまた、事実は

「今」に保障されて、**「今」**のみに真実として保証されているのか？　などという素朴な疑問です。

過去の歴史が、歴史学者によって、あたかも事実のように語られていますが、**「今」**、過去の事実を保障して、証明する方法も技術も存在していないと、僕は思ったからです。

真実として存在するのは、歴史学者たちの単なる推測と憶測に基づく、彼らの**「推理欲求」**を満たすことと、自分自身が推理したことを、人に認めてほしい、評価してほしい、すごいと言ってほしい、という「自己満足」と「自己陶酔」である**「承認欲求」**にあると、僕は、歴史学者の言動を観たり聞いたりしていて、そのように思います。

まさしく、**「歴史学」**は、過去という「虚相世界」の「嘘学《うそがく》」に基づく、歴史学者の自己欲求と自己満足による推理と推測と憶測にあると、僕は理解したからです。

もし、異論や反論がある歴史学者がいましたら、歴史の事実を保障して真実を証明してほしいものです。

なぜならば、それぞれの歴史学者の言っていることは、何一つ整合しないでバラバラだからです。

ですから、時間という概念は、人間の都合や使い勝手によって、人間の知識が人間のみに通用する**「枠組み」**として、人間が、「人間の人間による人間のために」作り出した概念の一つに過ぎないと、僕は思います。

宇宙意識界は、**「今」**という**「ゼロ時限」**に於いて、**「ゼロ次元」**で**「ゼロ完結」**する、**「今」**の**「連続性」**の中に**「永遠」**に存在し続けています。

「ゼロ時限」に於いて、**「ゼロ次元」**で**「ゼロ完結」**するということは、すべてが瞬間、瞬間に於いて、**「唯一無二」**であり、**「オンリーワン」**の存在であり続けていくことをいいます。

なぜならば、それを裏づける根拠は、すべてのモノが、後にも先にも二度と再び訪れることのない、「今」という、唯一無二の瞬間、瞬間に存在して、オンリーワンの「今」を刻み続けているからです。

もし、時間軸はあると公言する人や、異論や反論のある人たちは、「今」が唯一無二の存在ではなく、**「唯二無三」**の存在であり、「今」には、距離と空間があって再現が可能であることの、「事実を保障」して「真実の保証」を、誰でもわかるように、証明しなくてはいけなくなります。

「ゼロ完結」とは、初めであり終わりであり、原因であり結果であり、初めなき終わりなき、原因なき結果なき、破壊なき創造なき、初めと終わりが、原因と結果が、破壊と創造が、**「同時」**に存在し、**「同時」**に展開し、**「同時」**に完結していく、**「有って無いもの」**であり、**「無くて有るもの」**の存在であり続けることをいいます。

ゼロ完結は、普遍的な**「理論」**に基づいている唯一無二の**「完結」**です。

「他人の意識」である「肉体の意識」に支配されている「物質脳」は、必ず、「初めはいつかなぁ～？　終わりはいつかなぁ～？」、「原因は何かなぁ～？　結果は何かなぁ～？」などと考え知りたがる**「物質脳癖」**があります。

この「物質脳癖」がある限り、「ＣＯＳＭＯＳの法則」は、永遠に理解できなくなってしまいます。

すなわち、**「今」**という**「ゼロ時限」**は、アルファでありオメガであり、初めであり終わりであり、原因と結果が同時に存在し、初めなき終わりなき、原因なき結果なき、破壊なき創造なき、**「有って無いもの」**であり**「無くて有るもの」**の存在です。

「有って無いもの」であり「無くて有るもの」については、後ほど、詳しく解説します。

まさしく、「今」という「ゼロ時限」は、瞬間、瞬間に於いて、唯一無二の瞬間であり、オンリーワンの瞬間であり続けているからです。

他人である肉体が自分だと思い込んでいる人たちは、「有って無いもの」であり「無くて有るもの」または「有るけど無い」、「無いけど有る」と言ったら、必ず、「面倒くさいから、どっちかにしてくれ」と、声を揃えて言います。

なぜならば、物質世界の他人の「肉体の意識」である、物質脳に於ける科学的な現象の世界には、絶対にあり得ないことだからです。

✦「COSMOSの法則」は、意識世界に通用する理論や法則

「COSMOSの法則」は、物質世界には、絶対にあり得ない理論であり法則になっています。

意識世界に通用する理論や法則だからです。ですから、逆にいうとフェイクワールドである物質世界に通用する理論や法則や原理だったら、それこそ実相の**「真学《まことがく》」**ではなく、虚相の**「嘘《うそ》学《がく》」**になってしまいます。

他人である肉体の物質世界は、常に、枠組みがある**「不自由」**と**「不可能」**の意識へと方向づ

けられていて、自分である意識体の意識世界は、常に、枠組みのない**「自由」**と**「可能」**の意識へと方向づけようとしています。

すなわち、物質世界と意識世界は、常に、**「真逆」(Paradox)**の**「パラダイム」(Paradigm)**に方向づけられた、まったく異質であり異次元の世界だからです。

ですから、物質世界に存在するモノや、通用するモノは、一切、意識世界には、存在していません。当然、通用もしません。

例えば、物質とか数字とか、時間とか空間とか、概念とか言葉とか、衣、食、住などに関する物理的な事象や現象は、一切、存在していません。

なぜならば、物質世界と意識世界は、一事が万事に於いて、すべてが真逆の存在になっているからです。

ですから、物質世界に存在して通用する法則と原則と理論は、意識世界には、まったく存在しないし、通用しない法則と原則と理論になっています。

「COSMOSの法則」は、徹底して意識世界に通用する、法則や原則や理論を追究してきました。

なぜならば、**「コスモスの意識」**(秩序創世の意識)に基づいて、私たちの意識体は、「心」を親として、「魂」を子として、**「心」**であって**「魂」**であり、**「魂」**であって**「心」**である、心と魂は、「一如」の存在であって、まったく同じモノとして存在しているからです。

「私である意識体」は、「心魂一如の意識体」ですから、「私の意識」が、「心」と「魂」の中心に存在しながら、意識世界に於いて、唯一無二の「意識体の意識」として存在し、オンリーワンの「私の意識」の「意識体」であり続けています。

すなわち、「私の意識」に於いて、「心の意識」が、創り出す「魂の意識」の世界が、「意識体の意識」の世界として、永遠に、「私の意識」に基づく世界として創り出されながら、あり続けています。

故に、宇宙意識界は、誰かによって作られた世界ではなく、何かによって作られた世界でもなく、すべてが、自分の意識次元に従って「自分の意識」が、永遠に、自由に創り出していく**「無の世界」**なのです。

ですから、僕は、徹底して作られた物質世界に依存して、不自由と不可能になっていく**「自分の意識」**の世界を、疑って、疑って、疑ってきました。

皆さんも、僕が、言っていることは、徹底して疑って、自分である意識体の意識に問いかけながら、一人ひとりの**「リテラシー」**(正しい読解力)に基づいて読み進めてください。

何分、この世に存在しない、まして、まったく通用しない、法則や原則や理論になっているからです。

聞きなれないことばかりですから、同じような内容が、何度も何度も、繰り返し繰り返し言及されていますが、またかと思わずに、読み進めてくだされば幸いです。

読み進めていくに従って、自分の世界が、「自分の意識」の世界に創造されていくことに感動すると思います。

僕は、理解しにくい内容を、わかりやすくするために、**「レトリック」**（修辞技法）によって、**「段階的」**に表現していますので、混同しないように読み進めてください。

「ＣＯＳＭＯＳの法則」は、宇宙意識場以上の**「意識の世界」**に通用する法則や原則や理論になっていると、僕は確信しております。

僕が、「ＣＯＳＭＯＳの法則」に至った経緯を、少し紹介しておきましょう。

僕は、幼少期の頃から、この世は、なぜ、不条理や理不尽なことばかりなのか？　また、どうして不調和や無秩序な世界ばかりなのか？　など不思議で仕方ありませんでした。

その**「無秩序」**である**「エントロピー」**の原因は、一体、どこにあるのかを知りたくて、常に、そのことだけを真剣に考えてきました。

その結果、宇宙のすべてが相反《あいはん》するモノによって存在し、相反するモノによって派生する**「揺らぎ」**による、葛藤と摩擦によって生じる、カルマ（罪業）やカオス（混乱と混沌と混迷）やエントロピー（無秩序と不調和）に原因があるのではないかということでした。

では、相反するモノが存在しない世界、ひいては、無秩序も不調和も、一切、存在しない普遍的な世界は存在するのか？　はたまた、存在しないのか？　そのことの解明に没頭してきました。

もし、そんな世界が存在するとしたならば、どんな法則や原則や理論の世界なのかを、一心不乱に「物質脳」ではなく「意識脳」によって探究してきました。

その結果、辿りついた「法則」や「原則」や「理論」が、「ＣＯＳＭＯＳの法則」という普遍的な真理だと、僕は確信しています。

ですから、物質世界や意識世界には、まったく通用しない法則や原則や理論になっています。

故に、「COSMOSの法則」は、物質世界や意識世界には、まったく当てはまらない法則と原則と理論であることを、理解して読み進めてください。

この世のフェイクワールドである、虚相世界の常識や良識で理解しようとすると、カオスに陥って、まったく理解できなくなると思います。

✦肉体の宿命は「有って無いもの」、意識体の宿命は「無くて有るもの」

「有って無いもの」であり「無くて有るもの」を、検証して事実を理解しやすく保障するには、意識体と肉体の存在目的と存在価値が、真逆であることを検証しながら、事実と真実を保障していくことです。

他人である肉体が、自分だと勘違いしている人たちの死生観では、現世に誕生してから、肉体が**「動けない病《びょう》」**に罹《かか》るまでの期間に於いて、肉体を養い生かすことが、唯一の存在目的と存在価値になっています。

他人である肉体が現世に誕生した瞬間は、誰もが等しく、現世の価値観である地位もなく、名誉もなく、財産などもなく、借金もありませんでした。

他人である両親や祖父母の地位や名誉や財産や借金はあったとしても、いずれも他人のモノは他人のモノであって、自分のモノではありません。

すなわち、何もない裸の状態で誕生して、人生が始まったことになります。

このことは、紛れもない事実であって、誰も否定する人はいないと思います。

では、他人である肉体が、現世の終焉《しゅうえん》である死を迎えた時は、どのような状況なのでしょうか？

それは、現世の肉体の価値観で築いた地位も名誉も財産なども、すべて「無」に帰して何もない**「無」**の状態であり、誰もが等しく**「荼毘《だび》」**に付されて、骨となり灰となって没していく宿命にあります。

他人である肉体の現世に於ける、存在目的と存在価値は、**「無」**で始まって**「無」**で終わる宿命になっているからです。

なぜならば、初めと終わりは、原因と結果に於いて、一致するようになっているからです。

他人である肉体の人生の初めが**「無」**で始まって、**「無」**で終わって一致するわけですから、他人である肉体を養い生かすために、一生涯をかけた艱難辛苦《かんなんしんく》と難行苦行《なんぎょうくぎょう》も、肉体の幸福や繁栄も同じように、泡沫《うたかた》のごとく「他人の意識」である「肉体の意識」であるが故に**「無」**に帰すことになります。

初めも終わりも「無」で一致しているわけですから、人生に於けるプロセスである肉体の養生のための苦労と苦悩と苦悶《くもん》は、残念ながら「無」に帰すことになります。

他人である肉体を養う生き方ではなく、自分である意識体を養う生き方をしてこそ、真実まことの人生の目的と価値を創造することになると、僕は理解しています。

何度も言及しますが、肉体の「他人の意識」の世界から、意識体の「自分の意識」の世界に行くための、地球生活だからです。

これも紛れもない厳然たる事実だと、僕は理解しています。

他人である肉体は、現世に於いては、事実として**「有って在るもの」**ですが、現世の終焉《しゅうえん》である死を迎えた瞬間に**「無くて無いもの」**になる宿命です。

すなわち、他人である肉体の宿命は、**「有って無いもの」**になる宿命に方向づけられた存在といえます。

では、自分である意識体の存在目的と存在価値は、何かといいますと、他人である肉体の虚相世界から、自分である意識体の実相世界である、意識世界に行くための準備以外にないと、僕は思います。

自分の心の意識が、「自由と愛と喜び」という無形の価値を創造して、高次元の自由と愛と喜びの理想の魂の意識を創造して、自分である意識体を、自由と愛の理想の意識体に、唯一、準備するための人生だと、僕は、疑いなく確信しています。

他人である肉体の目から見たら、自分である意識体の存在は、見えない、わからない、感じ取れない**「無」**なる無形の存在です。

ですから、わからない存在であるが故に**「無」**に等しい存在だといえます。

現世に於いて、見えない、わからない、感じ取れない「無」なる無形の意識体は、他人である肉体から見たら、**「無くて無いもの」**です。

意識体は、わからない存在であるが故に、無い存在に等しいからです。

なぜならば、将来の意識界の生活という未知なる未来のために、存在している意識体ですから、わかってしまったら、今を生きる**「自由」**が**「保障」**されなくなるからです。

現世の終焉である肉体の死を迎えた瞬間に、他人である肉体の桎梏《しっこく》から解放されて、自分である意識体は自由になって、意識界に於いて、**「有って在るもの」**になるからです。

すなわち、自分である意識体の宿命は、**「無くて有るもの」**になるように方向づけられた存在といえます。

他人である肉体の宿命は、時間軸に於いて、「有って無いもの」になる宿命に方向づけられていて、自分である意識体は、「無くて有るもの」になる宿命に方向づけられています。

これも厳然たる事実だと、僕は理解しています。決して、僕は嘘をつくつもりはありません。

この肉体の「有って無いもの」の宿命と、意識体の「無くて有るもの」の宿命を、「ゼロに収束」させながら、「有」と「無」の境界点の「ゼロの揺らぎ」を超越して、「ゼロ時限」に於いて、「ゼロ次元」で「ゼロ完結」し続けていく「法則」が、**「COSMOSの法則」**です。

すなわち、地球物質界の下で、他人である肉体の寿命は、80年~90年という時間軸に従って、現世に於いて、肉体は、「有って無いもの」になる、宿命に方向づけられて存在しています。

自分である意識体は、80年~90年という時間軸をかけて、「無くて有るもの」になるように方向づけられて存在しています。

この80年~90年という時間軸を、「今」という肉体の死である「ゼロ時限」にまで収束すると、肉体は「有って無いもの」になって、意識体は「無くて有るもの」になる瞬間を、迎えることになります。

先述しましたように、**「他人の意識」**である**「肉体の意識」**は、肉体の死と共に**「消滅」**していきます。

しかし、**「自分の意識」**である**「意識体の意識」**は、肉体の死と共に**「顕在化」**します。

肉体の死後、**「自分の意識」**である**「意識体の意識」**が、顕在化する世界を**「意識界」**といいます。

故に、私たちは、「他人の意識」である「肉体の意識」の世界から、「自分の意識」である「意識体の意識」の世界に、唯一、行くための準備をしていることになります。

この詳細については、後ほど、誰でも理解できるように、第8章「『COSMOSの法則』に基づく生命原理」にて、解説して証明します。

✦「未来への投資」または「意識界への投資」のために、未知なる意識体が存在している

意識世界の目的と価値観の方向づけは、物質世界には、絶対に存在しない目的と価値観になっていると、僕は理解しています。

故に、既存の有形なる他人である肉体では、未知なる未来を示唆している、無形なる自分である意識体の存在が、まったく理解できないようになっているのでしょう。

そもそも、他人の他人では、それ以上に真実の自分の存在を理解できません。

なぜかといいますと、今を生きる**「自由」**を**「保障」**しながら、未知なる未来の意識界の生活

をするために、唯一の目的である**「未来への投資」**または**「意識界への投資」**のために、未知なる意識体が存在しているからです。

現世の存在である肉体では、未来のための存在である意識体が、絶対にわからないし、理解もできないようになっているからです。

もし、理解できる存在があるとしたら、「物質脳」ではなく「意識脳」だけです。

意識体の次元が高い人ほど、死後の意識界に対する確信と期待が高まっていきます。

真逆に、意識体の次元が低い人ほど、死後の意識界に対する嫌悪感と共に、唯物論者のように存在すら否定するようになってしまいます。

胎児が母親の子宮の中に存在している時は、将来の地球生活を理解して過ごしていたわけではありません。

なぜならば、胎児にとって将来の地球生活は、未知なる未来の世界だからです。

自分である意識体の「有って無いもの」であり「無くて有るもの」の存在は、**「他人の意識」**である**「肉体の意識」**に支配されて、肉体が、自分だと思い込んで、勘違いしている人たちの**「物質脳」**の知識レベルでは、絶対に理解できないようになっていると思います。

肉体の理解と意識体の理解は、真逆に方向づけられていて、目的も価値観も**「真逆」**(**Paradox**)だからです。

なぜかといいますと、「COSMOSの法則」は、物質世界の延長線上で理解しようとすると、意識が混乱と混沌と混迷に陥って、必ず、さまざまなカオス状態(不快な感情)に陥ることになるからです。

「COSMOSの法則」とは、何ものにも影響されずに、普遍的な「調和」と「秩序」を持続可能にして、なおかつ、永遠にコスモス（秩序）を形成しながら存在し続けていく、**「コスモスの世界」**の基本的な法則です。

地球物質界では、絶対にあり得ない**「真逆の法則」（Laws of Paradox）**だからです。

まして、真逆の異次元の意識世界に基づく、「理論」と「法則」ですから、絶対に、**「他人の意識」**である**「肉体の意識」**に支配されて、肉体が、自分だと思い込んで、勘違いしている「物質脳」では理解できないようになっているからです。

「COSMOSの法則」は、意識世界に通用する理論であり法則だからです。

ですから、物質世界には、絶対にあり得ない理論や法則ばかりですから、楽しみにしていてください。

逆に言うと、フェイクワールドに存在したり、通用したりしたら、それこそ「嘘学《うそがく》」そのものになってしまいます。

「有って無いもの」であり**「無くて有るもの」**とは、過去や未来という「時間軸」が存在せず、「距離」も存在せず、「時空」ですら存在していない**「ゼロ次元」**の存在です。

「今」という「ゼロ時限」に於いて、「ゼロ次元」で「ゼロ完結」しながら、普遍的に唯一無二の瞬間、瞬間であり続けている存在だからです。

「有って無いもの」であり「無くて有るもの」については、後ほど、詳しく検証し証明します。

この時点で時間という**「軸」**と、距離という**「間」**と、空間という**「場」**の範疇《はんちゅう》にある、**「物質脳」**の**「嘘学」**は、すでに無能化してしまいます。

肉体が自分だと思い込んでいる人たちの、自然科学や宇宙工学や医学などは、論外になってしまいます。

このことについては、後ほど詳しく証明します。

「僕の意識」が、経験した意識世界は、記憶がさだかではありませんが、光でさえ止まっているように感じた世界でした。

すなわち、地球の科学は、物質世界の時間と距離と空間と質量の範疇で物事を発想し、そのカテゴリーで理論づけようと試みます。

なぜならば、物質世界には、必ず、原因と結果があって、原因と結果には、初めがあって終わりがあり、初めと終わりにはプロセスが存在しているからです。

プロセスには分離間と距離間と時間軸が存在していて、なんらかの質量が、そのプロセスに時間をかけて移動すると、運動エネルギーが派生して、それに伴う時空が、必然的に創造されていきます。

今の初めは今であり、今の終わりも今であり、今の今も今でしかありません。どこから尋ね求めても、事実と真実は、ゼロ時限の**「今」**でしかありません。

物質世界に於いては、相反する未来を代表する「今の初め」と、過去を代表する「今の終わり」を、限りなく「今の今」に近づけていくと、**「ゼロに収束」**しようとして**「ゼロ時限」**の

「今」に限りなく近づいていくことになります。

「ゼロ時限」に限りなく近づいていきますが、「今の初め」と「今の終わり」は、「ゼロの揺らぎ」によって、「ゼロ時限」の「今」にはなれないまま、「今の今」を中心に「今の初め」と「今の終わり」が、揺らぎながらあり続けて「今」に、永遠に近づこうとしていきます。

では、物質世界の「今の今」が、どのようなメカニズムによって、創り出され消滅して、「今の今」としてあり続ける理由と根拠、そして持続可能なメカニズムとシステムとは、どのようになっているのかを、詳しく検証して証明していきましょう。

第6章

「ZEROの法則」と「COSMOSの法則」

✦「ZEROの法則」とは、エントロピーやカオスを秩序と調和に方向づけようとする「ゼロ・バランスの法則」

この物質世界に於ける、「今の今」という事実を、「ZEROの法則」によって、詳しく検証していきましょう。

「ZEROの法則」とは、物質世界の相反するモノの揺らぎによって、派生する**「エントロピー」**（無秩序と不調和）や**「カオス」**（混乱と混沌と混迷）を、**「ZERO」**（ゼロ）に向かって減少・縮小させていって、秩序と調和に方向づけようとする、**「ゼロ・バランスの法則」**のことをいいます。

では、何が故に「今の今」が、「今の今」であり続けているのかを、「ZEROの法則」に基づいて、詳しく検証していきましょう。

物質世界に於ける、限りなく**「遠い未来」**と、限りなく**「遠い過去」**という、相反する大きな**「時間軸」**の**「揺らぎ」**を、小さくし、より小さくしていき、時間軸が存在しない**「今」**という**「ゼロ時限」**に向かって、お互いが打ち消し合いながら、限りなく近づいていきます。

そのことによって、「今」を中心に、最も「ゼロ時限」に近い、未来を代表する**「今の初め」**と、「今」を中心に、最も「ゼロ時限」に近い、過去を代表した**「今の終わり」**が、「ゼロ時限」の**「今」**になろうとして、お互いが打ち消し合う瞬間を迎えます。

「今の初め」と「今の終わり」という真逆のものが、打ち消し合う瞬間にどのような現象が起こるのでしょうか。

真逆に存在する異なったものが、同時にすべて破壊して、同時にすべて消滅するという現象が、物質世界に於いて、果たしてあり得るのでしょうか。

結論です。そのような現象は、物質世界では絶対に起こらないし、あり得ないことです。

なぜならば、我々が存在している物質世界には、**「質量」**と**「時間」**と**「空間」**という**「時空」**が存在しているからです。

物質世界の宿命は、すべてのものが、相反するモノによって、存在を余儀なくされていますから、相反するモノは、どこまで行っても、相反するモノとして存在し続ける宿命に置かれているからです。

前述したように、宇宙物質界には、相反するプラスとマイナスが打ち消し合う数式である1－1＝0というものが、事実として存在していないからです。

宇宙物質界が広大無辺とはいっても、宇宙のどこを尋ね求めても1－1＝0という事実も真実も存在していないからです。

なぜならば、宇宙物質界にはまったく同じモノが、二つ存在しているという**「事実」**も**「真実」**も存在しないからです。

先述しましたが、あなたとすべてに於いて、まったく同じ人が、意識体と肉体と共に存在しているのであれば、1－1＝0は成立します。

しかし、あなたは**「唯一無二」**の存在であり、まったく同じ人は、**「事実」**として**「真実」**として、誰一人、宇宙意識場には存在していません。

もし、存在していると公言する人がいるのでしたら、あなたとすべてに於いて、まったく同じ**「唯二無三」**の人が、もう一人いることの「事実の保障」をして、「真実の保証」を誰にでも理解できるように、お願いしたいものです。

まさしく、すべての存在が瞬間、瞬間に於いて、唯一無二の**「完結したオンリーワン」**の存在だからです。

故に、違うもの同士が、または、異なったもの同士が、打ち消し合っても、完全にゼロ状態の**「無」**になることはあり得ないと、僕は理解しています。

必ず、異なった二つの間には、打ち消し合う時にタイムラグという時間的な**「ズレ」**や**「ブレ」**が生じることになるからです。

すなわち、宇宙意識場にはまったく同じモノが、二つとして存在していない、それぞれが、唯一無二の完結したオンリーワンの存在ですから、相反する唯一無二の「今の初め」も唯一無二の「今の終わり」も、それぞれが完結したオンリーワンの存在だからです。

初めというプラス（＋1）と、終わりというマイナス（－1）が、打ち消し合ってもゼロにはなれず、必ず揺らぎが派生するからです。

この完結したオンリーワンの「今の初め」と「今の終わり」が、「今の今」で打ち消し合う時に派生する、僅《わず》かな揺らぎのタイムラグによって、「今の今」という「ゼロ」に揺らぎという波動が派生することになります。

「今」という**「ゼロ時限」**に於いて、「今の初め」と「今の終わり」が、打ち消し合った瞬間に派生する、**「ゼロの揺らぎ」**は、無限に小さな揺らぎになっても、「今の初め」と「今の終わり」は、唯一無二の存在であり続けています。

「無限」に小さな揺らぎである「ゼロの揺らぎ」とは、カオスやエントロピーが、最も縮小し減少した**「揺らぎ」**の状態をいいます。

わかりやすく言及すると、「今の初め」と「今の終わり」が打ち消し合う瞬間に派生する究極の**「ワン・サイクルの揺らぎ」**または**「ワン・サイクルの波動」**です。

✦宇宙物質界に於いては、「ゼロそのものが、すでに揺らいでいる」

では、**「ワン・サイクルの揺らぎ」**または**「ワン・サイクルの波動」**を無限に小さくした状態とは、一体、どのような状態なのでしょうか？

宇宙分母が「無限大」ですから、無限に小さくなった「ワン・サイクルの揺らぎ」という分子は、必然的に**「ゼロに収束」**しようと限りなく「ゼロ」に近づいていきます。

しかし、「ゼロに収束」しようとしても、永遠に、「ゼロに収束」されないまま、ゼロを中心に「今の初め」と「今の終わり」は揺らぎ続けます。

初めというプラス（＋1）と、終わりというマイナス（－1）が、打ち消し合う数式は、1＋（－1）＝1－1＝0という理論式になりますが、ゼロになろうとしても、ゼロになれないまま、永遠に揺らぎ続けます。

言葉で表現すると「今の初め」足す「今の終わり」は、「今の初め」引く「今の終わり」になりますが、ゼロになろうとしても、ゼロになれないまま、永遠に「今の初め」と「今の終わり」は揺らぎ続けます。

ゼロ自体が僅《わず》かに揺らぐ現象を、**「ゼロの揺らぎ理論」**といいます。このことについては、『**ZEROの法則**』の第6章で、詳しく言及されていますので、ぜひとも、参考にしてください。

すなわち、「今の初め」と「今の終わり」が「今の今」に向かって、無限に小さくなっていっても、ゼロにはなれないまま揺らぎ続けることになります。

すなわち、物質世界に於いては、**「ゼロそのものが、すでに揺らいでいる」**からです。

宇宙物質界に於いて、ゼロは、ゼロになりたくても、ゼロにはなれないまま、永遠に揺らぎ続けていることになります。

ゼロが永遠に揺らぎ続けるが故に、宇宙物質界は、永遠に揺らぎ続ける**「カオスの世界」**と

「エントロピーの世界」を創造する原点になっています。

なぜならば、**「揺らぎ」**そのものが、**「カオス」**であり**「エントロピー」**そのものだからです。

この僅《わず》かな揺らぎの瞬間を、**「ゼロの揺らぎ」（Fluctuations of Zero）**といい、これを創り出すメカニズムとシステムを基礎づける理論を、**「ゼロの揺らぎ理論」（Theory of Zero's Fluctuations）**といいます。

このワン・サイクルの「ゼロの揺らぎ」そのものは**「ゼロ波動」**ともいいます。

このゼロの揺らぎ理論によって、新たに「今の初め」を創り出し、その瞬間に僅かな揺らぎによって、新たに「今の終わり」を創り出しています。

すなわち、「今の初め」を破壊する「今の終わり」の存在がなければ、新たに「今の初め」を創造することができないからです。

「今の初め」が「今の終わり」を創り出し、「今の終わり」が新たに「今の初め」を創り出し、「今の初め」と「今の終わり」が、「今の今」になろうとしてもなれないまま揺らぎ続けています。

「今の今」を中心に相反する「今の初め」という前足と、「今の終わり」という後ろ足が、左足と右足が相互に入れ替わる、**「相対変換の法則」**によって、永遠に「今の初め」と「今の終わり」は、**「有って在るもの」**として、「今の今」を中心にあり続けています。

「ZEROの法則」に基づいて、相反するモノが、ゼロを中心に相対変換しながら、進化または進展していくように仕組まれているからです。

宇宙物質界は、「今の初め」と「今の終わり」が、ゼロ時限の「今」になろうとしても、ゼロの揺らぎ理論によって、「ゼロ時限」になれないまま、**「今の今」**が**「永遠」**に**「持続可能」**な存在になるように、メカニズムとシステムが「ZEROの法則」によって方向づけられているのです。

宇宙物質界に存在するすべてのモノが、ゼロの揺らぎ理論によって創り出されています。

宇宙物質界の「今の初め」と「今の終わり」が、ゼロの揺らぎ理論によって、「今の今」を中心に「今の初め」と「今の終わり」が、相対変換の法則に従って入れ替わりながら、「今の今」が、「有って在るもの」としてあり続けています。

まさしく、宇宙物質界は、「ZEROの法則」に基づいて、アルファとオメガが、初めと終わりが、原因と結果が、相対変換の法則に従って入れ替わりながら、「有って在るもの」として存在し続けています。

相反する過去と未来が、相互に入れ替わる、相対変換の法則によって、「今」という「ゼロ時限」になれないまま、僅かな揺らぎのメカニズムを創り出して、「今の今」で永遠にあり続けています。

「今の初め」と「今の終わり」という相反するモノが入れ替わることで、「今の今」という存在があり続けています。

すなわち、「ZEROの法則」は、「今の今」を中心に、「今の初め」が「今の終わり」になって、「今の終わり」が「今の初め」になって入れ替わる「相対変換の法則」に方向づけられています。

この相反する存在が、相対変換の法則によって、入れ替わる瞬間に「揺らぎ」または「波動」を派生していくことになります。

わかりやすい言葉に置き換えますと、ゼロを起点として相反するモノが、打ち消し合った瞬間に派生する「揺らぎ」または「波動」が、**「ワン・サイクルの揺らぎ」**または**「ワン・サイクルの波動」**として創り出されていきます。

✦宇宙意識場に於ける「ZEROの法則」に基づく「ゼロ波動」は、「ゼロの起点」でもあり、「ゼロの終点」でもある

この「ワン・サイクルの揺らぎ」または「ワン・サイクルの波動」が、完結しながら、新たに「ワン・サイクルの波動」を創造し続けていく現象を**「デジタル波動」**または**「ゼロ波動」**といいます。

「ワン・サイクルの波動」が、完結しないまま、波動が連続してつながっていく現象を**「アナログ波動」**といいます。

「ゼロ波動」とは、「今の初め」と「今の終わり」が、相対変換の法則によって、作り出す「揺らぎ」または「波動」のことです。

その現象によって、「今の今」が、永遠にあり続けていく変換のことであり、**「デジタル変換」**または**「ゼロ転換」**といいます。

この**「ゼロ転換」**は、**「量子転換」**の転換速度よりも、また、この**「デジタル変換」**は、**「ニュ**

ートリノ」の変換速度よりも、はるかに速いスピードで行われています。

人類は、やっと地球物質界に於ける、「量子転換」の実用化や、宇宙物質界の「ニュートリノ」の質量を、確認する段階にまで辿《たど》りつきました。

宇宙意識場は、時空の中に置かれていて、相反するモノが、**「アナログ変換」**という時間軸の中で、永遠に揺らぎ続けている世界ですから、**「カオスの世界」**または**「エントロピーの世界」**ともいえます。

ゼロを起点に、相反するモノが向き合って、**「揺らぎ」**続けることによって、さまざまな次元（一次元、二次元、三次元、四次元など）の**「アナログ波動」**が作り出されて、さまざまな**「カオスの世界」**や**「エントロピーの世界」**が作り出されていきます。

この宇宙意識場の原始的な法則を、**「ＺＥＲＯの法則」（Laws of Zero）**といいます。

宇宙意識場の「ＺＥＲＯの法則」は、**「無くて無いもの」**または**「有って在るもの」**の世界といえます。

なぜならば、宇宙意識場に於いては、**「ＺＥＲＯの法則」**に基づいて、相反する無形の宇宙意識界と有形の宇宙物質界によって、すべてが運用され運行されているからです。

「デジタル」とは、「完結したワン・サイクルの波動のみが、新たに次から次へと完結しながら、普遍的に創り出されていく現象」をいいます。

「アナログ」とは、「ワン・サイクルの波動が、完結しないまま波動化していき、未完結の連続した波動となって、無秩序に多次元化して複雑化していく現象」をいいます。

デジタルは**「完結性」**と**「独立性」**に方向づけられていて、アナログは**「未完結性」**と**「依存性」**または**「干渉性」**に方向づけられています。

完結したゼロ波動に向かってデジタル化していく現象を、**「エントロピー減少の法則」**または**「カオス縮小の法則」**といいます。

完結しないまま波動が、無秩序にアナログ化して、複雑化しながら多次元化して、物質化していく現象を**「エントロピー増大の法則」**または**「カオス拡大の法則」**といいます。

例えば、このワン・サイクルのデジタル波動から、未来の代表である「今の初め」が完結しないままアナログ化して、波動化して伸びていくと、遠い「未来」になり、過去の代表である「今の終わり」が完結しないままアナログ化して、波動化して伸びていくと、遠い「過去」になります。

すなわち、アナログ化した波動が、干渉して複雑に絡み合うことによって、一次元、二次元、三次元、四次元……へと多次元化していきます。

ゼロ波動であるデジタル波動から、アナログ波動へと多次元化することによって、質的にも量的にも複雑化していき、低次元化して物質化していきます。

宇宙意識場は「エントロピー増大型」または「カオス拡大型」のメカニズムによって、完結しないいまま、波動が、**一次元**、**二次元**、**三次元**、**四次元**などの多次元化へと方向づけられていきます。

例えば、無限にエントロピーが増大し続けながら、膨張し続けているのが、まさしく**「宇宙物**

質界」です。

それと同時に、無限にカオスが拡大し続けながら、膨張し続けているのが**「宇宙意識界」**です。

基本的に、「ZEROの法則」に基づく、カオスとエントロピーの世界は、「エントロピー増大の法則」または「カオス拡大の法則」に方向づけられているからです。

宇宙意識場に於ける、**「ZEROの法則」**に基づく、**「ゼロ波動」**は、すべてのモノを生み出して創造していく**「ゼロの起点」**であり、すべてのモノを飲み込みながら破壊していく**「ゼロの終点」**でもあります。

✦虚相世界である物質世界は、区別や差別や格差が、必然的に派生するようになっている

地球物質界のような牢獄世界は、「物質脳」が「欲望」によって支配されて、すべての価値観が**「財物化」**していきます。

その結果、不自由に方向づけられて、さまざまな問題が提起され複雑化することによって、無秩序と不調和が増大して低次元化していくメカニズムとシステムになっています。

その最たる存在が、**「他人の意識」**である**「肉体の意識」**そのものです。

地球物質界だけの現象を検証しますと、そこでは「欲望」によるエントロピー（無秩序と不調和）とカオス（混乱と混沌と混迷）が、無条件で増大化していく、メカニズムとシステムにすべてが方向づけられています。

「ZEROの法則」は、アルファとオメガが、初めと終わりが、原因と結果が、大きなアナログ

の「揺らぎ」または「波動」から、僅《わず》かなデジタルの「揺らぎ」または「波動」へと、エントロピーを減少化して、カオスを縮小化しようと、常に、方向づけて存在しています。

「ZEROの法則」に基づいて、「今の初め」と「今の終わり」が、ゼロ時限の「ゼロ」に向かって近づこうとしても、「ゼロに収束」されることはありません。僅かな揺らぎのまま、デジタルの「ワン・サイクルの波動」または「ワン・サイクルの揺らぎ」によって、相対変換し続けながら、永遠に「今の今」であり続けています。

宇宙意識場は、「ZEROの法則」によって、「今の今」を持続可能にし、永遠に方向づけて無限に存在し続けています。

宇宙意識場は、相反するモノが相対変換していく「ZEROの法則」によって基礎づけられています。

そもそも、虚相世界である物質世界では、どのようなメカニズムとシステムによって、法則や原則や理論が、成り立っているのでしょうか？

よくよく、物質世界を疑って、疑って、疑いながら検証していくと、あることに気づかされます。

それは、虚相世界である物質世界は、すべてが相反するモノや現象や概念によって構成されて、存在を余儀なくされているということです。

もし、この法則に異論や反論がある人は、相反するモノや現象や概念は存在せずに、単独で存在しているものがある、という事実を証明しなければいけなくなります。

相反するモノとの関係は、真逆のロジックとして、それぞれが存在していますから、必ず、両者の関係に区別と葛藤と摩擦が発生して、カルマやカオスが派生することになります。

相反するロジックや存在が、エントロピー（無秩序と不調和）とカルマ（混乱と混沌と混迷）の原因になっています。

その最たるものが、地球物質界に於ける、他人である肉体と、自分である意識体の関係に他なりません。

ですから、必然的に、相反するもの同士による、区別や差別や格差が生じることによって、葛藤と摩擦による闘争や破壊などといった**「カルマ」**や**「カオス」**や**「エントロピー」**が派生することになります。

「ZEROの法則」に基づく、このような現象を**「CHAOS《カオス》の法則」**といいます。

例えば、プラスに対してマイナス、陰に対して陽、N極に対してS極、善に対して悪、優に対して劣、破壊に対して創造、ネガティブに対してポジティブ、内向性に対して外向性、引力に対して斥力《せきりょく》、被害者に対して加害者、女性に対して男性、意識体に対して肉体、自由に対して不自由、有形に対して無形といったように、すべてに於いて、**「真逆」（Paradox）**のロジックが、お互いに存在し向き合って存在しています。

ですから、虚相世界である物質世界は、必ず、区別や差別や格差が、必然的に派生するようになっています。

虚相世界である物質世界を、ゼロの揺らぎの波動にまで無限に、エントロピーを減少させながら、カオスを縮小化して、最高の調和と秩序に方向づけたのが、**「ZEROの法則」**です。

すなわち、**「ZEROの法則」**は、宇宙意識場に於ける、カオスやエントロピーを極小までに収束した、究極の**「カオス縮小の法則」**であり、**「エントロピー減少の法則」**と言っても過言ではありません。

すなわち、宇宙意識場の相反するモノによって派生する、揺らぎや波動を極限にまで縮小または減少させていく法則を、**「ZEROの法則」**といいます。

相反するモノが揺らぎながら、相対変換し続けている宇宙意識場を、作られた**「波動世界」**といいます。

そもそも、宇宙意識場は、「ZEROの法則」によって、永遠に相反するモノが揺らぎ続けながら、永遠に「作られた世界」である、意識波動の「カオスの世界」と、物質波動の「エントロピーの世界」に置かれていることになります。

なぜならば、相反するモノが、永遠に存在し続けているからです。

すなわち、宇宙意識界と宇宙物質界という相反するモノが、重なり合って揺らぎ続ける世界を**「作られた世界」**または**「カオスの世界」**といいます。

あくまでも、**「ZEROの法則」**は、相反する**「宇宙意識界」**と**「宇宙物質界」**が存在する**「宇宙意識場」**に通用する法則と原則と理論です。

✦「COSMOSの法則」は、宇宙意識場の「ZEROの法則」を、はるかに超越した「コスモスの世界」に通用する法則と原則と理論

これから解説していく、**「COSMOSの法則」**は、宇宙意識場の「ZEROの法則」を、はるかに超越した**「コスモスの世界」**に通用する法則と原則と理論になります。

宇宙意識場には、相反する意識世界と物質世界が存在しますが、「コスモスの世界」には意識世界も物質世界も存在していません。

その理由と根拠は、後ほど、誰にでも理解できるように、詳しく解説します。

故に、「コスモスの世界」に通用する内容が多く含まれているため、同じような内容が、何度も、何度も、繰り返し、繰り返し、言及されますが、またかと思わずに読み進めてください。

では、「今」が「ゼロ時限」であり続ける根拠を「COSMOSの法則」で証明していきましょう。

「今の初め」と「今の終わり」が同時に破壊され、同時に創造されなければ、「ゼロ時限」である「今」が、「ゼロ次元」で「ゼロ完結」しながら、唯一無二の「今」で、あり続けるという**「根拠」**と**「事実」**が成立しなくなります。

すなわち、**「COSMOSの法則」**には、相反する**「有って在るもの」**による「相対変換の法則」が、一切、存在しないことになります。

このように破壊と創造が同時に展開する現象が存在することを、後ほど、誰でも理解できるように、**「COSMOSの法則」**で詳しく解説します。

すなわち、「今の初め」と「今の終わり」が、「今」という「ゼロ時限」で同時に「破壊」され消滅すると、「同時」に、「今の初め」と「今の終わり」が、同時に「創造」されなければ、**「今」**という**「ゼロ時限」**に於いて、**「ゼロ次元」**で**「ゼロ完結」**し続けることができなくなります。

「ゼロ時限」とは、「今の初め」でもなく、「今の終わり」でもなく、「今の今」でもなく、「今」に於いて、**「破壊」**と**「創造」**が、**「同時」**に**「存在」**し、**「同時」**に**「展開」**され、**「同時」**に**「完結」**していく現象をいいます。

すなわち、「ゼロ時限」に於いて、「ゼロ次元」で「ゼロ完結」しながら、「今」が、何ものにも影響されずに、普遍的かつ永遠に、唯一無二の「今」であり続けていることになります。

「ZEROの法則」に基づいて、「今の今」を中心に、過去を代表した「今の終わり」と、未来を代表する「今の初め」という、相反するモノが存在するということは、取りも直さず「波動」と「揺らぎ」という時間軸の存在を、証明していることに他なりません。

「COSMOSの法則」は、時間も存在しない、距離も存在しない、空間も存在しない、質量も存在しない、波動も揺らぎも存在しない**「ゼロ次元」**を示唆しています。

このような現象は、虚相世界である宇宙物質界では、絶対にあり得ないことです。

なぜならば、虚相世界である宇宙物質界に於いては、必ず、初めと終わりには**「距離」**があり、原因と結果には**「時間」**があり、破壊と創造には**「空間」**が存在するからです。

故に、**「COSMOSの法則」**は、宇宙意識場の果ての果てである、未知なる無限の宇宙物質界と宇宙意識界の境界域である**「ゼロの揺らぎ理論」**をはるかに超越して、「ゼロ時限」に於いて、「ゼロ次元」で「ゼロ完結」し続けながら、瞬間、瞬間が唯一無二であり、オンリーワンであり続ける「有って無いもの」であり「無くて有るもの」の「無の世界」を、初めて解明した法則であり理論だと、僕は確信しています。

すなわち、時間軸が存在しない、「今」という、「ゼロ時限」であり続けるためには、「破壊」と「創造」が、「同時」に存在し、「同時」に展開されて、「同時」に「完結」しなくてはいけないからです。

このような現象は、肉体が自分だと思い込んで、肉体の**「物質脳」**に支配されて、財物欲という**「錬金術」**ばかりに意識が、凝り固まった「物質世界」の人間には、絶対に理解できないことであり、あり得ない現象だからです。

「過去」と**「未来」**が**「同時」**に存在するが故に、**「今」**という**「ゼロ時限」**であり続けられるのです。

この現象を、詳しく「COSMOSの法則」で検証することによって、「今」が、今であり続けていくメカニズムとシステムが、明確に理解され解明されていきます。

✦宇宙意識場に於いては、「ZEROの法則」に基づいて、相対変換の法則によって、「破壊なき新たな創造はあり得ない」

物質世界は、「ZEROの法則」に基づいて、「今の今」を中心に、既存なる過去を代表した「今の終わり」と、未存なる未来を代表する「今の初め」が、「今の今」になろうとして、打ち消し合った瞬間に、ゼロの揺らぎが派生します。

このワン・サイクルの揺らぎによって、「今の初め」と「今の終わり」が相対変換の法則に従って、「今の今」を中心に入れ替わりながら、「今の今」が、前に進みながらあり続けています。

この「ZEROの法則」を「COSMOSの法則」に置き換えると、次のようになります。

これから、相反するモノが存在しない「COSMOSの法則」を、敢えて、相反するモノの存在によって、**「レトリック」**（修辞技法）で随所に解説していきますので、**「疑問」**や**「矛盾」**を感じることがないように、頭を切り替えてください。

「ゼロ時限」である「今」を中心に、相反するモノが消滅する前に存在している、**「既存」**の「今の終わり」と「今の初め」が、**「有って在るもの」**として存在しており、それを既存なる**「有」**といいます。

すなわち、物質世界に於いては、新たな「今の今」になる前に、既存の「今の終わり」と「今の初め」が、「有」として存在していることになります。

「今の今」を中心に、**「既存」**の**「有」**なる**「有って在るもの」**の「今の終わり」と「今の初め」が、同時に**「破壊」**されると、**「無」**になります。

「無」になることによって、「今の初め」と「今の終わり」を、同時に**「創造」**することができます。

すなわち、破壊によって**「無」**なる、**「無くて無いもの」**にならなければ、新たなモノを創造することができないからです。

わかりやすく言及しますと、限られた土地に古い建物が建っていて、その土地に新たに建物を建てようとしたら、すでに建っている既存の建物を「破壊」して、いったん「無」という更地《さらち》の状態にしない限り、新たな建物を、その土地に「創造」することは絶対に不可能なことだからです。

既存しているものを**「有」**といい、常に、**「有」**は、無条件で**「破壊」**に方向づけられています。

未存の状態を**「無」**といい、常に、**「無」**は、無条件で**「創造」**に方向づけられています。

既存の過去は破壊に方向づけられていき、未存の未来は創造に方向づけられています。

同じように、無形の世界である**「意識」**の世界でも、「無」と「有」は、普遍的に展開されて存在しています。

これから、僕の言うことに、少し**「意識」**を使ってみてください。「あなたは今、右手を意識して見ています。その後、左手を意識して見てください」。

どうでしょうか？　右手を意識して見ている時は、右手の存在は、**「有なる意識」**として、認識していました。

しかし、左手を意識して見た瞬間に、右手の存在は消えて、**「有なる意識」**は、いったん、**「無なる意識」**となって、それから**「無なる意識」**によって、新たに左手の存在が顕現して、**「有なる意識」**として、左手が認識されています。

今度は、「手のひらに載っている、リンゴを意識でイメージしてみてください。その後に、今度は、意識でリンゴからミカンのイメージに変えてみてください」。

どうでしょうか？　最初に意識でイメージしたリンゴの存在である**「有」**が、ミカンを意識でイメージした瞬間に、リンゴの**「有」**なる意識は消滅し、**「無」**なる意識によって、新たにミカンの存在が**「有」**として顕在化してきます。

「意識」でさえ、すなわち、**「有形」**であれ**「無形」**であれ、**「意識」**に存在する、既存のモノを破壊して**「無」**にしない限り、新たなモノを**「有」**として創造することができないようになっています。

宇宙意識場に於いては、「ZEROの法則」に基づいて、相対変換の法則によって、「破壊なき新たな創造はあり得ない」からです。

このメカニズムとシステムを、さらに詳しく検証して解説していきましょう。

意識については、最も重要なことですので、後ほど、詳しく言及したいと思っています。

✦「コスモスの世界」は「有」であって「無」、「破壊」であって「創造」

過去という事実は存在していますが、未来という事実はどこにも存在していないと、僕は理解しています。

過去は**「有」**を代表して、未来は**「無」**を代表しているからです。

故に、**「今の今」**に、最も近い**「今の初め」**は、まだ存在していない未存なる未来の**「無」**を代表して、**「今の終わり」**は、すでに存在した既存なる過去の**「有」**を代表しています。

すなわち、「今の終わり」は、**「既存」**なる過去の**「有」**を代表して、「今の初め」は、**「未存」**なる未来の**「無」**を代表しています。

この理由から、**「無」**なる未来は、誰にもわからない**「未知」**なる**「未存」**の世界になっています。

ですから、常に、私たちは**「無」**という**「未知」**なる**「未来」**の**「創造」**に突き進んでいることになります。

「ZEROの法則」に基づいて、**「既存」**なる**「過去」**は、破壊に方向づけられて、**「未存」**なる**「未来」**は、善くも悪くも創造に方向づけられています。

「無」は、新たなモノを創り出す**「創造」**の**「原因的な力」**になります。

「無」という**「創造」**の**「原因的な力」**を、**「無なる創造原力」**といいます。

「無なる創造原力」とは、自らを創造して、真逆の相反するモノも同時に創造する原因的な力をいいます。

すなわち、**「COSMOSの法則」**に於いては、カオスやエントロピーを派生させないために、**「無なる創造原力」**は、創造のみを行う原因的な力となっています。

「今」という「ゼロ時限」に於いて、「ゼロ次元」で「ゼロ完結」していく創造原力を、**「コスモス創造原力」**（秩序創造の力）といいます。

「有」という**「破壊」**の**「原因的な力」**を、**「有なる破壊原力」**といいます。

「有なる破壊原力」とは、自らを破壊して、真逆の相反するモノも同時に破壊する**「原因的な**

力」をいいます。

すなわち、**「COSMOSの法則」**に於いては、カオスやエントロピーを派生させないために、**「有なる破壊原力」**は、破壊のみを行う原因的な力となっています。

「今」という「ゼロ時限」に於いて、「ゼロ次元」で「ゼロ完結」していく破壊原力を、**「コスモス破壊原力」**（秩序破壊の力）といいます。

創造と破壊が同時に存在するためには、「コスモス創造原力」と「コスモス破壊原力」が干渉し合ったり、影響し合ったり、関わり合うと、必然的に複雑化して多次元化してカオス化していきます。

それにより、タイムラグや不調和や無秩序が生じて、カオスとエントロピー（無秩序と不調和）が、増大していくことになるからです。

なぜならば、「コスモス破壊原力」も「コスモス創造原力」も、それぞれが唯一無二の存在であり、オンリーワンの存在だからです。

「有なる破壊原力」が、「今の終わり」を破壊すると同時に、「今の初め」も同時に破壊すると、**「同時」**に「無なる創造原力」が、「今の初め」を創造し、それと同時に「今の終わり」も創造します。

シンプルにわかりやすく解説すると、「有なる破壊原力」が、「今の終わり」と「今の初め」を同時に破壊すると、**「同時」**に、「無なる創造原力」が、「今の初め」と「今の終わり」を同時に創造していきます。

これまでの解説に於いても、相反する存在がない「ＣＯＳＭＯＳの法則」を、今後もレトリックを用いて解説していますので、混乱しないようにしてください。

「コスモスの世界」は、「破壊」であって「創造」であり、「創造」であって「破壊」である、破壊と創造は、**「一如」**の存在であって、「破壊」なき「創造」なき、「創造」なき「破壊」なき、破壊と創造は、まったく同じ現象であり、そこには区別も距離間も分離間も存在していません。

先ほど言及しましたが、**「一如」**とは、相反する初めと終わり、破壊と創造、原因と結果などの概念が、一切、存在しない、瞬間、瞬間が唯一無二のモノであり、オンリーワンの存在であり続けることをいいます。

それはすなわち、破壊もなければ創造もない、相反するモノの概念が存在しない**「無の世界」**になっているからです。

故に、真実まことの「コスモスの世界」は、「無の世界」であり、**「私の意識」**が**「無限の無なる創造原力」**であり、決して、作られた世界ではなく、**「私の意識」**が、すべてを創り出していく、「自由」と「可能」に方向づけられた意識場の世界なのです。

「コスモスの世界」は、**「有」**であって**「無」**であり、**「無」**であって**「有」**である、有と無は一如の存在であり、「有」なき「無」なき、「無」なき「有」なき、有と無は、まったく同じモノであり同じ現象だからです。

この現象を簡単に表現したのが、**「有って無いもの」**であり**「無くて有るもの」**という理論になっています。

✦相反する概念が存在しない「COSMOSの法則」には、区別も差別も格差も存在しない

「コスモスの世界」は、「今」という「ゼロ時限」に於いて、**「初め」**であって**「終わり」**であり、**「終わり」**であって**「初め」**です。初めと終わりが一如の存在であり、それは、「初め」なき「終わり」なき、「終わり」なき「初め」なき、まったく同じモノです。

故に、区別や分離間や距離間や時間軸が存在したら、絶対に、このような現象は、あり得ないことです。

その根拠と証明と裏づけは、「今」という瞬間、瞬間が、カオスとエントロピーが存在しない、唯一無二の存在であり、後にも先にも二度と再び訪れることのない、オンリーワンの「今」としてあり続けている、厳然たる事実と真実があるからです。

もし、相反するモノによって存在を余儀なくされているのであれば、瞬間、瞬間が唯一無二でありオンリーワンで完結して、あり続けることはできません。

「宇宙意識場」と「コスモスの世界」の決定的な違いは、相反するモノによって、揺らぎや波動なるものが、存在するのか？　存在しないのか？　ということだと、僕は理解しています。

宇宙意識場に於いては、「ZEROの法則」に基づいて、未来を代表する意識世界の「今の初め」と、過去を代表する物質世界の「今の終わり」が、「相対変換の法則」に従って入れ替わりながら、物質世界も意識世界も「今の今」であり続けています。

当然、宇宙意識場は、「今の今」を中心に「今の初め」の「宇宙意識界」と、「今の終わり」の

「宇宙物質界」という相反するモノが、入れ替わることによって、「ワン・サイクルの波動」または「ワン・サイクルの揺らぎ」によって運行されています。

ただ、「他人の意識」である「肉体の意識」の感覚では捉えることができないだけです。

ですから、宇宙意識場に於いては、必ず、多かれ少なかれ、「宇宙物質界」と「宇宙意識界」という相反するモノの間に、なんらかの「波動」と「揺らぎ」という「カオス」と「エントロピー」が存在することになります。

この波動や揺らぎがアナログ化して、さまざまな距離間や分離間や時間軸や空間や質量などの**「時空」**を派生して、宇宙意識場に於いて、宇宙意識界のカオスを無限に拡大して、宇宙物質界のエントロピーを無限に増大していくことになります。

「コスモスの世界」は、「COSMOSの法則」に基づいており、「今」は、初めなき終わりなき、終わりなき初めなき、「初め」と「終わり」は、一如の存在であって、まったく同じ現象です。

「一如」とは、相反するモノが、一切、存在しないことをいいます。

「COSMOSの法則」に於いては、プラスであってマイナスであり、マイナスであってプラスである、プラスとマイナスは一如の存在であり、陰であって陽であり、陽であって陰である、陰と陽は一如の存在であり、善であって悪であり、悪であって善である、善と悪は一如の存在だからです。

ですから、**「初終一如の今」**には、「今の初め」もなければ、「今の今」もなければ、「今の終わり」も存在していません。

すなわち、**「ZEROの法則」**は、**「有って在るもの」**の世界観であり、**「COSMOSの法則」**は、**「有って無いもの」**の世界観です。

そもそも、肉体は**「性欲」**と**「食欲」**という**「欲望」**によって作り出された、奇怪な**「エロス」**（非合理性）の創造物です。

肉体が自分だと勘違いしている、人間の価値観は、何にせよあればあるほど良いと思っています。学歴があればあるほど良い、地位があればあるほど良い、名誉があればあるほど良い、財物があればあるほど良いと思い込んでいます。

しかし、「コスモスの世界」は、無ければないほど、面倒くさいモノが存在しない、「無の世界」に近づいていき、シンプルな秩序の世界に向かっていきます。

すなわち、**「欲望」**は、あればあるほど悪い方向に方向づけられて、なければないほど善い方向に方向づけられていきます。

すなわち、**「今」**には、**「ゼロ波動」**も**「ゼロの揺らぎ」**も存在しません。

当然、波動や分離間や距離間や空間や質量やエネルギーなども、一切、存在しません。

一如の存在は、「初め」であって「終わり」であり、「終わり」であって「初め」である、初めもなければ、終わりもなく、終わりもなければ、初めもありません。

故に、初めなき終わりなき、原因なき結果なき、瞬間、瞬間が**「唯一無二」**の「一如」の存在であり続けているからです。

「今」に未来を代表する「今の初め」と、過去を代表する「今の終わり」という、初めと終わり、原因と結果が存在するとしたら、相反するモノとの分離間と距離間と区別によって**「時間軸」**と**「時空」**が存在することになります。

故に、「ワン・サイクルの揺らぎ」または「ワン・サイクルの波動」によって、カオスの始まりの原因や、エントロピーの始まりの原因にもなります。

ですから、「今」は、**「唯二無三」**の存在ではなく、分離間も距離間も区別も差別も格差も「時空」も存在しません。

もし、**「COSMOSの法則」**に、**「今の今」**が存在するとしたら、取りも直さず、未来を代表する**「今の初め」**と、過去を代表する**「今の終わり」**という、相反する概念が存在することを、認めて証明することになるからです。

未存なる意識世界の「今の初め」と、既存なる物質世界の「今の終わり」という、相反する存在があるということは、宇宙意識場に通用する**「ZEROの法則」**そのものを証明することになるからです。

「COSMOSの法則」は、相反するモノが存在しませんから、「今」は「今」であって、「今」以外の何ものでもないからです。

ですから、**「今」**という、**「ゼロ時限」**に於いて、**「ゼロ次元」**で**「ゼロ完結」**し続けているが故に、唯一無二の「今」として、あり続けているのです。

もし、波動や分離間や距離間や空間や質量やエネルギーなどが、存在したならば、「ゼロ時限」に於いて、「ゼロ次元」で「ゼロ完結」しながら、唯一無二の存在であり続けることは、絶対に不可能なことになるからです。

ですから、相反する現象や概念が存在しない、「COSMOSの法則」には、波動や分離間や空間や質量やエネルギーは、一切、派生しないようになっています。

故に、「コスモスの世界」には、区別も差別も格差も存在しません。

だから、**「今の今」**は、宇宙意識場に於ける、**「ZEROの法則」**には存在しますが、「コスモスの世界」に於ける、**「COSMOSの法則」**には、**「今」**というゼロ時限しか存在しません。

✦「有なる破壊原力」と「無なる創造原力」は一如であり、「時間」も「空間」も「波動」も存在しない

「ZEROの法則」に基づいて、宇宙意識場は、無限にカオスが拡大されながら、宇宙意識界を永遠に膨張させていき、同時に無限にエントロピーが増大しながら、宇宙物質界を永遠に膨張させていきます。

すなわち、宇宙意識場は、カオスとエントロピーの巣窟《そうくつ》といっても、過言ではありません。

しかし、「コスモスの世界」は、極めてシンプルになっていて、宇宙意識場とは**「真逆」(Paradox)**に、極小の**「ゼロ」**に向かって収束しながら、**「ゼロの揺らぎを超越」**していき、最終的に「ゼロ次元」で「ゼロ完結」する**「無の世界」**となっています。

肉体が自分であると思い込んで勘違いしている人たちは、過去の意識によって今を生きて、過去の意識によって未来を生きようとしています。

なぜならば、**「私の意識」**に過去が有ればあるほど複雑化して、**「カオスの世界」**が**「私の意識**

場」に作られていくからです。

しかし、**「私の意識」**に無ければないほどシンプルな「無の世界」である**「コスモスの世界」**が、**「私の意識場」**に準備されていくからです。

このことについては、重要なことですので、後ほど、詳しく解説したいと思います。

故に、「COSMOSの法則」に基づく、「コスモスの世界」は、**「有って無いもの」**の世界になっています。

それが証拠に、常に、私たちは、未知なる未存の**「無の世界」**に向かって、絶えず突き進んでいるという、紛れもない事実と真実が保障されているからです。

故に、宇宙意識場は、既存の作られた世界であり、「コスモスの世界」は、未存の創り出す**「無の世界」**になっています。

すなわち、「ZEROの法則」を「COSMOSの法則」に置き換えると、「コスモス破壊原力」が、既存の「今の終わり」と「今の初め」を同時に破壊すると、**「同時」**に「コスモス創造原力」が、「今の初め」と「今の終わり」を同時に創造していきます。

これは、あくまでも相反するモノが存在しない「COSMOSの法則」を、わかりやすくするために、僕がレトリックによって解説しているだけですので、勘違いしないようにしてください。

ですから、「コスモス創造原力」は、秩序的に創造にのみ役割と責任を持っており、**「ゼロ時限」**に於いて、**「ゼロ次元」**で**「ゼロ完結」**しています。

「コスモス破壊原力」は、秩序的に破壊にのみ役割と責任を持っており、**「ゼロ時限」**に於いて、

「ゼロ次元」で**「ゼロ完結」**しています。

実は、**「有」**と**「無」**は、「心魂一如」と同じように、言葉や表現は違いますが、**「一如」**の存在であり、まったく同じモノなのです。

「有」と「無」が「一如」であり、まったく同じ現象ですから、「有なる破壊原力」と「無なる創造原力」の間には、「時間」も「空間」も「波動」も存在しないことになります。

故に、「有なる破壊原力」と「無なる創造原力」は、「一如」であり、まったく同じ現象ですから、同時に破壊と創造が可能になっているのです。

ですから、**「有」**は、**「有って無いもの」**であり、**「無」**は、**「無くて有るもの」**である根拠と証明がここにあります。

「有」と「無」が「一如」であり、まったく同じモノですから、「ゼロ時限」に於いて、「ゼロ次元」で「ゼロ完結」しながら、「有って無いもの」として「無くて有るもの」として、普遍的に唯一無二の存在としてあり続けています。

「有って無いもの」であり**「無くて有るもの」**とは、**「有」**であって**「無」**であり、**「無」**であって**「有」**である、「有」と「無」は、**「一如」**の存在であり、「有」なき「無」なき、「無」なき「有」なき、まったく同じ**「有無一如の存在」**だからです。

ですから、「有なる破壊原力」と「無なる創造原力」が、同時に存在して、同時に展開され、同時に完結していく、「唯一無二」の存在であり、後にも先にも二度と再び存在しない、オンリーワンの存在になっています。

「ゼロ時限」に於いて、すべてのモノが、瞬間、瞬間に、「ゼロ次元」で「ゼロ完結」し続けているが故に、それぞれが、唯一無二の存在であり、オンリーワンの存在であり続けています。

　すなわち、瞬間、瞬間に於いて、すべてのモノが、唯一無二の存在であり、オンリーワンの存在であり続けているが故に、「破壊」と「創造」が同時に存在し、同時に展開され、同時に「ゼロ完結」し続けているのです。

「今」という「ゼロ時限」に於いて、「有なる破壊原力」が、「既存」である「過去」を代表した「今の終わり」を破壊すると同時に、「未存」である「未来」を代表する「今の初め」も同時に破壊します。

　それと同時に「無なる創造原力」が、「未存」である「未来」を代表する、「今の初め」を創造すると同時に、「既存」である「過去」を代表する「今の終わり」も、同時に創造して、共に「ゼロ完結」していきます。

「有なる破壊原力」が、「不自由」なる「既存」の「有形実体世界」を破壊すると同時に、「無なる創造原力」が、「自由」なる「未存」の「無形実体世界」を同時に創造していきます。

　すなわち、**「ゼロ時限」**の**「今」**に於いて、「有なる破壊原力」が、「今の終わり」と「今の初め」を同時に破壊すると、**「同時」**に「無なる創造原力」が、「今の初め」と「今の終わり」を同時に創造していきます。

　なぜならば、破壊と創造は言葉や表現は違っても、一如の存在であり、まったく同じ現象だからです。

そもそも、「コスモスの世界」には、初めなき終わりなき、原因なき結果なき、破壊なき創造なき、相反するモノも概念も存在しないからです。

フェイクワールドである、「嘘学《うそがく》」の世界では、相反する「嘘の理論」が公然と、常識のごとく、良識のごとく存在しています。

すなわち、「COSMOSの法則」に於いては、「今」は存在しますが、相反する「初め」と「終わり」という現象も概念も言葉も存在しません。

先ほども言及しましたが、「COSMOSの法則」は、宇宙意識場の果ての果てである、未知なる無限の宇宙物質界と宇宙意識界の境界域である「ゼロの揺らぎ理論」をはるかに超越して、初めて、「ゼロ時限」に於いて、「ゼロ次元」で「ゼロ完結」しながら、瞬間、瞬間が、唯一無二でありオンリーワンであり続けていく、「自由」と「可能」の「無の世界」を解明した、唯一の法則であり、理論だと確信しています。

なぜならば、「コスモスの世界」は、**「有」**であって**「無」**であり、**「無」**であって**「有」**である、**「一如」**の存在であり、そこでは**「有の破壊」**なき**「無の創造」**なき、**「無の創造」**なき**「有の破壊」**なき、破壊と創造が、同時に展開されているからです。

✦「COSMOSの法則」は、相反するモノが存在せず、「相対変換の法則」は存在しないが故にカオスやエントロピーを派生させない

「COSMOSの法則」に基づいて、「有」と「無」は、「一如」の存在であり、まったく同じモ

ノですから、すべての「有なる破壊」と「無なる創造」が、「ゼロ時限」に於いて、「ゼロ次元」で「ゼロ完結」していく、唯一無二の一如の存在であり続けています。

これが、過去と未来が同時に存在して、「今」であり続ける根拠と証明になっています。

「今」という「ゼロ時限」に於いて、「ゼロ次元」で「ゼロ完結」しながら、「コスモス破壊原力」と「コスモス創造原力」が、同時に存在して、同時に展開して、同時に完結していきます。

それぞれが、瞬間、瞬間に於いて、唯一無二で「ゼロ完結」しているから、後にも先にもオンリーワンの存在でしかないからです。

「コスモス破壊原力」と「コスモス創造原力」の**「有」**と**「無」**は、**「有って無いもの」**として、**「無くて有るもの」**として、永遠かつ普遍的に**「一如」**として、**「唯一無二」**のモノとして存在しています。

「コスモス破壊原力」は、自らを破壊し相反するモノも同時に破壊して、「コスモス創造原力」は、自らを創造し相反するモノも同時に創造していく、完結した一如の存在です。

ですから、同時に相反するモノを破壊し、相反するモノを創造するメカニズムによって、「今」が今としてあり続けています。

この相反するモノを、同時に破壊して創造していく現象が、交互に交差して相対変換していくようにみえますが、そもそも相反するモノが存在しませんから、それぞれが**「独立性」**と**「自立性」**を担保して、**「ゼロ完結」**することが可能になっています。

「COSMOSの法則」には、相反するモノが存在しませんから、**「相対変換の法則」**は存在しません。

そのことによって、カオスやエントロピーを派生させないで、永遠にコスモス（調和と秩序）を持続可能にしています。

すなわち、「コスモス破壊原力」と「コスモス創造原力」が、**「ゼロ時限」**を中心に、破壊と創造が、「ゼロ次元」で、**「ゼロ完結」**しながら、**「今」**であり続けています。

故に、「ゼロ時限」である「今」は、「今の初め」と「今の終わり」が、一如の存在ですから**「有って無いもの」**として、**「無くて有るもの」**として、同時に存在し同時に消滅しています。

なぜならば、「初め」と「終わり」という現象と概念が存在しない「一如」の存在であり、「今」に於いては、まったく同じモノだからです。

故に、「今」は、唯一無二であり、オンリーワンの**「時」**を、刻み続けることが可能になっています。

「有るけど無い」されど「無いけど有る」が故に、**「ゼロ次元」**であり続けています。

「ゼロ次元」が成立するが故に、「ゼロ時限」に於いて、「ゼロ完結」していくのです。

なぜならば、「有」であって「無」であり、「無」であって「有」である、有と無は、「一如」の存在であり、唯一無二の「有って無いもの」であり「無くて有るもの」ですから、時間も空間も質量も波動も存在しないからです。

すなわち、「ゼロ時限」に於いて「ゼロ次元」で、「今」が、唯一無二の「有って無いもの」として、「無くて有るもの」として、「ゼロ完結」しながら、普遍的にあり続けている理由と根拠がここにあります。

しかし、肉体が自分だと勘違いしている人たちは、時間と空間と波動と数字に従属しているので、「肉体の意識」に支配されている**「物質脳」**によって、すべてが「嘘学《うそがく》」である「学問」の範疇《はんちゅう》に呪縛されてしまい、理解不能になってしまいます。

そもそも、相反する現象や概念が存在しないのに、存在しないモノを、人間の言葉で説明すること自体に、僕は矛盾を感じてなりません。

なぜならば、「ＣＯＳＭＯＳの法則」は、宇宙意識場には絶対にあり得ない「理論」であり「法則」だからです。

ですから、私たちは、後にも先にも二度と再び訪れることのない、**「唯一無二」**の**「今」**を、経験しながら生きている、という事実と真実がそれを証明してくれています。

今、私たちが経験したことは、後にも先にも未来永劫《みらいえいごう》にわたって、二度と再び同じ経験をすることはできない一回限りの、唯一無二の経験だからです。

✦「コスモスの世界」は、すべてのモノが「一如」の存在、
カルマやカオスやエントロピーは、一切、派生することがない

もう一度、**「宇宙意識場」**に於ける、**「ZEROの法則」**に基づく、「今の今」の**「連続性」**のメカニズムと、**「コスモスの世界」**に於ける、**「COSMOSの法則」**に基づく、「今」の**「完結性」**の違いを検証したいと思います。

宇宙意識場に於ける、**「ZEROの法則」**は、**「ゼロの揺らぎ理論」**によって、「今の今」というゼロを中心に、有なる「今の終わり」が、無なる「今の初め」を破壊すると、ワン・サイクルの揺らぎによって、新たに無なる「今の初め」が創造され、相反する有なる「今の終わり」が創造されていきます。

それはすなわち、「ZEROの法則」に基づいて、相対変換の法則に従って、「今の初め」を破壊する「今の終わり」の存在がなければ、新たに「今の初め」を創造することができないからです。

無なる「今の初め」が有なる「今の終わり」を創り出し、有なる「今の終わり」が無なる「今の初め」を破壊して、「今の初め」と「今の終わり」が、「今の今」の**「ゼロ」**になろうとして、打ち消し合いながら揺らぎ続けて、「初め」と「終わり」が、永遠に相対変換し続けています。

この「ZEROの法則」に基づく、「ゼロの揺らぎ理論」によって、「今の初め」という前足と、「今の終わり」という後ろ足が、左足と右足が相互に入れ替わる、**「相対変換の法則」**によって、永遠に「今の初め」と「今の終わり」は、「今の今」に**「有って在るもの」**として存在し続けています。

それが証拠に、私たちの意識は、常に、時間軸の中に置かれているからです。

「今の初め」と「今の終わり」が、「今」になろうとしても、「ゼロの揺らぎ理論」によって、ゼロになれないまま**「今の今」**という**「連続性」**へと方向づけられていきます。

「コスモスの世界」に於ける、**「COSMOSの法則」**は、極めてシンプルな法則です。

すべてのモノが、**「有」**であって**「無」**であり、**「無」**であって**「有」**である、**「一如」**の存在であり、**「有なる破壊原力」**なき**「無なる創造原力」**なき、**「無なる創造」**なき**「有なる破壊」**なき、破壊と創造は「有って無い」まったく同じ現象だからです。

「有」と「無」は、「一如」の存在であり、まったく同じモノですから、すべての「有なる破壊」と「無なる創造」が、「ゼロ時限」に於いて、「ゼロ次元」で「ゼロ完結」していく、唯一無二の一如の存在であり続けています。

「ZEROの法則」を**「COSMOSの法則」**に当てはめると、「今」に於いて、「コスモス破壊原力」が、「今の終わり」と「今の初め」を同時に破壊すると、**「同時」**に「コスモス創造原力」が「今の初め」と「今の終わり」を同時に創造します。

すなわち、**「COSMOSの法則」**には、相反するモノが存在しませんから、基本的に、**「コスモス破壊原力」**も**「コスモス創造原力」**も存在していません。

敢えて、法則や原則や理論を、論理的に理解しやすくするために、僕が**「レトリック」**（修辞技法）で、わかりやすくしたロジックなのです。

そもそも、モノも、現象も、概念も、言葉も、何もない**「無の世界」**を、モノや現象や概念や言葉で証明することは、ほとんど不可能であると、僕は思っています。

宇宙意識場に存在しないものを、レトリックで表現していくことには、限界がありますが、敢えて挑戦させていただきました。

「COSMOSの法則」には、人間が作り出した**「言葉の概念」**が、一切、存在していませんから、破壊という言葉も、創造という言葉も存在していません。当然、初めという言葉も終わりという言葉も存在していません。

そもそも、破壊という現象もなければ、創造という現象も存在しません。初めという現象もなければ、終わりという現象も存在しないからです。

なぜならば、初めと終わりも、原因と結果も、破壊と創造も、陰と陽も、有と無も、生と死なども、すべてが「他人の意識」である「肉体の意識」が、**「物理的な現象」**を経験することによって、物質脳の知識が作り出した存在だからです。

唯一、**「無の世界」**に存在できるモノは、「ゼロ時限」に於いて、「ゼロ次元」で「ゼロ完結」しながら、唯一無二の存在であり、オンリーワンの存在であり続ける**「私の意識」**だけだからです。

もし、あなたが生まれた時から、視覚もなく、聴覚もなく、嗅覚もなく、味覚もなく、触覚もなく、ただ肉体の生命だけが存在していたら、あなたの意識には、このようなモノや現象や概念や言葉が存在していたでしょうか。

おそらく、「他人の意識」である「肉体の意識」が、物理的な現象を五感で経験できなければ、物質脳は、このようなモノや現象や概念や言葉を作り出せなかったと、僕は理解しています。

あくまでも、このようなモノや現象や概念や言葉は、「他人の意識」である「肉体の意識」が、物理的な現象を経験することによって、物質脳が物質世界で作り出した概念であり言葉だからです。

すなわち、相反するモノが存在しませんから、揺らぎも波動も存在しません。

故に、揺らぎや波動から作り出される、さまざまな現象が存在せず、そこから作り出される概念すら存在しませんから、言語化されることもありません。

僕の意識体の**「意識の世界」**を、そのままストレートに表現できれば、本当に楽だと痛感しています。

ですから、「コスモスの意識」である「コスモスの世界」に於いては、「今の初め」と「今の終わり」が、「今の原因」と「今の結果」が、「今の破壊」と「今の創造」が、「今」という「ゼロ時限」に於いて、「一如」として同時に存在して、「ゼロ次元」で同時に展開して、「ゼロ完結」するようになっています。

わかりやすく言及しますと、コスモスの世界には、初めなき終わりなき、原因なき結果なき、破壊なき創造なき、相反するモノは、一切、存在しないということになります。

ですから、「コスモスの世界」は、すべてのモノが、「一如」の存在ですから、「波動」も「時間」も「距離」も「空間」も「質量」も「エネルギー」も存在しないと理解してください。

故に、カルマやカオスやエントロピーは、一切、派生することがありません。

何度も言及しますが、「COSMOSの法則」に基づくと、「今」には、「今の初め」と「今の終わり」という、相反する概念が存在することはありません。

これは、宇宙意識場では、まったく通用しない、あり得ない理論であり法則です。

あくまでも「コスモスの世界」で通用する理論であり法則だからです。

なぜならば、他人である肉体の物質世界から、自分である意識体の意識世界も超越して、「コスモスの世界」に行くための準備をしているからです。

ですから、「コスモスの世界」に通用する法則や原則や理論を、自由と感謝と喜びによって、習得していくことが大切だと、僕は思います。

物質世界で通用する法則や原則や理論を、どんなに身につけても、意識世界では、一切、通用しないからです。

「真逆」（Paradox）に、意識世界にある法則や原則や理論は、物質世界には存在しませんし、通用もしません。

また、意識世界で通用する法則や原則や理論は、**「コスモスの世界」**では通用しません。

「COSMOSの法則」に於いては、「ゼロ時限」を中心に**「初め」**と**「終わり」**は、**「原因」**と**「結果」**に於いて、すべてが**「一如」**であり、**「唯一無二」**の存在だからです。

故に、「破壊」と「創造」が、「今」という「ゼロ時限」に於いて、同時に存在して、同時に**「ゼロ完結」**し続けています。

この現象は、他人である肉体が、自分だと思い込んでいる、物質世界の肉体の物質脳のみを頼りにしている、虚相世界の**「嘘学《うそがく》」**では、理解できない法則であり理論です。

ですから、他人である**「肉体の意識」**レベルの知識では、絶対に、**「COSMOSの法則」**を、理解することが、難しいのではないかと思います。

とくに、肉体年齢を33歳以上に重ねて、財物欲に支配された、錬金術だらけの物質脳では、絶対に理解はできないと思います。

ただし、意識次元の高い人たちで、心情的に賢い品位ある人たちは、簡単に理解できるみたいです。

しかし、意識次元の**「低い若者」**は、人生経験の質が低いが故に、「COSMOSの法則」がまったく理解できずに去っていきます。

なぜならば、コスモスの世界の**「COSMOSの法則」**は、面倒くさい肉体の**「欲望」**を超越して、極めてシンプルだからです。

「COSMOSの法則」に基づく、秩序創世の世界は、シンプルであればあるほど「シンプル・イズ・ベスト」の**「無の世界」**になっているからです。

✦宇宙意識場は、相反するモノとの間に分離間と距離間と区別が存在するので、差別と格差という「カルマ」(悪業)を作り出していく

シンプルな**「コスモスの世界」**とは、まさしく、何もない**「無なる世界」**をいいます。

わかりやすく言及すると、**「自分の意識場」**が、落書きだらけのキャンバスなのか、それとも真っ白なキャンバスなのかの違いです。

しかし、「宇宙意識場」の**「CHAOS《カオス》の法則」**は、何にせよ有ればあるほど良いと思っていて、有るが故に、極めて複雑で煩雑《はんざつ》に膨張し続けています。

それが証拠に、私たちの意識体と肉体の関係と同じように、宇宙意識場は、無限にエントロピ

ーが増大し続けている宇宙物質界と、無限にカオスが拡大し続けている宇宙意識界とが、相対的に重なり合って存在しているからです。

宇宙意識場である**「カオスの世界」**に於いて、肉体が自分だと勘違いしている科学者たちは、難しい計算式や理論式に価値があると思っています。

「COSMOSの法則」は、「有るけど無い」いたって、シンプルな法則と原則と理論になっています。

「ゼロ時限」を中心に、完結した唯一無二の「コスモス破壊原力」が、破壊のみを秩序的に行い、完結した唯一無二の「コスモス創造原力」が、創造のみを秩序的に行って、普遍的に相反する破壊と創造を同時に**「ゼロ完結」**しながら、**「COSMOSの法則」**（秩序創世の法則）を、普遍的に基礎づけて、永遠に方向づけています。

カオス（混乱と混沌と混迷）やエントロピー（無秩序と不調和）を増大させないために、お互いが干渉し合ったり、影響し合ったり、関わり合ったりすることは、絶対にあり得ないからです。相反するモノが存在しない「COSMOSの法則」を、敢えて、わかりやすくするためのレトリックだと理解してください。

この理論は、自分である意識体の意識世界が、理論的かつ情動的に理解できないと、まったく理解できない理論となってしまいます。

簡単にいえば、**「欲」**がない人ほど理解しやすくなっているということです。

宇宙意識場の**「ZEROの法則」**は、「有なる破壊原力」が、「今の終わり」という過去を代表した「既存」の「有」を破壊しない限り、「無」なる「未存」の未知なる未来を、「無なる創造原力」が、新たに創造していくことができません。

それはすなわち、「ZEROの法則」に基づく、相反するモノの「有」と「無」による「相対変換の法則」によって、「今の初め」を破壊する「今の終わり」の存在がなければ、新たに「今の初め」を創造することができないからです。

故に、宇宙意識場に於いては、すべてのモノが、相反するモノとの間に、分離間と距離間と区別が存在することになります。

ですから、必ず、差別と格差という**「カルマ」**（悪業）を作り出していくように方向づけられています。

すなわち、「COSMOSの法則」は、自分である意識体の**「意識脳」**の**「愛」**でなければ、理解できない理論であり、**「他人の意識」**である**「肉体の意識」**に支配されている**「物質脳」**の**「欲望」**では、枠組みに囚《とら》われて、絶対に理解することはできないと、僕は思います。

まして、「COSMOSの法則」は、「初めなき終わりなき」、「原因なき結果なき」、「破壊なき創造なき」、**「有って無いもの」**として、**「無くて有るもの」**として、欲望を持ち込むことができない、**「ゼロ時限」**に於いて、**「ゼロ次元」**で**「ゼロ完結」**していく普遍的な法則だからです。

故に、カオスやエントロピーが満ち溢《あふ》れている、宇宙意識場の波動と時間と距離と空間に於ける、物理的な**「宇宙工学」**や**「自然科学」**では、絶対に理解も解釈も納得もできないと思います。

「肉体が自分だと勘違いしている、『他人の意識』」は、常に、波動と時間と空間と質量の中に置かれています。

ですから、必然的に、時間軸と距離間で事象を発想し理解する、**「肉体癖」**が自然と身についています。

ですから、僕は、物質世界である虚相世界を疑って、疑って、疑いながら、意識世界である実相世界の**「情動的」**な**「体験」**を、真実の灯明としてきました。

今の初めは今であり、今の終わりも今であり、今の今も今でしかありません。どこから尋ね求めても**「今」**は、初めなき終わりなき、**「今」**でしかありません。

当然、**「自分である意識体」**にとって、**「宇宙の終わり」**も「今」であり、**「宇宙の初め」**も「今」であり、**「宇宙の今」**も、**「今」**でしかありません。

✦「COSMOSの法則」は、「ゼロの軸」「ゼロの間」「ゼロの場」であり、何ものにも依存、影響されず、独立性と自立性を担保して、普遍的にあり続けていく、「完全」なる「自由」の法則

常に、「コスモスの世界」は、「コスモス破壊原力」が「今」を秩序的に破壊して、「コスモス創造原力」が「今」を秩序的に創造して、「ゼロ時限」に於いて、「ゼロ次元」で「ゼロ完結」しながら、「今」であり続けています。

すなわち、過去と未来が**「一如」**に存在しているが故に、「唯二無三」ではなく「唯一無二」の**「今」**であり続けているのです。

ですから、**「コスモス破壊原力」**と**「コスモス創造原力」**は、**「ゼロ完結」**に於いて、**「有って**

無いもの」として、**「無くて有るもの」**として、**「完結」**なき**「完結」**であり続けています。

この理論を明確にする方法は、真実まことの**「自由」**とはどういうものか、**「不自由」**とはどういうものかを、基本的に理解し納得することだと思います。

真実まことの「自由」とは、すべての**「枠組み」**という**「不自由」**から解放されている状態であり、その状態こそ真実まことの**「自由」**なる**「コスモス」**（秩序創世）といえます。

例えば、「枠組み」がない状態とは、**「時間の軸」**がない状態や、**「距離の間」**がない状態や、**「空間の場」**がない状態などをいいます。

コスモスの意識は、**「コスモスの世界」**に於いて、「コスモス破壊原力」と、「コスモス創造原力」が、一如に破壊と創造を完結するように方向づけています。

宇宙意識場は、**「ZEROの法則」**に基づいて、「今の今」に於いて、「既存」なる「過去」を代表した「今の終わり」を、「有なる破壊原力」が「破壊」して、「無」となった瞬間に「無なる創造原力」が「未存」なる「未来」を代表した「今の初め」を「創造」していく、「相対変換の法則」によって、「今の今」であり続けています。

宇宙意識場は、「今の終わり」の延長である過去や、「今の初め」の延長である未来という、時間軸と空間という**「時空」**に呪縛されて、人類は過去に基づいて未来を思考して、未来を想像しながら今を生きています。

「仕方ある理論」で生きている人たちは、「今」を生きることに自助努力しています。

「COSMOSの法則」に基づいて**「今」**が、「有って無いもの」として、「無くて有るもの」として、何ものにも影響されずに、恒常的かつ恒久的に、永遠に、**「秩序的」**かつ**「調和的」**にあり続けているからです。

僕が、いちばん言いたいことは、「今」が、時の運行として「有って無いもの」として、「無くて有るもの」として、何ものにも影響されずに、永遠かつ普遍的にあり続けていく唯一無二の瞬間だということです。

ですから、「今」を生きることに、自己完結していくことだと、僕は思います。

過ぎてしまえば過去であり、過去は二度と再び訪れることのない、妄想と幻想の中に置かれているからです。

なぜならば、「今」に於いて、すべてが「一如」の存在であり、瞬間、瞬間が唯一無二の自分を自己完結しながら、後にも先にも二度と再び経験することがない、かけがえのない尊い、最高に価値ある**「今」**を、**「自分の意識」**が刻んでいるからです。

故に、「自分である意識体」は、「ゼロ時限」に於いて、「ゼロ次元」で「ゼロ完結」しながら、永遠に、「今」に存在し続けると、僕は理解しています。

ですから、**「私の今」**を、唯一無二の最も尊いかけがえのない、最高に価値ある存在として生きることが、永遠かつ無限の価値ある生命として、あり続けることができる根拠と証明になると、僕は理解しています。

なぜならば、**「今」**が、「永遠の過去」と「永遠の未来」を代表している、唯一の時だからです。

まさに、「COSMOSの法則」は、**「ゼロの軸」**であり、**「ゼロの間」**であり、**「ゼロの場」**であり、何ものにも依存せず、影響されずに、独立性と自立性を担保して、普遍的にあり続けていく、**「完全」**なる**「自由」**の法則だと理解しています。

真逆にいいますと、**「宇宙意識場」**のように、**「軸」**が存在するもの、**「間」**が存在するもの、**「場」**が存在するもの、**「波動」**が存在するものは、すべて**「枠組み」**という「時間」と「空間」という**「時空」**に置かれています。

ですから、自由とは、とても言えない存在だと、僕は思います。

最もわかりやすい例が、意識体の「自分の意識」を不自由にしている、**「他人の意識」**である肉体という**「囚人服」**であり**「奴隷服」**の延長が、まさに、宇宙物質界そのものの存在であり、それ以外の何ものでもないと、僕は理解しています。

自由と不自由の決定的な違いは、自由は、「自分の意識」が無限に創り出せる世界であって、不自由は、「肉体の意識」が作られたモノに依存して従属しなければならない世界です。

結論です。「他人の意識」である「肉体の意識」は、作られた世界に依存して、**「不自由」**であって**「不可能」**であり、**「不可能」**であって**「不自由」**である、「不自由」と「不可能」は、肉体に付随して同根の存在であり、**「不可能」**であり**「不自由」**であり**「不自由」**であり**「不可能」**である、「不可能」と「不自由」は、「肉体の意識」に於いて、まったく同じ方向性を示唆しているからです。

しかし、「自分の意識場」に於いて、本来、**「自分の意識」**は、**「自由」**であって**「可能」**であり、**「可能」**であって**「自由」**である、「自由」と「可能」は、「自分の意識」に付随して、一如の存在であり、**「可能」**であり**「自由」**であり、**「自由」**であり**「可能」**である、「可能」と「自由」は、「自分の意識」に於いて、まったく同じ方向性を示唆しているからです。

なぜならば、「自由」であって「不自由」であり、「不自由」であって「自由」である、「自由」と「不自由」は、「私の意識」に於いて「一如」の存在だからです。

「可能」であって「不可能」であり、「不可能」であって「可能」である、「可能」と「不可能」は、「私の意識」に付随して「一如」だからです。

先ほども言及しましたが、**「COSMOSの法則」**には、人間が作り出した**「言葉の概念」**が、一切、存在していませんから、自由という言葉も不自由という言葉も存在していません。当然、可能という現象も不可能という現象も存在していません。

「一如」とは、相反する自由と不自由、可能と不可能、破壊と創造などの現象や概念や言葉などが、一切、存在しない、瞬間、瞬間が唯一無二のモノであり、オンリーワンの存在であり続けるモノだからです。

肉体が自分だと思い込んで勘違いしている、人間世界の自由は、憲法や法律に従った、条件づきの自由です。

人間は、法の下の自由でしか、自由が許されないほど、劣悪であり醜悪な存在であることを、自らが証明しています。

ですから、人間は自由にしたら、**「欲望」**というカルマに従って、戦争や犯罪や事件などのカオスやエントロピーを、必然的に派生しますので、不自由、極まりない存在だと思います。

少なくとも、他人である肉体の延長線上に存在する宇宙物質界は、すべて「時間の軸」と「距離の間」と「空間の波動」という、不自由な枠組みと呪縛の中に存在しています。

すなわち、物質世界では「枠組み」という境界域と限界域が存在することになります。

ですから、紛れもなく牢獄のような檻《おり》という**「不自由」**な虚相空間であるといえるのではないかと、僕は思います。

第7章

コスモスの意識に基づくコスモスの世界

✦「COSMOSの法則」が、「コスモスの意識」(秩序創世の意識)に基づいて、永遠かつ無限の「コスモスの世界」を創造し、「無限意識場」そのものを形成する

この「コスモスの意識」は、すべてが「ゼロ時限」に於いて、「ゼロ次元」で**「有なる意識」**と**「無なる意識」**が、**「私の意識」**に於いて、「ゼロ完結」しながら、普遍的にあり続けています。

「COSMOSの法則」に基づいて、コスモスの意識の**「コスモスの世界」**は、時間も距離も空間も波動も存在していない、「無の世界」であることの証明になっています。

基本的に、これが無形実体世界である意識世界の**「自由」**と、有形実体世界である物質世界の**「不自由」**を理解していく、重要な**「意識」**の**「方向性」**になると、僕は理解し確信しています。

しかし、宇宙意識場では、**「ZEROの法則」**に基づいて、「今の今」というゼロを中心に、相反する「過去」に対して「未来」、「既存」に対して「未存」、「既知」に対して「未知」、「有」に対して「無」、「今の終わり」に対して「今の初め」、「自由」に対して「不自由」、「可能」に対して「不可能」などの、**「真逆」(Paradox)**のものが必然的に存在しています。

すなわち、「ZEROの法則」に基づいて、「今の今」を中心に、「既存」なる「過去」を代表した「今の終わり」を、「有なる破壊原力」によって破壊しない限り、「未存」なる「未来」を代表する「今の初め」を、「無なる創造原力」によって創造することができないからです。

故に、わかりやすく言及しますと、「今の初め」を破壊する「今の終わり」の存在がなければ、新たに「今の初め」を創造する、という連続性が途絶えてしまいます。

その瞬間に、宇宙意識場の「今の今」という**「時の運行」**は止まってしまうことになるからです。

「今の初め」の延長線上に、未来という空間波動の推測世界を、肉体の**「他人の意識」**が作り出し、「今の終わり」の延長線上に、過去という空間波動の憶測世界を、他人である**「肉体の意識」**が作り出しています。

「ZEROの法則」に基づいて、宇宙意識場は、「今の今」であり続ける存在であり、「宇宙意識場の終わり」も「宇宙意識場の初め」も、「宇宙意識場の今」も**「今の今」**にしか存在していません。

自分である意識体は、地球物質界の枠組みの中で、**「私の意識」**が不自由に飼い慣らされていますから、そのまま不自由な**「地球意識界」**に「私の意識」が行くことになります。

「私の意識」については、最も重要なことですから、後ほど、詳しく解説します。

「COSMOSの法則」とは、「コスモス破壊原力」と、「コスモス創造原力」が、「一如」の「ゼロ時限」に於いて、「ゼロ次元」で「ゼロ完結」しながら、「今」が「有って無いもの」として、「無くて有るもの」として、永遠にあり続けるものです。

なおかつ、何ものにも影響されずに、普遍的に、恒常的かつ恒久的に、永遠に、**「秩序的」**かつ**「調和的」**にあり続けています。

故に、秩序と調和が、**「コスモスの理論」**（秩序創世の理論）を、普遍的に基礎づけています。

私たちは、**「今」**に恒常的に既存なる過去が破壊されて、**「ゼロ時限」**に未存なる未来が恒久的に創造されていく「コスモスの理論」の世界に、包括され統治されながら、普遍的に存在していることになります。

すなわち、「COSMOSの法則」とは、何ものにも影響されずに、普遍的な「調和」と「秩序」を持続可能にしている「根源的な法則」です。

なぜならば、相反するモノが一切、存在しない**「一如の世界」**ですから、カルマもカオスもエントロピーも派生することがないからです。

なおかつ、永遠に、独立性と自立性によって、「自由」と「可能」な**「コスモスの世界」**（秩序創世の世界）を形成しています。

唯一無二の**「私の意識」**が、進化していくために、「有なる意識」と「無なる意識」が、「一如」となって、普遍的に進化し続けていくように、秩序的に仕組まれているからです。

この**「COSMOSの法則」**が、**「コスモスの意識」**（秩序創世の意識）に基づいて、永遠かつ無限の**「コスモスの世界」**を創造して、**「無限意識場」**、そのものを形成していくようになっています。

すなわち、**「COSMOSの法則」**そのものが、「コスモスの世界」であり、**「無の世界」**そのものであるといえます。

✦宇宙意識場では、「宇宙物質界」である「エントロピーの世界」が無限に増大し続け、同時に「宇宙意識界」である「カオスの世界」が無限に拡大し続けている

他人である肉体が、自分であると勘違いしている人たちは、**「宇宙意識場」**を肉体の「他人の意識」である物質脳という**「頭脳」**の**「枠組み」**だけで、天動説的に物質的かつ物理的にしか見ていないと、僕は思います。

宇宙物質界は、どこまで行っても物質界であって、地球物質界となんら変わりありません。

宇宙意識場では、意識次元のカオスが、無限に拡大していって、物質次元のエントロピーが、無限に増大していく、荒涼とした不毛な世界が、永遠かつ無限に広がっています。

宇宙意識場では、**「ZEROの法則」**に基づいて、**「CHAOSの法則」**に従って、**「宇宙物質界」**である**「エントロピーの世界」**が無限に増大し続けて、同時に**「宇宙意識界」**である**「カオスの世界」**が無限に拡大し続けているからです。

すなわち、**「ZEROの法則」**に基づいて、「ワン・サイクルの揺らぎ」または「ワン・サイクルの波動」が、**「CHAOSの法則」**によって、アナログ化した波動が、複雑に絡み合いながら、

さまざまなモノが、多次元化していくことによって、無限にカオスを拡大させながら、宇宙意識界を膨張させて、無限にエントロピーを増大させながら、宇宙物質界を膨張させ続けています。

故に、**「ZEROの法則」**は、**「CHAOSの法則」**の**「初め」**であり**「終わり」**であり、**「カオスの世界」**の**「始まり」**であり、**「終わり」**であり、**「エントロピーの世界」**の**「始まり」**であり**「終わり」**である、といっても過言ではありません。

まさしく、宇宙物質界は、科学が提唱している**「エントロピー増大の法則」**（無秩序増大の法則）そのものを証明している、**「エントロピー増大の世界」**（無秩序増大の世界）になっています。

真逆に、「コスモスの世界」は、**「COSMOSの法則」**に基づいて、宇宙物質界である「エントロピーの世界」や、宇宙意識界の「カオスの世界」を、無限に減少させていって、**「ゼロに収束」**させながら、最終的に宇宙意識場の**「ゼロの揺らぎ理論」**を超越して、「ゼロ完結」の「コスモスの世界」である**「無の世界」**を創造しています。

「ZEROの法則」に基づく、「CHAOSの法則」は、宇宙意識界である「カオスの世界」を無限に拡大させて、宇宙物質界である「エントロピーの世界」を無限に増大させていくために方向づけられています。

「COSMOSの法則」は、「カオスの世界」を**「無限」**に**「縮小」**させていき、「エントロピーの世界」を**「無限」**に**「減少」**させていって、最終的に、すべての意識場を超越した**「無の意識場」**へと方向づけています。

なぜならば、有るが故に複雑化して**「CHAOSの法則」**に方向づけられ、無いが故に単純化して**「COSMOSの法則」**に方向づけられているからです。

「コスモスの世界」である**「無の意識場」**とは、「無」なる**「無限の創造原力」**の世界であり、**「無限意識場」**そのものの世界をいいます。

私たちの意識は、肉体の**「他人の意識」**によって、「無意識」に**「依存」**と**「従属」**と**「不自由」**という世界に、**「私の意識」**が飼い慣らされています。

ですから、肉体が自分だと思い込んでいる「嘘の親子関係」で育った「嘘学《うそがく》」では、「今」に於いて、「私の意識」が、「すべてを自由に創造する」という理論が理解できないと思います。

「人を呪わば穴二つ」のごとく、「自分の意識」が、創り出す不快な心情が、「ブーメランの法則」によって、「自己犯罪」による「自己恩讐」によって、自傷行為や自虐行為に陥っていくことすら、理解できていないと思います。

まして、完結した役割にのみ自己責任を**「ゼロ完結」**する、「有って無いもの」であり、「無くて有るもの」という、基本的な法則や原則を理解することは、極めて困難なことです。

なぜならば、地球物質界は、自己責任を負わない、負いたくないという、被害者意識によって、自己保身による責任転嫁だらけの「カオスの世界」だからです。

他人である肉体を、自分だと勘違いしている人たちは、初めと終わりが同時に存在し、原因と結果が同時に存在し、破壊と創造が同時に存在し、過去と未来が同時に存在し、「私の心」と「私自身の魂」が同時に存在している「一如」の存在であるとは、絶対に思いませんし、考えたこともないからです。

ます。

✦「コスモスの世界」には、相反するモノも概念も存在しない。故に、「今」は存在するが、相反する「初め」と「終わり」という概念は存在しない

「**ZEROの法則**」に基づいて、「**地球意識場**」に於いては、「**自分である意識体**」が、自分の「**親なる心**」の意識によって、自分自身の「**子なる魂**」の意識を成長させ、心と魂という親と子の「**役割**」と「**責任**」が、入れ替わりながら相対変換して意識進化していくように仕組まれています。

肉体が自分だと勘違いしている人たちは、現世の「**心**」と来世の「**魂**」が、相対変換することによって、意識体を成長させ成熟させていく関係であるとは、考えもしなかったことですし、思いもしませんでした。

現世の心と来世の魂というと、まったく違った存在のように思いますが、心と魂は「**心魂一如の意識体**」であって、まったく同じものです。

すなわち、今の心と未来の魂は、意識体に於いて「一如」の存在となっています。

自分である意識体に存在する、「自分の心」と「自分自身の魂」は、「一如」の存在であり、まったく同じ存在なので、「今」に於いて、自分である意識体は、唯一無二の存在であり続けています。

故に、「COSMOSの法則」に基づく、「ゼロ時限」に於いて、「ゼロ次元」で「ゼロ完結」し続けている、相反するモノは、言葉は違っても「初め」と「終わり」も一如であり、「原因」

と「結果」も一如であり、「破壊」と「創造」も一如であり、「心」と「魂」も、「コスモスの世界」に於いては、一如の存在であり、まったく同じ現象だからです。

なぜならば、「COSMOSの法則」に基づく、「コスモスの世界」には、相反する現象も概念も言葉も存在しないからです。

真逆に、「CHAOS《カオス》の法則」に基づく、「カオスの世界」には、相反するモノが絶えず向き合って、揺らぎながら葛藤と摩擦を派生する世界に置かれています。

「有なる破壊原力」と「無なる創造原力」も、コスモスの世界に於いては、「一如」の存在であり、まったく同じモノなのです。

まして、瞬間、瞬間に於いて、唯一無二の存在であり続けていますので、ひと時として同じモノで留まっていることはありません。

すなわち、「コスモスの世界」は、「ゼロ時限」に於いて、「ゼロ次元」で「ゼロ完結」している、相反する概念は、すべてが**「一如」**の存在であり、まったく同じ現象ですから、**「同時」**に存在して、**「同時」**に破壊と創造が展開され、**「同時」**に完結しているのです。

故に、「今」は存在しますが、相反する「初め」と「終わり」という現象や概念や言葉は、存在していません。

これが、初めなき終わりなき、原因なき結果なき、破壊なき創造なき存在であるといえる所以です。

しかし、肉体が自分だと勘違いしている**「嘘の親子関係」**によって、人格形成をした人たちは、自分である**「意識体の心情」**が、他人である**「肉体の感情」**に依存し**「従属」**して**「不自由」**に生きています。

運命の主人であり、人生の主体である、自分である意識体が不在のまま、人生の運用と運行が、「他人の意識」である「肉体の意識」によってなされています。

故に、他人である肉体を養い生かすために、**「仕方ない理論」**に従って、不自由に**「奴隷のごとく」**または**「囚人のごとく」**生きているので、何も考えもしないし、思いもしないし、悩みもしないで常識的に生きていると、僕は思います。

この現象を意識体の情動の世界に置き換えて検証すると、次のようになります。

他人である**「肉体癖」**という囚人癖に支配され、自分の心の意識が、不平や不満という不快な心情に陥ることによって、**「劣悪な心癖」**が、自分自身の魂の意識を、著しく傷つけていき**「醜悪な魂癖」**へと堕落させていきます。

その結果、**「邪悪な意識体の情動」**によって、周りの人たちを不快や不幸に陥れていくエゴイズムの意識体になります。

これが、まさしく「自己犯罪」による「自己恩讐《おんしゅう》」によって、「自傷行為」や「自虐行為」に陥った**「独裁者」**などによる、最悪の「闘争」や「紛争」や「戦争」などに陥れる、究極のカオスとカルマという世界になっていきます。

真逆に、自分の心の意識が、感謝と喜びという愉快な情動になると、自分自身の魂の意識が、著しく高次元に意識進化していって、周りの人たちを幸福にするようになります。

話を戻しましょう。

もう一度、「宇宙意識場」に於ける**「ZEROの法則」**と、「コスモスの世界」に於ける**「COSMOSの法則」**との違いについて言及しておきましょう。

「ZEROの法則」に基づいて、「今の今」を中心に、「有なる破壊原力」が、既存の過去を代表した「今の終わり」を破壊すると、「無」となり「無なる創造原力」が、未存の未来を代表する「今の初め」を創造します。

新たに創造された「今の初め」は、**「相対変換の法則」**に従って、「今の終わり」に転換されていきます。

「ZEROの法則」に基づいて、「今の初め」と「今の終わり」が、「今の今」を中心に、左足と右足が入れ替わるように、「相対変換の法則」に従って、「今の今」であり続けています。

「ZEROの法則」に基づいて、相反する「今の初め」と「今の終わり」が、相対変換する時に派生する「ワン・サイクルの波動」または「ワン・サイクルの揺らぎ」が、まさに、**「時間軸」**という過去と未来のカオスとエントロピーの**「始まり」**になっています。

すべての相反するモノが、必然的に、なんらかの**「波動」**や**「揺らぎ」**を作り出して、宇宙意識界に無限のカオスを拡大していって、宇宙物質界に無限のエントロピーを増大させていくことになります。

すなわち、宇宙意識場に於ける、すべての創造の始まりは、この「ワン・サイクルの揺らぎ」または「ワン・サイクルの波動」から始まっています。

この「ワン・サイクルの波動」または「ワン・サイクルの揺らぎ」が、アナログ化して複雑に絡み合いながら、宇宙物質界は、一次元、二次元、三次元、四次元などへと、エントロピーが無限に増大していき、相対的に、宇宙意識界は、同時に同じように無限にカオスを拡大させていくことになります。

すなわち、「ZEROの法則」に基づいて、有なる有形の宇宙物質界が破壊されると、同時に、無なる無形の宇宙意識界が創造されていくように方向づけられています。

宇宙意識界を破壊する宇宙物質界の存在がなければ、新たに宇宙意識界を創造することができないからです。

次元が増えれば増えるほど、複雑化して混乱と混沌と混迷、無秩序と不調和が作り出されていきます。

「コスモスの世界」は、「COSMOSの法則」に基づいて、「コスモス破壊原力」が、「今」を破壊すると同時に「コスモス創造原力」が、「今」を同時に創造していきます。

まさに、破壊と創造は**「一如」**の存在だからです。

✦「COSMOSの法則」には、波動も時間も距離も時空も質量も存在しない

「COSMOSの法則」に基づいた、破壊と創造は、「ゼロ時限」の「今」に於いて、「ゼロ次元」で「ゼロ完結」しながら、「今」が「有って無いもの」として、「無くて有るもの」として、何ものにも影響されずに、普遍的に恒常的かつ恒久的に、永遠にあり続けています。

このように、「ゼロ時限」に於いて、「ゼロ次元」で「ゼロ完結」しながら、**「コスモスの意識」**が、過去という「今」を破壊していき、未来という「今」を創造していきます。

なぜならば、過去も未来も今に於いて、「一如」であり、まったく同じ現象の存在だからです。「ゼロ時限」に於いて、「ゼロ次元」で「ゼロ完結」する「今」は、**「量子」**の**「転換速度」**や**「ニュートリノ」**の**「変換速度」**よりも、はるかに速いスピードで完結しています。

速いスピードと表現しましたが、正確には、**「時間軸」**が存在していませんので、スピードも距離も空間も存在していません。

なぜならば、**「今」**という**「ゼロ時限」**で**「ゼロ完結」**するということは、初めと終わりが同時に存在し、原因と結果が同時に存在し、破壊と創造が同時に存在する**「一如」**の存在であり、まったく同じ唯一の現象だからです。

「今」は、**「初め」**であって**「終わり」**であり、**「終わり」**であって**「初め」**である、「初め」と「終わり」は**「一如」**の存在であり、**「初め」**なき**「終わり」**なき、**「終わり」**なき**「初め」**なき、「初め」と「終わり」は、同時に展開し同時に完結しているからです。

ですから、同時に存在して、同時に破壊と創造が展開され、同時に完結していく、「唯一無二」の存在であり、後にも先にも二度と再び存在することのない、オンリーワンの「今」であり続けています。

「COSMOSの法則」は、**「ZEROの法則」**に基づく、「ワン・サイクルの波動」による、相対変換の法則に従って、デジタル変換やデジタル転換していく**「ゼロ変換」**や**「ゼロ転換」**さえもはるかに超えています。

すなわち、「COSMOSの法則」には、相反するモノや概念は、一切、存在しませんから、波動も距離も時間も質量も空間も存在しません。

もし、それらの存在があると公言する人がいましたら、「今」という瞬間、瞬間が**「唯一無二」**の存在ではなく、すべてに於いて、まったく同じ「今」という瞬間が**「唯二無三」**として存在していることを、明確な**「事実の保障」**をもって、確固たる**「真実の保証」**を、誰にでも理解できるようにしていただきたいと思います。

肉体が自分だと思い込んでいる、フェイクワールドに於いて、時間軸がフェイクであることがわかっていて、時間という概念を使うのであれば、僕は、一向に構わないと思います。

そもそも、永遠の世界に時間軸が存在すること自体が矛盾しています。

「今」が、**「ゼロ時限」**に於いて、**「ゼロ次元」**で**「ゼロ完結」**していく**「一如」**の存在だから永遠だと、僕は理解しています。

これが、「今」が、初めなく終わりなく、原因なく結果なく、「有って無いもの」として、「無くて有るもの」として、何ものにも影響されずに、普遍的にあり続ける理由です。

このような理論は、物質世界に於ける、自然科学の波動と時間と空間と質量に呪縛されている、肉体が自分だと勘違いしている、物質脳の**「知識レベル」**の科学では、理解も解釈も納得もできないと思います。

そもそも、**「エントロピー増大の法則」**が、まかり通る**「物質科学」**の世界だからです。

他人である肉体は、言葉を必要としますが、自分である意識体にとって、言葉は必要ありませんし、存在すらしていません。なぜならば、意識体の**「情動交流」**だけで、すべてが瞬時にコミットできて、レスポンスできるようになっているからです。

意識界は、意識体の情動だけで、「ゼロ時限」に於いて、すべてが交流するようになっています。

他人である肉体が、自分だと思い込んでいる人たちは、言葉や表現が違うだけで違うものだと理解しています。肉体が自分だと勘違いしていますから、それぞれの国にそれぞれの言葉が、複雑かつ煩雑に存在しています。

「コスモスの世界」には、破壊と創造という言葉の概念すら存在していません。なぜならば、相反するモノが、同時に存在する**「一如」**の存在であり、**「唯二無三」**の存在ではなく、**「唯一無二」**の存在だからです。

故に、**「ゼロ時限」**に於いて、**「ゼロ次元」**で**「ゼロ完結」**する**「COSMOSの法則」**には、速度というものも、時間軸というものも存在していません。

この世界こそが、絶対的な自由世界である**「コスモスの世界」**そのものの「無の世界」になっています。

当然、コスモスの世界には、**「波動」**も**「時間」**も**「距離」**も**「時空」**も**「質量」**も存在しません。ニュートリノでさえ質量が存在しています。

なぜならば、コスモスの世界は、自分の意識体の情動の世界が、自分自身の意識世界であり、コスモスの世界そのものですから、すべてが**「自分の意識」**で**「ゼロ完結」**するようになっているからです。

「自分の意識体」即**「自分自身の意識界」**という**「一如」**の存在であり、「自分の意識体」と「自分自身の意識界」は、まったく同じモノだからです。

このような現象は、「ZEROの法則」に基づく、**「宇宙意識場」**では、絶対にあり得ない現象です。

他人の性欲の精子の意識と、卵子の意識によって作られた、肉体の「欲望」だらけの「他人の意識」に依存して、従属しながら牢獄星で不自由に生きている、虚相世界の人間には、絶対に理解できない「意識の世界」だからです。

他人である肉体の延長線上に存在する、地球物質界も宇宙物質界も、単なる**「虚相世界」**であり、自分である意識体の**「実相世界」**にとっては、単なる**「フェイクの世界」**に過ぎないからです。

私たちの「意識」は、他人であるお母さんと、お父さんによって作られた、肉体の「他人の意識」に「依存」して、なおかつ、すでに作られた既存の「物質世界」に「依存」して、従属しながら**「不自由」**に生きているからです。

人類は、作られた既存の世界に依存して、従属しながら不自由に生きています。

まさに、「不自由」であって「不可能」であり、「不可能」であって「不自由」である、牢獄の囚人のごとき生き方をしています。

あまりにも「他人の意識」である「肉体の意識」によって、「無意識」のまま不自由に飼い慣らされてしまって、「意識体」の「自分の意識」は、極めて不自由な**「マヒ状態」**にあります。

本来、「自分の意識」は、「自由」であって「可能」であり、「可能」であって「自由」である、無限の**「自由性」**と**「可能性」**を秘めた存在なのです。

ですから、**「自分の意識」**が、自由に創り出す**「コスモスの世界」**という、「無の世界」で**「自立」**して、**「自由」**な意識で生きる偉大な価値がわかっていないと思います。

なぜならば、私たちは、38億年にわたって、「他人の意識」である「肉体の意識」に「自由」を奪われ蹂躙《じゅうりん》されて、「自分の意識」が、「不自由」に飼い慣らされてきたからです。

✦真実の意識世界を感得したければ、「COSMOSの法則」を意識脳で理解し納得していくこと

私たちが存在する地球物質界は、肉体を含めて、すべてが作られた**既存**の世界に存在しています。

肉体が自分だと思い込んでいる、宇宙工学や自然科学が対象にしている物理的な現象には、必ず、初めと終わりがあり、原因と結果があり、生と死があって、それはプロセスに於ける、質量と時間と空間がなければ、理論が成立しなくなるからです。

ですから、どうしても「質量」と「時間」と「空間」が、存在しなくてはならない、物質世界の理由と事情があります。

僕は、他人である肉体が、自分であると勘違いしていたことが、はっきり理解できたので、

「物質世界」の常識や良識を疑って、疑って、疑って、**「意識世界」**の真実を、自分である**「意識体」**の**「情動」**の意識によって、たくさん経験することで、心理的に「事実を保障」して「真実を保証」できるように努力してきました。

なぜならば、肉体が自分だと勘違いしている人たちが書いた書物などの、机上の空論ばかりを読みあさって、他人である物質脳の知識を積み重ねても、自分にとって空論は、空論以外の何ものでもないからです。

僕は、人間社会と隔絶して、山に籠もり、食べるものもなく、寝るところもなく、断食や滝行をしながら、真実を求めて、ひたすら、自分が自分自身に向き合って、他人である肉体の存在に対する限界に挑戦してきました。

そうしないと、他人である肉体の物質脳の**「理解」**だけに依存したら支配されて、真実がまったくわからない「嘘」と「偽り」と「間違い」だらけになってしまうからです。

「ゼロ時限」に於いて、**「ゼロ次元」**で**「ゼロ完結」**していく**「無なる創造原力」**と、**「有なる破壊原力」**を、理解することができますと、**「無形実体世界」**である意識世界や、意識体の世界観が理解できるようになります。

しかし、**「欲望」**に従った**「有形実体世界」**である物質世界や、肉体の世界観が、身についてしまうと、なかなか理解することが難しくなってしまいます。

ですから、「鉄は熱いうちに打て」のごとく、無邪気な若い時から、これらの「法則」や「理論」を理解していくことが、とても重要なことではないかと思っております。

「ゼロ時限」に於いて**「ゼロ完結」**した**「有なる破壊原力」**と、**「無なる創造原力」**は、アルファであり、オメガであり、初めであり終わりであり、原因であり結果であり、初めなき終わりなき、原因なき結果なきものです。

初めと終わりが、原因と結果が、破壊と創造が、同時に存在し共時的に展開されている「一如」の存在です。瞬間、瞬間が唯一無二の存在として完結し続けていることが、心情的かつ情動的に理解できます。

真実である意識世界を感得したければ、「COSMOSの法則」を「意識脳」で理解し納得していくことだと思います。

そうすれば、自然と「自分の意識」の中に、意識世界が創造されていきます。

そのことによって、自分である意識体の「無形実体世界」と、他人である肉体の「有形実体世界」のベクトルが真逆であり、他人である肉体の存在目的と存在価値が、「嘘」と「偽り」と「間違い」であることが、よく理解できるようになります。

「ゼロ完結」に於ける、**「COSMOSの法則」**によって、**「今」**が、「有って無いもの」として、「無くて有るもの」として、恒常的かつ恒久的に、何ものにも影響されずに、**「普遍的」**に存在していることがわかります。

このように、**「ゼロ完結の破壊」**という**「無」**によって、**「創造原力」**が派生または発動していき、**「ゼロ完結の創造」**という**「有」**によって、**「破壊原力」**が、必然的に派生または発動して、破壊と創造が同時に「ゼロ完結」していきます。

「ZEROの法則」を「COSMOSの法則」に置き換えて、レトリックによって解説すると、「有なる破壊原力」が、「今の終わり」と「今の初め」を同時に破壊して、「無」になった瞬間に共時的かつ同時に、「無なる創造原力」が、「今の初め」と「今の終わり」を同時に創造して、恒常的かつ恒久的に、何ものにも影響されずに、普遍的に「有って無いもの」として、「無くて有るもの」として存在し続けています。

すなわち、「有なる破壊原力」と「無なる創造原力」が、「今」という**「波動」**と**「時間」**と**「距離」**と**「空間」**のない「ゼロ時限」に於いて、「ゼロ次元」で「ゼロ完結」しながら、唯一無二の「今」であり続けています。

何度も言及しますが、「COSMOSの法則」は、この世の常識や良識を持ち込むと、まったく理解できないものとなってしまいます。

「今」という「ゼロ時限」に於いて「ゼロ次元」で「ゼロ完結」しながら、普遍的に連鎖して創造されていく法則を、**「ゼロ時限」**の**「連鎖法則」**といいます。

この「ゼロ時限」に於いて、「ゼロ次元」で「ゼロ完結」するスピードは、宇宙意識場の**「ZEROの法則」**に基づく、**「ゼロ転換」**や**「ゼロ変換」**を、はるかに超えていることになります。

なぜならば、「ゼロ完結」の「ゼロ時限」には、「波動」と「時間」と「距離」と「空間」と「質量」が存在しない、初めなき終わりなき、原因なき結果なき、「有って無いもの」であり、「無くて有るもの」である、まさに「ゼロ次元」の「一如」の存在だからです。

これを裏づける決定的な証拠は、すべての存在が**「唯一無二」**の存在であり、それぞれが瞬間、瞬間に於いて、**「オンリーワン」**の存在であり、相反するモノは、「ゼロ時限」に於いて、一切、存在しない**「一如」**の存在だからです。

ですから、同じモノが二つ存在する、**「唯二無三」**の存在ではないことを、顕著に証明しています。

すなわち、私たち**「人間意識場」**には、**「ZEROの法則」**に基づいて、有形の**「肉体である物質世界」**の対極に、無形の**「意識体である意識世界」**が存在するように、「地球意識場」には、有形の**「地球物質界」**の対極に、無形の**「地球意識界」**が存在していて、**「宇宙意識場」**には、有形の**「宇宙物質界」**の対極に、無形の**「宇宙意識界」**が存在しています。

いずれにしても、地球物質界と地球意識界という、相反するモノによって構成されている「地球意識場」も、宇宙物質界と宇宙意識界という、相反するモノによって構成されている「宇宙意識場」も、**「ZEROの法則」**の範疇《はんちゅう》に存在していて、すべてが、**「CHAOS《カオス》の法則」**のカテゴリーに置かれています。

すなわち、宇宙意識場は、「ZEROの法則」に基づいて、相反するモノとの「揺らぎ」と「波動」によって存在を余儀なくされています。

ですから、永遠に、「カオス」と「エントロピー」は、膨張し続けることになります。

しかし、**「COSMOSの法則」**に基づく「コスモスの世界」は、相反するモノが存在しない「一如」の世界ですから、「カルマ」も「カオス」も「エントロピー」も、まったく存在しない、唯一無二の完結した「無の世界」になっています。

✦「ZEROの法則」は、「時の連続性」という「デジタル変換」
「COSMOSの法則」は、「時の完結性」という「コスモス変換」

「COSMOSの法則」は、「コスモスの世界」に通用する理論であって、「真逆」(Paradox)に存在する「ZEROの法則」は、「宇宙意識場」に通用する理論です。

宇宙意識場は、相反する意識世界と物質世界によって、成り立っている虚相世界ですから、絶対に「コスモスの世界」には、通用することも、適合することもありません。

当然、まったく適合しない法則であり理論です。

「COSMOSの法則」は、宇宙意識場には、存在しない法則であり、原則であり、理論であるからです。

そもそも、虚相世界である宇宙意識場に適合して、通用するような法則や理論でしたら、反対に実相世界である「コスモスの世界」には、一切、適合しないし、通用もしない法則や理論になってしまいます。

なぜならば、宇宙意識場とコスモスの世界は、**「真逆」(Paradox)**の世界だからです。

自分である意識体の**「無形実体世界」**である**「意識世界」**を**「霊素」**が**「創造」**していき、他人である肉体の**「有形実体世界」**である**「物質世界」**を**「酸素」**などが**「破壊」**していきます。

「霊素」については、後ほど、詳しく解説します。

「無なる創造世界」と「有なる破壊世界」は、常に同時に存在し、宇宙物質界の破壊と共に宇宙意識界の創造が同時になされています。

意識体と肉体の関係と同じように、80年〜90年かけて、他人である肉体の破壊と共に、自分である意識体の創造が、善くも悪くもなされていきます。

なぜならば、他人である肉体の虚相世界から、自分である意識体の実相世界に行くための準備を、地球物質界でしているからです。

この二つの世界は、「ZEROの法則」に基づいて、並行しながら、恒常的かつ恒久的に存在し**「パラレル世界」**（並行世界）を運行しているからです。

このことについては、「COSMOSの法則に基づく生命原理」にて、詳しく解説します。

私たち一人ひとりにたとえると、「無」なる「意識世界」を代表しているのが、**「自分である意識体」**です。

真逆に、「有」なる「物質世界」を代表しているのが、**「他人である肉体」**です。

私たちは、年を重ねるごとに、他人である肉体の破壊がなされていき、それと共に、自分である意識体が善くも悪くも創造されていきます。

なぜならば、私たちは他人である肉体の世界から、自分である意識体の世界に行くための準備を、日々、行っているという、唯一の根拠と証明になるのです。

故に、**「破壊」**なき新たな**「創造」**はあり得ないという、地球意識場に於いて、**「ZEROの法則」**に基づく、**「破壊と創造の原則」**に従っているのです。

物質世界は、**「ZEROの法則」**に基づいて、「今の初め」という「無」を代表した「未来」を破壊する、「今の終わり」という「有」を代表した「過去」の存在がなければ、新たに「今の初め」という「無」を代表する「未来」を「相対変換の法則」に従って、創造することは、絶対にできないからです。

その瞬間に、物質世界の**「時の連鎖」**は途絶えてしまいます。

故に、「今の今」を中心に、過去である「今の終わり」が、「有なる破壊原力」によって、未来である「無」なる「今の初め」を破壊し、未来である「今の初め」が、「無なる創造原力」によって、過去である「有」なる「今の終わり」を創造します。

その持続可能性によって、左足と右足が入れ替わりながら、**「相対変換の法則」**に従って、前足と後ろ足が交互に入れ替わって、前に進んでいくように、**「時の運行」**が「今の今」であり続けながら未来に進んで行きます。

「ZEROの法則」に基づいて、**「今の今」**を中心に、**「今の初め」**と**「今の終わり」**が、相対変換の法則に従って入れ替わりながら、永遠に**「今の今」**であり続ける連続性に「時の運行」がなされています。

ですから、物質世界の事実も真実も、過去や未来には存在せず、「今の今」にしか存在しない理由と根拠がここにあります。

「ＺＥＲＯの法則」に基づいて、「今の今」は、**「時の連続性」**という**「アナログ変換」**に方向づけられていて、「ＣＯＳＭＯＳの法則」に基づく、「今」は、**「時の完結性」**という**「コスモス変換」**に方向づけられています。

せん。

✦「私の意識」にないものは、物質的に「有っても無い」存在
「私の意識」にあるものは、物質的に「無くても有る」存在

「COSMOSの法則」に基づく、「コスモス変換」には、一切、波動も揺らぎも存在していません。

では、「ゼロ時限」に於いて、「コスモス破壊原力」と「コスモス創造原力」によって、「今」が「ゼロ次元」で「ゼロ完結」しながら、**「今の完結」**を普遍的なものにする**「コスモスの力」**（秩序創世の力）の**「正体」**は、一体、何なのでしょうか？

宇宙意識場は、「ZEROの法則」に基づいて、「無なる創造原力」が、「有」という「不自由」に方向づけられて、「有なる破壊原力」が、「無」という「自由」に方向づけられています。

すなわち、「無なる創造原力」は、「不自由」なる「有」へと方向づけられて、「有なる破壊原力」は、「自由」なる「無」へと方向づけられています。

「今」という「ゼロ時限」の中心に存在して、**「無」**にも**「有」**にも、**「自由」**にも**「不自由」**にも、**「無なる創造原力」**にも**「有なる破壊原力」**にも、どちらにも同時に**「自由」**かつ**「可能」**へと方向づける存在とは、一体、何なのでしょうか？

なおかつ、ゼロの揺らぎの中心を超越した**「コスモス」**（普遍的な秩序）を完結して、すべてを統治することができる存在がなければ、「コスモスの世界」は、**「カオス」**が拡大し**「エントロピー」**が増大して、やがて、すべてが無秩序と不調和だらけになってしまいます。

「秩序の中心」に存在し、「自由」かつ「可能」へと展開されて、**「ゼロの揺らぎ理論」**を超越し

た**「コスモス」**を、「完結」させながら、すべてを統治できる存在があるとしたら、その存在は一体、何なのでしょうか？

結論です。それは、まさしく、**「意識」**そのものなのです。

「他人の意識」である**「肉体の意識」**に支配されて、肉体が、自分だと思い込んで、勘違いしている人たちは、「物質脳」である「知識」や「感覚」や「思考」が、「自分の意識」だと大きな勘違いをしています。

「物質脳」である頭脳は、「肉体の意識」の、単なる**「道具」**に過ぎません。

ですから、「道具」である「頭脳」が、何かによって破壊されてしまえば、「道具」は道具でしかありませんから、使い物にならなくなります。

なぜならば、意識体の「自分の意識」が、自分自身であって、肉体の「他人の意識」は、他人の「意識」以外の何ものでもないからです。

「自分の意識」は、まさに「有って無いもの」ですが、「無くて有るもの」なのです。

私たちの身の回りを見渡すと、ありとあらゆるものが存在しています。

しかし、「私の意識」に存在するものは、私にとって「有」として存在していますが、肉体の目や耳などに入っていても、「私の意識」に存在しなければ**「無」**なる存在になってしまいます。

故に、「私の意識」にないものは、**「有っても無い」**存在になっています。

しかし、物質的に存在していなくても、「私の意識」に存在しているものは、「私の意識」に**「有」**として存在しています。

「私の意識」にあるものは、物質的に**「無くても有る」**存在になっています。

すべての存在は、初めと終わりは、原因と結果に於いて、**「私の意識」**にのみ一致しているからです。

「私の意識」に存在するものは、すべてが「有」として存在しています。

逆に、「私の意識」に無いものは、存在していても、無い存在になっています。

すべての存在は、「私の意識」が「初め」であり、「私の意識」が「終わり」であり、「私の意識」が「原因」であり、「私の意識」が「結果」であり、すべてに於いて、「私の意識」に於いて一致しているからです。

極めて重要なことですが、実は、死後の世界なんて無いとか、あの世なんか存在しないと豪語する人がいますが、残念ながら、その人たちには死後の世界も、あの世の世界も存在しません。

なぜならば、その人たちの**「意識」**には、死後の世界も、あの世の世界も存在していないからです。

意識にないものは、一切、存在しませんが、意識にあるものは、すべて存在するようになっているからです。

ですから、その人たちの意識体は、肉体の死後、瞬時に、誰かの受精卵に贖罪降臨《しょくざいこうりん》するか、自殺した人のように、そのまま現世に意識体のまま呪縛され続けるか、どのみち物質世界の範疇《はんちゅう》にしか存在できません。

なぜならば、意識体には時間軸がありませんから、肉体の死と共に輪廻して、意識界の生活すら経験できません。

ですから、そのような人たちのあの世は、この世の物質世界となります。

故に、すべてに於いて、その人の意識次元が、自由法則に基づいて、自由意志と自己決定と自己責任の原則によって、死後の世界が、善くも悪くも決定されていくことになります。

✦「コスモスの意識」とは、何ものにも影響されない「秩序創世の意識」

「コスモスの世界」の**「意識」**とは、簡単に言及すると、「ゼロ時限」に於いて、「ゼロ次元」で「ゼロ完結」して、何ものにも影響されない**「秩序創世の意識」**です。

すなわち、「秩序創世の意識」の中心に、普遍的に存在する意識を**「コスモスの意識」**といいます。

「コスモスの意識」とは、まさに、「ＣＯＳＭＯＳの法則」の中心存在であり、**「秩序創世の意識」**であり、「コスモスの世界」の中心存在でもあります。

この「コスモスの意識」によって、すべてが「ゼロ時限」に於いて、「ゼロ次元」で「ゼロ完結」しながら、「一如」の存在として、「唯一無二」の存在としてあり続けています。

これを可能にする、**「コスモスの力」**（秩序創世の力）は、**「コスモス破壊原力」**（秩序的破壊の力）と**「コスモス創造原力」**（秩序的創造の力）を、**「ゼロ時限」**に於いて、**「ゼロ次元」**で**「ゼロ完結」**することができる、唯一の存在であり、これこそが、**「コスモスの意識」**（秩序創世の意識）そのものなのです。

「コスモスの意識」は、「コスモスの世界」の中心的かつ根源的な**「ゼロ時限の意識」**であり、**「ゼロ次元の意識」**であり、**「ゼロ完結の意識」**です。

故に、「コスモスの意識」には、一切、分離間や距離間や時間軸というものが存在しません。

すべてが「一如」の存在であり、相反するモノが存在しない、まったく同じ現象であるという「意識」しか存在しません。

故に、宗教が論じる人間が作った神なる存在は、宇宙創世の創造主ではありません。

「コスモスの意識」が、すべての「初め」であり「終わり」であり、「コスモスの意識」が、**「コスモスの力」**となり、「コスモスの力」が、**「コスモス破壊原力」**と**「コスモス創造原力」**を**「ゼロ展開」**しながら、「ゼロ時限」に於いて、「ゼロ次元」で「ゼロ統治」しながら「ゼロ完結」しています。

では、コスモスの世界である無限意識場の「自由」かつ「可能」なるものに匹敵するものが、私たちの生命体や意識体に存在しているとしたら、一体、それは何なのでしょうか。

もし、自分である生命体や意識体に、根源的なモノが存在していなければ、コスモスの世界は自分の生命体や意識体にとって、まったく関係のない**「無用の長物」**となってしまいます。

結論です。それは、**「私の意識」**に他なりません。

なぜならば、「私の今」も「私の生命」も「私の意識体」も、「私の意識」にしか存在していないからです。

もし、「今」に「私の意識」が存在していなければ、「今」が存在する意味も意義も価値もありません。

「生命」に「私の意識」が存在していなければ、「生命」が存在する意味も意義も価値もありません。

「意識体」に「私の意識」が存在していなければ、「意識体」が存在する意味も意義も価値もありません。

すなわち、**「私の意識」**が存在していないのに、**「今」**も**「生命」**も**「意識体」**も、ただ存在しているだけでしたら、一切、存在する意味も意義も価値もないことになります。

「私の今」に於いても、**「私の生命」**に於いても、**「私の意識体」**に於いても、ゼロ時限に於いて、ゼロ次元でゼロ完結し続けている、唯一無二の存在は、**「私の意識」**だけだからです。

結論です。すべての存在の**「主人」**であり**「主体」**は、**「私の意識」**そのものだからです。

「私の意識」が存在しなければ、私自身の存在目的も意味も意義も存在価値も失われることになるからです。

実は、**「私の意識」**が、すべての初めであり終わりであり、原因であり結果であり、初めなき終わりなき、終わりなき初めなき、原因なき結果なき、結果なき原因なき、「有って無いもの」であり、「無くて有るもの」の**「正体」**なのです。

「私の意識」だけは、誰が何と言おうとも、絶対に**「自由」**かつ**「可能」**なる存在です。

唯一、過去であって未来であり、未来であって過去である、すべての時空を超えて**「自由」**かつ**「可能」**に方向づけられる存在があるとしたら、それは**「私の意識」**以外にありません。

なぜならば、「コスモスの意識」である**「私の意識」**には、**「時空」**が存在しないからです。

「他人の意識」である「肉体の意識」に、「無意識」のまま従属して、半径1メートル以内の意識で生きている、地球星人の「欲望の意識」には、**「不自由」**と**「不可能」**と**「不平等」**だけが、常に、優先してついて回っています。

「他人である肉体」の物質世界である虚相世界は、**「不自由」**と**「欲望」**と**「不平等」**が満ち溢《あふ》れている**「カルマの意識」**に支配された**「カオスの世界」**だからです。

地位も名誉も財物なども、「自己欲求」と「承認欲求」を満たして、「自己満足」するための**「優生意識」**でしかないと、僕は思います。

すなわち、人間が人間を差別化して、**「優生意識」**に従って、優越感を満たすための目的と価値観でしかないと、僕は思います。

まさに、**「カオスの意識」**とは、肉体の**「欲望」**に従って、「自分の意識」を**「不自由」**と**「不平等」**に方向づけて差別化していく**「優生意識」**そのものをいいます。

地球意識場は、**「カオスの意識」**で満ち溢れていますので、**「コスモスの意識」**が理解しにくいのではないかと痛感しています。

「コスモスの意識」を理解するためには、すべての存在が、「唯一無二の存在であり、最も尊いかけがえのない存在であり、最高に価値あるオンリーワンの存在である」という価値観が、**「自分の意識」**に確立されない限り無理なことです。

「他人の意識」である「肉体の意識」に支配された物質脳の**「欲望」**レベルでは、永遠に理解することはできないと思います。

なぜならば、「カオスの意識」は、**「コスモスの意識」**（秩序創世の意識）である、**「自由」**と**「愛」**と**「可能」**に反して、拮抗する意識になるからです。

故に、**「コスモスの意識」**と**「カオスの意識」**は、**「真逆」**（Paradox）に方向づけられた**「意識」**といえます。

✦「自己犯罪」の質と量で、肉体の死後、意識体が行くべき意識界が決定する

では、**「自分である意識体」**に基づく、**「私の意識」**による**「自由法則」**を、詳しく検証してみましょう。

例えば、最悪の状況を想定してみてください。その最悪の状況をどのように「私の意識」が捉えていくかは、一人ひとりの**「自由意志」**に委ねられています。

最悪な状況を、**「邪悪な意識体」**が、怒りと怨《うら》み、不安と恐怖、不平と不満、血気と怒気などの不快な心情へと、「私の意識」を方向づけるのも**「自由」**です。

真逆に、どんな状況に置かれても、**「慈愛の意識体」**が、ありのままを無条件で全面的に感謝と喜びで受け入れていくように、「私の意識」を方向づけるのも**「自由」**です。

このように、「意識体」の**「意識」**は、それぞれの意識次元が高いか低いかによって、「不快な心情」に方向づけるのか、「愉快な心情」に方向づけるのか、どちらにも「可能」へと方向づけることができるように**「自由法則」**が保障され担保されています。

「私の意識」は、一人ひとりの**「自由意志」**によって、善くも悪くも**「自己決定」**され、結果に対して一人ひとりが、すべてに於いて、**「自己責任」**を負っていく原則に貫かれているからです。

なぜならば、「初め」と「終わり」は、「原因」と「結果」に於いて、すべてが**「私の意識」**のみに一致するからです。

「自由」は一人ひとりの**「意識に保障」**されていて、誰の意識にも入り込めない、**「不可侵不介入の原則」**に貫かれていて、「意識」は、まさに「自由」かつ「可能」に方向づけて、善くも悪くも**「自己完結」**している存在なのです。

ただし、自分の自由意志によって、**「自分の意識」**が、勝手に**「感情移入」**したりすることによって、**「不快な感情」**に「感情支配」されて、劣悪かつ醜悪な**「カオスの意識」**に陥ることはあります。

これも、すべてに於いて、**「私の意識」**は、**「自由法則」**と**「自己責任原則」**が担保されているからです。

他人に対して**「感情移出」**しても「不可侵不介入の原則」がありますから、相手には自分の意識は入り込めませんし、伝わりもしないと、僕は理解しています。

ただし、相手が感情移入して、不快な感情に陥ったならば、その不快は、その人が、すべて自己責任を負わなければいけなくなります。

昔から、「人を呪わば穴二つ」といわれていますが、他人に怨みの意識を向けて、いくら呪っても、その怨みと呪いの意識は**「ブーメランの法則」**に従って、必ず自分に返ってくることになっているからです。

「自分の意識」は、「自由法則」と「自己責任原則」を保障するために、誰の意識にも入り込めない、**「不可侵不介入の原則」**に貫かれているからです。

先ほども言及したように、「初め」と「終わり」は、「原因」と「結果」に於いて、すべてが**「私の意識」**のみに一致しているからです。

ですから、「自己犯罪の原則」によって、自分の心の「意識」を、不快な心情で他人に向けても、すべてが自分自身の魂の「意識」に自己転換されて自己完結していきます。

結果、「心魂一如の意識体」ですから、「自分の意識」によって、最悪の自虐的な自傷行為に陥ることになります。

この自虐的な自傷行為によって、負のスパイラルに嵌《は》まっていき、不幸の連鎖に陥ることになります。

先述しましたように、「諸悪の根源」は、「自己犯罪」という、自分の心が加害者になって、自分自身の魂が被害者になっていく「自己恩讐」による「自己投獄」なのです。

自分が他人に対して、迷惑や悪いことや犯罪などを具体的に行うことを、**「自他犯罪」**といいます。

ですから、人間は、他人に対して迷惑や悪いことや犯罪や危害を加えなければ、自分は何も悪いことをしていない、**「正しい人」**であり**「善人」**だと思い込む、とんでもない勘違いをしています。

例えば、自分は誰にも迷惑をかけていない。自分は何も悪いことをしていない。といっては自己正当性を堅持して、自分は正しい人であり善人だと思い込んでいるところに、すでに大きな間違いと勘違いがあります。

自分が自分自身に対して、不快な心情という自己恩讐《おんしゅう》によって、自分自身を著しく傷つけていく行為を、**「自己犯罪」**といいます。

「自他犯罪」は、自分が他人に対して、現実的に行う犯罪行為ですから、「肉体感情」で具体的に**「自覚」**することができます。

しかし、**「自己犯罪」**は、自分の心が、自分自身の魂に対して行う犯罪行為ですから、具体的に魂が痛いとか、苦しいとか、熱いとか、冷たいなどと、訴えてくることはありません。そのため、自覚は、一切、自分の意識にはありません。

「自他犯罪」は、罪の自覚ができますが、「自己犯罪」は、無意識のまま罪の自覚もなく、積み重ねていきます。

なぜならば、魂の存在は、将来、行くことになる、「未来への投資」の存在であり、「意識界への投資」の存在ですから、誰も自覚もなく認識もできない存在になっているからです。

ですから、「自己犯罪」は、罪の自覚がないことが、最も恐ろしい**「大罪」**なのです。

他人は傷つけなくても、「自傷行為」や「自虐行為」によって、自分はしっかりと自分自身を傷つけています。

故に、唯一、人生の目的は、他人の肉体の世界から、自分の意識体の世界に行く準備にありますから、**「自他犯罪」**よりも**「自己犯罪」**のほうが、極めて罪が重いことになります。

なぜならば、肉体の死後、自分の心が、自分自身の魂に作り出した、**「意識体」**の世界に行くことになるからです。

人間は**「罪感」**もなく、無意識のまま、当たり前のように、毎日、「自己犯罪」を常習的に行っています。

故に、「自己犯罪」が作り出した「自分の意識場」である意識界に於いて、**「罪の海」**に「自分の意識」が溺れる状態になってしまいます。

例えば、具体的に殺人という「自他犯罪」はしていなくても、心の意識では殺人という「自己犯罪」を、常習的にしている人は、どこにでもたくさんいます。

この「自己犯罪」の質と量で、肉体の死後、意識体が行くべき意識界が決定します。

すなわち、「自己犯罪」は、「自分の意識」が、犯罪を行う原因者であり、「自分の意識」が犯罪を行った結果者でもあります。

これは、「自分の意識」と「自分自身の意識」は、「自分の心」と「自分自身の魂」と同じように**「一如」**の存在であり、まったく同じモノだからです。

「自分の意識」であって「自分自身の意識」であり、「自分自身の意識」であって「自分の意識」である、「自分」と「自分自身」の意識は、「一如」の存在であり、まったく同じモノだからです。

常に、**「意識」**の**「スイッチ」**を入れるのは、善くも悪くも、**「自分の意識」**が、**「初め」**であって**「終わり」**であり、**「終わり」**であって**「初め」**である「一如」の存在であり、まったく同じ唯一のモノですから、「自分の意識」以外のどこにも行きませんし、何ものにも存在しません。

ですから、僕は、「私の意識」が、「私の意識場」を「意識」して、常に、「不快な心情」に陥らないように**「自己管理」**するように心がけています。

他の誰かに自分の意識が存在することは、絶対にありません。

なぜならば、一人ひとりの意識は、瞬間、瞬間に於いて、唯一無二の存在であり、後にも先にも存在しない、オンリーワンの意識で自己完結しているからです。

すなわち、コスモスの中心存在である**「意識」**は、**「ゼロ・ベクトル」**であり、**「フリー・ベクトル」**であり、**「コスモス」**(普遍的な秩序)そのものといえます。

✦コスモスの中心存在である意識は、ゼロの揺らぎの中心を超越した一如の存在

コスモスの中心存在である**「意識」**は、プラスだけではなくマイナスにも、今の初めにも今の終わりにも、過去にも未来にも、**「自由」**に存在することができます。

善だけではなく悪にも、当然、陰にも陽にも、ネガにもポジにも、破壊にも創造にも、心にも魂にも、**「平等」**に存在することができます。

なぜならば、相反する言葉の**「概念」**や**「現象」**が存在しない、ゼロの揺らぎの中心を超越した一如の存在だからです。

「宇宙意識場」に於ける、「ZEROの法則」に基づく、宇宙物質界と宇宙意識界の中心に存在

する**「ゼロの意識」**と、「コスモスの世界」に於ける、「COSMOSの法則」に基づく、**「コスモスの意識」**は、まったく別次元の**「意識」**です。

宇宙意識場は、**「霊主体従の法則」**に基づいて、宇宙意識界が宇宙物質界を包括し、統合しながら統治して、**「ZEROの法則」**に基づいて運行されています。

それはすなわち、**「ZEROの法則」**の**「意識」**そのものこそが、**「カオスの世界」**の始まりであり、**「エントロピーの世界」**の始まりだからです。

「コスモス」とは、「コスモスの世界」の**「コスモス破壊原力」**（秩序的破壊の力）と**「コスモス創造原力」**（秩序的創造の力）が、「今」という「ゼロ時限」に於いて、「ゼロ次元」で「ゼロ完結」しながら、常に、「調和」と「秩序」を持続可能にする**「コスモスの意識」**そのもののことをいいます。

すなわち、「コスモスの力」は、「コスモスの意識」そのものだからです。

「コスモスの意識」は、**「無の世界」**または**「無限意識場」**の中心的かつ根源的な**「意識」**そのものだからです。

「コスモス」の**「意識場」**である「コスモスの世界」は、有形実体世界である、宇宙物質界の**「有なる破壊原力」**の**「破壊意識場」**と、無形実体世界である、宇宙意識界の**「無なる創造原力」**の**「創造意識場」**を、常に、**「無なる世界」**へと秩序的に方向づけています。

有形実体世界である、宇宙物質界は、無条件で破壊に方向づけられている**「虚相世界」**ですが、無形実体世界である、宇宙意識界は、無条件で創造に方向づけられている**「実相世界」**です。

ここでの有形か無形かの違いは、「意識」が、既存する世界を有形世界といい、「意識」が、未存なる未来へと向かっている世界を無形世界といいます。

有形世界の意識は破壊に方向づけられていて、無形世界の意識は創造に方向づけられています。

このことについては、後ほど、「COSMOSの法則に基づく生命原理」で詳しく言及します。

故に、「コスモスの世界」は、常に、**「私の意識」**が、無限なる創造へと方向づけられるように**「無の意識場」**となっています。

今後は、この理由によって、**「コスモスの世界」**を**「コスモス意識場」**と表現します。

この過去の「有の意識」と未来の「無の意識」の中心に存在する意識を、**「コスモスの意識」**といいます。

「コスモス破壊原力」の**「意識」**は、秩序を形成するために破壊のみを行い、「コスモス創造原力」の**「意識」**は、秩序を形成するために創造のみを行います。

ですから、カオスやエントロピーが派生したり、拡大したり、増大したりすることは、絶対にないと、僕は理解しています。

「コスモス」の中心存在である**「コスモスの意識」**によって、**「自由な意識」**である**「無なる意識」**が**「自由」**な意識の無形世界を創り出して、**「不自由な意識」**である**「有なる意識」**が**「不自由」**な意識の有形世界を創り出します。

人間は、肉体の「他人の意識」である、「無意識」に支配されて、不自由に飼い慣らされて**「不自由な意識」**に従って、「無意識」のまま、仕方なく生きて、仕方なく死んでいきます。

このことは、地球星人である人間が、牢獄星の「囚人癖《しゅうじんぐせ》」または「奴隷癖《どれいぐせ》」で生きている、何よりの根拠と証明になります。

「コスモスの意識」に基づく、「コスモスの力」は、「コスモス破壊原力」（秩序的破壊の力）と「コスモス創造原力」（秩序的創造の力）の「一如」を担保して、役割と責任を「ゼロ時限」に於いて、「ゼロ次元」で「ゼロ完結」しています。

「コスモスの意識」は、「有って無いもの」であり、「無くて有るもの」ですから、単なる**「秩序の力」**であるだけではなく、人知を超えて、想像を絶する、計り知れない、無限の**「自由」**と**「可能」**の**「力」**であるといっても過言ではないと思います。

この「コスモスの意識」である「自由と可能の力」によって、**「自分の意識」**が、永遠に存在することが、無条件で全面的に受容され許容されているのです。

この「自由」と「可能」である「無」の「意識」が、新たな「今」という「無の世界」を創造し続けていきます。

このことを可能にする、「コスモスの力」（秩序創世の力）が、「コスモス創造原力」と「コスモス破壊原力」の一如の存在としてあり続けています。

なおかつ、どちらにも「自由」かつ「可能」に方向づけられて、同時に存在することができて、**「一如の意識」**として存在しているのが、「コスモスの意識」そのものなのです。

この「コスモスの意識」を中心に、「自由」と「無」と「創造」と、相反する「不自由」と「有」と「破壊」が、「コスモス」（普遍的な秩序）に於いて、恒常的かつ恒久的に「有って無いもの」として、「無くて有るもの」として普遍的に存在し続けています。

先ほども言及しましたが、「コスモスの意識」が、すべての「初め」と「終わり」であり、「コスモスの意識」が、「コスモスの力」となり、「コスモスの力」が、「コスモス破壊原力」と「コスモス創造原力」を、「ゼロ時限」に於いて、「ゼロ次元」で「ゼロ完結」しています。

結論です。すなわち、**「コスモス意識場」**は、「秩序創世の意識」に基づいて、「秩序創世の力」による、「秩序的破壊の力」と「秩序的創造の力」によって、破壊と創造が「ゼロ時限」に於いて、「ゼロ次元」で「ゼロ完結」しながら、**「普遍的な秩序」**を、永遠に、未存なる未来に向かって創造し続けています。

この法則は、コスモス意識場の法則であって、地球意識場のようなカオスとエントロピーが遍満存在して、不自由へと方向づけられている、他人である肉体の物質世界には、まったく当てはまらない法則と理論です。

✦コスモス意識場の「無限意識場」を理解するには、「私の意識」を理解すること

「コスモスの意識」と同じように、**「私の心」**と**「私自身の魂」**の中心に存在する**「私の意識」**が、私のすべての**「初め」**であり**「終わり」**です。

故に、私の初めと終わりも、私の原因と結果も、私の心と魂も、すべてが**「一如」**となる**「私の意識」**にのみ**「自己完結」**しています。

この「私の意識」を理解することが、コスモス意識場の**「無限意識場」**を理解することに於い

て、最も重要なことであり、大切なことだと考えています。

コスモス意識場である「無限意識場」に、唯一、通用するのは**「私の意識」**だけです。

「COSMOSの法則」に基づく、**「無なる意識」**という「コスモス創造原力」と、**「有なる意識」**という「コスモス破壊原力」の存在は、肉体が自分だと勘違いして物質世界のみを探究している、物質脳の「初めがあって終わりがある」、「原因があって結果がある」という、「頭脳の枠組み」である**「知識」**のレベルでは、到底、理解することも、解明することもできないと思います。

理解できるとしたら、自分である意識体の意識脳である**「智慧《ちえ》」**という**「愛の情動」**だけです。すなわち、心の次元であり、魂の次元である、**「意識次元」**が高ければ、容易に理解できる法則や原理や理論ばかりです。

すでに、おわかりだと思いますが、すべての存在が「意識の次元」によって存在していることになります。

アリは、アリの意識次元に従って、アリの今と生命を運行しています。ゴキブリは、ゴキブリの意識次元に従って、ゴキブリの今と生命を運行しています。チンパンジーは、チンパンジーの意識次元に従って、チンパンジーの今と生命を運行しています。人間は、人間の意識次元に従って、人間の今と生命を運行しています。

このように、すべての存在が、**「意識次元」**によって、決定されていることが理解できます。

私たち人類は、地球意識場の次元に意識を置くのか、宇宙意識場の次元に意識を置くのか、それともコスモス意識場の次元に意識を置くのかで、肉体の死後、私たちの「今」と「生命」と「意識体」の置きどころが、まったく違ったものになります。

ですから、死後の世界がない、あの世なんてない、という人たちの意識体は、この世で欲望に従って、やりたい放題のことをやって、物質世界のみに欲望の意識で留まり続けることになります。

故に、肉体が自分だと思い込んで勘違いしている「不自由」な人たちは、「有って無いもの」であり「無くて有るもの」といえば、必ず、どちらかにしてくれと言います。

なぜならば、物質世界では、「初め」と「終わり」や「原因」と「結果」には、必ず、距離間と分離間が存在して、質量と時間と空間が存在するからです。

「COSMOSの法則」を理解するためには、自分である意識体の**「真の親子関係」**に基づく、**「親なる心」**と**「子なる魂」**が、**「心魂一如の愛」**に基づいていることを理解することです。

宇宙意識場に於いては、**「ZEROの法則」**に基づいて、親なる心と子なる魂の役割と責任が、相対変換の法則に従って、揺らぎながら入れ替わって、意識進化に方向づけられて、意識次元を上げるようになっているからです。

故に、自分である意識体の情動の知性と理性の**「智慧」（愛）**でなければ、理解することは不可能です。

「自由」な「無」の「意識」が、常に、新たなモノを創造する「創造意識場」へと方向づけて、「不自由」な「有」の「意識」が、作られた既存のモノを破壊する「破壊意識場」へと方向づけていきます。

私たちは、何かによって、誰かによって作り出された、既存の物質世界に、肉体の**「他人の意識」**が、「無意識」のまま依存して従属しながら、不自由に生きています。

ですから、**「自分の意識」**が、自分の心を使って、自分自身の魂を創り出して、**「心魂一如の意識体」**を、自由に創造しながら、存在していくという、偉大な価値が理解できないと思います。

「宇宙意識場」は**「有って在るもの」**の世界ですが、「コスモス意識場」は**「無くて無いもの」**の**「無の世界」**です。

コスモス意識場は、「有るけど無い」世界ですから、作られた既存の世界ではなく、「無」なる未存の創造世界です。

ですから、**「私の意識」**が、すべてを創り出し、**「自己創造」**できる**「私の意識場」**になっています。

わかりやすく言及すると、**「コスモス意識場」**は存在しますが、コスモス意識場の中身は、存在しない**「無の世界」**になっています。

なぜならば、「私の意識」は、本来**「自由」**であって**「可能」**であり、**「可能」**であって**「自由」**である、「自由」と「可能」は、「私の意識」に付随して、一如の存在であり、**「可能」**であり**「自由」**であり、**「自由」**であり**「可能」**である、「可能」と「自由」は、「私の意識」に於いて、まったく同じ方向性を示唆しているからです。

「無の世界」は、「自由」な「意識」が、すべてを「可能」にする、最も**「シンプルな世界」**です。

なぜならば、**「無」**であるが故に**「自由」**であって、**「無」**であるが故に**「可能」**だからです。

ちなみに、「他人の意識」である「肉体の意識」は、作られた世界に依存して従属しながら、**「不自由」**であって**「不可能」**であり、**「不可能」**であって**「不自由」**である、「不自由」と「不可能」は、「肉体の意識」に付随して同根の存在です。

「不可能」であり**「不自由」**であり、**「不自由」**であり**「不可能」**である、「不可能」と「不自由」は、「肉体の意識」に於いて、まったく同じ方向性を示唆しています。

「無」という「創造原力」の意識と、「有」という「破壊原力」の意識が、「一如」の存在であることは、肉体が自分だと思い込んで勘違いしている、物質世界のみを探究している、物質脳の**「知識」**のレベルでは、到底、解明することも、理解することもできません。

なぜならば、人間の物質脳が作り出した**「言葉の概念」**に支配されているからです。

これこそ、まさに「無知は死の影であり、何の情緒も生み起こさず、生きているとは名ばかりで、実は死んでいるのと同じである」という所以《ゆえん》です。

このことを理解するのは、「真の親子関係」に基づく、高い意識次元の意識体を創造して、高い知性と理性による**「智慧」**でなければ不可能だと思います。

肉体が自分だと思い込んでいる、「嘘の親子関係」に従って、**「欲望」**の「嘘学《うそがく》」を身につけた人たちほど、財物欲という**「錬金術」**が、鋼のごとく身についていますので、「ＣＯＳＭＯＳの法則」は、絶対に理解できないと思います。

残念ながら、不自由な肉体の「他人の意識」である「肉体の意識」の次元と範疇《はんちゅう》と知識では、あまりにも限界があり過ぎるからです。

なぜならば、肉体は、初めから終わりまで、「性欲」と「食欲」という「欲望」の「意識」によって作り上げられた、**「エロス」**の物性体だからです。

「自由」な「無」の「意識」が、常に、新たなモノを創造する実相世界である「創造意識場」へと方向づけて、「不自由」な「有」の「意識」が、すべての既存のモノを破壊する虚相世界である「破壊意識場」へと方向づけています。

結論です。**「自由」**な「無なる創造原力」である**「意識」**を創造していくためには、**「不自由」**な「有なる破壊原力」の**「意識」**によって、すべての地球物質界に於ける、常識や良識を疑って、疑って、疑って、すべての**「欲望」**を**「破壊」**して手放していくことです。

虚相世界である物質世界は、フェイクワールドそのものですから、「嘘」と「偽り」と「間違い」は、肉体が死んでも意識体の記憶が、**「自分の意識」**に付随（存在）して、最後までついて回っていくことになるからです。

故に、無形の「自分である意識体」は、常に、「自分の意識」を「自由」と「可能」に方向づけていて、有形の肉体の「他人の意識」は、真逆に、「不自由」と「不可能」に方向づけようとしています。

すなわち、**「仕方ない理論」**に従属して、「他人の意識」である**「無責任の意識」**にするのか、**「仕方ある理論」**に基づいて、「自分の意識」である**「自己責任の意識」**にするのかは、一人ひとりの**「自由意志」**に委ねられています。

✦**「無は無にして『無』にあらず」**

「コスモス意識場」の中心存在である「コスモスの意識」は、「今」に存在する**「不自由」**なる**「既存」**の**「有の意識」**を「破壊」して、**「自由」**なる**「未存」**の**「無の意識」**を「創造」して、「ゼロ時限」に於いて、「ゼロ次元」で「ゼロ完結」しながら、新たな創造へと方向づけています。「ZEROの法則」に基づいて、「破壊と創造の原則」に従って、「無」は、無条件で「創造」の「意識」に方向づけられていて、「有」は、無条件で「破壊」の「意識」に方向づけられています。

それでは、「COSMOSの法則」に基づいて、「意識」が、「無」と「有」の中心にあって、常に「破壊」と「創造」、「創造」と「破壊」の「原則」によって、「有形実体世界」に於いても、「無形実体世界」に於いても、一如として存在している「真実」を証明してみましょう。

コスモス意識場の中心に「意識」は、「無」であって「有」であり、「有」であって「無」であり、「創造」であって「破壊」であり、「破壊」であって「創造」である、すべてが一如の存在であり、まったく同じ現象として、「ゼロ時限」に於いて、「ゼロ次元」で「ゼロ完結」しながら「有って無いもの」として、「無くて有るもの」として「普遍的」に存在し続けています。

すべて、「無」の「意識」から「有」の「意識」が創り出され、「有」の「意識」から「無」の「意識」が創り出されます。「ゼロ時限」に於いて、「ゼロ次元」で「ゼロ完結」しながら、唯一無二の**「私の意識」**に於いて、一如として創り出されているのです。

「私の意識」が、「無」から「有」を創り出す「無」は、まさしく**「無限」**なる**「コスモス創造原力」**である**「コスモスの力」**です。

「私の意識」に創り出された「有」を破壊する「有」は、まさしく**「有限」**なる**「コスモス破壊原力」**である**「コスモスの力」**です。

「無は無にして『無』にあらず」という所以《ゆえん》が、ここにあります。

「自由」と「可能」なる「無」の**「私の意識」**である「創造原力」の、偉大なる存在が理解できると、「不自由」と「不可能」なる欲望の不快な意識が、自然と消滅に向かいます。

故に、コスモス意識場の永遠かつ無限の「自由意識場」に於いて、何でも「自由」に創造することが「可能」な**「私の意識」**になっていきます。

すなわち、コスモス意識場の中心存在そのものこそが、**「無意識」**と**「有意識」**の、どちらにも存在する**「コスモスの意識」**（秩序創世の意識）であり、**「コスモスの力」（秩序創世の力）**であり、「コスモスの意識」が絶対的に**「自由」**かつ**「可能」**な存在であることの証明にもなっています。

もうすでにお気づきだと思いますが、**「コスモス」**（普遍的な秩序）とは、相反するものが一如として存在し、同時に破壊と創造を「ゼロ完結」しながら、進化または発展していく、唯一無二の「ゼロ時限」の瞬間、瞬間のことをいいます。

これは**「真の親子関係」**である、**「親なる心」**と**「子なる魂」**との関係に通じる、**「心魂一如の愛」**と、まったく同じ**「意識」**です。

心と魂は別モノではなく、「私の意識」に付随（存在）して、**「心」**であって**「魂」**であり、**「魂」**であって**「心」**である、心と魂は、「私の意識」に於いて、**「二如」**の存在であり、心なき魂なき、魂なき心なき、まったく同じ「有って無いもの」であり、「無くて有るもの」だからです。

この**「心魂一如の愛」**の**「意識」**が、心と魂の破壊と創造を、同時に「ゼロ完結」しながら、**「心魂一如の意識体」**が、永遠に意識進化していくように仕組まれています。

実は、「COSMOSの法則」には、相反するモノは存在していませんから、「私の意識」に於いて、**「心」**も**「魂」**も、**「一如」**の存在であり、まったく同じ「有って無いもの」であり、「無くて有るもの」です。

「ゼロ時限」に於いて、「ゼロ次元」で「ゼロ完結」している、相反するモノは、すべてが「私の意識」に於いて、**「一如」**の存在であり、地球意識場も宇宙意識場も、すべての存在するモノが、まったく同じ一如の存在ですから、コスモス意識場に於いては、すべてが**「私の意識」**に付随して「一如」として**「同時」**に存在し続けています。

これを可能にするコスモス意識場の中心に存在する**「コスモスの意識」**こそが、どちらにも**「自由」**かつ**「可能」**に方向づけることができる**「唯一無二の意識」**そのものなのです。

実は、**「コスモスの意識」**と**「私の意識」**は、**「一如」**の存在であり、**「唯一無二」**の存在です。

なぜならば、「私と私自身」の中心に存在するのが、**「私の意識」**そのものだからです。

「私の意識」が、「コスモス意識場」の中心に存在するためには、「私の意識」を中心に「私と私自身」が「心と魂」と同じように**「一如」**として存在して、「有って無いもの」として、「無くて有るもの」として、普遍的に存在していなければなりません。

その理由と根拠は、「私の意識」が「コスモスの意識」であり、「私の意識場」が「コスモス意識場」だからです。

✦「心情」は自分である意識体の「自分の意識」を動機として、「感情」は他人である肉体の「感覚」(五感)や「他人の意識」を動機としている

他人である肉体が、自分だと思い込んでいる意識のレベルでは、「コスモスの意識」とは、絶対に一如になれないと思います。

他人である肉体の欲望や執着に、意識が支配されているようでは、到底、不可能なことです。「私の意識」が「私」と「私自身」の中心に、普遍的に存在するために、「私の心」が「私自身の魂」を創造して、「私自身の魂」が「私の心」を、新たに創造しながら、「心魂一如の愛」に近づいていって、「心魂一如の意識体」に意識進化していくしかありません。

心と魂が一如となって、永遠に、「心魂一如の意識体」として、意識進化し続けるように仕組まれているからです。

しかし、肉体が自分だと勘違いしている、「心魂分断の恩讐」である「欲望」だらけの「意識」に支配されている、人間の意識レベルでは難しいのではないかと思います。

コスモス意識場には、意識体は存在しますが、心と魂という相反する親と子という概念は存在していません。

「私と私自身」は、まさしく「今の初めと今の終わり」や「今の心と今の魂」のように、「私の

意識」に於いて、**「一如」**の存在であり、唯一無二の「有って無いもの」として「無くて有るもの」として、普遍的にあり続けるオンリーワンの存在だからです。

結論です。**「コスモスの意識」**であって**「私の意識」**であり、**「私の意識」**であって**「コスモスの意識」**である、「私の意識」と「コスモスの意識」は、「ゼロ時限」に於いて、「ゼロ次元」で「ゼロ完結」し続けている**「一如」**の存在であり、まったく同じ存在なのです。

なおかつ、瞬間、瞬間が、唯一無二の「私の意識」であり、オンリーワンの「私の意識」であり続けています。

「私の意識」と「コスモスの意識」は、言葉は違っても、「一如」の存在であって、まったく同じ現象を共有しているからです。

「コスモス意識場」であって**「私の意識場」**であり、**「私の意識場」**であって**「コスモス意識場」**である、**「私の意識場」**と**「コスモス意識場」**は、**「一如」**の存在であり、まったく同じ存在なのです。

ただ、人類は、まだまだ、肉体が自分だと思い込んで勘違いしているレベルですから、このことを理解する、意識次元に至っていないのではないかと思うことがあります。

故に、「COSMOSの法則」を徹頭徹尾、自分である意識体の意識脳で、心理的に理解し納得しない限り、「他人の意識」である「肉体の意識」に支配された、物質脳の知識だけの理解で終わってしまいます。**「愛の実践」**が極めて重要となります。

その**「一如の意識」**を分断しているのも、悲しくも他人である肉体の物質次元に於ける欲望の意識に、自分である意識体が従属して、**「心魂分断の恩讐」**によって、劣悪かつ醜悪な**「私の意識」**に陥っているからです。

そのように思えないことが、すでに傲慢《ごうまん》と不遜以外の何ものでもありません。

先述しましたが、肉体が自分だと思い込んで勘違いしている人たちに、**「心情」**と**「感情」**の違いについて、もう一度、言及しておきましょう。

「意識体の心情」と**「肉体の感情」**の違いはとても大切なことですので、このことの理解があるのと、ないのとでは一生涯に対する生き方が大きく変わっていきます。

「心情」とは、自分である意識体の**「心」**(人格)を動機として、善くも悪くも発動する情的な「意識」のことであり、それを**「意識体の心情」**といいます。

「感情」とは、他人である肉体の**「感覚」**を動機として、善くも悪くも発動する情的な「意識」のことであり、それを**「肉体の感情」**といいます。

すなわち、自分である意識体の**「人格」**(心)を動機として、発動する**「情動」**を**「心情」**といいます。

「他人の意識」である「肉体の意識」が、**「物質脳」**の**「記憶」**や**「感覚」**を動機として、発動する**「情動」**を**「感情」**といいます。

例えば、視覚による「感覚」や、聴覚による「感覚」や、嗅覚による「感覚」や、味覚による「感覚」や、触覚による「感覚」や、「頭脳」の「記憶」などによって、肉体から善くも悪くも発動する意識を、**「肉体の感情」**といいます。

先述しましたように、肉体が、見るもの、聞くもの、味わうもの、嗅ぐもの、肌身に感じる「感覚」によって起こる、嬉しいとか、楽しいとか、悲しいとか、寂しいとか、怒りや怒気とか、不平や不満とか、妬《ねた》みや嫉妬などの感情は、すべて「他人の意識」である「肉体の意識」が、勝手に作り出した**「肉体感情」**なのです。

すなわち、「他人の意識」であって「肉体の感情」であり、「肉体の意識」であって「他人の感情」である、「他人の感情」と「肉体の感情」は、まったく同じモノなのです。

故に、一事が万事、人類は、「他人の意識」である「肉体の感情」が、勝手に作り出した「不快な感情」に、いいように支配されて、仕方なく**「不自由」**に生きていることになります。

なぜならば、「自分の意識」が、願っていることでも、望んでいることでもないからです。

「心情」は、あくまでも「自分である意識体」の「心の次元」によって、善くも悪くも**「自由」**に発動する「情的」な意識です。

故に、「自分の意識」であって「意識体の心情」であり、「意識体の意識」であって「自分の心情」である、「自分の心情」と「意識体の心情」は、まったく同じモノなのです。

なぜならば、「肉体の病気」に罹《かか》りたいとか、不快な「肉体の感情」に陥りたいなどとは、決して望んでおらず、「自分の意識」が望んでいる**「意識体の心情」**ではないからです。

「自分の意識」が望んでいるのであれば、それは「自分の心情」が原因です。

「自分の心情」と「他人の感情」は、まったく別モノだからです。

ですから、僕は、無責任な「肉体の感情」に、一切、お付き合いするつもりはありませんから、

「不快な感覚」に陥る「感情」になったら、常に、心の意識で**「僕には関係ない」**と言い聞かせて、**「自他分離境界線」**を引くことにしています。

この肉体の感覚によって、「肉体の意識」が作り出した**「他人の感情」**が、あたかも**「自分の心情」**だと思い込んで、勘違いしていることが、極めて愚かなことであり、そのことが、根本的に大きな間違いに陥っていって、カルマとカオスに支配される元凶になっています。

肉体の「他人の意識」は、あくまでも「他人の感情」であって、意識体の「自分の意識」は、あくまでも「自分の心情」だからです。

ですから、「自分の心情」と「他人の感情」とを峻別《しゅんべつ》して「自他分離境界線」を引いていくことが、人生に於いて、重要なことだと、僕は理解しています。

「心情」は、あくまでも「自分である意識体」の意識次元に基づいて、善くも悪くも**「自由」**に作り出す意識になっています。

「感情」は、あくまでも「他人である肉体」の感覚や物質脳によって、善くも悪くも発動する意識になっています。

当然、「肉体の感情」にも、善い肉体の感情と、悪い肉体の感情があります。

例えば、不快なものや嫌なものなどを、見たり、聞いたり、嗅いだり、食べたり、触れたりすると、当然、**「不快な肉体の感情」**に陥っていきます。

真逆に、好きなものや善いものなどを、見たり、聞いたり、嗅いだり、食べたり、触れたりすると、当然、**「愉快な肉体の感情」**になります。

「心情」は、自分である意識体の**「自分の意識」**を動機として、**「感情」**は他人である肉体の**「感覚」**（五感）や**「物質脳」**という**「他人の意識」**である**「肉体の意識」**を動機としています。

なぜならば、肉体は、「他人の意識」によって、初めから終わりまで作られたものだからです。

心情は、肉体の感覚では、わからない世界に存在しています。

感情は有形の肉体世界に存在して、心情は無形の意識体の世界に存在しています。

例えば、「感謝」とか「喜び」などが、心情の動機と発露になっています。

感謝や喜びの**心情（心の内）**が見えたとか、聞こえたとか、においがしたとか、味がしたという人に、未だかつて会ったことがありません。

これらの比喩やたとえはあったとしても、事実としては存在していません。

もし、肉体の感覚や知識で感謝や喜びの形状や大きさがわかるのであれば、ぜひとも、その事実を証明してほしいものです。

感謝や喜びが、どんな形をしているのか、どんな音をしているのか、どんなにおいがするのか知りたいものです。

「他人である肉体」が、悪いものや嫌なことなどを見たり聞いたりすると、**「不快な肉体の感情」**に陥って、不快に**「感情支配」**されることによる**「感情損失」**によって、運命の主人であり、人生の主体である**「自分である意識体」**が、必然的に、不快になって、すべての運勢を失っていくことになります。

例えば、子どもの時期に、両親が不仲で夫婦ゲンカが絶えず、両親の暴力や争いごとを見たり、言い争いや暴言や辛らつな言葉を聞いたりすると、著しく**「感情破壊」**されていき、人格そのものが歪《ゆが》んで崩壊していきます。

また、両親がお金のことで苦労している姿を見たり、いつもお金のことで、言い争ったり愚痴ばかり言って、不快なことばかりを言い合っている言葉を聞いたりすると、お金に対する怨《うら》みや欲望に**「感情支配」**されて、お金そのモノが怨みになり、お金の奴隷となって、両親と同じことをする自分になって、**「心貧しい」**、人生を生きるようになります。

そのような人たちは、必ず、自分が作り出した肉体の感情から、**「感情逃避」**しようとして、自己逃避から宗教や精神世界などに**「現実逃避」**して劣悪な世界に陥っていく傾向があります。それが、引きこもりであったり、社会適応障害であったり、起立性調節障害であったり、経済的に自立できない自立障害であったり、妄想障害に陥って、自分勝手な妄想世界（宗教団体や精神世界など）に逃げ込む精神障害に陥る傾向があります。

現実逃避という妄想世界は、虚相世界である物質世界よりも、はるかに劣悪かつ醜悪な虚相世界です。

結論です。感情的な生き方をする人は、**「愛されたい人」**であり、心情的な生き方をする人は、**「愛したい人」**です。

「心魂分断の恩讐」である「自己分離境界線」については、**『ZEROの法則』の第10章**で詳しく言及されています。重要なことですから、ぜひ、参考にしてみてください。

第8章

「COSMOSの法則」に基づく生命原理

✦「死生観」の「論争」に対して、完全に「決着」をつけたい

これまでに、自分である意識体の世界には、**数字**は存在しないこと、**波動**も存在しないこと、**時間**も存在しないこと、**空間**も存在しないこと、**質量**も存在しないことなどを、明確に証明してきました。

それらが存在しているのは、肉体が自分だと思い込んで勘違いしている人たちの世界観だけです。

基本的に、**「永遠」**が、すべての答えであることを理解した上で、物質世界に於いて、波動も数字も時間も空間も質量も、便宜上、使い勝手よく使うことには、一向に問題ないと、僕は思っています。

なぜならば、コスモス意識場という永遠の世界が**「分母」**であり、宇宙意識場が、**「分子」**と

して存在している以上、事実が大前提だからです。

すなわち、「地球意識場」は、永遠かつ無限なる「コスモス意識場」に、包括され統合されている、ほんの小さな一部の存在だからです。


では、いよいよ、最も本質的な我々の**「生命」**について言及したいと思います。

未だに、人類は、生命の**「死」**に対して、「死」というものが、どういうモノなのか、または存在するのか、存在しないのかについて、明確に答えを見出せていないと、僕は思います。

歴史を通して、宗教も哲学も死生学なども、未だにその議論は混乱と混沌と混迷を極めています。

この議論はカオスの状態に置かれて、何一つ明快な答えも結論も出されていないのが現実だと、僕は思います。

誰一人、歴史を通して解明できなかった、この**「死生観」**の**「論争」**に対して、完全に**「決着」**をつけたいと思います。

誰でも理解できて納得できるように、明快なる答えを導き出したいと、僕は思っています。

もし、異論や反論がありましたら、肉体は他人であることを明確に認識してから、いつでも言ってきていただきたいと思っています。

なぜならば、肉体が自分だと思い込んで勘違いしている人たちの「意識」の中心は、少なからず肉体の「欲望」を中心としていますから、「欲深い」偉そうな人たちの異論と反論は論外だからです。

✦「他人である肉体」の「嘘の死生観」ではなく、「自分である意識体」の「真《まこと》の死生観」について

「他人である肉体」の**「嘘の死生観」**ではなく、真実まこと「自分である意識体」の**「真の死生観」**について、詳しく言及したいと思います。

他人である肉体の死生観ではなく、自分である意識体の死生観、ひいては、コスモス意識場に通じる**「生命原理」**そのものについて言及します。

これからの内容は、生命そのものの正体を、つぶさに検証しながら解析していって証明されていくものと確信しております。

故に、物質世界の内容ばかりではなく、意識世界に通用する内容が多く含まれています。ですから、同じような内容が、何度も、何度も、繰り返し、繰り返し、言及されていますが、またかと思わずに読み進めてください。

とにかく、物質世界にはあり得ない、法則や原理や理論が、真実として証明されていきますので、楽しみにしていてください。

では、話を戻します。

先ほども言及しましたが、**「自分である意識体」**が、**「コスモスの意識」**である**「自由と可能の力」**によって、永遠に、存在することを、無条件で全面的に受容され許容されています。

では、私たちの意識体よりも、はるかに根源的な**「生命」**そのものとは、いかなるものなので

しょうか？

私たちは、他人である肉体が自分だと思い込んでいるから、肉体が動いている現象を、**「生きている」**と理解し認識して、肉体が動かなくなった現象を、**「死んだ」**と理解し認識しています。

そもそも、**「生命」**とは一体、何なのかについては、歴史を通して、未だかつて、明瞭かつ明確に答えを出した、宗教家も医学者も哲学者も科学者も、誰一人としていなかった、と僕は認識しています。

死と生は、永遠のテーマのごとく論じられ、未だに答えを見出せていないのが現実だと思います。

死の目的も意味も意義も理解しないで、「仕方なく」死を迎えていくとしたら、こんなに不幸で惨めなことはありません。

ここで皆さんにお聞きしますが、あなたは過去を生きていますか？　それとも未来を生きていますか？　三秒先を生きていますか？　一秒前を生きていますか？

「あなたは、一体、いつ生きているのでしょうか？」と尋ねると、誰もが異口同音、声を揃えて、**「今、生きています」**と、当然のように答えてくれます。

未だかつて、「過去や未来に生きている」、と言った人に会ったことがありません。

しかし、誰もが、**「今、生きています」**と答えてくれますが、未だかつて、**「今、死んでいます」**と答えてくれた人は、誰一人としていません。

「ZEROの法則」に基づいて検証すると、「今の生」の存在は認めても、「今の死」の存在は認めないとしたならば、以下の存在もすべて否定することになります。

なぜならば、すべてのモノが、ゼロ（今の今）を中心に、相反する概念やモノによって存在することを余儀なくされているからです。

例えば、「今の初め」の存在は認めても、「今の終わり」の存在は認めない、「今の陰」の存在は認めても、「今の陽」の存在は認めない、「今のプラス」の存在は認めても、「今のマイナス」の存在は認めない。

「今の善」の存在は受け入れても、「今の悪」の存在は受け入れない、といった、極めて**「偏向」**した**「カオス」**と**「エントロピー」**の理論が、拡大しながら増大していく、極めてバランスを欠いた、無秩序と不調和ばかりの、理論と理屈になってしまいます。

「ZEROの法則」に基づく、**「真の死生観」**は、「今の死」があるから、「今の生」が成立するという基本的な**「生命原理」**です。

「今の死」を否定することは、取りも直さず、「今の生」そのものを否定することに他ならないからです。

「今の初め」と「今の終わり」が肯定されることによって、「今の今」の存在が肯定されています。

「今の生」と「今の死」が肯定されることによって、**「今の生命」**そのものが肯定されることになります。

「今の生」はいつですか？　と尋ねられたら、今ですとしか答えられません。「今の死」はいつですか？　と尋ねられたら、今ですとしか答えられません。**「今の生命」**はいつですか？　と尋ねられたら、今ですとしか答えられません。

このように、「今の生」と「今の死」が肯定されることによって、「今の生命」の存在が肯定されていきます。

「今の死」は、「今の生」と同じように、生々しく事実として、真実として存在しています。

しかし、誰もが肉体が自分だと勘違いしている**「他人の意識」**ですので、「ＺＥＲＯの法則」に基づいて、「生命」が、「今の生」と「今の死」が、「ゼロ」を中心に入れ替わって、相対変換を繰り返しながら「今の生命」であり続けていることが、実感として意識で理解して捉えることができないのだと、僕は思います。

では、「今の死」を事実として受け入れられない、「今の死」を真実として認められない、その理由と根拠は、一体、どこにあるのでしょうか？

それは唯一、他人である肉体の死生観に、自分である意識体の「意識」が管理され支配されて、時間と空間と質量という物質世界に、意識が飼い慣らされて従属しているからです。

もう一つの理由は、運命の主人である主体は、意識体の「自分の意識」のはずですが、従者であり客体である、肉体の「他人の意識」である「肉体の意識」に、「自分の意識」が**「主従逆転」**して、**「主客転倒」**しているからです。

すなわち、肉体が自分だと思い込んでいる人たちは、**「霊主体従の法則」**ではなく、**「体主霊従の法則」**に従って、**「仕方ない理論」**に従属して、奴隷のごとく囚人のごとく生きているからです。

他人である肉体が、運命の主人であり、人生の主体になっているから、肉体の死をもってすべてが終わると理解し解釈しています。

他人の他人の子宮生活が終わると共に、他人の地球生活が始まります。他人の地球生活が終わると共に自分の意識界生活が始まります。至極当然のことだと、僕は理解しています。

意識界が存在していなければ、**「死ぬ理由と根拠」**はどこにも存在しないと、僕は理解しています。

現世で生き続けたければ、不自由な肉体と共に、永遠に奴隷のごとく、囚人のごとく生き続ければよいことです。

なぜならば、肉体が自分だと勘違いしている人たちは、誰もが**「死」**を心待ちにしていないからです。

自分の意識が死を望んでいないのであれば、決して、他人の意識に従って自分は死んではいけません!!　当然のことだと思いませんか？　しかし、肉体は他人ですから老若男女、仕方なく死別の時を迎えます。

意識体の「自分の意識」は、死を望んでいないのに、肉体の「他人の意識」は、無情にも死に向かっていきます。

他人である肉体には死があるが、自分である意識体には、死が存在しているのか？　僕は、いささか疑問で仕方ありませんでした。

なぜ、私たちは現世に於いて、「今の生」は実感できて、「今の死」は実感できないのでしょうか。

それは、「今の生」の持つ意味と意義と、「今の死」の持つ意味と意義が、まったく違った目的と価値のために方向づけられているからです。

✦私たちは、今、生きながら肉体を破壊していき、今、死にながら意識体を創造している

「今の生」と「今の死」が、**「真逆」（Paradox）**の存在目的と意味と意義と存在価値のために、方向づけられて存在していると、僕は理解しています。

「今の生」と「今の死」が同時に存在し、同時に運行している、その意味と意義は一体、どのような目的と価値のためにあるのでしょうか。

「今の生」と「今の死」の存在目的を、**「真逆」（Paradox）**に理解していくことによって、すべての秘密が解明されるのではないかと、僕は考えました。

それを解明することによって、完全に誰でも「今の生」と「今の死」の目的と意味と価値を理解し納得することができると思います。

では、一体、「今の生」は何を意味し、「今の死」は何を示唆しているのでしょうか？

肉体では「今の生」を実感することができるのに、なぜ、肉体では「今の死」を実感できないのでしょうか？

それは、「今の生」の存在目的と、「今の死」の存在目的が、まったく真逆の意味と意義を有し

て、真逆の存在価値のために方向づけられて存在しているからだと、僕は、はっきり理解しました。

すなわち、「今の生」によって、80年~90年かけて有形の肉体が **「破壊」** されていき、「今の死」によって、80年~90年かけて無形の意識体が **「創造」** されていくからです。

例えば、私たちの現世の寿命が80歳としますと、**「破壊と創造の原則」** に基づいて、80年かけて「今の生」によって、有形の他人である肉体が破壊されていきます。

それと同時に、80年かけて「今の死」によって、無形の自分である意識体が、善くも悪くも創造されていくのだと、僕は理解しました。

なぜならば、地球意識場に於いて、**「ZEROの法則」** に基づく、**「相対変換の法則」** に従って、現世の肉体の死と共に、肉体の **「今の生」** から、意識体の **「今の生」** に変換して、意識界の生活が始まるからです。

現世の「今の生」は、有形の他人である肉体の破壊のために存在し、現世の「今の死」は、無形の自分である意識体を創造するために存在しているからです。

この真実が、他人である肉体の世界から、自分である意識体の世界に、唯一、行くための準備であることを、事実として保障して、真実として保証しているのではないかと、僕は理解しています。

自分である意識体は、未知なる未来の意識界に行くための、未来への投資または意識界への投資として存在していますから、今を生きる **「自由を保障」** するために、誰も意識体の存在はわからないようになっています。

未知なる未来の意識界に行く、意識体がわかってしまうと、今を生きる**「自由法則」**そのものに抵触して、**「自由意志」**が、すべて崩壊してしまうからです。

「今の死」は、未知なる未来のための**「意識界への投資」**として、意識体側に属していますから、誰にもわからない存在になっています。

「今の死」そのものが、**「意識体」**に**「付随」**しているから、未知なる存在になっているのです。

胎児は、子宮生活に於いて、将来の地球生活のために、肉体を創造している準備期間の間、未来の地球生活がわかって過ごしていたわけではありません。

「ＺＥＲＯの法則」に基づいて、この世の終焉《しゅうえん》である**「肉体の死」**を中心に、相反する「今の生」が、80年～90年かけて有形の肉体を破壊しながら、真逆に、「今の死」が、80年～90年かけて無形の意識体を創造しながら、この世の終焉である「ゼロ時限」の今に向かって近づいていきます。

私たちは、今、生きながら肉体を破壊していき、今、死にながら意識体を創造しているからです。

✦「霊素」は意識体の情動の「活力の素」、「酸素」は肉体の行動の「活力の素」

私たちは、毎日、今を生きることによって、他人である肉体は「酸素」によって破壊されていきます。

同時に、今を死ぬことによって、自分である意識体が善くも悪くも「霊素」によって創造されていきます。

地球内生物は、酸素に依存して**「酸化現象」**により破壊されながら老化していき、やがて、誰もがまったく動けない病気、**「動けない病《びょう》」**に罹《かか》って死んでいきます。

酸素に依存して酸素によって破壊されていく、なんとも**「稀有《けう》」**な肉体の生命です。

実は、「ZEROの法則」に基づいて、今こうしている瞬間にも、物質世界は**「酸素」**によって破壊されていて、同時に意識世界が、リアルタイムで**「霊素」**によって創造されています。

当然、「ZEROの法則」に基づいて、地球物質界の破壊と共に、地球意識界が同時に創造されていき、宇宙物質界の破壊と共に、宇宙意識界が同時に創造されています。

「霊素」とは、自分である意識体に存在する、心と魂の関係による、**「意識体」**の**「情動」**の**「意識」**によって、善くも悪くも創り出される**「意識素材」**です。

酸素は、既存の**「作られた存在」**ですが、霊素は自分の心の意識と、自分自身の魂の意識によって、**「自分の意識」**が善くも悪くも**「創り出す存在」**です。

霊素は、すべての次元のモノに存在して、鉱物次元の霊素、植物次元の霊素、動物次元の霊素、人間次元の霊素など、それぞれの意識次元の意識によって創り出されて、すべてに於いて**「霊素」**の次元が、まったく異なって存在しています。

人間同士でも、善人と悪人の意識次元に従って、まったく意識の次元が異なって存在していて、創り出される霊素もまったく違ったものになっています。

学歴や職歴などに優生意識のある意識次元の低い人たちは、極めて劣悪かつ醜悪な霊素を創り出しています。

酸素と霊素は真逆の存在であり、まったく異質であり異次元の存在です。

ですから、他人である肉体の物質脳に於ける低次元の知識では、意識体の創り出す霊素は理解することも解明することも不可能な存在となっています。

「霊素」は、意識体の情動の**「活力の素」**であり、**「酸素」**は、肉体の行動の**「活力の素」**になっています。

肉体にとって良い酸素もあれば、活性酸素のように悪い酸素もあります。

同じように、意識体の情動に於いて、善い霊素と悪い霊素があります。

霊素には、「愉快な心情」によって創られる**「善い霊素」**と、「不快な心情」によって創られる**「悪い霊素」**が存在しています。

「愉快な心情」による「善い霊素」によって、「意識体の善い情動」が発動して、「善い意識体」に成長し成熟していくようになっています。

当然、「不快な心情」による「悪い霊素」によって、「意識体の悪い情動」が発動して、「悪い意識体」に陥っていくようになっています。

日々、自分である意識体の心情に基づいて、善い心癖が、慈悲の魂癖を形成して、慈愛の意識体を創造していくように、自助努力したほうが善いと、僕は単純に考えるのです。

しかし、他人である肉体の欲望と不快な感情に支配されて、「劣悪な心」が「醜悪な魂」へと堕落させて、「邪悪な意識体」に陥っていくことになります。

どちらを選択するのかは、一人ひとりの意識次元に基づく、「自由意志」と「自己決定」と「自己責任」に委ねるしかありません。

すなわち、現世を生きるために生きても、何の意味も意義もないと、僕は考えるのです。

なぜならば、生きることによって肉体は、酸素によって無条件に破壊されていき、消滅に向かっているからです。

他人である肉体は、**「有って無いもの」**になる宿命にあるからです。

肉体の破壊と同時に創造されているのが、自分である意識体ですから、私たちは意識体を創造するために生きてこそ、現世を生きることに、真実の存在目的と意味と意義と存在価値を見出せるのではないかと、僕は思うのです。

これが、「無知は死の影であり、何の情緒も生み起こさず、生きているとは名ばかりで、実は死んでいるのと同じである」という所以《ゆえん》なのでしょう。

「ZEROの法則」に基づいて、肉体の終焉《しゅうえん》である「今の今」に向かって、有形の肉体を破壊してきた「今の終わりの生」と、同じく、この世の終焉である「今の今」に向かって、無形の意識体を創造してきた「今の初めの死」が、まさしく現世の終末である「今の今の生命」で出会って、**「相対変換の法則」**に基づいて、肉体の「今の生」と意識体の「今の死」が入れ替わります。

現世の肉体の終わりである**「死」**と共に、意識界の意識体の始まりである**「生」**が、始まるからです。

すなわち、他人である**「肉体の死」**と共に地球生活が終わり、同時に、自分である**「意識体の生」**と共に意識界の生活が始まります。

現世の人生は、「肉体の死」に向かいながら、同時に「意識体の生」に向かっています。

故に、他人である肉体の生活が終わると同時に、自分である意識体の生活が始まることになります。至極当然であり、当たり前のことです。

他人である肉体の「今の生」から、自分である意識体の「今の生」に相対変換して入れ替わったということは、現世では肉体の「今の生」が、優先されて先行していたことになります。

しかし、意識界では自分である意識体の「今の生」が、優先されて先行していく、**「ゼロ波動生命意識体」**に転換されたことになります。

ゼロ波動生命意識体については、『ZEROの法則』にて、詳しく解説しております。

この理由によって、「今の生」によって、他人である肉体の物質脳に記憶として残されたものは、すべてが死をもって失われることになります。あくまでも「他人の意識」である「肉体の意識」が作り出したモノだからです。

しかし、「今の死」によって創造された「意識体の記憶」は、未知なる未来の意識界に行くための**「意識界への投資」**であり**「未来への投資」**ですから、そのまま意識体に残ります。

ですから、「自由法則」に基づいて、肉体では未知なる未来のための、「今の死」を体感することとは、誰にもできないようになっています。

故に、宗教団体などの霊能師や占い師の言っている、未来予知や未来予測などは、彼らの単なる妄想と幻想と思い込みによるものです。

彼らや彼女たちは、お金儲けの詐欺師かペテン師だと、僕は理解しています。

なぜならば、僕が会ってきた霊能者や占い師には、人格者が一人もいなかったからです。

未来予知や未来予測の発言があったら、基本的に**「嘘」**を想定して、内容が正しいのかを疑ったほうが賢明かと思います。それよりも関わらないことです。

話を戻します。ですから、他人である肉体の感覚では、「今の死」を事実として、捉えることができなくなっています。

そもそも、「今の生」と「今の死」の存在目的と意味と意義と存在価値が、真逆に方向づけられているからです。

✦未来が、未知であるが故に、「今の自由が保障」されている

もう一つの重要な理由は、「今の死」は、未来への投資または意識界への投資が目的ですから、**「未知」**であるが故の**「自由」**ですので、わかっていることには、一切、自由法則が保障されなくなるからです。

例えば、進化の過程に於いて、未来の結果がわかっていたら、その時点で**「今の自由」**そのものが、崩壊して失われていきます。

「未来が、未知であるが故に、『**今の自由が保障**』されている」からです。

話を戻します。「今の死」の存在がなければ、「相対性原力」を失って、「今の生」の存在も同

時に消滅します。

「今の死」は、唯一、**「自分である意識体」**を、日々、創造しながら、未知なる未来の意識界に行くための投資を目的にしているからです。

ですから、現世の「今の死」は、他人である肉体側に存在していて、「今の死」は、自分である意識体側に存在していることになります。

故に、現世の「今の生」は、他人である肉体でも認識できますが、「今の死」は、自分である意識体が、未知なる未来の意識界に行くために存在していますから、「今の死」はわからないのが当然のことになります。

「今の死」は、常に、意識体が、未知なる未来の意識界に行くための投資として存在しているからです。

ですから、未来は、わからないが故に、「今の死」は、永遠に、わからないようになっています。

たとえ、意識界に行ったとしても、意識体の「今の生」はわかりますが、未来への投資のための「今の死」は、永遠に、わからないようになっています。

なぜならば、永遠に、**「自由法則」**が保障されているからです。

故に、現世に於いても、意識界に於いても、誰も「今の死」は、永遠に、認識できないようになっています。当たり前のことです。

なぜならば、「今の死」は、永遠に未存なる未来の**「無なる世界」**のための「未来への投資」

として、唯一、存在しているからです。

「今の生」と「今の死」が、両方とも恒常的かつ恒久的に、相対的に存在してこそ**「今の生命」**そのものが保障され肯定されることになるからです。

「今の生命」が存在し続けているのは、「今の生」と「今の死」が、入れ替わりながら相対変換し続けているからです。

「今の今」が存在し続けているのは、「今の初め」と「今の終わり」が、入れ替わりながら相対変換し続けているからです。

生命に対する一般的な常識と概念は、他人である肉体が、生きていることだけが「生命」だと、思い込んで勘違いしていることが、そもそも大きな「嘘」と「偽り」と「間違い」であると、僕は思います。

「ZEROの法則」に基づいて、「今の生命」とは、相反する「今の生」と「今の死」が、入れ替わって相対変換しながら、生命が「今の今」のみに運行されている現象、そのものを**「生命」**といいます。

なぜならば、「今の生」を破壊する「今の死」の存在がなければ、新たに「今の生」を創造することができないからです。

すなわち、「生命」とは、宇宙意識場の**「ZEROの法則」**に基づいて、「今の生命」が、「今の生」と「今の死」のワン・サイクルの波動によって、**「相互変換」**しながら恒常的かつ恒久的に運行されている**「ゼロ波動生命意識体」**そのものをいいます。

「ゼロ波動生命意識体」については、『ZEROの法則』の第8~10章に詳しく言及されています。

ぜひとも、参考にしてみてください。

✦「コスモス生命意識体」には、「生命」は存在するが、相反する「生」と「死」という現象も概念も存在しない

宇宙意識場に於ける、「ゼロ波動生命意識体」とは、まさしく、宇宙意識場の生命体を、限りなく **「ゼロに収束」** していき、カオスとエントロピーを縮小し減少させた、究極の生命意識体です。

宇宙意識場の **「ZEROの法則」** に基づいて、過去を代表した「今の終わり」である「今の生」と、未来を代表する「今の初め」である「今の死」が、「今の今」である「今の生命」で打ち消し合う瞬間に **「ワン・サイクルの揺らぎ」** または **「ワン・サイクルの波動」** が、必然的に派生することになります。

この究極の「ワン・サイクル」の揺らぎと波動が、無秩序にアナログ化していって、一次元、二次元、三次元、四次元とカオスが拡大していき、エントロピーが増大していったのが、他人である肉体という **「肉性波動生命意識体」** です。

「ZEROの法則」に基づいて、この揺らぎと波動を究極にまで「ゼロに収束」または「ゼロに減少」していったものが **「ゼロ波動生命意識体」** です。

極限にまで小さくした**「揺らぎ」**または**「波動」**は、どこまで行っても相反するモノが存在する限り、永遠に揺らぎ続けていく、ミクロの揺らぎの世界であり、ミクロの**「カオスの世界」**です。

これが、他人である肉体の物質世界である虚相世界の宿命であり、宇宙意識場の宿命にもなっています。

すなわち、宇宙意識場の生命は永遠に揺らぎ続けることになります。

実は、「COSMOSの法則」に基づいて、**「生」**と**「死」**は、「心魂一如」と同じように、言葉や表現は違いますが、**「生死一如」**の存在であり、まったく同じモノなのです。

故に、**「生命」**は、**「生」**であって**「死」**であり、**「死」**であって**「生」**である、生と死は、**「一如」**の存在であり、**「生」**なき**「死」**なき、**「死」**なき**「生」**なき、生と死は、同時に展開され同時に完結していく、まったく同じ唯一無二の存在なのです。

「COSMOSの法則」に於いては、「生」という現象も、「死」という現象も存在していませんから、人間が作り出した「生」と「死」という「言葉」の「概念」が存在していません。

故に、「生」と「死」が「一如」であり、まったく同じ生命現象ですから、「生命」そのものには、「今の生」も「今の死」も「揺らぎ」も「波動」も「時間」も「空間」も「質量」も存在しません。

すなわち、**「コスモス生命意識体」**には、「生命」は存在しますが、相反する「生」と「死」という現象も概念も存在しません。

故に、「コスモス破壊原力」と「コスモス創造原力」は、「一如」であり、まったく同じモノですから、「有なる生」と「無なる死」を同時に破壊し、同時に創造することが可能になっているのです。

何度も言及しますが、**「一如」**とは、相反する生と死、有と無、自由と不自由などの現象や概念が、一切、存在しない、瞬間、瞬間が唯一無二のモノであり、オンリーワンの存在であり続けることをいいます。

「有なる破壊」と**「無なる創造」**は、**「有」**であって**「無」**であり、**「無」**であって**「有」**である、「有」と「無」は、**「一如」**の存在であり、「有なる破壊原力」と「無なる創造原力」が、同時に存在して、同時に展開され、同時に完結していく、「唯一無二」の存在であり、後にも先にも二度と再び存在しない、オンリーワンの存在です。

「生命」は、**「生」**であって**「死」**であり、**「死」**であって**「生」**である、「生」と「死」は、**「一如」**の存在であり、**「コスモスの意識」**によって、「生命」そのものが、「唯一無二」の存在であり、後にも先にも二度と再び存在しない、オンリーワンの生命として、永遠に瞬間、瞬間に存在し続けています。

「ゼロ時限」に於いて、すべての生命が、瞬間、瞬間に、「ゼロ次元」で「ゼロ完結」し続けているが故に、それぞれが、唯一無二の生命であり、オンリーワンの生命であり続けているのです。

すなわち、瞬間、瞬間に於いて、すべての生命が、唯一無二の生命であり、オンリーワンの生命であり続けているが故に、ゼロ時限に於いて、ゼロ次元でゼロ完結し続けているのです。

この理論に異論と反論のある人がいましたら、瞬間、瞬間に**「唯二無三」**の同じ生命が存在することを、事実をもって証明してほしいと思います。

「生命」は、普遍的なモノですから、何ものにも影響されずに、永遠に、生命そのものは、生命として存在し続けることになります。

肉体が自分だと思い込んでいる死生観では、まったく理解不能に陥ってしまいます。

ですから、**「生命」**は、**「有って無いもの」**であり、**「無くて有るもの」**である根拠と証明になります。

✦「COSMOSの法則」は、コスモス破壊原力とコスモス創造原力が、同時に存在し、同時に展開して、同時に完結していく

「COSMOSの法則」に基づいて、「生」と「死」は「一如」であり、まったく同じ生命現象ですから、「ゼロ時限」に於いて、「ゼロ次元」で「ゼロ完結」しながら、「有って無いもの」として「無くて有るもの」として、普遍的に「生命」が「生命」としてあり続けています。

「ZEROの法則」に基づいて、「今の生命」に於いて、「有なる破壊原力」が、「既存」である「過去」を代表した「今の生」の「破壊」を「完結」すると、相対変換の法則に従って、「無なる創造原力」が、新たに「未存」である「未来」を代表する、「今の死」を創造します。

宇宙意識場に於いては、「ZEROの法則」に基づいて、「有なる破壊原力」が、「不自由」となる「既存」の「他人である肉体」の「有形世界」を破壊すると、「無なる創造原力」が、「自

由」となる「未存」の「自分である意識体」の「無形世界」を創造していきます。

すなわち、**「今の今」**の**「今の生命」**を中心に、既存の「今の生」が「有なる破壊原力」によって破壊されると、相反する未存の「今の死」が「無なる創造原力」によって創造されます。

このように、「ZEROの法則」に基づいて、「相対変換の法則」に従って、「今の生」と「今の死」が入れ替わりながら、「今の生命」が、未来に進んでいくようになっています。

なぜならば、**「ZEROの法則」**に基づいて、「今の生」を破壊する「今の死」の存在がなければ、新たに「今の生」を創造できないからです。

「ZEROの法則」を「COSMOSの法則」に置き換えると、「コスモス破壊原力」が、「今の生」と「今の死」を同時に破壊して、**「同時」**に「コスモス創造原力」が、「今の死」と「今の生」を同時に創造していきます。

「COSMOSの法則」は、すべてが、同時に存在し、同時に展開して、同時に完結していくようになっているからです。

「コスモス破壊原力」と**「コスモス創造原力」**が、**「有って無いもの」**として、**「無くて有るもの」**として、永遠かつ普遍的に**「一如」**として存在しているからです。

先ほども言及しましたが、**「有なる破壊」**であって**「無なる創造」**であり、**「無なる創造」**であって**「有なる破壊」**である、「破壊」と「創造」は、**「一如」**の存在であり、「有なる破壊原力」と「無なる創造原力」が、同時に存在して、同時に展開され、同時に完結していく、「唯一無二」の存在であり、後にも先にも二度と再び存在しない、オンリーワンの存在であり続けているからです。

シンプルにレトリックでわかりやすく解説すると、「有なる破壊原力」が、「今の生」と「今の死」を破壊すると同時に、「無なる創造原力」が、「今の死」と「今の生」を同時に創造しています。このような現象は、「物質脳」の世界にはあり得ない現象です。

✦「肉体の生命」は完結しない「アナログ生命体」「意識体の生命」は瞬間、瞬間に完結した「デジタル生命体」

「COSMOSの法則」は、「破壊」であって「創造」であり、「創造」であって「破壊」です。破壊と創造は、「一如」の存在であって、「破壊」なき「創造」なき、「創造」なき「破壊」なき、破壊と創造は、「ゼロ時限」に於いて、「ゼロ次元」で「ゼロ完結」し続けているからです。「ゼロ時限」に於いて、すべての生命が、「ゼロ次元」で「ゼロ完結」し続けているが故に、それぞれが、唯一無二の生命であり、瞬間、瞬間、瞬間がオンリーワンの生命であり続けているのです。

すなわち、瞬間、瞬間に於いて、すべての生命が、唯一無二の存在であり、オンリーワンの生命であり続けているが故に、「破壊」と「創造」が同時に存在し、同時に展開され、同時に「ゼロ完結」し続けているのです。

ですから、相反するモノを同時に破壊し、相反するモノを同時に創造するメカニズムによって、相反するものが「一如」の存在として、「生命」が、「生命」として存在し続けています。

それぞれが、「一如」の存在として、「唯一無二」の存在として、**「独立性」**と**「自立性」**を担保することによって、カオスやエントロピーを派生させないで、永遠にコスモス（調和と秩序）の世界を、持続可能なものにしていると、僕は理解しています。

「ZEROの法則」に基づいて、他人である**「肉体の生命」**は、80年～90年かけて**「今の生」**と**「今の死」**が**「相対変換の法則」**に従って、左足と右足が入れ替わるように前進しながら、現世の終焉《しゅうえん》である肉体の**「死」**まで**「今の生命」**としてあり続けています。

故に、肉体の「今の生命」は、「今の生」と「今の死」が、相対変換の法則に従って、肉体の生命として運行されていることになります。

その証拠に、人間は寝ている時は、「意識体の生命意識」として存在して、起きている時は、「肉体の生命意識」として存在しています。

「COSMOSの法則」に基づいて、「生」と「死」は、「一如」の存在であり、まったく同じモノですから、「生」と「死」という相反する現象や概念や言葉はなく、瞬間、瞬間が唯一無二であり、「生命」はオンリーワンの**「生命」**を完結しながら、永遠に存在し続けています。

「ZEROの法則」に基づいて、**「地球意識場の生命」**は、「今の生」と「今の死」の相対変換の**「連続性」**によって、**「輪廻の法則」**に従って、完結しないまま**「アナログ生命体」**として存在し続けています。

「COSMOSの法則」に基づいて、**「意識体の生命」**は、「生」と「死」が、一如の存在による**「完結性」**によって、瞬間、瞬間に完結した**「コスモス生命体」**として、存在しています。

「有るけど無い」されど「無いけど有る」が故に、**「生命」**が、唯一無二の生命として、永遠にあり続けることができるのです。

「波動」も「時間」も「空間」も「質量」もない、「ゼロ次元」が成立するが故に、「ゼロ時限」に於いて、「ゼロ完結」していくのです。

なぜならば、**「生」**と**「死」**は、「生」であって「死」であり、「死」であって「生」である、「生」と「死」は、**「一如」**の存在であり、唯一無二の「有って無いもの」であり「無くて有るもの」だからです。

肉体が自分だと勘違いして、波動と時間と空間と数字に支配されている「嘘学《うそがく》」の**「物質脳」**では、理解不能になってしまうと思います。

なぜならば、皆さんの肉体は、すべて両親の**「性欲」**という**「他人の意識」**から始まって、**「他人の身体」**で作られた存在だからです。これは紛れもない事実です。

故に、「ゼロ時限」に於いて、「ゼロ次元」で「生命」が、唯一無二の「有って無いもの」として、「無くて有るもの」として、「ゼロ完結」しながら、普遍的にあり続けている理由が理解できません。

ですから、**「実相世界」**である**「意識世界」**に於いては、「今の初め」なく「今の終わり」なく、「今の原因」なく「今の結果」なく、「今の破壊」なく、「今の創造」なく、「今の生」なく「今の死」なく、**「生命」**という「ゼロ時限」に於いて、すべてが「一如」として存在して、同時に展開して、同時に完結することが可能になっています。

「今の生」も「今の死」もなく、**「コスモスの意識」**に基づいて、「生命」という「ゼロ時限」に於いて、すべてが包括され統合されて、**「一如」**の存在として、まったく同じ生命現象として**「私の意識」**に完結して存在しています。

意識世界では、すべてのモノが、「一如」の存在であるが故に、「波動」も「時間」も「距離」も「空間」も「質量」も存在しません。**「コスモスの意識」**に基づいて、**「初め」**と**「終わり」**は、**「原因」**と**「結果」**に於いて、すべてが**「私の意識」**だけに、**「一如」**の存在として一致しています。

なぜならば、「生命」に、「私の意識」が存在していなければ、「生命」が存在する意味も意義も価値もないからです。

この理由によって、**「コスモスの意識」**と**「私の意識」**が**「一如」**の存在であり、まったく同じモノであることの証明になります。

ただ、人類は未だに、そのことが情動的に理解できる、意識次元のレベルに至っていないのではないかと、僕は悲しく思う時があります。

故に、「生」と「死」に於いて、破壊と創造が、「生命」という「ゼロ時限」に於いて、同時に存在して、同時に**「ゼロ完結」**し続けているこの現象は、肉体が自分だと思い込んでいる、物質世界の肉体の物質脳だけを頼りにしている、虚相世界の頭脳のレベルでは、理解できない法則であり理論だと思います。

ですから、「他人の意識」である「肉体の意識」レベルの知識では、絶対に、**「COSMOSの法則」**を、理解することができないままに、**「AI革命」**によって人類が滅びゆく将来を思ってしまいます。

物質的な物質脳の理解ではなく、心情的な意識脳の理解をしないと、まったく理解できないのではないかと思います。

なぜならば、無なるモノや無なる世界は、無形なる意識脳でなければ理解できないからです。

✦「コスモスの意識」と「カオスの意識」は、「真逆」(Paradox)に方向づけられた「価値観」の「意識」

「COSMOSの法則」を理解するためには、すべてのモノが、瞬間、瞬間に於いて、「唯一無二の存在であり、最も、かけがえのない尊い存在であり、最高に価値あるオンリーワンの存在である」という価値観と情愛を確立させていくことが不可欠です。

なぜならば、肉体の「他人の意識」に「無意識」のうちに支配されている、物質世界である虚相世界は、**「欲望」**という**「カオスの意識」**が満ち溢《あふ》れている、**「不自由」**と**「欲」**と**「不平等」**だらけの**「牢獄世界」**だからです。

地位も名誉も財物なども、自己欲求と承認欲求を満たして、自己満足に至るためのものであり、人間が人間を差別化するための**「優生思想」**でしかないと思うからです。

「COSMOSの法則」は、「他人の意識」である**「頭脳」**の**「知識」**では、絶対に、理解することはできないと、僕は思います。

なぜならば、**「コスモスの意識」**(秩序創世の意識)である、**「自由」**と**「愛」**と**「可能」**に反することになるからです。

すなわち、**「コスモスの意識」**と**「カオスの意識」**は、**「真逆」（Paradox）**に方向づけられた**「価値観」**の**「意識」**といえます。

宇宙意識場は、**「カオスの意識」**に満ち溢れていますので、**「COSMOSの法則」**が理解しにくいのではないかと感じています。

「コスモスの意識」に基づいて、「ゼロ時限」を中心に、完結した「コスモス破壊原力」が、破壊のみを行い、完結した「コスモス創造原力」が、創造のみを行って、破壊と創造を同時に**「一如」**として、**「ゼロ完結」**しながら、**「COSMOSの法則」**（秩序創世の法則）そのものを、普遍的に基礎づけているからです。

「コスモスの意識」に基づく**「COSMOSの法則」**（コスモス意識場の法則）と、**「カオスの意識」**に従っている**「CHAOS《カオス》の法則」**（宇宙意識場の法則）とでは、基本的かつ根本的に方向性が違っています。

「COSMOSの法則」は、カオス（混乱と混沌と混迷）やエントロピー（無秩序と不調和）を増大させないために、「有なる破壊原力」は破壊のみを行い、「無なる創造原力」は創造のみを行い、お互いが干渉し合ったり、影響し合ったり、関わり合ったりすることは、絶対にないからです。これもレトリックです。

「ZEROの法則」に基づいて、「有なる破壊原力」が、「有」なる「既存」の過去を代表した「今の生」を破壊しない限り、「無なる創造原力」が、「無」なる「未存」の未来を代表する「今の死」を創造していくことができないからです。

すなわち、「今の生」を破壊する「今の死」の存在がなければ、新たに「今の生」を創造することができないのです。

「CHAOSの法則」によって、「今の生命」を中心に、「今の生」と「今の死」という、相反するモノが、入れ替わることによって派生する、「ワン・サイクルの波動」または「ワン・サイクルの揺らぎ」に基づく、**「ゼロ波動生命意識体」**から、生命波動が**「アナログ化」**していき物質世界に於ける、さまざまな**「次元」**の**「アナログ波動生命意識体」**が、作られていくことになります。

「ゼロ波動生命意識体」から、**「生命波動」**が時間軸と共に**「アナログ化」**していって、三次元に物質化した80年〜90年という**「肉性波動生命意識体」**にまで、生命のカオスが拡大して、エントロピーが増大していきました。

「生命波動」が、物質世界に於いて、一次元、二次元、三次元、四次元などに、カオスを拡大させながら、エントロピーを増大させていく現象は、**「ZEROの法則」**の宿命といってよいでしょう。

「ZEROの法則」と**「COSMOSの法則」**の決定的な違いは、一体、どこにあるのでしょうか？

「ZEROの法則」とは、相反するモノが**「ゼロ・バランス」**に向かって、打ち消し合いながら、それぞれが**「ゼロ」**になろうとした時に派生する「ワン・サイクルの揺らぎ」または「ワン・サイクルの波動」が、**「アナログ化」**することによって、**「複雑化」**して**「多次元化」**していくことにより、「波動」や「時間軸」や「距離間」や「分離間」や「空間」や「質量」などを、次々と派生していく現象のことをいいます。

「COSMOSの法則」とは、相反するモノが存在しない**「一如」**の存在ですから、すべてが、**「今」**という**「ゼロ時限」**に於いて、**「ゼロ次元」**で**「ゼロ完結」**しながら、なおかつ、すべてのモノが、「今」の瞬間、瞬間に於いて、**「唯一無二」**の存在であり、**「オンリーワン」**のモノとして存在し続けていく現象をいいます。

✦私たちは地球意識場から宇宙意識場を超越して、コスモス意識場へ行く準備をしている

「CHAOSの法則」に従って、宇宙意識場に存在する「生命意識体」を**「カオス生命意識体」**といいます。

「COSMOSの法則」に基づいて、コスモス意識場に存在する「生命意識体」を、**「コスモス生命意識体」**といいます。

「CHAOSの法則」は、**「他人の意識」**である**「肉体の意識」**の虚相世界である、宇宙意識場に通用する法則であり理論です。

「COSMOSの法則」は、**「自分の意識」**である**「意識体の意識」**の実相世界である、コスモス意識場に通用する法則であり理論です。

「COSMOSの法則」は、宇宙意識場の宇宙物質界と宇宙意識界の境界域である**「ZEROの法則」**に基づく**「ゼロの揺らぎ理論」**を超越したコスモス意識場に通用する法則であり理論です。

ですから、宇宙意識界に於いても、一切、通用しない法則であり理論になっています。

ただし、この世で通用するものがあるとするならば、それは、自分である意識体の自由と愛に基づいた、**「知性」**と**「理性」**に基づく**「私の意識」**だけです。

「意識次元」の高い心情と情動を一言で表現すると、それは、**「感謝」**に基づく**「自己慈愛」**になります。

私たちは、コスモス意識場に通用する法則や理論を学ぶために、なおかつ、感謝に基づく「自己慈愛」を成熟させるために、牢獄星に来ていると、僕は理解しています。

なぜならば、地球物質界から地球意識界に行くのも、宇宙物質界から宇宙意識界に行くのも、すべてが自由意志と自己決定と自己責任に委ねられているからです。

なぜならば、「ZEROの法則」に基づいて、物質世界と意識世界は重なるように、相反するものとして、存在を余儀なくされているからです。

故に、「ZEROの法則」の範疇《はんちゅう》に於いては、宇宙意識場のすべてのカテゴリーが同じように構築されていて、大きな差はないからです。

最近、UFOの確認が、レーダーや目視によってなされたとか、地球外生物が存在するのではないかと、何かと話題になっていますが、たしかに、僕は存在していることは知っています。

ただし、彼らは、地球生命体よりも意識次元が高いので、意識次元の低い地球生命体に直接関わってくることはありません。

なぜならば、意識次元の高い生命体が、意識次元の低い生命体に関わると、地球生命体の意識進化に対する、自由法則に基づく、自由意志と自己決定と自己責任の原則に抵触することを知っているからです。

また、意識次元の高い生命体が、意識次元の低い生命体に関わることは、**「次元支配の原則」**によって意識退化に方向づけられることも、よくよく知っているからです。

「次元支配の原則」とは、低次元のモノが、高次元のモノを支配して不自由に方向づけることです。

例えば、自由な自分である意識体を、不自由な他人である肉体が支配して不自由にしていく現象そのものです。

人間が、動物園の動物に興味を持って見に行くのと同じで、地球動物園の動物に単なる興味を持ってコミットしているだけです。これ以上のことは言及できません。

では、話を戻します。私たちは、**「カオス意識場」**から**「コスモス意識場」**に、唯一、行くための準備をしています。

それはすなわち、地球意識場から宇宙意識場を超越して、コスモス意識場に行くためです。

故に、「COSMOSの法則」には、相反するモノによって派生する「波動」や「時間軸」や「距離間」や「分離間」や「空間」や「質量」などは、一切、存在していません。

この法則や理論は、自分である意識体の意識世界が、理論的かつ情動的に理解できないと、まったく理解できない理論になってしまいます。

すなわち、自分である意識体の**「意識脳」**でなければ、理解できない理論であり、**「他人の意**

のです。

いる**「物質脳」**では、物質の枠組みに囚《とら》われて、絶対に理解することはできないと、僕は思うのです。

僕のように、知識もなければ、学歴もない、地位もなければ名誉もなく、まして財物には無縁であり、失うモノが何もない人には、極めてわかりやすい、シンプルな法則であり理論だと思います。

なぜならば、欲望による面倒くさい複雑なモノが、何もないからです。

コスモス意識場は、「COSMOSの法則」に基づいて、相反するモノが存在しない、極めてシンプルな法則や原理や理論によって、すべてが成り立っています。

ですから、まさに「シンプル・イズ・ベスト」が、基本的な法則と原理と理論になっています。

しかし、地球意識場や宇宙意識場は、極めて複雑な「カオスの意識」に従って、「CHAOSの法則」によって、すべてが複雑化して多次元化していく、法則や原則や理論によって成り立っています。

「CHAOSの法則」に基礎づけられた「カオスの意識」が、満ち溢《あふ》れている宇宙意識場は、無秩序と不調和によって、混乱と混沌と混迷の惑星群と意識界群によって、**「不自由」**と**「不可能」**な**「カオス意識場」**を、常套的《じょうとうてき》に作り上げています。

「COSMOSの法則」に基礎づけられた「コスモスの意識」が、満ち溢れているコスモス意識場は、**「真逆」(Paradox)**に秩序と調和という**「自由」**と**「可能」**な世界に方向づけられています。

宇宙意識場に通用する法則と原理と理論は、真逆にコスモス意識場では、まったく通用しない法則と原理と理論になっています。

まして、「COSMOSの法則」は、「初めなき終わりなき」、「原因なき結果なき」、「破壊なき創造なき」、**「有って無いもの」**として、**「無くて有るもの」**として、**「ゼロ時限」**に於いて、**「ゼロ次元」**で**「ゼロ完結」**していく普遍的な法則です。

宇宙意識場に存在している人類は、どうしても宇宙の初めと終わり、原因と結果を知りたがる「物質脳」の**「不自由癖」**があります。

故に、カオスやエントロピーが満ち溢れている、宇宙意識場の波動と時間と距離と空間に於ける、質量と運動エネルギーに基づく、物理的な**「宇宙工学」**や**「自然科学」**では、絶対に理解も解釈も納得もできない法則と理論だと、僕は思います。

✦「COSMOSの法則」は、「私の生命」が永遠かつ無限の価値ある生命として、あり続けることができるという証拠と証明

肉体が自分だと思い込んで勘違いしている人たちは、常に、物質と時間と距離と空間の中に**「意識」**が置かれていますので、必然的に、時間軸と距離間と分離間で物事を発想し理解する、**「肉体癖」**に意識が飼い慣らされています。

ですから、僕は、物質世界の「他人の意識」である虚相世界を疑って、疑って、疑いながら、

意識世界の「自分の意識」である実相世界の**「心情的」**な**「体験」**を、真実の方向性として生きてきました。

「生」は今であり、「死」も今であり、「生命」も今でしかありません。どこから尋ね求めても**「生命」**は**「今」**でしかありません。

常に、**「コスモス意識場」**は、「過去」を代表した「既存」である「有」なる「生」を、「コスモス破壊原力」が破壊して、「未来」を代表する「未存」である「無」なる「死」を、「コスモス創造原力」が創造して、すべてが同時に「ゼロ時限」に於いて、「ゼロ次元」で「ゼロ完結」しながら、唯一無二の「生命」であり続けています。

なぜならば、「コスモス破壊原力」と「コスモス創造原力」は、相反するモノではなく、言葉は違っても「一如」の存在であり、まったく同じモノだからです。

すなわち、過去と未来が**「同時」**に存在しているが故に、**「今」**の**「生命」**が、唯一無二であり続けているのです。

すなわち、**「有なる生」**であって**「無なる死」**であり、**「無なる死」**であって**「有なる生」**である、「生」と「死」は、**「一如」**の存在であり、「生」なき「死」なき、「無」なき「有」なき、まったく同じ現象ですから、同時に存在して、同時に破壊と創造が展開されて、同時に完結していく、「唯一無二」の存在であり、後にも先にも二度と再び、永遠に、存在することのない、オンリーワンの生命なのです。

もし、他人である肉体の「死」によって、すべてが失われて、「死」が、完全な「無」となる生命であると公言する人がいましたら、「死」が存在するという事実を、**「事実の保証」**と**「真実の保証」**をもって、誰にでも理解できるように証明していただきたいと思います。

そもそも、なぜ、望んでもいない**「肉体の死」**が存在するのかを証明してほしいものです。

なぜならば、肉体が死ぬには死ぬなりの目的と意味と意義が存在しなければ、死の存在価値が失われることになるからです。

そのような発想は、他人である肉体が自分であると完璧に勘違いしている、極めて意識次元の低い欲望や恨みや辛《つら》みの強い人たちによるものだと、僕は思います。

フェイクワールドに於いて、他人である肉体の**「死」**を、不安と恐怖で煽《あお》る人たちは、一般的には、宗教団体の人たちか、肉体の死に直結している医療関係の人たちか、暴力団の人たちしか見当たらないと、僕は思います。

なぜならば、他人である肉体の**「嘘の死生観」**による、「肉体の死」に対する、**「無知が故」**のフェイクだからです。

宗教のようにまことしやかに、肉体の「死後」あなたは、地獄に行くなどと言って不安や恐怖を煽って、布教や伝道などの手段や、霊感商法の手法に利用することは、劣悪かつ醜悪な詐欺行為であり、根本的に間違っていると、僕は理解しています。

「意識体の生命」は、**「生」**であって**「死」**であり、**「死」**であって**「生」**である、**「一如」**の存在であり、**「生」**なき**「死」**なき、**「死」**なき**「生」**なき、「生」と「死」は、まったく同じ生命現象ですから、普遍的な存在として、永遠にあり続けています。

ですから、「自分である意識体」の「意識」は、必然的に、永遠に生き続けたいという意識に方向づけられています。

これが、誰でも永遠に生き続けたいと思う、**「生命意識」**の方向づけになっています。

「生命」は、「今」という瞬間、瞬間に於いて、唯一無二の存在であり、オンリーワンの生命であり続けているからです。

どんな次元の生命体に対しても、区別も差別も格差もなく、普遍的に、生命は、生命としてあり続けています。

なぜならば、生命は生命であって、生命以外の何ものでもないからです。

ですから、「コスモス破壊原力」と「コスモス創造原力」は、「ゼロ完結」に於いて、「有って無いもの」として、「無くて有るもの」として、**「生命」**は、**「完結なき完結」**であり続けています。

「COSMOSの法則」に基づいて、「生命」に於いて、「生」と「死」が「一如」の存在として、「有」であって「無」であり、「無」であって「有」である、何ものにも影響されずに、恒常的かつ恒久的に、永遠に、「秩序的」にあり続けています。

僕が、いちばん言いたいことは、「生命」自体が、生命の運行として「有って無いもの」として、「無くて有るもの」として、何ものにも影響されずに、普遍的かつ永遠にあり続けていくということです。

なぜならば、**「生命」**に於いて、**「生」**と**「死」**は、**「一如」**の存在であり、瞬間、瞬間が唯一無二のオンリーワンの生命であり、後にも先にも二度と再び存在することがない尊い生命であり続けているからです。

今、**「私の生命」**と共に経験していることは、永遠に、二度と再び訪れることのない、かけがえのない、最も尊い価値ある経験だからです。

故に、「自分である意識体」は、生命と共に「ゼロ時限」に於いて、「ゼロ次元」で「ゼロ完結」しながら、永遠に存在し続けています。

ですから、自分である意識体には、**「死」**は、存在しないことになります。

「私の意識」が存在する**「私の生命」**が、唯一無二の最も尊いかけがえのない、最高に価値あるモノとして生きることが、**「私自身」**にとっては、最も重要なことではないかと、僕は考えるのです。

それがすなわち、「私の生命」が、永遠かつ無限の価値ある生命として、あり続けることができるという証拠と証明ではないかと思うからです。

なぜならば、「今」の「生命」が、「永遠の過去」と「永遠の未来」の代表として存在しているからです。

✦枠組みという「限界の範疇《はんちゅう》」である軸、間、場が存在するものは自由ではない

まさに、「COSMOSの法則」は、「ゼロの軸」であり、「ゼロの間」であり、「ゼロの場」であり、何ものにも依存せず、影響されずに、独立性と自立性を担保して、普遍的にあり続けてい

く、「完全なる自由」に方向づけられています。

真逆にいいますと、「軸」が存在するもの、「間」が存在するもの、「場」が存在するものは、すべて「枠組み」という「限界の範疇」に存在していますから、自由とは、とてもいえないと、僕は思います。

最もわかりやすい例が、自分である意識体を不自由にしている、他人である肉体という**「囚人服」**であり**「奴隷服」**で、まさに、その存在そのものだといえます。

少なくとも、他人である肉体の延長線上に存在する宇宙物質界は、すべて「時間の軸」と「距離の間」と「空間の場」という、不自由な**「時空」**の枠組みの中に存在しています。

すなわち、物質世界は「枠組み」という境界域と限界域が存在することになりますから、紛れもなく牢獄のような枠の中という**「不自由」**な虚相空間といえます。

基本的に、無形実体世界である意識世界の**「自由」**と、有形実体世界である物質世界の**「不自由」**を理解していく、重要な**「意識」**の方向性になると、僕は理解し確信しています。

「コスモス意識場」は、**「COSMOSの法則」**に基づいて、「今」の「生命」という「ゼロ時限」に於いて、「ゼロ次元」で「ゼロ完結」しながら**「一如」**のモノとして、すべてが存在しています。

「宇宙意識場」は、**「ZEROの法則」**に基づいて、相反する「過去」に対して「未来」、「既存」に対して「未存」、「今の終わり」に対して「今の初め」、「有」に対して「無」、「今の生」に対して「今の死」などの、**「真逆」（Paradox）**の概念と現象によって、構成されメカニズム化されて存在しています。

この理由からコスモス意識場は、「今」の「生命」であり続ける、永遠かつ無限の存在であり、「宇宙の終わり」も「宇宙の初め」も、「宇宙の今」も**「今」**の**「生命」**に於いて、**「私の意識」**にしか存在していないと、僕は理解しています。

この**「COSMOSの法則」**に基づいて、**「私の意識」**が存在する**「コスモス意識場」**には、波動も時間も距離も空間も質量も存在していない証明になっています。

もし、「COSMOSの法則」に対して、異論や反論のある、肉体が自分だと思い込んでいる人がいるならば、「今」の「生命」の「意識」そのものに波動も時間も距離も空間も質量も存在していることを、明確に事実をもって証明していただきたいと思います。

なぜならば、**「意識」**と**「知識」**は別モノだからです。「知識」は、単なる「他人の意識」である「肉体の意識」の**「道具」**に過ぎないからです。

もし、過去や未来に生きていて、「今」には生きていない、という人がいるのでしたら、それはまったく別の精神的な心や人格の問題になってしまいます。

なぜならば、コスモス意識場は作られた世界ではなく、「無」からすべてを、今という瞬間、瞬間に**「私の意識」**が、創り出していく、唯一無二の「無の世界」だからです。

「COSMOSの法則」によって、「コスモス破壊原力」と、「コスモス創造原力」が、「一如」の存在として、「今」の「生命」が、「ゼロ時限」に於いて、「ゼロ次元」で「ゼロ完結」しながら、「私の意識」に付随して、「今」も「生命」も「意識体」もあり続けています。

故に、「有って無いもの」として、「無くて有るもの」として、何ものにも影響されずに、普遍的かつ永遠に、**「秩序的」**にあり続けていく**「コスモスの理論」**（秩序創世の理論）そのものを基礎づけています。

私たちは、恒常的に既存なる過去の物質世界が破壊されて、恒久的に未存なる未来の意識世界が創造されていく**「ZEROの法則」**に、基礎づけられた宇宙意識場に存在しています。

「COSMOSの法則」とは、何ものにも影響されずに、普遍的な「調和」と「秩序」を持続可能にしていく「法則」です。

なおかつ、永遠に、独立性と自立性によって、「自由」と「可能」な**「コスモス意識場」**（秩序創世の意識場）を創造しながら、進化していく、「有」と「無」の「一如」の世界です。

この**「コスモスの意識」**が、**「COSMOSの法則」**を基礎づけて、無なる**「コスモス意識場」**を創造して、無限意識場そのものに方向づけています。

すなわち、**「COSMOSの法則」**そのものが、コスモス意識場である**「無」**なる**「創造世界」**そのものといえます。

コスモス意識場は、**「無の世界」**であるが故に、**「無なる創造原力」**の世界が、未知なる未来に向かって**「無限」**に続いていくことになります。

肉体の「他人の意識」が、自分であると勘違いしている人たちは、**「宇宙物質界」**の星空を肉体の目で見て、天動説的にしか宇宙を、物質的かつ物理的な範疇でしか見ていないと、僕は思います。

ですから、人間は、何かが存在していないと安心できません。**「無の世界」**といわれると、急に落ち着かなくなります。

人間の価値観は、物質世界の性《さが》故に、有ればあるほど良いと思っています。学歴が有ればあるほど良い、地位が有ればあるほど良い、名誉が有ればあるほど良い、財物が有ればあるほど良いと思い込んでいます。

なぜならば、皆さんの肉体は、すべて両親の**「性欲」**という**「他人の意識」**から始まって、受精卵の**「食欲」**によって、**「他人の子宮」**に寄生して作られた存在だからです。

故に、**「欲」**は、他人である肉体の**「宿命」**です。これは紛れもない事実です。

しかし、コスモス意識場は、無ければないほど善い世界であり、「無の世界」に近づいていき、シンプルな秩序へと方向づけられていきます。

すなわち、**「欲の意識」**は有ればあるほど「不自由」と「不可能」に方向づけられて、**「愛の意識」**は無ければないほど「自由」と「可能」に方向づけられています。

なぜかといいますと、作られた他人である肉体の**「依存」**と**「従属」**と**「不自由」**という世界に、意識が飼い慣らされているからです。

ちなみに、コスモス意識場は、**「自立」**と**「自由」**と**「可能」**という**「私の意識」**が、すべてを創り出す「無の世界」になっています。

宇宙物質界は、どこまで行っても物質世界であって、地球物質界となんら変わりのない、物質次元のカオスとエントロピーだらけの、荒涼とした不毛の世界だからです。

ですから、肉体が自分だと勘違いしている「嘘の親子関係」で育った「嘘学《うそがく》」では、「生命」に於いて、「死」を創造すると同時に、「生」も同時に創造して、「生」を破壊すると同時に、「死」を同時に破壊する**「ゼロ完結」**という理論は、理解できないと思います。

まして、**「意識体の生命」**そのものが、**「有の生」**であって**「無の死」**であり、**「無の死」**であって**「有の生」**である、「生」と「死」、「有」と「無」は、**「一如」**の存在であることを理解することは、極めて困難なことだと思います。

なぜならば、肉体の「他人の意識」である物質世界では、絶対にあり得ない法則と理論だからです。

初めと終わりが同時に存在し、原因と結果が同時に存在し、破壊と創造が同時に存在し、過去と未来が同時に存在し、「私の心」と「私自身の魂」が同時に存在している**「一如」**の存在であり、まったく同じ唯一無二の現象とは、絶対に考えられないからです。

まして、誰かに教わったこともなければ、一度も考えたこともないからです。

意識世界では、当たり前にあり得ることですが、物質世界では、絶対にあり得ないからです。

✦「私の意識」が、すべての「主人」であり「主体」である、「全知全能の創造主」

「真《まこと》の親子関係」に基づいて、**「自分である意識体」**が、自分の**「親なる心」**によって、自分自身の**「子なる魂」**を成長させ、心と魂という親と子の**「役割」**と**「責任」**によって、永遠に意識体が成長し、成熟していく**「心魂一如の意識体」**であるとは、人類は考えもしなかったことだし、思いもしませんでした。

心と魂というと、まったく違った存在のように思いますが、言葉や表現が違うだけで、心と魂は「一如」であって、まったく同じ存在なのです。

ですから、「生命」に存在する「生」と「死」は、言葉は違っても**「一如」**の存在であって、まったく同じ生命現象なのです。

自分である意識体に存在する、「自分の心」の**「意識」**と「自分自身の魂」の**「意識」**は、**「私の意識」**に於いて、「一如」の存在であり、まったく同じモノなのです。

故に、「COSMOSの法則」に基づいて、すべてが**「私の意識」**に付随して、「ゼロ時限」に於いて、「ゼロ次元」で「ゼロ完結」し続けています。

コスモス意識場に於いては、言葉は違っても「初め」と「終わり」も一如であり、「原因」と「結果」も一如であり、「破壊」と「創造」も一如であり、「心」と「魂」も一如であり、「生」と「死」も一如であり、すべてが、**「私の意識」**に於いて一如であり、**「私の意識」**に付随して、まったく同じ生命現象だからです。

「私の意識」に於いて、「有なる破壊原力」と「無なる創造原力」も一如の存在であり、まったく同じ存在なのです。

これが、「コスモスの意識」と「私の意識」が、一如であるという所以《ゆえん》なのです。

ですから、「コスモスの意識」の**「バックヤード」**は、常に破壊されていき、「コスモスの意識」の**「フロントライン」**は、常に、新たなモノを創造し続けられるようになっています。

ですから、コスモス意識場は、未知なる未来の**「無の世界」**が、無限に広がっていく、「無なる創造原力」の世界になっています。

僕は、「肉体の意識」を解放する、特殊な**「呼吸瞑想」**によって、常に「僕の意識」の**「バックヤード」**である過去は破壊されていき、「僕の意識」の**「フロントライン」**である未存なる未来は、常に、新たな**「個性芸術」**を創造し続けていくようになっています。

すなわち、頭脳の記憶に支配されずに、まったく新しい意識の世界だけを創り出せるようになりました。

なぜならば、コスモス意識場は、宇宙意識場と違って作られた世界ではなく、常に、「無」から「私の意識」によって、新たに創り出していく「無の世界」だからです。

肉体の「他人の意識」に存在する、**「地球癖」**、**「人間癖」**、**「肉体癖」**、**「欲望癖」**、**「囚人癖」**、**「奴隷癖」**を解放することが、コスモス意識場に近づいていくための準備になるからです。

僕の**「個性芸術」**は、地球意識場には、絶対に存在しない**「情動世界」**のモノばかりです。

「私の意識」の**「意識のバックヤード」**は、既存なる過去の**「有」**を代表していて、**「意識のフロントライン」**は、未存なる未来の最前線の**「無」**を代表しています。

実は、「ゼロ時限」に於いて、「ゼロ次元」で「ゼロ完結」している、心と魂は、「一如」の存在であり、まったく同じモノですから、**「私の意識」**に付随して、**「同時」**に存在しているのです。

「意識体」に「私の意識」が存在していなければ、「意識体」が存在する意味も意義も価値もありません。

すなわち、**「私の意識」**が、存在していないのに、**「今」**も**「生命」**も**「意識体」**も、ただ存在しているだけでしたら、一切、私自身にとって存在する意味も意義も価値もないことになります。

結論です。すべての存在の**「主人」**であり**「主体」**は、**「私の意識」**そのものです。

「私の意識」が存在しなければ、私自身の存在目的も意味も意義も存在価値も失われることになるからです。

ですから、自分である**「心魂一如の意識体」**は、**「心魂一如の愛」**に基づいて、初めなき終わりなき、原因なき結果なき、破壊なき創造なき存在であり、波動と時間と空間と質量が存在しない**「私の意識」**である、という証明になります。

しかし、「他人の意識」である「肉体の意識」が、自分だと思い込んでいる**「嘘の親子関係」**によって、「無意識」のまま従って、人格形成史を歩んできた人たちは、自分である**「意識体の心情」**が、他人である**「肉体の感情」**に従属させられ、「肉体の意識」に支配され続けています。

故に、**「仕方ない理論」**に従って、不自由に**「奴隷のごとく」**または**「囚人のごとく」**無意識のうちに生きているので、肉体の死後の世界が、それ以上の奴隷の世界であり囚人の世界であることは、考えもしないし、思いもしないし、悩みもしないと思います。

それはすなわち、肉体に内在する「他人の意識」に支配されて、他人である肉体を養い生かすことに精一杯になって、半径1メートル以内の目先のことだけに追われて、毎日を生きているからです。

ですから、不自由に慣れ過ぎてしまい、自由を求める意識さえ消え去っています。

この現象を意識体の情動の世界に置き換えて検証すると、次のようになります。

他人である肉体という囚人服に支配され、**「心魂分断の恩讐《おんしゅう》」**によって、自分の心が、不平や不満という不快な心情に陥ることによって、**「劣悪な心」**が、自分自身の魂を著しく傷つけていき**「醜悪な魂」**へと陥れて、その結果、**「邪悪な意識体」**となって、**「邪悪な意識界」**に行くことになります。

これが、愛が欠落した子どもたちによる「自傷行為」や「自虐行為」によって、最終的に、最悪な**「自殺」**へと陥ってしまう現象なのです。

いじめや虐待などは、多かれ少なかれ、家庭でも、学校でも、会社でも、社会でも、どこにでも存在しています。

真逆に、自分の心が、感謝と喜びという愉快な心情になると、自分自身の魂が著しく高次元に意識進化していって、**「慈愛の意識体」**となって、**「高次元の意識界」**に行くことになります。

話を戻しましょう。「無なる創造原力」が、新たな「生」と「死」を同時に創造して、その瞬間に創造された「有なる破壊原力」が、既存の「生」と「死」を同時に破壊していきます。

すなわち、「コスモス破壊原力」が、「今の生」と「今の死」を同時に破壊した瞬間に、共時的に「コスモス創造原力」が、「今の死」と「今の生」を、同時に創造していきます。まさに、**「一如」**の存在だからです。

「コスモス破壊原力」が、「生」を破壊すると、同時に「死」も同時に「ゼロ完結」で破壊します。

ゼロ完結の破壊によって、共時的に「コスモス創造原力」が、「ゼロ完結」で、「死」と「生」を同時に創造します。

なぜならば、相反する「生」も「死」も存在しないからです。ただ、わかりやすくするために、僕がレトリック（修辞技法）で表現しているだけです。

「COSMOSの法則」に基づいて、「コスモス破壊原力」と「コスモス創造原力」が、「ゼロ時限」の「生命」に於いて、「ゼロ次元」で「ゼロ完結」しながら、「生命」が**「有なる生」**であって**「無なる死」**であり、**「無の死」**であって**「有の生」**である、「生」と「死」は、**「一如」**の存在だからです。

当然、「生」なき「死」なき、「死」なき「生」なき、まったく同じ**「生命」**として、何ものにも影響されずに、普遍的に、恒常的かつ恒久的に、永遠に**「私の意識」**に付随してあり続けています。

なぜならば、「今」に「私の意識」が存在していなければ、「今」が存在する意味も意義も価値もないからです。

「生命」に「私の意識」が存在していなければ、「生命」が存在する意味も意義も価値もないからです。

「意識体」に「私の意識」が存在していなければ、「意識体」が存在する意味も意義も価値もないからです。

それが、「今」も「生命」も「意識体」なども、すべては「私の意識」が、初めであり終わりであり、原因であり結果であると、いえる所以です。

なぜならば、**「私の意識」**が、すべての**「主人」**であり**「主体」**である、**「全知全能の創造主」**だからです。

故に、**「私の意識」**に付随して、すべてが**「一如」**であり、**「唯一」**の現象であり、なおかつ、瞬間、瞬間が**「無二」**の存在であり、オンリーワンの**「現象」**なのです。

これが、「生命」が、**「有」**であって**「無」**であり、**「無」**であって**「有」**である、**「一如」**の存在として、永遠に、何ものにも影響されずに、普遍的に**「私の意識」**に付随して存在し続ける根拠と証明になっています。

第9章

「COSMOSの法則」に基づく生命原理の検証

✦「生命連鎖の法則」によって、子宮生活、地球生活、意識界生活へと「生命」は普遍的に踏襲されていく

現世に於ける、他人である肉体の**「嘘の死生観」**では、平均的な寿命の概念として捉えると、この世に肉体が生まれて死ぬまで、80年から90年という限られた**「時間軸」**で、「生」と「死」が理解され認識されています。

哲学も宗教も科学も、「他人である肉体」の「嘘の死生観」に基づく、**「時間軸の呪縛」**から生命そのものが解放されていないと、僕は理解しています。

生命そのものが、時間軸に呪縛されているわけですから、すべての常識や良識や概念が、時間軸の枠組みの中に置かれています。

故に、何一つ解決されることなく、問題ばかりが次から次へと提起され、複雑化して**「カオス**

意識場」が顕在化し続けています。

しかし、肉体の生と死は、**「ZEROの法則」**に基づいて、「生」が一方的に「死」に近づいていくのではなく、80年~90年かけて共に肉体の死に近づいていきます。

相反する「生」と「死」が、この世の終末の瞬間である、「肉体の死」に向かって、共に打ち消し合いながら、肉体が20年生きれば、20年分、肉体が老化して死が近づいてきます。

肉体が50年生きれば、50年分、肉体が老化して、さらに死が近づいてきます。

肉体が80年も生きれば、80年分、肉体が老化してますます、肉体の死が身近になってきます。

やがて、「肉体の死」という「今の今」を迎え、「今の生命」に、最も近い過去を代表した「今の生」と、「今の生命」に、最も近い未来を代表した「今の死」が、出会って打ち消し合う「肉体の死」の瞬間を迎えることになります。

例えば、私たちの現世の肉体の寿命が80歳とします。

「ZEROの法則」に基づいて検証すると、この世の終焉《しゅうえん》である肉体の死の瞬間である、「今の今」を中心に、80年分の**「今の生」**が存在しているということは、相反する80年分の**「今の死」**が同様に存在していることになります。

「今の生」と「今の死」が、その都度、その都度、同時に存在しながら、共に、この世の終末である「肉体の死」に近づいていることになります。

「ZEROの法則」に基づいて、75年前も「今の生」と「今の死」が、その時代の「肉体の意識」に付随して、「肉体の生命」として存在していました。

40年前も「今の生」と「今の死」が、その時、その時の「肉体の意識」に於いて、「肉体の生命」として存在していました。

20年前も「今の生」と「今の死」が、その時々の「肉体の意識」に付随して、「肉体の生命」として存在していました。

当然、今朝も「今の生」と「今の死」が、「肉体の意識」に於いて、「肉体の生命」として存在していました。

五分前も一秒前も「今の生」と「今の死」は、**「肉体の意識」**に付随して、**「肉体の生命」**として存在し続けていたことになります。

では、なぜ、私たちは、「今しか生きられない」のかといいますと、まさしく、「今、死んでいる」からです。

私たちは、過去の今を生きているわけではなく、未来の今を生きているわけでもありません。

生まれたばかりの赤ちゃんも、90歳の老人も、動物も植物も、今を生き、今を死んでいます。

このように、「今の生」と「今の死」は、**「生命」**の「意識」として、普遍的に存在しています。

「生命連鎖の法則」とは、「今の初め」と「今の終わり」と同じように、相反する「今の生」と「今の死」が入れ替わる、相対変換の法則によって、**「肉体の生命」**そのものが、現世に於いて、**「肉体の死」**まで踏襲され続けていく、「ZEROの法則」そのものをいいます。

すなわち、**「ZEROの法則」**に基づいて、「今の生」と「今の死」が、入れ替わりながら、「肉体の生命」そのものが、肉体の死まで踏襲されていく**「肉性波動生命意識体」**として存在していることになります。

80年かけて、この世の終焉である「肉体の死」に向かって、有形の肉体を破壊してきた「今の生」と、共に「肉体の死」に向かって、無形の意識体を創造してきた「今の死」が、現世の終焉である「肉体の死」で出会って、入れ替わる瞬間の「今の今」を迎えることになります。

その瞬間に、相対変換の法則に従って、肉体の生命から意識体の生命へと**「生命転換」**されることになります。

他人の他人の子宮生活が終わる**「死」**（へその緒を切る）と共に、他人である**「肉体の生」**に転換されて、地球生活が始まります。

他人である肉体の地球生活が終わる**「肉体の死」**と共に、自分である**「意識体の生」**に転換されて、意識界の生活が始まります。

「生命連鎖の法則」によって、他人である肉体の「今の生」と「今の死」から、自分である意識体の「今の生」と「今の死」へと生命転換され、**「生命」**そのものが普遍的に踏襲されていくことになります。

故に、「生命」そのものが物質世界の「肉体の生命」から、意識世界の「意識体の生命」へと受け継がれることになります。

「自分である意識体」と同じく「生命」が、「コスモスの意識」である「コスモスの力」によって、永遠に「生命」として存在することが、無条件で全面的に受容され許容されているからです。

すなわち、「秩序創世の意識」に基づいて、「秩序創世の力」による「秩序的破壊の力」と「秩序的創造の力」によって、「生」と「死」の破壊と創造が、「ゼロ時限」に於いて、「ゼロ次元」で「ゼロ完結」しながら、「生命」そのものであり続けているのです。

「COSMOSの法則」に基づいて、**「私の生命」**は、**「生」**であって**「死」**であり、**「死」**であって**「生」**である**「一如」**の存在として、瞬間、瞬間に**「私の意識」**に付随しながら、永遠に踏襲されていくように方向づけられているからです。

同じように、**「今」**は、**「初め」**であって**「終わり」**であり、**「終わり」**であって**「初め」**である、「初め」と「終わり」は、**「私の意識」**に於いて、**「一如」**の存在であり、「初め」なき「終わり」なき、「終わり」なき「初め」なき、**「私の意識」**に付随して、まったく同じ現象ですから、永遠に、「今」が**「私の意識」**と共に存在するように方向づけられています。

このことが、生命そのものには、時間軸が存在しない根拠と証明になっています。

「コスモスの意識」に基づく、「コスモスの力」には、一切、**「カオス」**も**「エントロピー」**も派生しないと、僕は理解しています。

✦「破壊」と「創造」が、同時に展開する「一如」の存在であり続けるモノを、「普遍的」なものという

肉体が自分だと勘違いしている人たちの**「他人の意識」**は、他人である肉体の寿命に従って、心臓も止まり、呼吸も止まって、肉体は動かなくなり、荼毘《だび》に付されて、火葬場で火に焼かれ、やがて骨となり、灰となって消滅していく宿命にあります。

「他人の意識」である**「肉体の意識」**は、肉体の死と共に**「消滅」**していきます。

真逆に、**「自分の意識」**である**「意識体の意識」**は、肉体の死と共に意識界で**「顕在化」**していきます。

故に、私たちは、「他人の意識」である「肉体の意識」の世界から、「自分の意識」である「意識体の意識」の世界に、唯一、行くための準備をしていることになります。

肉体が自分だと思い込んでいる人たちの「嘘の死生観」による「死」は、最も不自由で悲しい終末を迎えていくことになります。

物質世界は、**「ZEROの法則」**に基づいて、「今の初め」を破壊する「今の終わり」の存在がなければ、新たに「今の初め」を創造することができません。

物質世界の**「今の今」**という**「時の運行」**そのものが、停止した状態になるからです。

他人である肉体の生命は、「今の生」を破壊する「今の死」の存在がなければ、新たに「今の生」を創造することができません。

現世に於ける、**「肉体の生命」**という**「生命の運行」**そのものが、停止した状態になるからです。

このように、「今の生」と「今の死」が、左足と右足が入れ替わって前進するように、「今の生」が「今の死」を創り出し、「今の死」が「今の生」を創り出すという、相対変換の法則に基づいて、現世の死まで「肉体の生命」であり続けています。

故に、**「ZEROの法則」**に基づいて、「今の生」と「今の死」が、相互に入れ替わりながら、他人である「肉体の生命」を、地球物質界に限定して持続可能な存在にしています。

「COSMOSの法則」に基づいて、**「意識体の生命」**は、「生」と「死」は「一如」の存在であって、まったく同じ生命現象ですから、「生命」と「意識体」そのものが、永遠に踏襲されていくことになります。

何度も言及しますが、肉体が自分だと勘違いしている人たちは、肉体が動いている現象を**「生」**と理解し認識して、肉体が動かなくなった現象を**「死」**と理解し認識しています。

「生」と「死」は、「生命」に於いて、「有」であって「無」であり、「無」であって「有」である、「一如」の存在として普遍的に存在しています。

ですから、「生命」は、普遍的なものであり、**「有の生」**であって**「無の死」**であり、**「無の死」**であって**「有の生」**である、「生命の破壊」と「生命の創造」が、同時に展開する**「一如」**の存在なのです。

すなわち、「意識体の生命」は、**「生」**であって**「死」**であり、**「死」**であって**「生」**である、「生」と「死」が、同時に展開する**「一如」**の存在であって、「有って無いもの」であり、「無くて有るもの」以外の何ものでもありません。

故に、他人である肉体の生と死という特殊な現象とはまったく違います。

「現象」は**「特殊的」**なものであり、**「有の破壊」**であって**「無の創造」**であり、**「無の創造」**であって**「有の破壊」**である、**「破壊」**と**「創造」**が、同時に展開する**「一如」**の存在であり続けるモノを、**「普遍的」**なものといいます。

ですから、そもそも「現象」と、「有って無いもの」であり、「無くて有るもの」とは根本的に違うものです。

✦「生命」は普遍的なモノに方向づけられていて、「意識体」は自由なモノに方向づけられている

「特殊的」とは、自然現象や科学現象や社会現象や肉体現象のような**「物質的」**かつ**「物理的」**な現象をいいます。

「普遍的」とは、「初め」と「終わり」が一如である**「今」**や、「生」と「死」が一如である**「生命」**や、「心」と「魂」が一如である**「意識体」**のように、何ものにも影響されることなく、恒常的かつ恒久的に「有って無いもの」として、「無くて有るもの」として、**「永遠」**にあり続けるものをいいます。

私たちが経験している物理的な現象には、必ず、初めがあって終わりがあり、原因があって結果があることに、無条件で意識が飼い慣らされていますから、「初めなき終わりなき」、「原因なき結果なき」、「COSMOSの法則」が理解できません。

すなわち、**「波動」**と**「時間」**と**「空間」**と**「物質」**に依存して、意識が無条件に従属していくことに飼い慣らされているからです。

この波動と物質と時間と空間による、分離間や距離間や区別が、差別や格差の元凶になっています。

このことについては、後ほど、詳しく解説します。

人間は、初めなき終わりなき、原因なき結果なき、破壊なき創造なき、「有って無いもの」であり、「無くて有るもの」の存在がどうしても理解できないと、僕は思います。

理解できない事柄や存在や現象などは、**「神」**や**「仏」**や**「科学」**や**「哲学」**という存在に置き換えて、物質脳の**「嘘学《うそがく》」**である、宗教学や科学や哲学や医学などによって騙《だま》され、わからないが故に**「仕方ない理論」**に従って納得しています。

とくに、**「医学」**は、死ぬ宿命にある肉体を、どんなに治療しても、結局、肉体は虚しくも死ぬ宿命に置かれているわけですから、**「医学者たち」**が、どうして**「自己矛盾」**を感じないのかが、不思議で仕方ありません。

もし、理由があるとしたら、**「他人の意識」**である**「肉体の意識」**の**「道具」**である**「物質脳」**の**「欲望意識」**に**「自分の意識」**が支配されているからだと思います。

まさしく、「無知は死の影」といわれる所以《ゆえん》です。

ここで、とても重要なことですので、**「普遍的なモノ」**と、**「自由なモノ」**の違いを検証して解説したいと思います。

普遍的なモノとは、「意識体」の次元に関係なく、何ものにも影響されずに、永遠に変わらずにあり続けるものをいいます。

例えば、「今」という時の運行や、「生命」そのものの運行などは普遍的にあり続けています。

自由なモノとは、「意識体」の次元による「意識」によって、自由意志に従って、自己決定されて自己責任を負っていくものをいいます。

例えば、それぞれの意識体は、どのような生命を生きるのかは、自由意志に基づく、自己決定と自己責任に委ねられています。

「生命」そのものは、普遍的なモノに方向づけられていて、「意識体」は自由なモノに方向づけられています。

すなわち、**「意識体」**は、**「私の意識」**によって、自由にも不自由にも、善にも悪にも方向づけられるのです。

故に、「自由法則」に基づいて、意識体は、「自分の意識」によって「意識進化」することもできますし、「意識退化」することもできます。

「今」と**「生命」**は進化も退化もしないで「今」は今であり続けて、「生命」は生命であり続けて、共に普遍的にあり続けています。

アリは、アリの意識体に従って、アリの今と生命を運行しています。チンパンジーは、チンパンジーの意識体に従って、チンパンジーの今と生命を運行しています。人間は、人間の意識体に従って、人間の今と生命を運行しています。

第10章

「COSMOSの法則」と「CHAOSの法則」の検証

✦「カオスの世界」が「無限」に拡大し続けている存在が「宇宙意識界」
「エントロピーの世界」が「無限」に増大し続けている存在が「宇宙物質界」

「ZEROの法則」に基づいて、「今の生命」が、「今の生」と「今の死」が、相対変換の法則によって、入れ替わりながら、現世の**「肉体の生命」**の**「運行」**が、**「肉体の死」**まで、続いていくことになります。

「ZEROの法則」に基づいて、「肉体の生命」が、「今の生」と「今の死」という、相反する現象の相対変換によって、派生する「ワン・サイクルの波動」の連続性によって、「今の今」の**「肉体の生命」**が、現世に於いて、「肉体の死」まで**「踏襲」**されていきます。

「COSMOSの法則」に基づいて、**「今」**と**「生命」**という**「ゼロ時限」**は、「初め」と「終わり」が、**「無の初め」**であって**「有の終わり」**であり、**「有の生」**であって**「無の死」**なのです。

「有なる破壊」と「無なる創造」が「同時」に「存在」し、「同時」に「展開」され、「同時」に「完結」して、唯一無二の「今」と「生命」であり続けています。

宇宙意識場は、**「ZEROの法則」**に基づいて、ゼロを中心に相反する「ワン・サイクルの波動」や「ワン・サイクルの揺らぎ」が、アナログ化していきます。それによって、無限に宇宙意識界のカオスを拡大させながら、無限に宇宙物質界のエントロピーを増大させながら、永遠に膨張し続けています。

コスモス意識場は、**「COSMOSの法則」**に基づいて、相反するモノが存在しませんから、カオスもエントロピーも、一切、派生することはありません。

「今」であり続けるためには、「有」と「無」が、「破壊」と「創造」が、「同時」に存在し、「同時」に展開されて、「同時」に「完結」する**「一如」**でなければなりません。

「COSMOSの法則」には、「今」は存在しますが、過去を代表する「今の終わり」と、未来を代表する「今の初め」という、相反する現象や概念やロジックは存在しません。

そもそも、初めという現象もなければ、終わりという現象もありませんから、「言葉の概念」そのものもありません。現象を言語化したのは、人間の物質脳だからです。

宇宙意識場は、「ZEROの法則」に基づいて、**「CHAOSの法則」**に従って、「今の初め」と「今の終わり」も、「今の生」と「今の死」も、ゼロを中心に相反するモノが、「相対変換の法則」によって派生する、「ワン・サイクルの揺らぎ」または「ワン・サイクルの波動」が、すべてのカオスやエントロピーを発生または派生していく、初めであり原因であり始まりになっています。

すべてのカオスやエントロピーは、**「ZEROの法則」**に基づく、**「ワン・サイクルの揺らぎ」**または**「ワン・サイクルの波動」**が、完結しないまま**「アナログ化」**して、複雑に絡み合いながら、一次元、二次元、三次元、四次元などに**「多次元化」**しながら**「複雑化」**していき、それぞれ無限に拡大しながら、無限に増大していきます。

「ZEROの法則」は、まさに**「カオス拡大の法則」**と**「エントロピー増大の法則」**の「初め」であり「始まり」です。

また、真逆に**「カオス縮小の法則」**と**「エントロピー減少の法則」**の「初め」であり「始まり」でもあります。

すなわち、「ZEROの法則」が、「カオス拡大の法則」や「エントロピー増大の法則」の「初め」であり「終わり」です。

「カオス拡大の法則」によって、**「カオスの世界」**(心情的な無秩序の世界)が、**「無限」**に拡大し続けている存在が、**「宇宙意識界」**そのものです。

「エントロピー増大の法則」によって、**「エントロピーの世界」**(物理的な無秩序の世界)が、**「無限」**に増大し続けている存在が、**「宇宙物質界」**そのものです。

宇宙物質界では、地球物質界のようなカオスとエントロピーが満ち溢《あふ》れている星群が、無限に増大し続けています。

宇宙物質界に於いて、最もカオス化して、エントロピーが増大している存在は、何もかも飲み込んでしまう、ブラックホールのような存在だと思います。

コスモス意識場の**「COSMOSの法則」**は、相反するモノが、一切、存在しない、**「一如」**の存在ですから、すべてが、「ゼロ時限」に於いて、「ゼロ次元」で「ゼロ完結」しながら、何ものにも影響されずに、普遍的にあり続けています。

まして、常に、瞬間、瞬間が**「唯一無二」**の存在で完結して、後にも先にも二度と再び存在しない**「オンリーワン」**の存在であり続けています。

故に、相反するモノが、一切、存在しませんから、「揺らぎ」や「波動」などのカオスやエントロピーの原因となる、時間や空間や質量なども、一切、存在しません。

「今の終わり」や「今の生」という**「過去」**の概念の始まりと、「今の初め」や「今の死」という**「未来」**の概念の始まりが、「COSMOSの法則」に基づいて、**「一如」**かつ**「同時」**に存在するが故に、「今」と「生命」が、「ゼロ時限」に於いて、「ゼロ次元」で「ゼロ完結」しながら、永遠に**「今」**と**「生命」**が、普遍的にあり続けられるからです。

なぜならば、既存なる「過去の生」と、未存なる「未来の死」が、「一如」かつ「同時」に存在するが故に、「今」の「生命」そのものが「ゼロ完結」され続けるからです。

この現象を、詳しく検証することによって、「生命」が、「今」であり続けていくメカニズムとシステムが、明確に理解され解明されていきます。

✦既存の「有なる意識」を破壊して、「無なる意識」にしない限り、新たな「有なる意識」は創造できない

「ZEROの法則」に基づいて、「今の生命」を中心に、過去を代表した既存なる「今の生」と、未来を代表する未存なる「今の死」があります。その相反する「今の死」が「今の生」を破壊し、「無なる創造原力」となった「今の死」が「今の生」を創造する、「相対変換の法則」によって、左足と右足が入れ替わりながら前に進むように、「今の死」を「今の生命」が未来に向かって進んでいきます。常に、未来が過去を創造するようになっているからです。

すなわち、既存の「今の生」を破壊する、未存の「今の死」の存在がなければ、新たに既存の「今の生」を創造できないのです。

故に、「今の生命」になる前に、既存の「今の生」と「今の死」が、「有って在るもの」として、すでに存在していることになります。

「COSMOSの法則」に基づいて、「ゼロ時限」である「今」の「生命」を中心に、**「既存」**の**「有」**なる「生」と「死」が同時に**「破壊」**されて、**「未存」**なる**「無」**にならない限り、新たに「生」と「死」を同時に**「創造」**することができません。

既存しているものを**「有って在るもの」**の**「有」**といい、常に、**「有」**は、無条件で**「破壊」**に方向づけられています。

未存の状態を**「無くて無いもの」**の**「無」**といい、常に、**「無」**は、無条件で**「創造」**に方向づけられています。

すなわち、**「有形」**であれ**「無形」**であれ、**「コスモスの意識」**に存在する、既存の**「有なる意識」**を破壊して、**「無なる意識」**にしない限り、新たな**「有なる意識」**は創造できません。

過去という事実は存在していますが、未来という事実はどこにも存在していません。

過去は**「有」**を代表して、未来は**「無」**を代表しているからです。

故に、**「今の生命」**に於いて、「生命」に最も近い**「今の死」**は、まだ経験していない未来の**「無の意識」**を代表して、**「今の生」**は、すでに経験した既存の過去の**「有の意識」**を代表しています。

すなわち、「生」は、**「既存」**なる過去の肉体の**「有」**を代表して、「死」は、**「未存」**なる未来の意識体の**「無」**を代表しています。

この理由から、**「無」**なる「未来への投資」または「意識界への投資」である「今の死」は、誰もわからない**「未知」**なる未存の存在になっています。

これが、意識体の存在は、誰もわからない未知なる存在になっている最大の理由です。

ですから、常に、私たちは**「無」**という**「未存」**なる**「未来」**の意識界への投資のために、自分である意識体を養い生かすために、常に、突き進んでいることになります。

しかし、肉体が自分だと思い込んでいる人たちは、肉体に内在している「他人の意識」に支配されて、他人である肉体を養い生かすために、仕方なく生きて仕方なく死んでいきます。

常に、**「既存なる過去」**は、破壊に方向づけられて、**「未存なる未来」**は、善くも悪くも創造に方向づけられています。

「無なる意識」は、未存のものを**「創造」**する**「原因的な力」**になっています。

「無なる意識」という**「創造」**の**「原因的な力」**を、**「無なる創造原力」**といいます。

「無なる創造原力」は、「死」を創造して、真逆の「生」も同時に創造する「原因的な力」をいいます。

すなわち、カオスやエントロピーを増大させないために、**「無なる創造原力」**は、創造のみを行う**「コスモス創造原力」**（秩序的創造の力）であり、創造の役割と責任のみを**「ゼロ完結」**しています。

「有なる意識」は、既存のものを**「破壊」**する**「原因的な力」**になっています。

「有なる意識」という**「破壊」**の**「原因的な力」**を、**「有なる破壊原力」**といいます。

「有なる破壊原力」は、「生」を破壊して、真逆の「死」も同時に破壊する「原因的な力」をいいます。

すなわち、カオスやエントロピーを増大させないために、**「有なる破壊原力」**は、破壊のみを行う**「コスモス破壊原力」**（秩序的破壊の力）であり、破壊の役割と責任のみを**「ゼロ完結」**しています。

相反する「無なる意識」と「有なる意識」が、お互い干渉し合ったり、影響し合ったり、関わり合うと、必然的にアナログ化し波動化し複雑化して、必ず、カオスとエントロピーが、拡大し増大していくことになるからです。

ですから、「無なる創造原力」は、創造にのみ役割と責任を、**「ゼロ時限」**に於いて、**「ゼロ次**

元」で**「ゼロ完結」**しています。

「有なる破壊原力」は、破壊のみに役割と責任を、**「ゼロ時限」**に於いて、**「ゼロ次元」**で**「ゼロ完結」**しています。

それはすなわち、**「有なる破壊」**であって**「無なる創造」**であり、**「無なる創造」**であって**「有なる破壊」**である、「破壊」と「創造」が同時に存在し、同時に「展開」して、同時に「完結」する**「一如」**の存在だからです。これらのロジックは、すべてレトリックです。


✦すべてのモノが瞬間に、「ゼロ時限」に於いて「ゼロ次元」で「ゼロ完結」しているが故に、唯一無二、オンリーワンの存在であり続ける

「ゼロ完結」の「今」の「生命」という「ゼロ時限」に於いて、「有なる破壊原力」が、「既存」である「過去」を代表した「生」を破壊すると同時に、「未存」である「未来」を代表する、「死」も同時に破壊します。

「生」と「死」が、「生命」という「ゼロ時限」に於いて、「破壊」と「創造」が「ゼロ完結」していきます。

「COSMOSの法則」をわかりやすくするために、あくまでも「今の生」と「今の死」という相反するモノによって、レトリックで解説しています。誤解のないようにしてください。

「有なる破壊原力」によって「無」になると、「無なる創造原力」が、「未存」である「未来」を代表する、「今の死」を創造すると**「同時」**に、「既存」である「過去」を代表した「今の生」も、同時に創造して、共に「ゼロ完結」していきます。

地球意識場に於いては、「ZEROの法則」に基づいて、「有なる破壊原力」が、「不自由」な「既存」なる「肉体」の「今の生」を破壊していき、「無なる創造原力」が、「自由」な「未存」なる「意識体」の「今の死」を創造していきます。

何度も言及しますが、**「有」**と**「無」**は、「心魂一如」と同じように、言葉や表現は違いますが、**「一如」**の存在であり、まったく同じモノなのです。

「有」と「無」が「一如」であり、まったく同じ現象ですから、「有」と「無」の間には、「波動」も「時間」も「空間」も「質量」も「時空」も存在しません。

故に、「有なる破壊原力」と「無なる創造原力」は、「一如」であり、まったく同じ現象ですから、同時に破壊し同時に創造することが可能になっているのです。

故に、**「有の破壊」**であって**「無の創造」**であり、**「無の創造」**であって**「有の破壊」**である、「破壊」と「創造」が同時に展開する**「一如」**の存在であり続けています。

ですから、**「有」**は、**「有って無いもの」**であり、**「無」**は、**「無くて有るもの」**である根拠と証明がここにあります。

「有」と「無」が「一如」であり、まったく同じモノですから、「ゼロ時限」に於いて、「ゼロ次元」で「ゼロ完結」しながら、「有って無いもの」として「無くて有るもの」として、普遍的にあり続けています。

すべてのモノが、瞬間、瞬間に、「ゼロ時限」に於いて、「ゼロ次元」で「ゼロ完結」しているが故に、唯一無二の存在であり、オンリーワンの存在であり続けています。

すなわち、瞬間、瞬間に於いて、すべてのモノが、唯一無二の存在であり、オンリーワンの存在であり続けているが故に、「破壊」と「創造」が同時に存在し、同時に展開され、同時に「完結」し続けているのです。

なぜならば、「ゼロ時限」に於いて、「生」と「死」は**「一如」**の存在であり、まったく同じ生命現象だからです。

なぜならば、「生」と「死」という相反する現象もなければ、存在もありませんから、「生」と「死」という言葉すら存在しません。

これが、過去の「生」と、未来の「死」が同時に存在するが故に、今の「生命」であり続ける根拠と証明になります。

✦「COSMOSの法則」には、生命は存在するが、「生」と「死」という相反する現象も概念も存在しない

「生命」というものは、「ゼロ時限」に於いて、「ゼロ次元」で「ゼロ完結」しながら、**「コスモス破壊原力」**と**「コスモス創造原力」**が、同時に完結して、**「有って無いもの」**として、**「無くて有るもの」**として、永遠かつ普遍的に存在しています。

すなわち、**「有なる生」**であって**「無なる死」**であり、**「無の死」**であって**「有の生」**である、「生」と「死」が同時に展開して、「生」なき「死」なき、「無」なき「有」なき、「生」と「死」、

「有」と「無」は、同時に完結する**「一如」**の存在なのです。

故に、「COSMOSの法則」に於いては、生命は存在しますが、「生」と「死」という相反する現象も概念も存在しません。

「生命」は、「コスモス破壊原力」と「コスモス創造原力」が、同時に存在して、同時に展開され、同時に完結しながら、「生命」が、「唯一無二」の存在であり、後にも先にも二度と再び存在しない、オンリーワンの存在であり続けているからです。

故に、「コスモス破壊原力」は、「生」を破壊し相反する「死」も同時に破壊して、「コスモス創造原力」は、「死」を創造し相反する「生」も同時に創造していく、「コスモス」そのモノの存在です。

ですから、それぞれが、**「他を破壊」**し**「他を創造」**するシステムによって、「生」と「死」が相対変換して、前進していくようにみえますが、まったく違います。

実際は、カオスやエントロピーを派生させないために、それぞれが**「独立性」**と**「自立性」**を担保することによって、永遠にコスモス（調和と秩序）を持続可能なモノにしています。

なぜならば、「一如」の存在には、波動も時間も距離も空間も存在しないからです。

ですから、「初め」と「終わり」が、「原因」と「結果」が、「破壊」と「創造」が、「生」と「死」が、同時に存在し、同時に展開して、同時に完結し続けることができるのは、相反するモノが存在しない**「一如」**の存在があるからです。

なぜならば、**「COSMOSの法則」**には、相反するモノや現象や概念が、一切、存在しないからです。

すなわち、「有なる破壊原力」と「無なる創造原力」が、「ゼロ時限」を中心に、破壊と創造が、「ゼロ次元」で同時に「ゼロ完結」しながら、「生」と「死」が、一如の「生命」として踏襲されながら、普遍的にあり続けています。

故に、「ゼロ時限」に於いて、「ゼロ次元」で「ゼロ完結」する**「生命」**には、**「生」**と**「死」**が、**「有って在るもの」**の**「有」**として存在していますが、**「無くて無いもの」**の**「無」**としても存在しています。

「有なる生命」であって**「無なる生命」**であり、**「無なる生命」**であって**「有なる生命」**である、**「一如」**の存在であり、「有の生」なき「無の死」なき、「無の死」なき「有の生」なき、まったく同じ生命現象だからです。

当然、「COSMOSの法則」は、**「有なる生」**であって**「無なる死」**であり、**「無なる死」**であって**「有なる生」**である、**「一如」**の存在であり、「生」なき「死」なき、「無」なき「有」なき、まったく同じモノであり同じ生命現象だからです。

肉体が自分だと思い込んでいる、時間と空間と物質に支配されている、肉体の「他人の意識」である**「物質脳」**では、まったく**「理解不能」**になってしまいます。

「コスモス意識場」に通用する理論であって、「物質世界」には、絶対にあり得ない法則であり理論だからです。

なぜならば、「COSMOSの法則」は、宇宙意識場の果ての果てである、未知なる無限の宇宙物質界と宇宙意識界の境界域である**「ゼロの揺らぎ理論」**をはるかに超越して、初めて、「有って無いもの」であり「無くて有るもの」の「無限意識場」である「無の世界」を解明した、法則であり理論だと、僕は確信しているからです。

僕のようにコスモス意識場ばかりを、意識体の情動の意識で**「不可能」**を**「可能」**にする**「方法」**を、何十年も探究していると、至極、当たり前のこととして受け入れることができます。

当然、謙虚な人であれば、誰でも容易に受け入れることができると思います。

虚相世界の肉体の「他人の意識」である「肉体の意識」の物質脳では、**「ZEROの法則」**に基づいて、「今の生」と「今の死」の破壊と創造が、入れ替わりながら相対変換して「今の生命」であり続けていくことぐらいは、誰でも理解できると、僕は思います。

「ZEROの法則」は、「CHAOSの法則」に、そのまま**「特化」**されているからです。

「ZEROの法則」は、相反するモノの**「カオスの揺らぎ」**を縮小して、**「エントロピーの波動」**を減少させた、究極の**「CHAOSの法則」**だからです。

故に、**「ZEROの法則」**は、**「CHAOSの法則」**の**「初め」**であり、**「カオス意識場」**の**「始まり」**であり、**「カオス意識場」**の**「終わり」**でもあります。

「ZEROの法則」の延長線上に存在するのが、「CHAOSの法則」だからです。

✦「欲」を手放せば手放すほど「COSMOSの法則」は理解できる

「COSMOSの法則」は、他人である肉体が、自分だと思い込んでいる、物質的かつ物理的な肉体の「他人の意識」である物質脳の世界では、絶対にあり得ないことです。

なぜならば、相反するモノが存在しないが故に、相対変換の法則によって派生する揺らぎや波動は、「COSMOSの法則」には存在しないからです。

「COSMOSの法則」は、コスモス意識場に通用する**「超科学」**の**「法則」**ですから、物質世界では理解も解釈もできないと、僕は思います。

ただし、意識次元の高い**「謙虚な人たち」**は、至極当然のごとく、意識体の情動で当たり前に理解します。

先ほども言及しましたが、「コスモスの意識」に基づいて、「コスモスの力」による「コスモス破壊原力」と「コスモス創造原力」が働くことで、「生」と「死」の「破壊」と「創造」が、「ゼロ時限」に於いて、「ゼロ次元」で「ゼロ完結」しながら、「生命」であり続けています。

「ゼロ時限」に於いて「ゼロ次元」で、「生命」が「有って無いもの」として、「無くて有るもの」として、「ゼロ完結」しながら、普遍的にあり続けていく、根本的な理由と証明になります。

故に、「コスモスの意識」と一如である「私の意識」が、肉体側に存在しているのか、意識体側に存在しているのかで、**「生命の実相」**そのものが、決定されることになります。

眠りから覚醒して、意識が肉体に存在している時は、「他人の意識」である「肉体の意識」が、肉体の生命として存在しています。

就寝している間は、意識が意識体に存在していますから、「私の意識」である「意識体の意識」は、意識体の生命として存在しています。

ですから、熟睡している時の「自分の意識」である意識体の記憶は、肉体の「他人の意識」である脳の記憶には存在していません。

当然、未来への投資のための意識体の意識ですから、現世ではわからない存在になっています。

「夢」は、眠りから覚醒する狭間に起きる、妄想と幻想に近い肉体の「他人の意識」である「肉体の意識」が作り出した「脳の記憶」に過ぎません。

故に、現世の他人である肉体の**「死」**と共に「他人の意識」である「肉体の意識」は消滅して、「意識」は肉体の生命から意識体の生命に**「意識転換」**されていくことになります。

ですから、肉体の「他人の意識」である物質脳の知識の枠組みでは、絶対に、**「COSMOSの法則に基づく生命原理」**を理解することは不可能かと思います。

なぜならば、皆さんの肉体は、すべて両親の**「性欲」**という**「他人の意識」**から始まって、受精卵の**「食欲」**によって、**「他人の子宮」**に寄生して、養分を奪いながら成長して作られた**「エロス」**の存在だからです。

故に、**「欲」**は、他人である肉体の宿命の**「意識」**なのです。これは紛れもない事実です。「欲」を手放せば手放すほど、「COSMOSの法則」が理解できるようになります。

欲深い人には、絶対に理解できない法則であり原則です。

あまりにも物質的な価値観に、自縄自《じじょうじ》縛《ばく》されていますから、不自由な意識では、自由な意識の世界を、理解できないようになっているからです。

「コスモスの意識」を中心に相反する、「ゼロ完結」する**「コスモス破壊原力」**が、秩序的に破壊のみを行い、「ゼロ完結」する**「コスモス創造原力」**が、秩序的に創造のみを行っていきます。

「生」と「死」が、共に「ゼロ時限」に於いて、「ゼロ次元」で「ゼロ完結」しながら、**「コスモス生命意識体」**を普遍的かつ永遠に運行しているからです。

カオス（混乱と混沌と混迷）を拡大させないために、エントロピー（無秩序と不調和）を増大させないために、「コスモス破壊原力」は、秩序を形成するために破壊のみを行います。

「コスモス創造原力」は、秩序を形成するために創造のみを行います。

ですから、お互いが干渉し合ったり、影響し合ったり、関わり合ったりすることは、絶対にありません。

何度も言及しますが、「無なる創造原力」は、「無」が自らを創造し、同時に相反するモノも創造していき、「有なる破壊原力」は、「有」が自らを破壊し、同時に相反するモノも破壊していきます。

「コスモス破壊原力」が、「生」という「既存」なる「過去」を「破壊」すると同時に、「コスモス創造原力」が、「死」という「未存」なる「未来」を同時に「創造」して、「生」と「死」を同時に完結していきます。これらもレトリックで解説しています。

この理論は、自分である意識体の**「意識脳」**が、理論的かつ情動的に理解できないと、まったく理解できない理論となってしまいます。

ですから、相反するモノが存在しない、「ＣＯＳＭＯＳの法則」を、敢えて理解しやすくするために、僕なりのレトリックを駆使して表現しているつもりです。

なぜならば、相反する現象そのものが存在しませんから、**「言葉の概念」**そのものが存在しないからです。

在るモノを有るモノで証明することは可能ですが、無いモノを有るモノで証明することは、不可能に近いからです。

「自分の意識」によって、「心魂一如の愛」に基づく、「心魂一如の意識体」を、自助努力で創造する信念があれば、誰でも理解できるようになります。

すなわち、自分である意識体の**「意識脳」**でなければ、理解できない理論であり、**「他人の意識」**である**「肉体の意識」**に支配された**「物質脳」**では、波動や時間や空間や物質という「枠組み」と「呪縛」に囚《とら》われて、絶対に理解することはできないと思います。

なぜならば、不自由な他人である**「肉体の感情」**に、自由である自分の**「意識体の心情」**が、**「自縄自縛」**されているからです。

まして、「COSMOSの法則」は、「アルファでありオメガであり」、「初めであり終わりであり」、「原因であり結果であり」、「破壊であり創造であり」、「初めなき終わりなき」、「原因なき結果なき」、「破壊なき創造なき」、**「有って無いもの」**であり、**「無くて有るもの」**の**「無限意識場の法則」**だからです。

故に、カオスやエントロピーが満ち溢《あふ》れている、宇宙物質界の空間に於ける、物理的な「宇宙工学」や「自然科学」では、絶対に理解も解釈も納得もできないと、僕は思います。

「他人である肉体」は、常に、**「ZEROの法則」**に基づく、波動と時間と距離と空間と質量と運動エネルギーの**「カオス意識場」**と**「エントロピー意識場」**に置かれているからです。

ですから、必然的に、物質を中心に時間軸と距離間の「時空」で物事を発想し理解します。

すなわち、**「地球癖」**、**「人間癖」**、**「肉体癖」**、**「欲望癖」**、**「囚人癖」**、**「奴隷癖」**が、骨髄まで染みついて、身についているからです。

✦「生命」が「コスモスの意識」によって、「私の意識」に存在し続けることができるように仕組まれている

「私の意識」が、他人である肉体の意識を、否定すれば否定するほど、自分である意識体の意識が肯定されていきます。

当然、「私の意識」が他人である肉体の意識を、肯定すれば肯定するほど、自分である意識体の意識が否定されることになります。

「生」は今であり、「死」も今であり、「生命」も今でしかありません。

どこから尋ね求めても「生命」は、過去でもなく未来でもなく、今でしかありません。

当然、**「私の意識」**に於いて、「宇宙の終わり」も今であり、「宇宙の初め」も今であり、「宇宙の今」も、「今」にしか存在していません。

常に、「コスモス意識場」は、「過去」を代表した「既存」である「有」なる「生」を、「コスモス破壊原力」が破壊して、「未来」を代表する「未存」である「無」なる「死」を、「コスモス創造原力」が創造して、「ゼロ時限」に於いて、「ゼロ次元」で「ゼロ完結」しながら、「生命」

そのモノであり続けています。

すなわち、過去を代表した「生」と、未来を代表した「死」が**「同時」**に存在している「一如」が故に、**「今」**の**「生命」**であり続けているのです。

ですから、**「有なる生」**と、**「無なる死」**は、「ゼロ時限」である「ゼロ完結」に於いて、「有って無いもの」として、「無くて有るもの」として、**「完結」**なき**「完結」**であり続けています。

「コスモス破壊原力」と、「コスモス創造原力」が、同時に存在して「ゼロ時限」の「今」の「生命」に於いて、「既存」なる「過去」を代表した「生」を「破壊」して、同時に、「未存」なる「未来」を代表する「死」を、同時に「創造」していく**「ゼロ完結」**によって、**「今」**の**「生命」**で永遠にあり続けています。これもレトリックですから勘違いしないでください。

「COSMOSの法則」に基づいて、「生命」が、**「生」**であって**「死」**であり、**「死」**であって**「生」**である、「生」と「死」を同時に展開しながら**「一如」**の存在であり続けています。

「生命」は、すべてのモノが、「有って無いもの」として、「無くて有るもの」として、何ものにも影響されずに、恒常的かつ恒久的に、永遠かつ普遍的に、「秩序的」にあり続けています。

「生命」が、**「コスモスの意識」**によって、**「私の意識」**に存在し続けることができるように仕組まれているからです。

すなわち、普遍なるモノは、**「私の生命」**であり、何ものにも影響されずに、永遠にあり続けるモノです。自由なるモノは、**「私の意識体」**です。

✦牢獄星への贖罪降臨《しょくざいこうりん》の目的と意味と意義は、唯一、「自己犯罪」の「自己恩讐」に対する「自己贖罪《じこしょくざい》」にある

「普遍」なる生命が**「分母」**であって、**「自由」**なる意識体が**「分子」**であり、「自由」なる意識体が「分母」であって「普遍」なる生命が「分子」である、「普遍」と「自由」は、一如の存在であり、まったく同じモノなのです。

普遍なる生命と、自由なる意識体は、**「私の意識」**に存在して、「分母」であって「分子」であり、「分子」であって「分母」である、分母と分子は、**「私の意識」**に於いて、一如の存在であり、**「私の意識」**に付随して、まったく同じモノなのです。

先ほども言及しましたが、「コスモスの意識」と同じように、**「私の心」**の意識と**「私自身の魂」**の意識の中心に存在する**「私の意識体」**が、私のすべての心情と情動の**「初め」**であり**「終わり」**だからです。

実は、**「私」**と**「私自身」**の中心に存在する**「私の意識」**そのものが、**「コスモスの意識」**と、唯一、**「一如」**になり得る存在なのです。

故に、「今の私」は、今の「私の心」の**「意識」**であり、「今の私自身」は、今の「私自身の魂」の**「意識」**であり、すべてが、**「私の意識」**に統合され付随して、自己完結していく一如の存在といえます。

「コスモスの意識」と一如になるためには、「私の意識」に基づいて、「COSMOSの法則」を、徹頭徹尾、意識体の情動の**「私の意識脳」**である知性で理解して、理性で納得していくことです。

すなわち、「コスモスの意識」と「私の意識」が一如になっていくためには、次のような「ロゴス」（言霊）が大切なことだと、僕は理解しています。

その**「ロゴス」**とは、「我が『コスモス意識体様』、『私の意識』が『他人の意識』である『肉体の意識』に支配されて、『物質脳』の『欲望』のままに生きてきたことを、どうかお赦しください。御免なさい」と言って、一日または一生が終わるように心がけていくことだと思います。

なぜならば、牢獄星への贖罪降臨の目的と意味と意義は、唯一、**「自己犯罪」**による**「自己恩《おん》讐《しゅう》」**の**「自己投獄」**に対する、**「自己贖罪」**にあるからです。

先述しましたが、「私の今」も「私の生命」も「私の意識体」も、「私の意識」にしか存在していないからです。

もし、「今」に「私の意識」が存在していなければ、「今」が存在する理由も根拠も価値もありません。

「生命」に「私の意識」が存在していなければ、「生命」が存在する理由も根拠も価値もありません。

「意識体」に「私の意識」が存在していなければ、「意識体」が存在する理由も根拠も価値もありません。

故に、**「普遍なる生命」**も**「自由なる意識体」**も、**「私の意識」**が存在することによって、唯一、存在する理由と根拠と存在価値が、担保されることになります。

すなわち、**「私の意識」**が存在しないのに、普遍なる**「今」**も、普遍なる**「生命」**も、自由なる**「意識体」**も、ただ存在しているだけでしたら、一切、存在する理由も根拠も価値も失われることになります。

逆説的に言及しますと、**「私の意識」**のために、**「今」**も**「生命」**も**「意識体」**も存在していることになります。

先述しましたが、**「私の今」**に於いても、**「私の生命」**に於いても、**「私の意識体」**に於いても、ゼロ時限に於いて、ゼロ次元でゼロ完結し続けている、唯一無二の存在は、**「私の意識」**だけだからです。

結論です。すべてに存在する、それぞれの**「主人」**であり**「主体」**は、それぞれの**「意識」**そのものに委ねられているからです。

「私の意識」が存在しなければ、私自身の存在目的も理由も根拠も存在価値も失われることになるからです。

「私の意識」だけは、誰が何と言おうとも、絶対に「自由」かつ「可能」なる存在です。

ですから、**「私の意識」**のみが、**「今」**に於いて、**「普遍的」**な**「生命」**にも、**「自由」**な**「意識体」**にも、自由かつ平等に存在できる唯一無二の存在なのです。

✦**「コスモスの意識」は「ゼロの軸」であり、「ゼロの間」であり、「ゼロの場」である「ゼロ次元」であって、永遠に「自由」かつ「普遍的」にあり続ける**

過去も未来も、時空を超えて**「自由」**に**「創造」**できる存在があるとしたら、唯一、**「私の意**

識」だけです。

すなわち、**「私の意識」**が、**「コスモスの意識」**に近づいて**「一如」**になるためには、**「私の意識」**が**「私の意識場」**に於いて、すべてのものが「一如」の存在であり、まったく同じモノと現象であって、なおかつ、**「唯一無二」**の存在であるという「意識」の「価値観」を確立していくことです。

例えば、「私の意識」が、「人類」と一如であり、「地球意識場」と一如であり、「宇宙意識場」と一如であり、「コスモス意識場」と一如であるという、「私の意識場」を創造することが重要なことだと、僕は理解しています。

なぜならば、意識にあるモノは存在しますが、意識にないものは、絶対に善くも悪くも存在しないからです。

すべての存在を、それぞれの「自由なる意識」によって、「可能なる存在」にすることが、「コスモスの意識」によって、受容されているからです。

ですから、あの世がない、死後の世界がない、という人たちには、あの世もなければ、死後の世界もありません。あるのは物質世界だけです。

例えば、「鉱物の意識」が、「鉱物の生命」を運行して、「植物の意識」が、「植物の生命」を運行して、「動物の意識」が「動物の生命」を運行しています。

その永遠なる**「生命」**が、どのレベルの**「意識次元」**で存在するのかは、それぞれの「意識」と「意識体」の次元に委ねられています。

例えば、バクテリアで存在するのか、ゴキブリで存在するのか、チンパンジーで存在するのか、人間で存在するのかは、それぞれの**「意識体」**の**「意識次元」**である**「自由意志」**に委ねられています。

当然、**「地球生命体」**を卒業して、それ以上の**「宇宙生命体」**を目指すのか、「私の意識」が「自由」かつ「可能」な**「コスモス生命意識体」**を目指すのかは、一人ひとりの**「自由意志」**に委ねられているからです。

アリは、**「アリの意識」**が、アリの「今」と「生命」を運行しながら、アリの意識の「意識体」に従って、アリとして善くも悪くも存在しています。

チンパンジーは、**「チンパンジーの意識」**が、チンパンジーの「今」と「生命」を運行しながら、チンパンジーの意識の「意識体」に従って、チンパンジーとして善くも悪くも存在しています。

人間は、人間の「欲望意識」に従って、人間の「今」と「生命」を仕方なく運行しています。

まさに、**「コスモスの意識」**は、**「ゼロの軸」**であり、**「ゼロの間」**であり、**「ゼロの場」**である**「ゼロ次元」**であって、永遠に**「自由」**かつ**「普遍的」**にあり続けています。

「コスモス意識場」は、「自由意志」と「自己決定」と「自己責任」の原則に委ねられているからです。

「コスモス意識場」は、完全なる**「自由」**と**「可能」**に基づく、**「コスモス」**（秩序創世）なる**「生命意識場」**といえます。

真逆にいいますと、他人である肉体の物質世界のように、**「軸」**が存在するもの、**「間」**が存在するもの、**「場」**が存在するものは、すべて**「枠組み」**という**「呪縛の範疇《はんちゅう》」**に存在していますから、自由とは、とてもいえないと、僕は思います。

最もわかりやすい例として、自分である意識体を不自由にしている、他人である肉体という**「囚人服」**であり**「奴隷服」**が、まさに、その存在そのものです。

肉体が自分だと勘違いしている人間社会では、自由を与えたら、他人である肉体の**「欲望」**によって、カオスやエントロピーが蔓延《まんえん》して、何をするかわかりません。

なぜならば、**「肉体」**は、**「性欲」**と**「食欲」**という**「欲望」**によって、作り出された奇怪な**「エロス」**(自己欲求)の創造物だからです。

故に、指導する立場の人たちが、どんなに偉そうなことを言っても、肉体が自分だと思い込んで、勘違いしているわけですから、すべてが「欲望」と「嘘」と「偽り」と「間違い」だらけになってしまいます。

すなわち、フェイクワールドを生きていくためには、「キツネとタヌキの化かし合い」のごとく、いかにずるがしこく「欲望」と「嘘」を隠しながら、上手に「欲と嘘」を使いこなすかにかかっています。

故に、「能ある鷹は爪を隠す」がごとく、「嘘学《うそがく》」の「知識」が豊富にある人たちほど、「偽善者」を隠して地位や名誉の獲得や、お金儲けに余念がありません。

ですから、騙《だま》される人が圧倒的に多いので、常に、ほとんどの人たちが、不平、不満、不足、妬《ねた》み、嫉妬、謗《そし》り、蔑《さげす》み、怒り、血気、怒気、悪口、批判、批評、不安、恐怖……などの**「不快な感情」**に**「感情呪縛」**されて、カオスやエントロピー（混乱と混沌と混迷、無秩序と不調和）が、世界中に蔓延しています。

少なくとも、他人である肉体の延長線上に存在する宇宙物質界は、すべて「時間の軸」と「距離の間」と「空間の場」という、不自由な枠組みによって呪縛されています。

故に、人間の意識は、限界域や境界域という枠組みの時空の中に存在しています。

すなわち、物質世界では「枠組み」という境界域と限界域が存在することになりますから、紛れもなく牢獄のような塀の中という**「不自由」**な世界に存在しているといえます。

基本的に、これが無形実体世界である意識世界の**「自由」**と、有形実体世界である物質世界の**「不自由」**を理解していくために、重要な意識の方向性になると、僕は理解し確信しています。

「COSMOSの法則」に基づいて、「生命」という「ゼロ時限」を中心に、相反する「初め」と「終わり」、「過去」と「未来」、「既知」と「未知」、「有」と「無」、「生」と「死」、「破壊」と「創造」などの、**「真逆」（Paradox）**のロジックが、「一如」として存在して、「ゼロ完結」しながら存在しています。

この理由からコスモス意識場は、「今」の「生命」であり続ける、永遠かつ無限の存在であり、「宇宙の終わり」も「宇宙の初め」も、「宇宙の今」も、今の**「私の意識」**のみに付随して未存なる未来の「無の世界」に向かって存在し続けています。

この唯一無二の意識が、**「コスモスの意識」**と**「私の意識」**が、**「一如」**で**「一致」**していることの根拠と証明になります。

この「COSMOSの法則」に基づいて、「コスモス意識場」には、波動も時間も距離も空間も物質も存在していない**「無の意識場」**である、根拠と証明にもなっています。

ただし、**「私の意識」**が、「地球癖」や「人間癖」や「肉体癖」に侵されていると、**「地球意識界」**に行くしかありません。

✦普遍的な私の「今」と「生命」を、進化に方向づけられる存在は、意識体の「自由」を行使できる「私の意識」だけ

私たちは、**「地球意識場」**でもなく、**「宇宙意識場」**でもなく、**「コスモス意識場」**を目指すべきだと、僕は思います。

なぜならば、コスモス意識場は、「宇宙意識場」の「宇宙物質界」と「宇宙意識界」の境界域である「ZEROの法則」をはるかに超えた「無の世界」だからです。

「COSMOSの法則に基づく生命原理」とは、「コスモス破壊原力」が、「ゼロ時限」の「生命」に於いて、「既存」なる「過去」を代表する「生命」を「破壊」すると同時に、「コスモス創造原力」が、「未存」なる「未来」を代表する「生命」を「同時」に「創造」して「ゼロ完結」していくことをいいます。

故に、「生命」が、「有」であって「無」であり、「無」であって「有」である、「一如」の存在として、何ものにも影響されずに、普遍的に、恒常的かつ恒久的に、永遠に、「秩序的」にあり

続けていく**「コスモス意識体」**そのものになっています。

何度も言及しますが、**「私の意識」**によって、「私の生命」が、永遠に存在することが、**「COSMOSの法則」**に基づいて、無条件で全面的に受容されて存在しているからです。

コスモス意識場の中心存在である「コスモスの意識」は、すべてのモノが、一如の存在として**「ありのままを無条件で全面的に受容してくれる意識」**そのものだからです。

私たちは、恒常的に既存なる過去が破壊されて、恒久的に未存なる未来が創造されていく**「コスモス意識場」**（秩序創世の世界）に存在しているからです。

既存なる過去の「生命」と、未存なる未来の「生命」が、「同時」に存在しているが故に、「生命」そのものが、「ゼロ時限」の「今」に於いて、普遍的に存在し続けています。

すなわち、「COSMOSの法則」は、何ものにも影響されずに、普遍的な「調和」と「秩序」を持続可能にしています。

なおかつ、永遠に、すべてのモノが、コスモス意識場に向かって、進化していくように、「有」（破壊）と「無」（創造）が一如の存在として基礎づけられている、普遍的な**「秩序の法則」**だからです。

普遍的な、私の「今」と「生命」を、進化に方向づけられる存在は、意識体の「自由」を行使できる**「私の意識」**だけです。

この**「COSMOSの法則」**が、**「コスモス意識場」**を創世して、永遠の**「コスモスの意識」**と**「一如」**になった**「私の意識」**が、コスモス意識場という**「無の世界」**に於いて、「自由」に個性芸術を創造することが「可能」になっていきます。

「コスモスの意識」と「私の意識」が、「一如」の存在であるが故に、「私の今」と「私の生命」が、「私の意識」に付随して、永遠の存在であり続ける根拠と証明になります。

「COSMOSの法則」に基づく**「コスモスの原理」**は、「ゼロ時限」に於いて「ゼロ次元」で「ゼロ完結」しながら、永遠に、「私の意識」が、**「自由性」**と**「可能性」**に方向づけられて、コスモス意識場に存在し続けるように方向づけられているからです。

私たちは、**「ZEROの法則」**に基づいて、「肉体の死」に向かって、「有なる破壊原力」が、有形の他人である肉体を破壊しながら、「無なる創造原力」が、無形の自分である意識体を創造していきます。

故に、今、この瞬間に、「有なる破壊原力」が、宇宙物質界を破壊しながら、共時的に、「無なる創造原力」が、宇宙意識界を同時に創造しながら、「無形」と「有形」という、相反する**「カオスの世界」**と**「エントロピーの世界」**を、宇宙意識場に創造しながら存在しています。

すなわち、**「COSMOSの法則」**そのものが、**「コスモスの意識」**であり、**「コスモスの力」**である**「コスモス破壊原力」**と**「コスモス創造原力」**が、**「自由と可能の力」**そのものに方向づけられて運行しています。

この「コスモス破壊原力」と「コスモス創造原力」という**「ロゴス」**(言霊)は、ものすごい**「心情的な力」**を秘めています。

肉体が自分であると勘違いしている人たちは、肉体の「他人の意識」である「肉体の意識」に従属して、物質脳の知識という枠組みだけで、**「宇宙物質界」**を、物質的かつ物理的にしか見ていないと、僕は思います。

なぜかといいますと、他人である肉体の**「仕方ない理論」**に従って、**「依存」**と**「従属」**と**「不自由」**と**「不可能」**という世界に、「無意識」に飼い慣らされているからです。

宇宙物質界では、どこまで行っても物質界であって、地球物質界となんら変わりのない、物質次元のカオスとエントロピーが満ち溢《あふ》れている、荒涼とした不毛の世界が続いているからです。

「初め」と「終わり」が同時に存在し、「原因」と「結果」が同時に存在し、「破壊」と「創造」が同時に存在し、「過去」と「未来」が同時に存在し、「生」と「死」が同時に存在し、**「心」**と**「魂」**が同時に存在しているとは、絶対に思いもしませんし、考えもしないことです。これもレトリックです。

なぜならば、相反する現象も概念も言葉も存在していないからです。

まして、心と魂が意識体に於いて「一如」の存在であり、唯一無二のオンリーワンの存在であり、最もかけがえのない尊い存在であり、最高に価値ある存在とは思っていないと、僕は思います。

「真の親子関係」に基づいて、**「自分である意識体」**が、自分の**「親なる心」**によって、自分自身の**「子なる魂」**を、意識界の生活のために成長させ、心と魂という親と子の役割と責任が、相対変換しながら意識体を成熟させていく**「心魂一如の愛」**の関係であるとは、考えもしないし、思いもしません。

ですから、そのような人は意識次元の高い**「愛の理想の人格者」**に成長しようとは思いません。

常に、肉体に内在する**「他人の意識」**に、「無意識」のまま支配されて、肉体を養い生かすために**「欲望」**だけが先行して生きています。

肉体が自分だと勘違いしている人たちは、そんなこともわからずに、「自己犯罪」によって、「自分の心」の不快な**「意識」**が、「自分自身の魂」の**「意識場」**を、どれだけ傷つけ苦しめてきたのかも理解していないと思います。

故に、相も変わらず、今もなお、自傷行為と自虐行為を続けながら、肉体感情による**「肉体の欲望」**に支配されて、不快な感情で人生を仕方なく送っています。

意識界に行って、**「ブーメランの法則」**に従って、すべて自己責任を負わなければいけないこともわからずに、そのまま現世が終わって、劣悪かつ醜悪な地球意識界に呪縛されていきます。

✦人間より高い生命意識体になるために、「愛の質的次元」を上げて、自由である「意識の量的次元」を広げ、一人ひとりが個性芸術を開花させていく

「COSMOSの法則」に基づく、**「生命原理」**は、**「有なる生」**であって**「無なる死」**であり、**「無なる死」**であって**「有なる生」**です。「生」と「死」は、**「一如」**の存在であり、「生」なき「死」なき、「死」なき「生」なき、まったく同じ存在ですから、それぞれが、同時に存在する「有って無いもの」であり、「無くて有るもの」なのです。

故に、**「意識体」**の**「生命」**とは、**「今」**という「ゼロ時限」に於いて、「生」と「死」が「ゼ

ロ次元」で「ゼロ完結」していく、「一如」の存在であり、まったく同じ生命現象なのです。

当然、**「私の意識体」**は、「ゼロ時限」に於いて、「心」と「魂」も、「心魂一如の意識体」であり、まったく同じモノです。

今の**「私の意識」**という「ゼロ時限」に於いて、「私」と「私自身」も、「一如」の存在であり、まったく同じモノなのです。

ですから、どこから尋ね求めても、「有るけど無い」されど、「無いけど有る」存在であり、唯一無二の存在でもあります。

「宇宙意識場」に於ける、**「ＺＥＲＯの法則」**は、相反する「今の初め」と「今の終わり」や「今の生」と「今の死」という、僅《わず》かな揺らぎによる「相対変換の法則」によって入れ替わりながら、「今の今」や「今の生命」が完結しないまま、連続してあり続けています。

すなわち、「ワン・サイクルの揺らぎ」や、「ワン・サイクルの波動」が、連続してあり続けていることになります。

「コスモス意識場」に於ける、「ＣＯＳＭＯＳの法則」は、「私の意識」が、「ゼロ時限」に於いて、「ゼロ次元」で「ゼロ完結」しているが故に、「私の今」には、「今の初め」と「今の終わり」という相反する現象や概念や言葉が、存在していません。

なぜならば、「ＣＯＳＭＯＳの法則」には、相反する現象や概念が、一切、存在しないからです。

「生命」は、「ゼロ時限」に於いて、「ゼロ次元」で「ゼロ完結」していますから、「生命」そのものは存在しますが、「今の生」と「今の死」という相反する現象や概念が、コスモス生命意識体には存在していません。

「心魂一如の意識体」は、「ゼロ時限」に於いて、「ゼロ次元」で「ゼロ完結」していますから、「意識体」は存在しますが、意識体には「女性」と「男性」や、「善霊」と「悪霊」や、「親心」と「子魂」などの相反するモノや概念は、一切、存在しません。

「私の意識」は、「ゼロ時限」に於いて、「ゼロ次元」で「ゼロ完結」していますから、「私の意識」は存在しますが「私」と「私自身」は存在していません。

なぜならば、「有って無いもの」であり「無くて有るもの」であり、その瞬間、瞬間が唯一無二の存在であり、オンリーワンの存在として完結し続けているからです。

物質世界に於いて、「有るけど無い」されど「無いけど有る」などというと、まるで**「頓智《とんち》の話」**になってしまいます。

まして、肉体が自分だと思い込んでいる**「嘘の親子関係」**によって、人格形成史を歩んできた人たちは、自分である**「意識体」**が、他人である**「肉体」**に依存し従属して、**「仕方ない理論」**に従って、不自由に**「奴隷のごとく」**または**「囚人のごとく」**生きているからです。

ですから、地球星人は、奴隷癖または囚人癖によって、何も考えないし、思いもしないし、悩みもせずに、仕方なく生まれて、仕方なく生きて、仕方なく死んでいきます。

この現象を意識体の情動の世界に置き換えて検証すると、次のようになります。

劣悪かつ醜悪な肉体の**「欲望癖」**によって、自分の心が、不平や不満という不快な感情に**「感**

情支配」されることになります。そこから起きる「**感情損失**」によって、「**劣悪な心**」に陥って、自分自身の魂が著しく傷ついていき、「**醜悪な魂**」へと堕落していって、その結果、自分である意識体が、「**自傷行為**」や「**自虐行為**」に陥って「**邪悪な意識体**」になっていきます。

これが、まさしく「**自己犯罪**」である「自傷行為」や「自虐行為」による「**自己怨讐**《おんしゅう》」となって、「自己破壊」と「自己破滅」という、最悪な「**結末**」を迎えることになります。

私たちは、毎日、今を生きることによって、他人である肉体は「**酸素**」によって破壊されていきます。

同時に、今を死ぬことによって、自分である意識体が善くも悪くも「**霊素**」によって創造されていきます。今を死ぬと言っても、肉体が死ぬわけではありません。

そもそも、「**肉体現象**」による「生」と「死」という「**言葉**」は、「他人の意識」である「肉体の意識」が作り出した「**概念**」に過ぎないからです。

先述しましたように、「霊素」は、意識体の情動の「**活力の素**」であり、「酸素」は、肉体の行動のための「**活力の素**」です。

「**霊素**」とは、自分である意識体に存在する、心と魂の相対性原力によって、善くも悪くも創り出される、意識体の存在にとって必要な活力の素でもあります。

肉体にとって良い酸素もあれば、活性酸素のように悪い酸素もあります。

同じように、意識体にとって、善い霊素と、悪い霊素があります。

ですから、自分の心が、感謝と喜びという愉快な心情になると、自分自身の魂が著しく高次元に意識進化していって、「自己創造」と「自己進化」へと方向づけられていきます。

人間より高い生命意識体になるためには、**「愛の質的次元」**を上げて、自由である**「意識の量的次元」**を広げていって、一人ひとりが個性芸術を開花していくことです。

個性芸術を開花させていくためには、自分である意識体の存在が、コスモス意識場に於いて、唯一無二の存在であり、唯一無二のかけがえのない尊い存在であり、唯一無二の最も価値ある存在であって、永遠の**「コスモス意識体」**そのものであることを、理解し認識していくことです。

「コスモス意識体」とは、**「私の意識」**即**「コスモスの意識」**であり、**「コスモスの意識」**即**「私の意識」**である、**「コスモスの意識」**と**「私の意識」**は**「一如」**の存在であり、唯一無二の存在であり、オンリーワンの存在であることを、理解して納得していくことだと、僕は思います。

すなわち、「コスモス意識体」に対して、確信と信念と勇気を持つことです。

✦コスモス意識場には、「今」に於いて、善くも悪くも「私の意識」のみが存在しているだけ

「ＣＯＳＭＯＳの法則に基づく生命原理」に基づいて、「コスモス破壊原力」と、「コスモス創造原力」が、「ゼロ時限」の「生命」に於いて、「ゼロ次元」で「ゼロ完結」しながら、「生」と「死」が、「有って無いもの」として、「無くて有るもの」として、何ものにも影響されずに、普遍的に恒常的かつ恒久的に、永遠にあり続けています。

このように、「ゼロ時限」に於ける「ゼロ完結」に於いて、「有なる破壊原力」が、既存なる過去を代表する「生」を破壊していき、同時に未存なる未来を代表した「死」も破壊していきます。

当然、「ゼロ時限」に於ける「ゼロ完結」に於いて、「無なる創造原力」が、未存なる未来を代表する「死」を創造していき、同時に既存なる過去を代表する「生」も創造していきます。これはレトリックで解説していきます。

この「生命原理」は、肉体の**「嘘の死生観」**には、絶対に通用しない原理ですが、意識体の**「真の死生観」**には通用する原理です。

「ゼロ完結」には、**「波動」**も**「時間」**も**「空間」**も**「質量」**も存在していませんので、**「量子」**の**「転換速度」**や**「ニュートリノ」**の**「変換速度」**を、はるかに超えています。

なぜならば、**「今」**の**「生命」**という**「ゼロ時限」**に於いて、初めと終わりが同時に存在し、原因と結果が同時に存在し、破壊と創造が同時に存在して、**「生」**と**「死」**が同時に存在して、**「ゼロ完結」**していく「一如」の存在だからです。

これが、相反する「生」と「死」が、「ゼロ時限」に於いて、「ゼロ次元」で「ゼロ完結」する「生命」そのものが、初めなき終わりなき、原因なき結果なき、「有って無いもの」として、「無くて有るもの」として、何ものにも影響されずに、永遠かつ普遍的にあり続ける理由です。

故に、皆さんの意識体の「生命」は、永遠に死ぬことはありません。

このような現象は、肉体が自分だと思い込んで勘違いしている人たちの、フェイクワールドの「嘘の死生観」では、絶対にあり得ないことです。

ですから、肉体が自分だと勘違いしている、自然科学の枠組みを、はるかに超越した理論ですので、理解も解釈も納得もできないと思います。

故に、**「ゼロ時限」**に於ける**「ゼロ完結」**による**「今」**には、「時間軸」というものが存在しません。

この世界こそが、絶対的に自由な世界である**「コスモス意識場」**、そのものの**「無の世界」**という**「創造の意識場」**になっています。

当然、コスモス意識場には、**「波動」**も**「時間」**も**「質量」**も**「空間」**も存在しません。

「コスモス意識場」には、「今」に於いて、**「私の意識」**が存在しているだけなのです。

宇宙というと、他人である肉体の目で、宇宙物質界を見て、宇宙空間だと思っていますが、宇宙意識界と宇宙物質界は、「意識体の自由」と「肉体の不自由」よりも、はるかに真逆の**「自由」**と**「不自由」**の世界になっています。

このような理論は、**「地球物質界」**ではあり得ない理論です。

事実、肉体を着て宇宙物質界の空間に行っても、宇宙服というモビルスーツを着て活動しなければいけません。

地球物質界にいた時よりも、はるかに不自由を強いられることになります。

そろそろ、人類は、牢獄の惑星である、地球に対する執着と未練を手放す時が来ていると、僕は確信しています。

宇宙工学や自然科学が対象とする物理的な現象には、必ず、初めと終わりがあり、原因と結果があり、質量と時間と空間がなければ、理論が成立しなくなるからです。

ですから、物質世界は、どうしても「時間」と「距離」と「空間」という「時空」が、なくてはならない、有って当たり前の存在であり、時間軸と距離と空間が、必要かつ不可欠なものとなっています。

地球星人は、他人である肉体が、自分であると、根本的な思い込みと勘違いをしているわけですから、すべてが「欲望」と「嘘」と「偽り」と「間違い」だらけのフェイクワールドに於いて、仕方なく不自由に生きています。

ですから、僕は、物質世界の常識や良識を疑って、疑って、疑って、**「意識世界」**の真実を、自分である**「意識体」**の**「情動」**の意識によって、**「超科学的な現象」**を、たくさん経験して、経験主義を貫くことにより、事実のみを保障することによって、真実を保証していくことに自助努力してきました。

学者のように、人の書いた**「過去」**の本を読みあさっては参考にして、机上の空論に陥って、肉体に内在している**「他人の意識」**である**「肉体の意識」**の**「欲望」**に支配された**「物質脳の知識」**に依存していては、**「未来」**を示唆している意識世界の法則は、まったくわからないことになってしまいます。

なぜかといいますと、意識世界は、意識体に内在している**「自分の意識」**の世界だからです。

ですから、僕のモットーは、絶対に、人の書いた書物を読みあさって、参考にするようなことも、引用するようなこともしないことです。

基本的に、他人が書いた本は、絶対に読まない主義を貫徹してきました。

なぜかと言いますと、**「欲望」**で作られた**「肉体」**が、自分であると思い込んで、勘違いしている人たちの思考は、一事が万事、「欲望」と「嘘」と「偽り」と「間違い」だらけだからです。

とくに、偉そうなことを言っている**「知識人」**ほど、「欲望」が渦巻いていて、「嘘」と「偽り」と「間違い」だらけの**「偽善者」**ばかりだったからです。

ですから、僕は、自分である意識体の心情や情動である「心魂一如の意識体」が、他の情報によってズレやブレやノイズが生じて、カオスやエントロピー（無秩序と不調和）が、**「私の意識」**の中に派生しないようにしています。

故に、僕の本は、**「造語」**だらけのオリジナルですので、読みにくくわかりにくいと思いますが、ご理解のほどよろしくお願い致します。


✦「生命」が「ゼロ時限」に於いて、「ゼロ次元」で「ゼロ完結」しながら、普遍的にあり続けていく「生命の法則」を「自己完結」による「生命原理の法則」という

「ゼロ完結」した**「コスモス創造原力」**と、**「コスモス破壊原力」**が同時に存在していることを、理解することができますと、**「無形実体世界」**である意識世界や、自分である意識体の世界と、**「有形実体世界」**である物質世界や他人である肉体の世界が、真逆の目的と価値観に方向づけられて、すべてが、真逆に展開されていることが理解できます。

「ゼロ完結」した**「有なる破壊原力」**と、**「無なる創造原力」**は、アルファでありオメガであり、初めであり終わりであり、原因であり結果であり、初めなき終わりなき、原因なき結果なき、初めと終わりが、原因と結果が、破壊と創造が、同時に存在し共時的に展開されて完結しています。

そのことによって、自分である意識体の「無形実体世界」と、他人である肉体の「有形実体世界」のベクトルが真逆であり、存在目的と存在価値に対する「嘘」と「偽り」と「間違い」が、よく理解できるようになります。

「ゼロ完結」に於ける、「コスモス破壊原力」と、「コスモス創造原力」が、**「COSMOSの法則」**によって、「生」と「死」が、**「生命」**に於いて、「生」であって「死」であり、「死」であって「生」である、「一如」の存在として、恒常的かつ恒久的に、何ものにも影響されずに、**「普遍的」**に存在していることになるからです。

このように、**「ゼロ完結」**の**「破壊」**という**「無」**によって、**「創造原力」**が派生または発動していき、**「ゼロ完結」**の**「創造」**という**「有」**によって、**「破壊原力」**が、派生または発動して、「無」であって「有」であり、「有」であって「無」である、一如の存在として普遍的にあり続けています。

「有なる破壊原力」が、「生」と「死」を同時に破壊して、「無なる創造原力」が、「死」と「生」を同時に創造して、すべてが同時に、恒常的かつ恒久的に、何ものにも影響されずに、普遍的に「ゼロ時限」に於いて、「ゼロ次元」で「ゼロ完結」しながら「生命」が存在し続けています。

「他人の意識」である「肉体の意識」には、「生」と「死」は存在しますが、「意識体の意識」である「自分の意識」には、「生」と「死」という現象も概念も言葉も存在しません。

すなわち、「コスモス破壊原力」と「コスモス創造原力」が、**「ゼロ時限」**に於いて、「生命」が、「波動」と「時間」と「距離」と「空間」のない**「ゼロ次元」**に於いて、**「ゼロ完結」**しながら、永遠に「生命」としてあり続けています。

「生命」が「ゼロ時限」に於いて、「ゼロ次元」で「ゼロ完結」しながら、普遍的にあり続けていく**「生命の法則」**を、**「自己完結」**による**「生命原理の法則」**といいます。

この**「ゼロ時限」**に於ける、**「ゼロ次元」**による**「ゼロ完結」**のスピードは、物理的な**「量子」**の**「転換速度」**や**「ニュートリノ」**の**「変換速度」**を、はるかに超えていることになります。

なぜならば、「ゼロ完結」の「ゼロ時限」には、「波動」と「時間」と「距離」と「空間」と「質量」が存在しない、初めなき終わりなき、原因なき結果なき、「有って無いもの」であり、「無くて有るもの」の「ゼロ次元」の存在だからです。

これは、意識世界に通用する**「心魂一如の愛」**の理論であって、すべての自然界である**「欲だらけ」**の物質世界には、絶対に成立しないことです。まして、存在しない法則と理論です。

「心魂一如の愛」とは、どんなことがあっても、どんなことが起きても、私の心の「意識」が、「ありのままを無条件で全面的に**『感謝』**で受容する」ことによって、私自身の魂の「意識」が**「喜び」**になるようになっています。

すなわち、常に、自分の心と自分自身の魂の間に、感謝と喜びで**「心情の通路」**を高次元に拓《ひら》いていくように、自助努力していくことです。

そのような心がけによって、「心魂一如の愛」を築いていくことができます。

感謝と喜びで心情の通路を拓いていくことは、真逆の人間世界である「カオスの世界」では、「欲望」だらけで、本当に難しいことです。

すべてに於いて、何事に対しても**「感謝」**と**「喜び」**で受容できる**「私の意識」**を構築しながら確立していくことが、**「コスモス意識体」**に近づいていく最良の方法だからです。

地球物質界に於いて、人間の存在は、宇宙物質界にたとえれば、すべてを飲み尽くしていく、**「ブラックホール」**のような**「欲深い」**存在だからです。故に、地球のブラックホールは、人間そのモノだからです。

自分である意識体の**「無なる創造原力」**が、**「無形実体世界」**である自分自身の**「意識世界」**を**「創造」**していき、他人である肉体の**「有なる破壊原力」**が、**「有形実体世界」**である肉体や、**「物質世界」**をエゴイスティックに**「破壊」**していきます。

「ZEROの法則」に基づいて、「無」の創造世界と「有」の破壊世界は、常に並行して存在し、物質世界の破壊と共に意識世界の創造が同時になされています。

「ZEROの法則」に基づいて、宇宙意識界と宇宙物質界の創造と破壊が、相反する二つの世界を並行しながら、恒常的かつ恒久的に運行し続けています。

すなわち、宇宙物質界が138億年前のビッグバンによって、誕生したという理論式は存在しても、それを証明する事実はどこにも存在していません。

肉体が自分だと思い込んで勘違いしている、「物質脳」の「数字」に支配されている「嘘学《うそがく》」の数式によって導き出されたものだからです。

なぜならば、数字のない永遠かつ無限の世界を数字で証明することは、絶対に不可能なことだと、僕は理解しているからです。

私たち一人ひとりにたとえると、「無」なる「意識世界」を代表しているのが、**「自分である意識体」**です。

真逆に、「有」なる「物質世界」を代表しているのが、**「他人である肉体」**です。

私たちは、年を重ねるごとに、他人である肉体の破壊がなされていき、それと共に、自分である意識体が善くも悪くも創造されていきます。

それが、私たちは他人である肉体の有形世界から、自分である意識体の無形世界に行くための準備を、日々、行っているという、唯一の根拠と証明に他なりません。

ですから、「ZEROの法則」に基づいて、**「破壊なき新たな創造はあり得ない」**という**「破壊と創造の原則」**に従って、「今の生」という「有」を代表する「過去」の存在を破壊する「有なる破壊原力」がなければ、「無」にはなれず、「無なる創造原力」によって、新たに「今の死」という「無」を代表する未知なる「未来」を創造することはできません。

それはすなわち、「今の生」を破壊する「今の死」の存在がなければ、新たに「今の生」を創造できないからです。

その瞬間に**「肉体の生命の運行」**は途絶えてしまいます。

故に、「ZEROの法則」に従って、過去を代表する「有」なる「今の生」が、未来を代表する「無」なる「今の死」を破壊し、未来を代表する「無」なる「今の死」が、過去を代表する「有」なる「今の生」を創造します。

「COSMOSの法則」は、「コスモス破壊原力」が、自らを破壊すると同時に、相反するモノも同時に破壊し、「コスモス創造原力」が、自らを創造すると同時に、相反するモノも同時に創造します。

相反する破壊と創造が、相対変換していくように思いますが、すべてが「同時」に、また「一如」に完結しています。

なぜならば、相反する現象そのものが存在していないからです。

「COSMOSの法則」に基づく、「初め」と「終わり」も、「原因」と「結果」も、「生」と「死」も、「破壊」と「創造」も、言葉は違っても「一如」の存在であり、まったく同じ存在だからです。

これを裏づける決定的な根拠は、「ゼロ時限」に於いて、「ゼロ次元」で「ゼロ完結」していく、瞬間、瞬間、瞬間が唯一無二の存在として完結しながら、オンリーワンの存在として完結し続けているというところにあります。

すなわち、相反するモノとの**「揺らぎ」**や**「波動」**は、一切、派生しないからです。

ですから、ひと時として「同じ生命」の瞬間は存在しません。瞬間、瞬間が唯一無二の「生命」であり、かけがえのない尊い存在であり、最高に価値ある存在としてあり続けているからです。

これが、「生命」が、常に、未知なる未来の創造のために突き進んでいることの証明です。

その持続可能性によって、生命が生命として**「生命連鎖」**そのものが、唯一無二の完結した「生命」であり続けていくようになっていることの証明でもあります。

このように、「ゼロ時限」を中心に、**「生」**の現象もなく**「死」**の現象もなく、永遠に**「生命」**であり続ける、普遍的な法則を、**「COSMOSの法則に基づく生命原理」**といいます。

もし、同じ生命があると公言する人や、異論と反論のある人がいるなら、その人たちは、すべての生命が唯一無二の存在ではなく、肉体の生命だけで終わり、生命が肉体の死と共に完全に消滅する、事実を保障して「真実の保証」を、誰にでもわかるように、ぜひとも証明していただきたいものです。

そのためには、すべての矛盾を排除して、肉体が自分であるという事実を、嘘偽りなく完全に証明してからにしてほしいのです。

肉体が自分であることを証明できたら、ノーベル賞以上、または、人類史上、初めての大発見になるからです。

✦コスモス意識場は作られた世界ではなく、「自分の意識」が、すべて創り出す「意識場の世界」

僕がいちばん言いたいことは、今の「私の生命」が、生命として「有って無いもの」として、「無くて有るもの」として、何ものにも影響されずに、永遠にあり続けていく普遍的な存在だということです。

すなわち、他人である肉体の生命ではなく、**「私の生命」**は、何ものにも影響されない、**「私の意識」**に基づく、**「不滅の存在」**であることを理解してほしいと思っています。

すなわち、「生命」の次元は、皆さんの「意識」の次元が、高いか低いかで決定するということになります。

ですから、**「今」**の**「生命」**が、唯一無二の存在であり、最もかけがえのない尊い存在であり、最も価値あるオンリーワンの**「私の生命」**として、尊厳を持って生きることで、永遠かつ無限の価値ある生命として、あり続けることができるのです。

なぜ、**「COSMOSの法則に基づく生命原理」**を、正しく理解し認識して、納得することが、重要なことかといいますと、それは、自ずと現世の「肉体の生命」に対する「不安や恐怖」と「執着や未練」から解放されて、現世利益《げんせいりやく》に対する「欲望」と「不快な感情」からも解放されて、生きること自体が**「感謝」**と**「喜び」**になっていくからです。

もう一つは、より善い永遠の生命に至るためには、この世の他人である**「肉体の死」**という、「嘘の死生観」に従って生きるのではなく、あの世の永遠の生命原理で生きることに、誰もが、存在目的と意味と意義を見出しながら存在価値を、永遠に創造するために、自然に生きられるようになっていくからです。

ですから、事実も真実も、過去や未来には存在せず、今にしか存在しない**「生命原理」**の理由と根拠がここにあります。

なぜ、「今」を感謝と喜びで生きなければいけないかといいますと、「今」は、すべての過去を代表している瞬間であり、すべての未来を代表している瞬間でもあるからです。

すなわち、「今」を感謝と喜びで生きるということは、**「今」**の**「事実」**と**「真実」**によって、過去のすべてが感謝と喜びに上書き保存されていくからです。

なぜならば、「今」が、すべての事実の瞬間であり、真実の瞬間でもありますから、「事実」と「真実」に勝るものは、一切、存在しないからです。

故に、この事実と真実の下に、必ず、感謝と喜びの未来が創造されていくようになるからです。

話を戻しましょう。

実は、死に対する**「不安」**や**「恐怖」**を、最も感じている本当の存在は、自分である意識体に存在している**「劣悪な心」**と**「醜悪な魂」**なのです。

誰もが、そのことを、理解もしていませんし、認識もしていません。まさしく、「無知は死の影である」という所以です。

「劣悪な心」や「醜悪な魂」とは、基本的に「心魂分断の恩讐」によって、**「性欲」**に「感情従属」した「愛されたい」という、非合理的なエゴイズム（自己欲求）とナルシシズム（自己満足）の**「情欲」**に支配された**「エロス」**の**「意識体」**のことをいいます。

現世利益の欲望に従って肉体感覚を価値観として生きていて、意識界の利益《りやく》である意識体の心情を無視して生きている人たちです。

すなわち、自分である**「邪悪な意識体」**によって、自分自身が**「邪悪な意識界」**に行くことを、意識体が深層心理の中で無意識に感じ取っています。

なぜならば、意識体は、**「輪廻の法則」**に従って、何度も地球意識界の劣悪かつ醜悪な世界を経験しているからです。

ですから、誰でも平等に訪れるはずの**「死」**に対して、一人ひとりの恐怖感や不安感が、それぞれの意識次元に従って、それぞれの意識体に、そのまま反映されています。

意識界の位置は、生命連鎖の法則に基づいて、肉体から「生」と「死」を享《う》けとる意識体が、どれだけの「愛の質的次元」と「意識の量的次元」を創造したかによって、意識体の受け皿となる意識界の意識次元が決定するようになっています。

愛の質的次元は、その人の意識次元を顕在化して、意識の量的次元は、意識の自由度を顕現しています。

すなわち、愛は**「個性」**を象徴して、意識は**「芸術」**を象徴しています。

最も、**「愛の質的次元」**を上げて、**「意識の量的次元」**を広げていく方法は、一人ひとりが**「個性芸術」**を開花させていくことです。

なぜならば、コスモス意識場は作られた世界ではなく、**「自分の意識」**が、すべて創り出す**「意識場の世界」**だからです。

個性芸術を開花させていくためには、**「私の意識」**の存在が、コスモス意識場に於いて、「一如」の存在であり、唯一無二のオンリーワンの存在であり、唯一無二のかけがえのない尊い存在であり、唯一無二の最も価値ある存在であることを、**「私の意識」**が理解して認識することだと、僕は思います。

すなわち、「私の意識」は、本来、**「自由」**であって**「可能」**であり、**「可能」**であって**「自由」**である、「自由」と「可能」は、「私の意識」に付随して、一如の存在であり、**「可能」**であり**「自由」**であり、**「自由」**であり**「可能」**である、「可能」と「自由」は、「私の意識」に於いて、まったく同じ方向性を示唆しているからです。

なぜならば、「自由」であって「不自由」であり、「不自由」であって「自由」である、「自由」と「不自由」は、「私の意識」に於いて「一如」の存在だからです。

「可能」であって「不可能」であり、「不可能」であって「可能」である、「可能」と「不可能」は、「私の意識」に付随して「一如」だからです。

「コスモス意識体」には、人間が作り出した言葉の概念が、一切、存在していません。

ですから、自由という言葉も不自由という言葉も存在していません。当然、可能という言葉も不可能という言葉も存在していません。

故に、相反する自由と不自由や、可能と不可能という現象すら存在していません。

もし、「コスモス意識体」に存在しているモノがあるとしたら、相反するモノや概念が存在しない、**「ゼロ時限」**に於いて、**「ゼロ次元」**で**「ゼロ完結」**していく、**「自由」**と**「可能」**のみが存在する「コスモス意識場」である**「無の世界」**だけです。

なぜならば、**「無」**であるが故に**「自由」**であり、**「無」**であるが故に**「可能」**だからです。

「一如」とは、相反する自由と不自由、可能と不可能などの現象や概念や言葉が、一切、存在しない、瞬間、瞬間が唯一無二の存在であり、オンリーワンの存在であり続けていることです。

そのことによって、普遍的な**「コスモスの意識」**と**「私の意識」**が、一如となり**「コスモス意識体」**となって、確固たる確信と信念へと至ることができると、僕は、確信しています。

すべての存在が、瞬間、瞬間の**「ゼロ時限」**に於いて、**「ゼロ次元」**で**「ゼロ完結」**している、唯一無二の存在であり、オンリーワンの存在であることが、**「COSMOSの法則」**に対する、僕の確信と揺るぎない信念の裏づけになっているからです。

✦「欲望」で作られた「肉体」が、自分だと思い込んで、勘違いしている地球星人は、どんな人でも「欲望」でしか生きられない宿命に置かれている

肉体が自分だと思い込んで勘違いしている人たちは、少なくとも優劣の関係や上下の関係に於いて、自分に対する嫌悪感であったり、拒否感であったり、不信感などが無意識の中に存在していて、自分自身の本当の価値を認識していないと、僕は思います。

肉体が自分だと思い込んでいる人たちは、常に外ばかりを見て優劣や上下を測って、自分自身の位置や価値を勝手に決めています。

所詮、地位や名誉や財産などといった、人間が人間を差別化するために作り上げた価値観の評価は、無責任な他人の評価ですから「個性芸術」にとっては、何の意味もなければ意義もありません。まして価値もない、どうでもよいことです。

「自己犯罪」という、自分の不快な心情による自傷行為は、自分自身の個性芸術を破壊していく、自虐行為そのものだからです。

難しいことではありますが、自己嫌悪を自己慈愛へと、自己否定を自己肯定へと、自己不信を自己確信へと、少しでも近づいていけるように、自助努力していくことだと思います。

「COSMOSの法則」に基づいていて、愛は「個性」に直結していて、意識は自由な「芸術」に直

結しているからです。

ほとんどの人が、人のために生きることが**「愛」**だと勘違いしています。何度も言いますが、人の為《ため》と書いて**「偽り」**と読みます。

なぜ、**「人の為」**に生きることが、**「愛」**になってしまうのかといいますと、地球のメカニズムとシステムによって、宿命づけられているからです。

原点は、肉体が自分だと思い込んで勘違いして、肉体に内在している「他人の意識」である「肉体の意識」に支配されて、肉体を養い生かすために、**「欲望」**に従属して**「嘘」**で生きている**「囚人癖《しゅうじんぐせ》」**と**「奴隷癖《どれいぐせ》」**にあります。

先述しましたように、皆さんの肉体は、すべて両親の**「性欲」**という**「他人の意識」**から始まって、他人の精子と他人の卵子が結合した受精卵の**「食欲」**によって、**「他人の子宮」**に寄生して、養分を奪いながら成長して作られた**「欲望」**の存在だからです。

故に、**「欲望」**は、他人である肉体の宿命の**「意識」**となっているからです。これは紛れもない事実です。

「欲望」で作られた**「肉体」**が、自分だと思い込んで、勘違いしている地球星人は、どんなに偉そうな人たちでも**「欲望」**でしか生きられない宿命に置かれています。

それはすなわち、地球のメカニズムとシステムは、**「依存」**と**「従属」**と**「不自由」**という**「奴隷癖」**または**「囚人癖」**に支配されているからです。

すべての人の**「意識」**が、**「自立」**と**「自由」**を確立していたら、**「人の為が愛」**という理論と理屈は成立しなくなります。

すなわち、自分が嬉しくもないのに、人を喜ばせることはできません。自分が楽しくもないのに、人を楽しませることはできません。自分が幸せでもないのに、人を幸せにすることはできません。至極当然のことであり、当たり前のことです。

故に、欲深い偉そうな人も、金持ちの人も、人を幸せにすることができません。

このようにすべての人が、「愛したい」という意識が確立されていたら、むしろ「愛されたい」という意識は、面倒くさい迷惑な意識になってしまいます。

70年も肉体に支配されて、地球癖、人間癖、肉体癖、欲望癖、囚人癖、奴隷癖に飼い慣らされて、「自分の意識」が、作り上げられてしまった**「意識癖《いしきぐせ》」**を、自らが破壊して、新たにコスモス次元のコスモス癖と価値観に意識を再創造することは、極めて**「至難の業」**です。

よく年をとればとるほど、頑固になるといわれますが、それは年をとればとるほど、意識体の心癖や価値観ができ上がってしまい、今更、新たな価値観の意識体に変わることも、変えることもできなくなってしまうからです。

第11章

コスモスの意識と私の意識の相関性

✦「私の意識」に於いて「一如」の存在であるという認識が、「カオス」を派生させない最も重要なこと

これから「コスモスの意識」と「私の意識」が「一如」である相関性について言及したいと思います。

僕は、私たちの**「意識」**に於いて、**「私の意識」**が、**「コスモスの意識」**に近づいていくためには、**「私の意識」**が、すべてのものと**「一如」**の存在であり、まったく同じモノと現象を共有して、なおかつ、お互いが**「唯一無二」**の存在として向き合っている、という認識を確立していくことだと思っています。

なぜならば、私たちの意識は、すべてのモノが、物質的かつ物理的に違ったモノであるという認識のもとに、分離感や距離感に飼い慣らされているからです。

故に、すべてが、「自分の意識」が始まりであり、「自分の意識」が終わりである、「一如」の

存在という認識がありません。

「私の意識」が、地球内生物に対しても、人間に対しても、地球意識場に対しても、宇宙意識場に対しても、すべてのモノが、**「私の意識」**に於いて**「一如」**の存在であり、まったく同じモノであり、現象であるという認識が、**「カオス」**を派生させない、最も重要なことだと、僕は理解しています。

「コスモス意識体」には、「波動」も「時間」も「質量」も「距離」も「空間」も存在しないからです。

なぜならば、自分に存在しているものは、「私の意識」が「初め」であり、「私の意識」が「終わり」だからです。

故に、「私の意識」次第であり、一切、私の意識には、**「分離感」**や**「距離感」**や**「区別」**というものが存在しません。

本来、すべてが「私の意識」に於いて、「一如」の存在であり、まったく同じモノであり現象であるという**「コスモス意識体」**しか存在していないからです。

すなわち、**「コスモス意識体」**は、**「有」**であって**「無」**であり、**「無」**であって**「有」**である、「有」と「無」は、**「一如」**の存在であり、「有なる破壊原力」と「無なる創造原力」が、同時に存在して、破壊と創造が、同時に展開され、同時に完結していく、「唯一無二」の存在であり、後にも先にも二度と再び存在することのない、オンリーワンの**「私の意識」**だからです。

故に、相反する現象が存在しませんから、カオスやエントロピーの原因となる、「揺らぎ」や

「波動」などは、一切、派生することはありません。

私たちの、他人である肉体は、日々、破壊されながら**「肉体の死」**に近づいていき、自分である意識体は、日々、創造されながら**「意識体の生」**に近づいていきます。

地球意識場に於いて、地球物質界は、日々、破壊されながら崩壊という「地球物質界の死」に近づいていき、地球意識界は、日々、創造されながら「地球意識界の生」に近づいています。

宇宙意識場に於いて、今、この瞬間に於いて、「宇宙物質界」の破壊と共に、「宇宙意識界」が創造されています。

このような理論は、不自由な物質世界を、疑って、疑って、疑いながら**「真逆」(Paradox)**に、自由な意識世界が、間違いなく存在していることを、確信して**「想定」**しなければ、絶対にわからないと思います。

他人である肉体で物質世界ばかりを見ていては、真逆に存在する意識世界は、絶対に理解できないと、僕は思います。

ですから、僕は、物質世界を徹底的に疑うことで、意識世界を「自分の意識」で体験しながら、理論体系を構築してきました。

「宇宙意識場には、表があれば裏もある。必ず、相反するモノが、向き合って存在している」ということが、僕の基本的な考え方です。

例えば、**「ZEROの法則」**に基づいて、プラスに対してマイナス、陰に対して陽、無に対して有、生に対して死、N極に対してS極、善に対して悪、破壊に対して創造、ネガティブに対してポジティブ、引力に対して斥力《せきりょく》、被害者に対して加害者、女性に対して男性といったように、すべてに於いて**「真逆」（Paradox）**のロジック（論理性）が、お互いに内在し向き合って、バランスを形成しようと、方向づけながら存在しているという考え方です。

しかし、**「COSMOSの法則」**は、すべてが「一如」の存在であり、まったく同じ現象であり概念であるという「コスモス意識場」に、包括され統合されて、完全に統治されています。

このように、肉体が自分だと勘違いしている人たちは、相反するモノが、まったく違うものと理解し認識していることが、すでに物質的かつ物理的であり、この勘違いが欲望や差別や格差の根本的な原因になっていると、僕は思います。

故に、僕は、「私の意識」に於いて、さまざまなモノに対して、常に、差別や格差の元凶となる、区別や分離感や距離感を作らないように心がけています。

この心がけが、僕が、**「COSMOSの法則」**に至った原点にもなっています。

相反するモノによる区別や分離感や距離感が、差別や格差というカオスとエントロピーの始まりであり、温床になっているからです。

「コスモスの意識」に基づいて、「私の意識」を**「他人軸」**である肉体の意識から、**「自分軸」**である意識体の意識へと、**イノベーション**（再基軸）していく時代を、迎えていると僕は思います。

故に、人類は、肉体の意識である**「他人軸」**から、意識体の意識である**「自分軸」**へと、シフトしていって、**「自分軸」**である意識体の意識に**「軸」**を転換していく、**TPO**（時と場と状況）を、この**「終末期」**にまさに迎えていると思います。

なぜかと言いますと、**「AI革命」**と**「ロボット革命」**によって、「人間が人間を必要としない時代」が、必ず、近未来に来るからです。

これからは、**「自分自身の魂」**が、**「自分の心」**を必要とする危機の時代が、必ず訪れるからです。

✦「コスモスの意識」は「私の意識」に於いて、最高に価値がある「私の今」と「私の生命」と「私の意識体」であり続けている

ここで、もう一度、「コスモスの意識」に基づく、「COSMOSの法則」を整理していきましょう。

「コスモスの意識」と**「私の意識」**が、いかに**「一如」**の存在なのかを、検証して証明していきたいと思います。

「コスモス意識体」によって、**「コスモス意識場」**は、**「有」**であって**「無」**であり、**「無」**であって**「有」**である、「有」と「無」は、**「一如」**の存在であり、「有なる破壊原力」と「無なる創造原力」が、同時に存在して、同時に展開され、同時に完結しています。

「コスモス意識体」は、**「私の意識」**に於いて、「今」の「生命」と「意識体」が、「唯一無二」の「今」と「生命」と「意識体」であり、後にも先にも二度と再び存在することのない、オンリーワンの「今」と「生命」と「意識体」であり、**「私の意識」**に於いて、最高に価値がある**「私の今」**と**「私の生命」**と**「私の意識体」**であり続けています。

その裏づけとなる真実の証拠は、「私の今」も「私の生命」も「私の意識体」も、「私の意識」に付随して、一如として存在しているからです。

もし、「今」に「私の意識」が存在していなければ、「今」が存在する意味も意義も価値も、「私自身」にはあり得ないからです。

「生命」に「私の意識」が存在していなければ、「生命」が存在する理由も根拠も価値も、「私自身」にはあり得ないからです。

「意識体」に「私の意識」が存在していなければ、「意識体」が存在する意味も意義も価値も、「私自身」にはあり得ないからです。

すなわち、**「私の意識」**が存在しないのに、**「今」**も**「生命」**も**「意識体」**も、ただ存在しているだけでしたら、一切、存在する意味も理由も意義も根拠も価値もないことになります。

結論です。すべての存在の**「主人」**であり**「主体」**は、**「私の意識」**そのものだからです。「私の意識」が存在しなければ、「私自身」の存在目的も意味も意義も存在価値も失われることになるからです。

故に、**「私の意識」**に付随して、「私の今」と「私の生命」と「私の意識体」が、唯一無二の瞬間、瞬間に存在して、二度と再び経験することのない、最もかけがえのないオンリーワンの経験を、**「私の意識」**と共に、それぞれが完結しているという、人生観を確立していくことが、大切なことだと、僕は思います。

すなわち、「コスモス意識体」に基づいて、**「私の意識場」**に於いて、私たちの意識体は、「心」

を親として、「魂」を子として、「心」であって「魂」であり、「魂」であって「心」である、心と魂は、「一如」の存在であって、まったく同じ意識体として存在しています。

「私である意識体」は、「心魂一如の意識体」ですから、**「私の意識」**が、「心」と「魂」の中心に存在しながら、意識世界に於いて、唯一無二の「意識体の意識」として存在し、オンリーワンの「私の意識」であり続けています。

すなわち、**「私の意識」**に基づいて、「心の意識」が、創り出す「魂の意識」の世界が、「意識体の意識」の世界として、永遠に、「私の意識」によって創り出され続けていきます。

故に、「コスモス意識場」は、誰かによって、何かによって、作られた世界ではなく、すべてが、自分の意識次元に従って**「私の意識」**が、永遠に創り出していく「無限意識場」となっています。

「コスモス意識体」に基づいて、**「今」**は、**「初め」**であって**「終わり」**であり、**「終わり」**であって**「初め」**である、「初め」と「終わり」は、**「私の意識」**に付随して**「一如」**の存在です。

「初め」と「終わり」が、同時に存在して、同時に展開され、同時に完結しながら、「今」が、「唯一無二」の「今」であり、後にも先にも二度と再び、永遠に存在することのない、オンリーワンの瞬間であり、最高に価値ある**「今」**であり続けています。

故に、**「私の意識」**に付随して、「今」が、唯一無二の瞬間、瞬間に存在して、二度と再び経験することのない、最も尊いかけがえのないオンリーワンの経験を、**「私の意識」**が創り出していくという、**「確信」**と**「信念」**と**「勇気」**を確立していくことだと思います。

もし、時間は存在しないことを提唱する「ＣＯＳＭＯＳの法則」に、異論や反論のある人たちは、「今」が唯一無二の存在ではなく、**「唯二無三」**の存在であり、「今」に波動と距離と空間があるという、事実を保障して**「真実の保証」**を、誰にでもわかるように、ぜひとも証明していただきたいと思います。

なぜならば、すべてに於いて、まったく同じ経験を、時間軸の中で何度も何度も経験できるという、事実を証明しなくてはいけなくなるからです。

ですから、時間軸を証明しようとすると、矛盾や偽りや嘘だらけになってしまうのではないかと、僕は理解しています。

すなわち、他人である肉体や物質が、過去にも未来にも、自由に移動して存在できる事実を、証明しない限り、時間軸の証明にはならないからです。

だから、時間軸には、推測と憶測、妄想と幻想というバーチャルな世界しか存在しないと、僕は思います。

なぜならば、「他人の意識」である「肉体の意識」は、あくまでも「今」に於いて、過去を思い、未来を想っているからです。

ですから、肉体が自分だと思い込んで勘違いしている自然科学の理論は、推測と憶測、妄想と幻想の虚相世界に置かれていると、僕は思います。

✦「女男一如《にょなんいちにょ》の意識」が、性の差別や性の格差をなくすために最も重要

「コスモス意識体」に於いて、**「生命」**は、**「生」**であって**「死」**であり、**「死」**であって**「生」**である、「生」と「死」は、**「一如」**の存在であり、まったく同じ生命現象なのです。

「生」と「死」が、同時に存在して、同時に展開され、同時に完結しながら、「生命」自体が、瞬間、瞬間に於いて、「唯一無二」の存在であり、後にも先にも二度と再び存在することのない、オンリーワンの**「生命」**であり続けています。

すなわち、生命とは、**「生死一如の生命」**ですから、「生」もなければ「死」も存在しない**「生命原理」**になっています。

「生」と「死」という区別もなければ、隔たりもありません。まして、生と死という概念も現象すらも存在していません。

最もシンプルに「COSMOSの法則」を、事実と真実に基づいて、保障できることは、**「私の意識」**に付随している唯一無二の**「生死一如の生命」**を、「今」、「私の意識」が経験しているということです。

故に、**「私の意識」**に基づいて、「私の生命」は、永遠の存在であり、「生命」が、瞬間、瞬間に於いて、唯一無二の生命であり続けています。

「私の意識」が、かけがえのない尊い価値あるモノを、創り出していることを、確固たる確信として、常に、勇気を持って生きていくことが、大切なことだと思います。

「死後の世界なんて無い!!」「あの世なんか無い!!」という人たちには、死後の世界も無ければあの世も有りません。

なぜならば、「私の意識」次第で、善くも悪くも**「生命観」**そのものが変わってしまうからです。

「ゼロ時限」に於いて、すべての現象が、瞬間、瞬間に、「ゼロ次元」で「ゼロ完結」し続けているが故に、それぞれが、唯一無二の存在であり、オンリーワンの現象であり続けています。

すなわち、瞬間、瞬間に於いて、すべてのモノが、唯一無二の存在であり、オンリーワンの現象であり続けているが故に、「破壊」と「創造」が同時に存在し、同時に展開され、同時に「ゼロ完結」し続けているのです。

先ほども言及しましたが、**「コスモス意識体」**には、一切、区別や分離感や距離感というものが存在しません。

すべてが「一如」の存在であり、まったく同じ現象であるという**「私の意識」**が、最も大切なことだと思います。

ですから、ひと時として「同じ生命」の瞬間は存在しません。瞬間、瞬間が唯一無二の「生命」であり、かけがえのない尊い存在であり、最高に価値ある存在としてあり続けているからです。

もし、すべての生命が唯一無二の存在ではなく、生命は肉体の存在だけであるという人たちは、生命が肉体の死と共に消滅する、事実を完全に保障して「真実の保証」を、誰でもわかるように、ぜひとも**「論理的」**に証明していただきたいと思います。

肉体が自分だと勘違いしている、「肉体の意識」である物質脳によって、現世の現象である

「生」と「死」が理解できても、物質世界のみで通用する他人事であり絵空事に過ぎないからです。

「自分の意識」である意識体の「生」と「死」が理解できていなければ、一切、コスモス意識場には通用しないからです。

なぜならば、他人である肉体の虚相世界から、自分である意識体の実相世界に行くための準備を、唯一しているからです。

自分の意識界が存在しないとするならば、すべての人が、肉体が**「動けない病《びょう》」**に罹《かか》って、死ぬ理由と根拠がありません。

「自分の意識」が、奴隷服であり囚人服である肉体を背負って、永遠に不自由のまま**「仕方ない理論」**で生き続ければよいことです。

肉体が自分だと思い込んでいる人たちに、何が故に肉体の死が存在するのかを、誰でも理解できるように、説明していただきたいと思います。

「コスモス意識体」に基づいて、**「私の意識」**は、**「女性」**であって**「男性」**であり、**「男性」**であって**「女性」**である、「女性」と「男性」は、**「女男一如」**の存在であり、「女性」と「男性」が、同時に存在して、同時に展開され、同時に完結し続けています。

「私の意識」が、「唯一無二」の存在として、後にも先にも二度と再び存在することのない、オンリーワンの**「女男一如の意識」**として存在しています。

すなわち、「コスモス意識体」には、相反する「女性」と「男性」という「区別」も「分離感」も「差別感」も、一切、存在していません。

「私の意識」に基づいて、**「私の意識体」**は、「女性」であって「男性」であり、「男性」であって「女性」である、女性と男性は、「私の意識」に於いて、女男一如の存在であって、「女性」でなく「男性」でなく、「男性」でなく「女性」でない、まったく同じ意識であるが故に、性の区別も、性の分離感も、性の差別感も存在しません。

故に、**「女男一如の意識」**が、性の差別や性の格差をなくすために、最も重要なことだと、僕は思います。

事実、**「僕の意識」**には、ほとんど「女性」と「男性」という、区別や分離感や差別感がなくなっています。

あくまでも、「女性」と「男性」という区別や差別や格差は、「他人の意識」である「肉体の意識」の肉体事であり、他人事はどこまで行っても、他人事に過ぎませんから、自分である意識体にとっては、それこそ絵空事に過ぎません。

✦「私の意識場」が「コスモス意識場」に近づいていく「方程式」

お互いが生命共有体という**「女男一如《にょなんいちにょ》の意識」**ですから、性的な欲望や欲求という面倒くさい**「エロス」**には、ほとんど無関心な意識になっていきます。

なぜならば、性的な欲望や欲求は、すべてが肉体の「他人の意識」である「肉体の意識」から発生するホルモンの仕業だからです。

男性のテストステロンというホルモンと、女性のエストロゲンというホルモンを、「肉体の意識」が作り出して、性欲や情欲へと誘発して引き出していきます。

当然、ホルモンは肉体の形態や形容までにも大きな影響を与えています。

いずれにせよ、肉体が自分だと思い込んでいる人たちは、肉体の性欲や食欲などに支配され、その欲望と欲求に従属しながら、**「性欲の奴隷」**として、**「食欲の囚人」**として生きています。

故に、肉体が自分だと勘違いしている人たちは、「女性」と「男性」の肉体の姿かたちが違うので、はっきりと性的な「区別」と「分離感」と「差別感」が存在する**「エロス」**と**「カオス」**の**「生命体」**として生きています。

なぜならば、**「欲望」**の他人である**「肉体の意識」**が、すべての中心だからです。

この「女性」と「男性」の区別と分離感と差別感が、ジェンダーの差別や女性と男性という格差の**「元凶」**になっていると、僕は思います。

ですから、**「私の意識」**が、**「私の意識場」**を、常に**「意識」**して、「私の意識場」から区別や差別や格差をなくしていく、自助努力が大切だと、僕は考えています。

「私の意識」が、「私の意識場」を意識するとは、どういうことでしょうか？

それは、唯一、「自分の意識」が「自分の意識場」を汚して不快な心情に陥れる、**「自己犯罪」**を犯して**「自己恩讐《おんしゅう》」**に陥らないことです。

肉体の「意識場」は、「ZEROの法則」に基づいて、相反するモノの中心にあって、善にも悪にも、女性にも男性にも、どちらにも善くも悪くも**「肉体の意識」**が存在できるからです。

ですから、**「自由な意識場」**の意識を、**「私の意識」**が、管理し統治しなければ、カルマによってカオスを、無限に拡大させていくことになるからです。

「私の意識場」とは、「私の意識」が**「過去」**のさまざまな経験によって、善くも悪くも創り出した「意識の場」をいいます。

「私の意識」が、無意識に「私の意識場」に善くも悪くも創り出した、**「潜在的」**な**「無意識の場」**を「私の意識場」といいます。または、過去の**「潜在意識場」**ともいいます。

「私の意識」とは、**「今」**のみに存在していて、常に、新たな意識場を創り出していく**「今の意識」**をいいます。

「今」の「私の意識」が、「過去」に創造した「潜在意識場」である、意識場の中のさまざまな意識を管理して統治しなければ、潜在意識場に存在する**「過去」**のさまざまな**「潜在意識」**が、**「今」**の**「私の意識」**を無視して勝手に発動し、新たに不快な意識を作り始めることになります。

ですから、「私の意識」が、「私の意識場」に存在する、過去のゴミともいえる「不快な意識」を管理していかないと、肉体の死後、とんでもない意識場に「私の意識」が、連れていかれることになります。

その「潜在意識場」の管理という自助努力によって、**「私の意識場」**が、**「コスモス意識場」**に近づいていき、成熟していくことによって、「私の意識場」が「コスモス意識場」に近づいていくための**「方程式」**になると、僕は確信しています。

「私の意識」に於いて、「女性」と「男性」という**「性」**は、**「一如」**の存在であって、まったく同じモノという、**「女男一如の意識」**が、とても重要なことだと思います。

人間とは、人の間と書きます。まさしく、「女性」と「男性」という区別や分離感や差別感を破壊しない限り、根本的な差別や格差は、人間社会からはなくなりません。

なぜならば、意識体の「自分の意識」は、肉体の「他人の意識」である**「食的欲望意識」**や**「性的欲望意識」**という**「本能的原存意識」**とは無縁だからです。

他人である「肉体の意識」は、「他人の意識」であって、「自分の意識」ではないからです。

しかし、他人である肉体の意識に、自分である意識体の意識が、飼い慣らされて「仕方ない理論」に従って、「地球癖」、「人間癖」、「肉体癖」、「欲望癖」、「囚人癖」、「奴隷癖」に陥っています。

人類は、「自分の意識」が、**「女男一如の愛」**に立たない限り、この世界から男女差別や男女格差、女性蔑視やセクシュアル・ハラスメントなどの性差別や性暴力や性虐待、ＬＧＢＴＱ差別などの問題は、永遠に、解決されず、なくなることもないと、僕は思います。

ですから、真実まことの**「平等世界」**を創造することは、今のままでは永遠にできないと、僕は思います。

この問題を、唯一、解決できる方法は、「あなたの**『肉体は他人』**です」運動を展開していくしかありません。

なぜならば、「欲望」で作られた「他人の意識」である「肉体の意識」は、すべてが肉体の**「欲望」**に方向づけられているからです。

✦すべての出会いは「一期一会の愛」の瞬間であり、個性芸術を開花させる最高の機会

「コスモス意識体」に基づいて、**「私の意識」**に於いては、**「私」**であって**「貴方《あなた》」**であり、**「貴方」**であって**「私」**である、「貴方」と「私」は、「私の意識」に於いて、**「一如」**の存在であり、まったく同じ存在だと、**「私の意識」**が、そのように認識していくことです。

なぜならば、「私の意識」が、すべての初めであり、「私の意識」が、すべての終わりだからです。

故にそこでは、人間同士が、争ったり奪い合ったり、戦争などで殺し合ったりして、不快な感情に陥ることがありません。

すなわち、「私の意識」が、「私の意識場」に区別や分離感や差別感を創らないように、自助努力していくことだと、僕は思います。

なぜならば、最終的に、「私の意識」が創り出した、「私の意識場」に行くことになりますから、「自分の意識」が、「自分自身の意識場」を、不幸に陥れないためです。

「私の意識」が、「今」、「貴方」と「私」は、同時に存在して、同時に関わって、同時に善くも悪くも完結しながら、「私と貴方の人間関係」が、「今」に於いて、唯一、成立していて、無二の経験を**「私の意識」**が行っていることを、理解し納得して**「自己管理」**しながら向き合うべきだと、僕は思います。

「私の意識」に於いて、「貴方」と「私」は、「唯一」の関係であり、後にも先にも二度と再び訪れることのない、貴重な経験をしている「オンリーワン」の「無二」の**「今」**を共有していると

いう、**「私の意識」**が重要なことだと思います。

それは、複数の人たちとの関わりであっても、すべての出会いは**「一期一会の愛」**の瞬間であり、個性芸術を開花させる、最高の機会だと理解することが、とても大切なことだと思います。

具体的には、どんな人に対しても、常に、「一期一会の愛」の出会いだと思って、一瞬、一瞬の関わりを、**「私の意識」**に於いて、唯一無二の大切な関わりだと理解して、想いを尽くし、心を尽くしていくことが、重要なことだと思います。

この**「一期一会の愛」**の経験は、永遠に、訪れることのない唯一無二の経験であり、後にも先にも二度と再び訪れることのない、オンリーワンの経験であることを理解して、人間関係を大切に構築していくことが、重要なことだと、僕は思います。

「他人の意識」である「肉体の意識」の「欲望」に従って、利害損得で他人と関わらなくても済むからです。

故に、一人ひとりが、すべての関わる人たちに対して、「私の意識」に於いて**「一如」**の存在であり、まったく同じ**「存在」**であるという**「私の意識」**で関わっていったら、人間同士が、争うことも奪い合うことも無くなり、すべての**「カルマ」**による**「カオス」**が、この世界から消滅していくと思います。

「私の意識」が、このような**「一期一会の愛」**に基づいて、人間関係を構築していったら、自然に、**「心魂一如の愛」**が成熟して、自分である意識体が意識進化していって、人間を卒業して「地球意識場」から「宇宙意識場」を超越して、「コスモス意識場」に行くための準備が整っていくと思います。

ですから、僕は、「僕の意識」が「僕の意識場」を意識して、世界の不幸なニュースに触れた時は、「僕の意識」は、「僕の意識場」に於いて、「すべての人が平安と安寧の意識界に行きました」という意識で「自己完結」するようにしています。

なぜならば、「自分の意識」によって「自分の意識場」を、絶対に、自分が汚して自分自身を不快に陥れない。それが「自己責任」の取り方だと理解しているからです。

もし、**「肉体は他人運動」**以外の方法で地球から差別や格差を排除して、完全に撤廃する方法がありましたら、ぜひとも教えていただきたいです。

「僕の意識」は、いつでも謙虚に受け入れていく準備は整っています。

第12章

「COSMOSの法則」の結論と確信

✦「CHAOS《カオス》の法則」が「宇宙意識場」を基礎づけていて、「COSMOSの法則」が「コスモス意識場」を基礎づけている

「COSMOSの法則」には、相反するモノや現象や概念は、一切、存在しません。

なぜならば、プラスであってマイナスであり、マイナスであってプラスであり、陰であって陽であり、陽であって陰であり、N極であってS極であり、S極であってN極である、すべてが「コスモス意識体」である「私の意識」に於いて、一如の存在であり、まったく同じ意識場だからです。

当然、善であって悪であり、悪であって善であり、優であって劣であり、劣であって優であり、ネガであってポジであり、ポジであってネガであり、被害者であって加害者であり、加害者であって被害者であり、女性であって男性であり、男性であって女性である、すべてが**「コスモス意**

識体」である**「私の意識」**に於いて、一如の存在であり、まったく同じ現象であり、まったく同じ意識場の存在だからです。

なぜならば、「他人の意識」である「肉体の意識」に支配されている、「物質脳」が作り出した**「嘘学《うそがく》」**を、すべて**「排除」**したのが、「COSMOSの法則」に基づく「コスモス意識体」であり「私の意識」だからです。

なぜならば、初めと終わりも、原因と結果も、破壊と創造も、生と死も、善と悪も、優と劣も、陰と陽も、有と無なども、すべてが「他人の意識」である「肉体の意識」が、**「物理的な現象」**を五感で経験することによって、物質脳が作り出したモノであり、概念であり、言葉だからです。

すなわち、相反するモノが存在しませんから、揺らぎも波動も存在しません。

故に、揺らぎや波動から作り出される、さまざまな現象が存在しません。そこから作り出される概念すら存在しませんから、言語化されることもありません。

「COSMOSの法則」には、相反するモノや現象や概念や言葉が、一切、存在しませんから、波動も揺らぎも質量もエネルギーなどの**「物理的な現象」**は、一切、存在しません。当然、時間も距離も時空も存在しません。

「ZEROの法則」に基づいて、「カオスの意識」に基礎づけられている、虚相世界である宇宙意識場は、すべてが、相反する宇宙物質界と宇宙意識界が重なり合って、カオスとエントロピーの**「揺らぎ」**と**「波動」**の中に置かれています。

「COSMOSの法則」に基づいて、「コスモスの意識」に基礎づけられている、実相世界であるコスモス意識場は、すべてが一如の存在であり、唯一無二の存在として、調和的かつ秩序的に存在し続けています。

すなわち、**「ZEROの法則」**に存在する**「カオスの意識」**の置きどころと、**「COSMOSの法則」**に存在する**「コスモスの意識」**の置きどころは、まったく別次元に存在します。

この**「COSMOSの法則」**が、**「コスモスの意識」**（秩序創世の意識）を基礎づけて、永遠かつ無限の**「無の世界」**である**「コスモス意識場」**となって、無限意識場という**「無の意識場」**、そのものを基礎づけています。

すなわち、**「COSMOSの法則」**そのものが、**「コスモス意識場」**そのものといえます。

他人である肉体が、自分であると勘違いしている人たちは、**「宇宙物質界」**を肉体の「他人の意識」である物質脳という**「頭脳」**の**「視覚」**だけで、天動説的に宇宙意識場を、物質的かつ物理的にしか見ていないと、僕は理解しています。

宇宙物質界は、どこまで行っても物質界であって、地球物質界となんら変わりのない、物質次元のエントロピーが、無限に増大していって、荒涼とした不毛な世界が、永遠かつ無限に広がっているだけです。

肉体だけの生命でしたら、宇宙物質界でさえ**「無用の長物」**になってしまいます。

宇宙意識場は、**「ZEROの法則」**に基づいて、**「CHAOSの法則」**に従って、**「宇宙物質界」**である**「エントロピーの世界」**を、無限に増大させながら、なおかつ、**「宇宙意識界」**である**「カオスの世界」**を、無限に拡大させ続けているからです。

すなわち、**「ZEROの法則」**に基づいて、「ワン・サイクルの揺らぎ」または「ワン・サイクルの波動」が、**「CHAOSの法則」**によって、複雑に絡み合いながら、さまざまなモノが、アナログ化して多次元化していくことによって、無限にカオスを拡大させながら、無限にエントロピーを増大させ続けていって、宇宙意識場を無秩序に拡大し増大させ続けています。

故に、**「ZEROの法則」**は、**「CHAOSの法則」**の**「初め」**であり、**「カオスの世界」**の**「始まり」**であり、**「カオスの世界」**の**「終わり」**でもある、といっても過言ではありません。

「ZEROの法則」は、まさに**「CHAOSの法則」**の**「終わり」**ですから、宇宙意識場のカオスを無限に**「縮小」**していき、同時にエントロピーを無限に**「減少」**させていって、限りなく「ゼロ」に近づけた究極の**「ゼロの揺らぎ」**または**「ゼロ波動」**に方向づけられた**「法則」**だといえます。

しかし、相反するモノの揺らぎを、無限に小さくしていっても、**「ゼロの揺らぎ理論」**によって、永遠に、相反するモノは存在し続けて、揺らぎ続けますから、宇宙意識場が終わることは、永遠にありません。

故に、永遠に、宇宙意識界のカオスの拡大と、宇宙物質界のエントロピーの増大は、宇宙意識場が、無限に膨張し続けていく宿命に置いていることになります。

まさしく、宇宙物質界は、科学が提唱している**「エントロピー増大の法則」**（無秩序増大の法則）そのものである**「エントロピー増大の世界」**（無秩序創世の世界）になっています。

コスモス意識場は、真逆に、**「COSMOSの法則」**に基づいて、宇宙意識場の「カオス」を無限に縮小させていき、「エントロピー」を無限に減少させていって、**「意識世界」**である**「ゼロに収束」**させながら、最終的に「宇宙物質界」と「宇宙意識界」の境界域である、**「ZEROの法則」**に基づく**「ゼロの揺らぎ理論」**を超越して、**「コスモスの意識」**による**「ゼロ完結」**の**「無の意識場」**を創造していきます。

「ZEROの法則」に基づく、**「CHAOSの法則」**は、「カオスの世界」である宇宙意識界と、「エントロピーの世界」である宇宙物質界を「無限」に「拡大」して「増大」させるように方向づけています。

「COSMOSの法則」は、「カオスの世界」と「エントロピーの世界」を**「無限」**に**「縮小」**しながら**「減少」**させていって、**「無の世界」**にするために方向づけられています。**「無の世界」**とは、「無」なる**「無限の創造原力」**の世界であり、**「無限意識場」**そのものの世界をいいます。

結論です。**「CHAOSの法則」**が、**「宇宙意識場」**を基礎づけていて、**「COSMOSの法則」**が、**「コスモス意識場」**を基礎づけています。

悲しいかな、私たちの意識は、他人である肉体によって、**「依存」**と**「従属」**と**「不自由」**という世界に呪縛されて、**「私の意識」**が、欲望癖や人間癖や奴隷癖へと飼い慣らされています。

✦真実まことのコスモス意識場である「無の世界」は、「今」も「生命」も「意識体」も存在しない完全なる「無の意識場」

これから、すべての**「結論」**と**「確信」**について言及したいと思います。

実は、真実まことのコスモス意識場である、**「無の世界」**には、「今」も存在していません。「生命」も存在していません。「意識体」も存在していません。完全なる**「無の意識場」**なのです。

しかし、**「私の意識」**には、「今」も「生命」も「意識体」も「意識に存在」する、すべてのモノが、常に、「私の意識」に付随して存在しています。

「無の世界」といっても、何もない世界ではなく**「無くて有るもの」**であり**「有って無いもの」**の世界なのです。

真実まことの**「無の意識場」**である**「創造世界」**に存在しているのは、唯一、**「私の意識」**だけが、**「全知全能なる創造主」**として存在できる「無なる意識場」です。

なぜならば、**「私の意識」**が、すべての**「初め」**であり、すべての**「終わり」**だからです。

実は、「私の今」も「私の生命」も「私の意識体」も、すべて「コスモスの意識」と「一如」である**「私の意識」**が、**「私の意識場」**に創り出したものだからです。

ですから、すべてに於いて「私の意識」が、主人であり主体であって、「私の意識」が存在しないモノには、一切、存在する意味も意義もありません。

「私の意識」によって、善くも悪くも創り出されるものが決定されて、すべてが**「私の意識」**に**「付随」**して運用され運行されているからです。

地球内生物に於いても、すべてが、それぞれの**「意識の次元」**に付随して、それぞれの生命も、意識体の次元も、物体の形状も、それぞれの生命活動が終わるまで、それぞれの意識に附随して、最後までついて回っています。

すなわち、私たち**「人間意識場」**には、**「肉体である物質世界」**の対極に**「意識体である意識世界」**が存在するように、**「地球意識場」**には、**「地球物質界」**の対極に**「地球意識界」**が存在していて、**「宇宙意識場」**には、**「宇宙物質界」**の対極に、**「宇宙意識界」**が存在しています。

いずれにしても、地球物質界と地球意識界という、相反するモノによって構成されている地球意識場も、宇宙物質界と宇宙意識界という、相反するものによって構成されている宇宙意識場も、**「ZEROの法則」**に基づいて、相反するモノの範疇《はんちゅう》に存在しています。

故に、**「CHAOSの法則」**に従って、すべてが、その法則とカテゴリーの中に置かれています。

すなわち、宇宙意識場は、相反するモノとの「揺らぎ」と「波動」によって存在を余儀なくされていますから、永遠に、「カオス」と「エントロピー」は、相対的にあり続けることになります。

しかし、**「COSMOSの法則」**は、相反するモノや現象や概念が存在しない「一如」の世界ですから、「カオス」も「エントロピー」も、まったく存在しない「無の世界」になっています。

「コスモス意識場」は、存在しますが、「コスモス意識場」の中身は、一切、存在していない**「無の世界」**であり「無限意識場」になっています。

故に、そこでは「今」は、存在しますが、相反する「初め」と「終わり」や「未来」と「過去」という言葉や概念は、一切、存在しません。

「生命」は、存在しますが、相反する「生」と「死」という現象や概念は、一切、存在しません。

「意識体」は、存在しますが、相反する「女性」と「男性」や、「善」と「悪」や、「優」と「劣」などという現象や概念や言葉は、一切、存在しません。

なぜならば、「有」であって「無」であり、「無」であって「有」である、「有って無いもの」であり「無くて有るもの」の世界だからです。

私たちは、他人である肉体の作られた既存の世界から、自分である意識体が創り出す未存の世界に、行くための準備をしているからです。


✦「欲の意識」は有ればあるほど「不自由」と「不可能」に方向づけられて、「愛の意識」は無ければないほど「自由」と「可能」に方向づけられていく

人間の価値観は、有ればあるほど良いと思っています。学歴が有ればあるほど良い、地位が有ればあるほど良い、名誉が有ればあるほど良い、財物が有ればあるほど良いと、思い込んでいます。

ですから、悲しいかな過去の栄光（学歴や職歴）にしがみついて生きている心貧しい人たちが、たくさんいます。

しかし、コスモス意識場は、無ければないほど、**「無の世界」**に近づいていき、シンプルな秩序の世界へと方向づけられていきます。

すなわち、**「欲の意識」**は有ればあるほど**「不自由」**と**「不可能」**に方向づけられて、**「愛の意識」**は無ければないほど**「自由」**と**「可能」**に方向づけられていきます。

先ほども言及しましたが、**「無の世界」**であるが故に**「自由」**であり、**「無の世界」**であるが故に**「可能」**だからです。

なぜならば、「他人の意識」である「肉体の意識」が、「肉体感情」によって**「愛」**と**「欲」**という、相反する概念と言葉を作り出したからです。

結論です。すべてが、**「自由」**と**「可能」**のみに方向づけられる存在は、**「私の意識」**以外にありません。

何度も言及しますが、「私の今」も「私の生命」も「私の意識体」も、「一如」のモノとして「私の意識」にしか存在していないからです。

「今」に「私の意識」が存在していなければ、私にとって「今」が存在する意味も意義も価値もありません。

「生命」に「私の意識」が存在していなければ、私にとって「生命」が存在する理由も根拠も価値もありません。

「意識体」に「私の意識」が存在していなければ、私にとって「意識体」が存在する意味も意義も価値もありません。

すなわち、**「今」**も**「生命」**も**「意識体」**も、**「私の意識」**が存在しなければ、**「私の意識場」**

にとって、一切、存在する意味も意義も価値もないことになってしまいます。

実は、「私の意識」が、唯一、「今」に存在できる、**「意識場」**を創り出しているから、「私の意識」が、私の**「今」**という無二の**「場」**に存在しているのです。

「私の意識」が、唯一、「生命」に存在できる、**「意識場」**を創り出しているから、「私の意識」が、私の**「生命」**という無二の**「場」**に存在しているのです。

「私の意識」が、唯一、「意識体」に存在できる、**「意識場」**を創り出しているから、「私の意識」が、**「私の意識体」**という無二の**「場」**に存在しているのです。

すなわち、「私の意識」が、存在できる**「場」**を創り出して、「今の意識場」も、「生命の意識場」も、「意識体の意識場」も、すべてが、**「私の意識」**が、創り出した**「私の意識場」**だからです。

なぜならば、誰かが創造した「他人の意識場」に、私の「今」も「生命」も「意識体」も、存在しているわけではないからです。

故に、初めなき終わりなき、永遠の存在である「私の意識」に付随して、「今」も「生命」も「意識体」も、永遠に存在することになります。

✦「コスモス意識場」は「自由」も「愛」も「喜び」も存在しない「無の意識場」

「私の意識場」に於いて、意識体であっても、肉体であっても、どちらにも「私の意識」は自由かつ平等に存在できます。

「地球意識場」に於いて、地球意識界にも、地球物質界にも、どちらにも「私の意識」は存在できます。

「宇宙意識場」に於いて、宇宙意識界にも、宇宙物質界にも、どちらにも「私の意識」は存在できます。

当然、「コスモス意識場」に於いて、「私の意識」が存在できなければ、コスモス意識場が存在する意味も意義も価値も、すべて失われることになります。

何度も言及しますが、「コスモス意識場」は、相反するモノも現象も概念も言葉も存在しない「無の世界」であり「無の意識場」です。

破壊と創造は、**「有の意識」**であって**「無の意識」**であり、**「無の意識」**であって**「有の意識」**である、「有の破壊」と「無の創造」は、**「私の意識」**に於いて、**「一如」**の存在だからです。

今は、**「初めの意識」**であって**「終わりの意識」**であり、**「終わりの意識」**であって**「初めの意識」**である、「初め」と「終わり」は、**「私の意識」**に於いて、**「一如」**の存在だからです。

生命は、**「生の意識」**であって**「死の意識」**であり、**「死の意識」**であって**「生の意識」**である、生と死は、**「私の意識」**に於いて、**「一如」**の存在だからです。

意識体は、**「心の意識」**であって**「魂の意識」**であり、**「魂の意識」**であって**「心の意識」**である、心と魂は、**「私の意識」**に於いて、一如の存在だからです。

「私の意識」であって**「私の意識場」**であり、**「私の意識場」**であって**「私の意識」**である、「私の意識」と「私の意識場」は、**「私の意識」**に於いて、一如の**「存在」**だからです。

故に、「COSMOSの法則」に基づいて、すべてのモノが、**「私の意識」**に付随して、相反するモノが一如となって、ゼロ時限に於いて、ゼロ次元でゼロ完結しています。

それはすなわち、「ゼロ時限」に於いて、「ゼロ次元」で、「ゼロ完結」し続ける**「私の意識」**が、唯一、存在する**「私の意識場」**こそが、**「コスモス意識場」**そのものだからです。

地球意識場に「私の意識」が存在しているのか、宇宙意識場に「私の意識」が存在しているのか、それとも「コスモス意識場」に「私の意識」が存在しているのかで、存在する意識次元の意味と意義と価値が、まったく違ったものになります。

すなわち、「私の意識」が、「私の意識場」に創り出す意識次元の「意識場」が、地球意識場の価値観なのか、宇宙意識場の価値観なのか、はたまた「コスモス意識場」に通用する価値観なのかによって、「私の意識」が、肉体の死後に存在する**「意識場の次元」**が決定します。

結論からいいますと、「コスモス意識場」は、**「自由」**も**「愛」**も**「喜び」**も存在しない「無の意識場」になっています。

当然、**「今」**も**「生命」**も**「意識体」**も存在していない、「コスモス意識場」は、「無の意識場」になっていて、存在できる唯一無二の存在は、**「私の意識」**だけだからです。

なぜならば、**「自由」**という意識の概念が存在すると、必然的に、相反する**「不自由」**という意識の概念が派生することになるからです。

「愛」という意識の概念が存在すると、必然的に、相反する**「欲」**という意識の概念が派生するからです。

「喜び」という意識の概念が存在すると、必然的に、相反する**「悲しみ」**という意識の概念が派生することになります。

この相反するモノや概念の**「揺らぎ」**が、すべてのカオスとエントロピーの原因になっているからです。

✦究極の「自由」と「愛」を発揮できるのは、作られた「有」の意識の世界ではなく、創り出す「無」の意識の世界

究極の「自由」と「愛」を発揮できるのは、作られた**「有」**の意識の世界ではなく、創り出す**「無」**の意識の世界なのです。

結論です。「私の意識」が、善くも悪くも創造した、「私の潜在意識場」の中には、ありとあらゆる意識が存在しています。

なぜならば、「私の意識場」の中には、「私の意識」以外に、さまざまな意識が過去の現象や概念によって作り出されて、**「無秩序」**に存在しているからです。

わかりやすく解説しますと、肉体が自分だと思い込んでいる人たちの意識は、あの人が、この人が、その人が、アイツが、コイツが、ソイツが、テレビが、ニュースが、芸能人が、どうしたこうしたと言っては、常に、「私の意識」が、他人軸の「他人事」ばかりに存在しています。

すなわち、人生に於いて、意識の主語が、「私の意識」ではなく、「他人の意識」である「肉体の意識」になっていて、「私の意識」が不在になっていることがほとんどだからです。

意識体の「私の意識」が、主人ではなく不在になって、肉体の「他人の意識」である「肉体の意識」が、主人となって「私の意識」が従者になって、他人である肉体の「他人事」であり「絵空事」に陥っています。

唯一、「私の意識」が、主人になっているのは、劣悪な心情によって、不平や不満や不足などの**「不快な心情」**に「意識」が陥っている時だけです。

先述しましたが、「諸悪の根源」は、自分の心が加害者になって、自分自身の魂が被害者になっていく「自己犯罪」によって、「自己恩讐《おんしゅう》」による「自己投獄」に陥ることなのです。

例えば、自分が他人に対して、迷惑や悪いことや犯罪などを具体的に行うことを、**「自他犯罪」**といいます。

ですから、人間は、他人に対して迷惑や悪いことや危害や犯罪などをしなければ、自分は何も悪いことをしていない、正しい人であり**「善人」**だと思い込む、とんでもない勘違いをしています。

例えば、自分は誰にも迷惑をかけていない。自分は何も悪いことをしていない。といっては自己正当性を堅持して、自分は正しい人であり善人だと思い込んでいるところに、すでに大きな間違いと勘違いがあります。

自分が自分自身に対して、不快な心情という自己恩讐によって、自分自身を著しく傷つけていく行為を、**「自己犯罪」**といいます。

「自他犯罪」は、現実的な犯罪行為ですから、「肉体感情」で具体的に**「自覚」**することができます。

しかし、**「自己犯罪」**は、自分の心が、自分自身の魂に行う犯罪行為ですから、具体的に魂が痛いとか、苦しいとか、悲しいとか、辛《つら》いなどというわけではありませんから、自覚は、一切、自分の意識にはありません。

「自他犯罪」は、罪の自覚ができますが、「自己犯罪」は、罪の自覚もなく無意識のまま、**「自己犯罪」**を積み重ねていきます。

ですから、「自己犯罪」は、罪の自覚がないことが、最も恐ろしい**「大罪」**なのです。

なぜならば、必ず、被害者意識による自己正当性と、自己保身による責任転嫁に陥っていくからです。

✦「自他犯罪」よりも「自己犯罪」のほうが、極めて罪が重い

他人は傷つけなくても、「自傷行為」や「自虐行為」によって、自分はしっかりと自分自身を傷つけていいます。

故に、人生の目的は、唯一、他人の肉体の世界から、自分の意識体の世界に行く準備ですから、**「自他犯罪」**よりも**「自己犯罪」**のほうが、極めて罪が重いことになります。

なぜならば、肉体の死後、自分の「心の意識」が、自分自身の「魂の意識」に作り出した、**「意識場」**の世界に「自己責任原則」に従って、行くことになるからです。

人間は**「罪感《つみかん》」**もなく、無意識のまま、当たり前のように、毎日、「自己犯罪」を常習的に行

っています。

「自分の意識」が「自分の意識場」を不快な意識に陥れて、肉体の死後、その劣悪かつ醜悪な意識の場に「自分の意識」が行くことになります。

例えば、具体的に殺人という「自他犯罪」はしていなくても、心の意識では殺人や暴力という「自己犯罪」をしている人は、どこにでもたくさんいます。

この「自己犯罪」の質と量で、肉体の死後、意識体が行くべき意識界が決定します。

すなわち、「自己犯罪」は、「自分の意識」が、犯罪を行う原因者であり、「自分の意識」が犯罪を行った結果者でもあります。

例えば、「私の意識場」という**「私の部屋」**に、「私の意識」が作り出した得体のしれない人たちが、たくさん入り込んでいたら、自分の居場所さえないカオスの状態に陥ってしまいます。

「私の意識場」という「キャンバス」が、落書きだらけになっていては、すでに自分の絵さえ描くことができない状態になります。

もし、皆さんの意識が、意識界に行ったら、皆さんの意識場に怨み辛《つら》みを抱えている人や、わけのわからない人たちが、たくさん入り込んでいたら、どうでしょうか？

「私の意識」が、主人であり主役で生きるためには、**「私の意識」**が、**「私の意識場」**を**「意識」**して、「ありのままを無条件で全面的に感謝と喜びで生きる」ように心がけて、意識場にカルマやカオスを作って、溜《た》めないように自助努力していくことです。

なぜならば、肉体の死後、「私の意識」が創り上げた**「私の意識場」**に**「私の意識」**が、行くことになるからです。

故に、「コスモス意識場」となる「私の意識場」に、「私の意識」が、唯一、行くための準備をするべきだと、僕は思います。

✦「無の世界」である「コスモス意識場」の正体は、「未知」なる「未存」の「未来」の世界

結論中の結論です。実は、何を隠そう**「無の世界」**である「コスモス意識場」の正体は、**「未知」**なる**「未存」**の**「未来」**の世界です。

「コスモス意識場」という「未存」なる「未来」の「無の世界」には、「今」もなければ、「生命」もなければ、「意識体」もなければ、何一つ存在していません。

もし、「未来」に何かが、すでに存在していたら、その存在が障害や障壁になって、「未来」に向かって**「自由性」**と**「可能性」**に方向づけて、突き進むことができなくなってしまうからです。

なぜならば、**「無であるが故の自由」**であって、**「無であるが故の可能」**だからです。

僕は、未来が未来に向かってあり続ける**「未来の正体」**は、どんなメカニズムとシステムになっているのか!? また、どんな法則と原則と理論で成り立っているのかが、幼少期からの最大の疑問であり課題でした。

「僕の意識」と未存なる**「無の世界」**である**「未来」**の関係は、一体、どうなっているのか!?

僕はずーっと尋ね求めてきました。その疑問と課題に対して僕が答えを出したのが**「COSMOSの法則」**なのです。

この「コスモス意識場」である「未存」なる「未来」の「無の世界」に、「ゼロ時限」に於いて、「ゼロ次元」で「ゼロ完結」しながら、未来の最前線で存在し続けている唯一の存在が、**「私の意識」**です。

故に、未知なる未来の未存の世界に、「私の意識」に付随して、「今」も「生命」も「意識体」なども、「無の世界」に向かって、共に突き進んでいることになります。

ですから、「コスモス意識場」という「未存」なる「未来」の「無の世界」の最前線に存在する「私の意識」に、さまざまな過去の面倒くさい柵《しがらみ》が付随していると、過去の不快な意識によって未来の自由と可能な**「私の意識場」**が、著しく侵されることになります。

故に、まったく新たな創造ができなくなってしまいます。

なぜならば、「他人の意識」である「肉体の意識」の経験が、あたかも「自分の意識」である「意識体の意識」の経験であると、勝手に思い込んでは勘違いして、自分の意識界にそのまま持ち込むことになるからです。

肉体が自分だと思い込んで勘違いしている人たちは、過去の**「物質脳」**の記憶によって、今を生きて未来を思いながら、過去をしっかり生きているからです。

なぜならば、「他人の意識」である「肉体の意識」に、「自分の意識」が支配されて、「物質脳」の記憶が、そのまま意識体に特化されて生きていますから、過去の記憶によって「今」を生きて、過去の記憶によって「未来」を思いながら生きようとしているからです。

すなわち、「ＺＥＲＯの法則」に従って、過去に於ける１００の柵があるということは、対極の未来にも100の柵が存在することになるからです。

故に、**「未来」**そのものが、**「コスモス意識場」**であり、**「無の世界」**であり、ひいては、**「私の意識場」**でもありますから、**「過去」**の「潜在意識場」を、未来の「コスモス意識場」に持ち込まないように**「デリート」**（消去）しておく必要があります。

すなわち、「今」が既存の過去の終わりであり、「今」が未存の未来の始まりですから、過去の終わりが善ければ、未来の始まりが善しとなります。

ですから、過去の柵（不快な心情）を「クリア」にするためには、「私の意識」が、何があっても「今」をいかに、「ありのままを無条件で全面的に感謝と喜びで受容する」という生き方の姿勢が、最も大切になると、僕は理解しています。

ですから、「私の意識場」を「コスモス意識場」にするためには、いったん、潜在意識である**「カオスの意識場」**を**「無」**にして、整理する必要があります。

不快な「自分の意識場」を「無の意識場」にする、具体的なやり方と生き方については、セミナーなどで、詳しく紹介し指導しています。

「コスモス意識場」に於ける、存在目的と意味と意義と存在価値は、**「私の意識場」**に於ける、**「主人」**であり**「主体」**である、**「私の意識」**だけに、すべてが委ねられているからです。

「私の意識」が**「私の意識場」**に創り上げた**「負の遺産」**を、死後の世界に持ち込まないようにするために、**「自己犯罪」**に対する**「自己贖罪《じこしょくざい》」**を、唯一、**「自己完結」**するための目的として、牢獄星に**「贖罪降臨《しょくざいこうりん》」**してきたからです。

「私の意識」であって**「私の意識場」**であり、**「私の意識場」**であって**「私の意識」**である、「私の意識」と「私の意識場」は、一如の**「意識の世界」**だからです。
「私の意識」のみが、「私の意識場」に存在できる、唯一の**「存在」**であり、無二の**「コスモスの意識」**だからです。

故に、「私の意識」が、「私の意識場」を意識して、肉体の死後、未存なる未来の「無の世界」である「コスモス意識場」に行くための**「構想理想」**を**「自己創造」**して**「自己完結」**することが、人生に於いて、最も重要なことになります。
「私の意識」が、唯一、**「自由」**と**「可能」**を**「行使」**できるのは、**「無」**であるが故に**「自由」**であり、**「無」**であるが故に**「可能」**である、未存なる未来の「コスモス意識場」である「私の意識場」だけだからです。

これこそが、「コスモス意識場」に行くための、唯一の準備になります。
このやり方や方法についてはセミナーなどで、詳しく理論的に紹介しています。

✦「私の意識体」こそが「コスモス意識体」であり、「私の意識場」こそが「コスモス意識場」

結論です。「コスモス意識場」に於いては、**「私の意識」**が、唯一の**「創造主」**であり、無二の**「全知全能の神」**の存在でもあります。

宗教が言っている神や御仏では、絶対にありません。外在の神は、肉体が自分だと思い込んで勘違いしている、「肉体の意識」に支配されている**「物質脳」**によって、人類が作った妄想と幻想に過ぎないからです。

「神」も**「サタン」**も、**「御仏」**も**「悪魔」**も、宗教に洗脳されて、肉体の物質脳である「頭脳」の**「他人の意識」**である**「肉体の意識」**が、作り出している「妄想」と「幻想」に過ぎないからです。

なぜならば、その事実も真実も、どこにも存在しないからです。

もし、存在しているという人がいましたら、推測や憶測を排除して、その事実を保障して、誰でもその真実を理解できるように、明確に証明してほしいものです。

もし、そのようなモノが存在しているとしたら、それは、「自分の意識」が、「自分の意識場」に作り出した妄想と幻想に他ならないからです。

ですから、作られた既存の世界に**「依存」**して**「従属」**しながら**「不自由」**と**「不可能」**という**「仕方ない理論」**に従って、仕方なく生きて仕方なく死んでいく人生になってしまいます。

「私の意識」が、**「自立」**して**「仕方ある理論」**に基づいて、**「自由」**と**「可能」**に方向づけながら、未存なる**「私の意識場」**の「無の世界」を創り出して、**「コスモス意識場」**に行くための、自助努力をするべきだと、僕は思います。そのためには、「愛の理想の人格者」を目指すことです。

「愛の理想の人格者」とは、「ありのままを無条件で全面的に感謝と喜びで受容できる、意識次元に『私の意識』を確立した人」のことです。

なぜならば、ありのままを無条件で全面的に受容する「意識」には、一切、相反するモノや現象や概念が存在するという事実がないからです。

すべての結論です。この「私の意識体」こそが「コスモス意識体」であり、この「私の意識場」こそが「コスモス意識場」なのです。

先述しましたように、唯一、「ゼロ時限」に於いて、「ゼロ次元」で、「ゼロ完結」し続ける**「私の意識」**が、存在する**「私の意識場」**こそが、**「コスモス意識場」**そのものだからです。

ＡＩ革命とロボット革命の時代を迎えて、私たちは、地球意識場から宇宙意識場へと、さらに、宇宙意識場からコスモス意識場へと、「私の意識」が進化していくように、自助努力するべきだと、僕は思います。

なぜならば、**「私の意識」**が、他人である肉体の**「依存」**と**「従属」**と**「不自由」**と**「不可能」**な「意識」のまま、人生が終わるのではなく、**「私の意識」**が、自分である意識体の**「自立」**と**「自由」**と**「可能」**な「意識」を確立して終わっていくべきだと、僕は思うからです。

なぜならば、**「私の意識」**が、**「不自由」**であって**「不可能」**な**「物質世界」**から、**「自由」**であって**「可能」**な未存なる未来の**「無の世界」**に行くための準備を、唯一、しなければならないからです。

唯一、「自由」であって「可能」なる、未存なる未来の**「無の世界」**に向かって、無限に創造し続けることができる存在は、未来の最前線に存在する「私の意識」だけだからです。

先述しましたように、**「他人の意識」**である**「肉体の意識」**に支配されて、肉体が、自分だと思い込んで、勘違いしている人たちは、「物質脳」である**「頭脳」**の**「知識」**や**「感覚」**が、**「自**

分の意識」だと大きな勘違いをしています。

何度も言及しますが、皆さんの肉体は、すべて両親の**「性欲」**という**「他人の意識」**から始まって、受精卵の**「食欲」**によって、**「他人の子宮」**に着床して寄生しながら、母体から養分を奪って成長して、作られた存在だからです。

すなわち、肉体は、他人の「性欲」と「食欲」という**「欲望」**によって作り上げられた奇怪な**「エロス」**(非合理)の創造物に過ぎないからです。

故に、**「欲望」**の**「意識」**は、先祖から踏襲した**「他人の意識」**である**「肉体の意識」**に宿命として踏襲した潜在意識だからです。これは紛れもない事実です。

ですから、どんなに偉そうなことを、さまざまな学者たちが言ったとしても、所詮、単なる欲望に過ぎないからです。

肉体に内在している「他人の意識」によって作られた、「物質脳」である「知識」や「記憶」は、単なる**「肉体の意識」**である**「欲望」**の**「道具」**に過ぎません。

ですから、「道具」である「頭脳」が、何かによって破壊されてしまえば、「道具」は、あくまでも道具でしかありませんから、すべての機能は停止して、使い物にならなくなってしまいます。

故に、私たちは、肉体の**「他人の意識」**の世界から、意識体の**「自分の意識」**の世界に行くための準備を、唯一、しなくてはならないと、僕は理解しています。

世界に横たわるカルマとカオスから解放されるためには、「あなたの『**肉体は他人**』です」という**「運動」**を世界的に展開して、人類全体に**「肉体は他人」**という**「革命」**を推進していくことだと、僕は確信しています。

なぜならば、「肉体の死」に対する、不安や恐怖などの「不快な心情」から、「自分の意識」が、解放される方法が他にないからです。

この方法しか、武器を持たずに一滴の血も流すことなく、**「無血革命」**を完結する方法はないと、僕は確信しているからです。

それ以外に世界に迫っている、**「AI革命の危機」**や、**「核戦争の危機」**を回避する方法がないと、僕は思うからです。

これ以外の方法があるのであれば、僕に**「代替案」**を持ってきてほしいと思います。

人類が、人生の存在目的と意味と意義と存在価値に、一日も早く気づくことを祈念して、ペンを擱《お》くことにします。

おわりに

僕は、人類が、**「嘘」**と**「偽り」**と**「間違い」**だらけの歴史を歩んできた、最大の**「元凶」**は、肉体が自分だと思い込んで勘違いしながら、「他人の意識」である「肉体の意識」の「欲望」に支配されて、肉体を養い生かすために奴隷のごとく、囚人のごとく生きて死んでいることだと思っています。

故に、一生涯にわたって「仕方ない理論」に従って、**「不快な感情」**（不平、不満、不足、妬《ねた》み、嫉妬、謗《そし》り、軽蔑、悪口、差別、偏見、批判、批評、怒り、血気、怒気、怨《うら》み、辛《つら》み、不安、恐怖など）に苛《さいな》まれながら仕方なく生きて、仕方なく死んでいるからだと、僕は理解しています。

僕が、この理解に至ったのは、山籠《ご》もりをして、21日、12日、10日、7日と真水だけの断食を繰り返しながら、毎日、滝行《たきぎょう》している時でした。

この根本的な「嘘」と「偽り」と「間違い」を解決せずに、他人である肉体の**「欲望」**によって、社会や国や世界に横たわっている、ありとあらゆる**「カルマ」**（悪業）や**「カオス」**（混乱と混沌と混迷）を、取り除くことはできないと、強く思わされました。

事実、宗教も哲学も心理学も医学も科学も、何も解決できずに、**「無力」**のまま未だに存在し続けています。

なぜならば、**三大聖人**といわれる、**「イエス」**も**「釈迦」**も**「孔子」**も、肉体は自分であると思い込んで、とんでもない勘違いをしていたからです。

彼らの曖昧な言い回しは存在したとしても、肉体は他人であると**「厳格」**に**「峻別《しゅんべつ》」**して、言及した事実も真実も、どこにも存在していないからです。

「哲学者」である、ソクラテス、プラトン、アリストテレス、ジョン・ロック、デカルト、カントなども、一切、言及していません。

「心理学者」である、フロイト、ユング、アドラーなども、肉体は他人であると、明瞭かつ明確には言及していません。

すなわち、彼らも肉体は自分であると、大きな「勘違い」と「間違い」を犯していたことになります。

僕は、この誤りを正していかなければ、人類は、この**「カルマ」**によって、**「カオス」**が拡大していって、いずれ**「AI」**と**「ロボット」**と**「核戦争」**によって、滅亡の危機を迎えるのではないかと、老婆心《ろうばしん》ながら案じられてなりません。

「科学」や**「医学」**では、すべての人類を幸福に導くことは、絶対に、不可能であることは歴史がすでに証明しています。

世界を救済できるのは、ただ一つです。あなたの**「肉体は他人」**ですという**「運動」**を世界的に展開して、**「肉体は他人」**という**「革命」**を推進していくことだと、僕は思います。

この**「肉体は他人革命」**こそが、**「無血革命」**を成就する、唯一の方法ではないかと、僕は確信しています。

なぜならば、**「肉体」**は、「性欲」と「食欲」という、「他人の意識」である「肉体の意識」の**「欲望」**によって作り出された、奇怪な**「エロス」**の創造物に過ぎないからです。

人類の「欲望」による奪い合いや、争いや戦争などを「無血」で解決するためには、この「革命」しかないと、僕は確信しています。

人間が「欲望」を手放す方法は、「肉体は他人」という価値観に至らなければ、絶対に不可能なことだからです。

ですから、肉体が自分だと思い込んで勘違いしている人たちが、どんなに偉そうなことを言ったとしても、所詮、単なる肉体の「欲望」に過ぎません。

もし、他にあるのでしたら、代替案をぜひとも提示していただきたいと思います。

宗教や科学では、何一つ解決できないことは、すでに歴史が証明しています。

それどころか、宗教論やイデオロギーの対立によって、戦争や紛争に科学が利用されている元凶になっているのも、紛れもない事実です。

昨今、宗教二世の問題が、社会問題になっていますが、ただ、彼らの不平や不満を聞いて、法的に改革するだけでは、何の解決にもなりません。

すべてを解決したければ、宗教の教義そのものを破壊し、宗教そのものを崩壊させることができる、究極の法則や原理や理論が、出現することが必要であり、そうでない限り、絶対に無理だと、僕は考えています。

そもそも、肉体が自分だと思い込んで勘違いしている、イエスや釈迦などの教義を踏襲した、その他、すべての宗教開祖たちの理論と理屈では、何一つ解決することはできません。

まして、イエスの再臨だとか、釈迦の降臨だとか、生まれ変わりだとかいっては、得体のしれない存在を持ち出して、自分を**「神格化」**して、信者さんたちを騙《だま》して宗教支配している、詐欺師やペテン師などは、論外極まりない**「下種《げす》の下衆《げす》」**だと理解しています。

また、先祖供養と称して霊感商法に明け暮れている、他力本願の法華経系や真宗系や真言系などの宗教団体をはじめとして、多岐にわたって多数の詐欺集団が出現しています。

宗教に対する無知につけ込まれて、**「救済」**という**「嘘」**と**「罠《わな》」**に、信者さんは簡単に騙されて、布教や伝道、お布施や献金、選挙運動などで、家族が疲弊して家庭崩壊している人たちまで現れています。

とくに、宗教二世は、両親に対する怒りや怨みによって、精神障害や人格破壊に陥り、自分自身からの感情逃避から現実逃避にまで至って、家庭内暴力や引きこもりやニートなどの社会逃避にまで陥っています。

他人である「肉体」に従属して、半径1メートル以内の意識で生きている、人類の「意識」には、**「欲望」**と**「不自由」**と**「不可能」**と**「不平等」**だけが、常に、優先してついて回っています。

「他人である肉体」の物質世界である虚相世界は、**「不自由」**と**「欲望」**と**「不平等」**が渦巻いている**「カオスの意識」**に支配された**「カオスの世界」**だからです。

地位も名誉も財物なども、人間が人間を差別化して「自己欲求」と「承認欲求」を満たして、「自己満足」するためのものでしかないと、僕は思います。

すなわち、人間が人間を差別化して、**「優生意識」**に方向づけて、優越感を満たすための「優生思想」の価値観でしかないと、僕は痛感しています。

「承認欲求」によって、他人から評価されたい、認められたいという、地位欲や名誉欲や財物欲などを満たした偽善者ほど、欲望の人格形成史の過程に於いて、無意識のままに劣悪かつ醜悪な**「優生思想」**だけが、強く身について傲慢《ごうまん》と不遜の偽善者になっていきます。

「欲望」によって作られた「他人の意識」である「肉体の意識」は、作られた限りあるこの世で、**「依存」**しながら**「不自由」**に生きて、有ればあるほど良いと理解しています。

ですから、学歴が有ればあるほど良い、地位が有ればあるほど良い、名誉が有ればあるほど良い、財物が有ればあるほど良いと思っています。

しかし、無限に創り出す「コスモス意識場」は、無ければないほど、「自分の意識」が、自由な愛に基づいて喜びを無限に創り出せる世界になっています。

なぜならば、**「コスモス意識体」**である**「私の意識」**は、**「無なる創造」**の源泉ですから、**「自由」**であって**「可能」**であり、**「可能」**であって**「自由」**だからです。「自由」と「可能」は、「私の意識」に基づいて、同じ存在であり、**「可能」**であり**「自由」**であり、**「自由」**であり**「可能」**である、「可能」と「自由」は、「私の意識」に於いて、まったく同じ方向性を示唆している唯一無二の存在だからです。

ですから、「他人の意識」である「肉体の意識」では、絶対に「不可能」だと思われていることを、「自分の意識」である「意識体の意識」で「可能」にする挑戦をして、「自由」と「可能」へと「自分の意識」を方向づける訓練をしながら、徹底的に鍛えていくことだと思います。

なぜならば、**「私の意識」**が、**「不自由」**であって**「不可能」**な**「物質世界」**から、**「自由」**であって**「可能」**な未存なる未来の**「無の世界」**に行くための準備を、唯一、しなければならないからです。

僕は、「自分の意識」で「不可能」を「可能」にする実践セミナーを別途行っています。

例えば、肉体の病気を改善したり、精神の病気を改善したり、人格（性格）や霊格（性質）を改善したり、味そのものを変えたり、音そのものを変えたり、においそのものを変えたり、視覚そのものを変えたり、肌感覚そのものを変えたりなど、すべての物質波動や意識波動を自由に変換や転換をして、調和と秩序を創造できるようにする、実践セミナーなどを開催しています。

当然、「自分の意識」が、自分自身の**「生体生命場」**（心と体）を整えることなどもしています。

なぜならば、肉体では「不可能」と思われてきたことを、「可能」にしてこそ、他人である肉体に38億年間にわたって奪われてきた「自由」と「可能」な「自分の意識」を、自分である意識体に奪還《だっかん》することができるからです。

「不自由」と「不可能」の最大の原因と要因は、「他人の意識」である「肉体の意識」に飼い慣らされた**「自己不信」**にあります。

「自由」と「可能」の最大の原因と要因は、「自分の意識」である「意識体の意識」に対する**「自己確信」**にあります。

ですから、「不可能」という「不自由」な「自己不信」を払拭《ふっしょく》して、「可能」という「自由」な「自己確信」を確立していくことが、人生の存在目的と意味と意義と存在価値を高次元に創造していくことになると、僕は理解しているのです。

ちなみに、「他人の意識」である「肉体の意識」は、**「不自由」**であって**「不可能」**であり、**「不可能」**であって**「不自由」**な存在である、「不自由」と「不可能」は、肉体に付随して、同じ**「意識」**であり、**「不可能」**であり**「不自由」**であり、**「不自由」**であり**「不可能」**である、「不可能」と「不自由」は、「肉体の意識」に於いて、まったく同じ**「意識」**だからです。

「他人の意識」である「肉体の意識」に、38億年間にわたって、「不自由」に呪縛《じゅばく》され飼い慣らされている人間の意識は、「不可能」と「不自由」だらけで、何から何までもが依存しなければ生きていけないようになっています。

肉体が自分だと思い込んで勘違いしている人間社会では、学歴至上主義や経済至上主義、成果主義、科学至上主義などの、さまざまな至上主義に依存して、熾烈《しれつ》な競争原理の社会の中で、勝ち組になった人ほど、**「優生意識」**が強く内在するようになっていきます。

ですから、**「自己満足」**のための**「差別意識」**や**「偏見意識」**や**「蔑視《べっし》意識」**が、根強く身につくようになっています。

また、肉体が他人であるという確固たる証拠は、ＬＧＢＴＱの人たちや、ＳＯＧＩに対して信念や確信を持っている人たちが、**「自分である意識体」**に従って、**「性的思考」**（性的指向）や**「性的認知」**（性自認）をしていることです。

決して、他人である肉体に、自分である意識体を合わせて生きようとはしていないと、僕は、確固とした理解を持っています。

トランスジェンダーの人たちは、肉体の**「性転換手術」**も自分である**「意識体の性」**に合わせて、他人である**「肉体の性」**の転換を行います。

その人たちこそが、自分である意識体に対して、正直に素直に生きていこうとしています。

決して、他人である肉体に合わせて、「嘘」と「偽り」と「間違い」で生きようとはしていないと、僕は理解しています。

その人たちを軽蔑したり、差別や偏見でみたりすることは、絶対に、するべき行為ではないと、僕は強く思っています。

そのような行為は、あまりにも**「無知であるが故」**の蛮行であり暴力に他なりません。

まして、**「ＳＯＧＩハラスメント」**などは、決して、あってはならない、不当な差別行為以外の何ものでもないと思います。

とくに、上級国民などといわれている「優生思想家」や「独善的な宗教団体」の価値観に偏っている人たちは、差別や偏見を持ちやすい、醜悪な**「意識」**に陥っている傾向があります。

所詮、肉体は他人ですから、ＬＧＢＴＱの人たちや、ＳＯＧＩに対して信念や確信を持っている人たちは、人の評価など気にすることなく、自分である意識体に従って、正々堂々と正直に生きていくべきだと、僕は思います。

そして、社会はそれを無条件で全面的に愛をもって受け入れていくべきです。

それが一人ひとりの真実の世界だからです。

なぜならば、**「運命の主人」**または**「人生の主体」**は、**「自分である意識体」**であって、決して、**「他人である肉体」**ではないからです。

また、今後、人類の最大の脅威と危機となるのは、核兵器という最悪の兵器が、専制主義の国々によって、世界中を不安と恐怖に陥れようとしていることです。

世界の覇権争いを優位にしようと、虎視眈々《こしたんたん》と海洋進出を企てている、専制主義国家さえ顕在化しようとしています。

このように、世界中に脅威が拡散されていこうとしている現在に於いては、私たちは、何を人生の目的にして、何が意味のある、意義のある人生なのか、何を価値として生きていくべきなのかを、一人ひとりが真剣に問わなければいけない時が、すでに来ているのではないかと、僕は痛感しています。

人生の目的と意味と意義と価値は、他人である肉体の物質世界から、自分である意識体が質の高い意識界に行くための準備を、唯一、しなければいけないからです。

意識界が存在していなければ、**「死ぬ理由」**がありません。現世で生きたいのであれば、奴隷のごとく囚人のごとく、他人である肉体を養い生かすために、永遠に、不自由なまま生き続ければよいことです。

しかし、肉体が自分だと思い込んでいるから、他人である肉体を養い生かすために、一生涯を「仕方ない理論」に従って、仕方なく生きて、仕方なく死んでいきます。

ですから、他人である肉体の**「欲望」**のために生きていますから、他人《ひと》のために生きることが、愛であり良いことのように勘違いして、何の疑いもなく生きています。

「**人の為《ため》**と書いて、**偽《いつわ》り**と読みます」。まさしく、人の為は偽りとなって、「偽り」は必然的に「嘘」と「間違い」になっていきます。

故に、ほとんどの人が、他人である肉体を養い生かすために、艱難辛苦《かんなんしんく》と難行苦行《なんぎょうくぎょう》を乗り越えながら、一生懸命に「仕方なく」生きています。

ですから、家族のため、人のために生きることが**「愛」**だと、大きな勘違いをしている人が、圧倒的に多いのだと、僕は思います。

この**「偽善者」**ほどフェイクワールドでは、地位や名誉や財物などを築くことができるように、見事に仕組まれています。

そもそも、他人である肉体に従って生きていること自体が、「嘘」であり「偽り」であり「間違い」であって、これがフェイクワールドそのものを作り上げてきた**「元凶」**だと、僕は強く思っています。

故に、他人である肉体を養い生かすために一生懸命生きていても、自分である意識体を養い生かすためには、一切、生きていません。

他人である肉体を養い生かすために、どんなに努力しても、最終的に、肉体に裏切られて、肉体は無情にも無責任に**「動けない病《びょう》」**に罹《かか》って、滅び去っていく宿命になっているからです。

肉体が他人であるが故に、「死別」という、お別れの時が、必ず、誰にでも訪れます。

故に、肉体に何が起きても、家族に何が起きても、社会に何が起きても、国や世界が滅亡しようとも、自分である意識体が、いつでも肉体が死ぬ覚悟をもって、「自分の意識」が、意識界に行くための準備をしていたら、他人である肉体の桎梏《しっこく》から解放される瞬間は、最高の喜びになるに違いありません。

肉体は他人だと確信していたならば、肉体の死は、唯一、他人である肉体の**「桎梏《しっこく》」**から解放されて、自分である意識体が、最高の自由と喜びを迎える瞬間になるからです。

なぜならば、私たちは、他人である肉体の**「桎梏の世界」**から、自分である意識体の**「解放の世界」**である**「自由世界」**に行くための準備を、唯一、目的として、価値としているからです。

現世に於ける結論です。他人である肉体が、38億年続いた親なる先祖たちの肉体の踏襲である**「嘘の親子関係」**が、実は、我々の意識体を**「牢獄星」**に、歴史を通して連綿とつなぎ止めている、**「牢獄の鎖」**となっていることを、理解し納得することです。

肉体が自分だと思い込んでいる「嘘の親子関係」が、作り出す「恩讐《おんしゅう》の意識」によって、人格形成史を築いてきた、自分である意識体が、すべての**「諸悪の元凶」**になっています。

すなわち、「嘘の親子関係」によって、**「恩讐の人格」**が形成されて、その恩讐によって牢獄星の**「桎梏の鎖」**である、肉体の「嘘の親子関係」が、「輪廻の法則」によって、連綿と踏襲され続けているという、紛れもない事実です。

ですから、この「嘘の親子関係」という、被害者と加害者である、恩讐の**「輪廻の鎖」**を断ち切らない限り、牢獄星からは、永遠に解放されないことになります。

肉体の親に対して許される子どもの意識は、唯一、**「産んでくれてありがとう」**という感謝の情動だけです。それ以上でもなく、それ以下でもないと、僕は思っています。

肉体の子どもに対して許される親の意識は、唯一、**「生まれてくれてありがとう」**という情動だけです。それ以上でもなく、それ以下でもないと、僕は確信しています。

人類の**「諸悪の元凶」**は、肉体が自分だと勘違いしているが故に、肉体の欲望に支配されて、人間同士が奪い合い争い合って、優生意識を満たすための競争原理の歴史を、連綿と築いてきたことにあると思います。

また、他人である肉体を養い生かすために、**「欲望」**に従って、仕方なく生きて、仕方なく死んでいくことだと思います。

最後に、人類が、一日も早く肉体は他人であることを理解して、依存と従属と不自由から解放されて、自分である意識体が、「自分の意識場」に行くための準備に、一人ひとりが自助努力していってほしいと、僕は思います。

なぜならば、他人である肉体は、日々、破壊されながら**「肉体の死」**に近づいていき、自分である意識体は、日々、善くも悪くも創造されながら**「意識体の生」**に近づいているからです。

他人である肉体の虚相世界から、自分である意識体が、質の高い愛の実相世界に行くための準備を、唯一しているからです。

一人ひとりが、その確信に至れば、人類は、質の高い**「愛の理想的な人格」**を創造しようと、自然に自助努力するようになっていくからです。

その価値観でしか、他人である肉体を養い生かすために、さまざまな欲望に支配されて、奪い合ったり、争い合ったり、殺し合ったりする**「カルマ」**や**「カオスの世界」**は、絶対に世界からなくならないと、僕は確信しているからです。

一日も早く、**「肉体は他人革命」**という**「無血革命」**を成就して、一人ひとりが、人生の目的と意味と意義と価値を、見出してほしいと願っています。

なぜならば、この「無血革命」が成就されれば、キリスト教とイスラム教など、さまざまな宗教間の対立や闘争や戦争などは、一切、存在することはあり得ないからです。

当然、民主主義や専制主義、または、資本主義や共産主義といった、イデオロギーの闘争や対立も存在しません。

「あなたの『肉体は他人』です!!」という「革命」は、人類全体の共通の問題であって課題であり、人間社会の一人ひとりの共通の問題であって課題でもあるからです。

私たちは、38億年にわたって、肉体に奪われ蹂躙《じゅうりん》されてきた不自由な「他人の意識」から、意識体の自由な「自分の意識」に「意識」を奪還する、千載一遇《せんざいいちぐう》の時を迎えていると、僕は理解しています。

ですから、この革命は、武器を持たない革命であり、一滴の血も流すことがない、**「愛の革命」**であって、真実まことの**「パラダイム・レヴォリューション」（Paradigm Revolution、理論の枠組みと価値観の革命）**、略して**「パラレボ」（Parарevo）**を、唯一、**「無血」**で完結できるものと、僕は強く確信しています。

肉体が自分だと思い込んで勘違いしている、牢獄星の「欲望」だらけの囚人たちに、一体、何を期待したらよいのでしょうか？

自然環境の問題を解決しても世界は変わりません。人間の価値観そのものを変えない限り、世界は絶対に変わりません。

すなわち、人類は、「他人の意識」である、肉体の**「欲望の意識」**を手放さない限り、**「核兵器」**も手放さないでしょうし、正しく**「AIロボット」**を運用することもできないと思うからです。

この**「肉体は他人」**という**「コンテンツ」**（中身）は、人類の救済が完結するまで、**「オワコン化」**（コンテンツの終わり）することはありません。

世界を本当に変えたいという、情熱のある**「若者たち」**に、僕は多大な期待をしています。

皆さんの生涯が、最高の人生でありますように祈念して、ペンを擱《お》かせていただきます。

合掌

宇場 稔

用語解説・動画など、理解を深めるための
『COSMOSの法則』“読者限定”
SPECIALサイト

〈著者プロフィール〉
宇場 稔（うば・みのる）
大学病院にて放射性同位元素（アイソトープ）を使用して、原子物理学や量子論の観点から生命科学の研究に没頭。生命波動に関するさまざまな超科学現象を検証しながら意識の世界の実存を確認する。その後、大学病院を退職、自由と愛の本質を宇宙論的に探究する中で、宇宙と地球のメカニズムとシステムが、すべて真逆の枠組みと価値観に理論づけられる「パラレボ（Paradigm Revolution）理論」に到達。特に、性的主体は女性であり男性はその対象に過ぎず、宇宙から女性にのみ進化の権能と権限が付与され、地球の危機を回避する役割と責任が、意識次元が高い、賢い女性たちに委ねられていることを提唱している。著書に『逆説の真理が運命を拓く宇宙の法則（前・後編）』『宇宙聖書』（いずれもセルフ・ヒーリング実践研究会発行、ヴォイス発売）、『ゼロの革命』『ZEROの法則』（幻冬舎）がある。

COSMOSの法則
THE LAWS OF COSMOS

2024年2月20日　第1刷発行

著　者　宇場 稔
発行人　見城 徹
編集人　福島広司
編集者　小林駿介

GENTOSHA

発行所　株式会社 幻冬舎
〒151-0051　東京都渋谷区千駄ヶ谷4-9-7
電話　03（5411）6211（編集）
03（5411）6222（営業）
公式HP：https://www.gentosha.co.jp/
印刷・製本所　株式会社 光邦

検印廃止

ISBN978-4-344-04234-6　C0010

この本に関するご意見・ご感想は、
下記アンケートフォームからお寄せください。
https://www.gentosha.co.jp/e/